방재안전직
기출문제
정복하기

9급 공무원 방재안전직
기출문제 정복하기

개정2판	발행	2024년 01월 10일
개정3판	발행	2025년 01월 10일

편 저 자 | 공무원시험연구소

발 행 처 | ㈜서원각

등록번호 | 1999-1A-107호

주　　　소 | 경기도 고양시 일산서구 덕산로 88-45(가좌동)

교재주문 | 031-923-2051

팩　　스 | 031-923-3815

교재문의 | 카카오톡 플러스 친구[서원각]

홈페이지 | goseowon.com

모든 시험에 앞서 가장 중요한 것은 출제되었던 문제를 풀어봄으로써 그 시험의 유형 및 출제경향, 난이도 등을 파악하는 데에 있다. 즉, 최소시간 내 최대의 학습효과를 거두기 위해서는 기출문제의 분석이 무엇보다도 중요하다는 것이다.

'9급 공무원 기출문제 정복하기 – 방재안전직'은 이를 주지하고 그동안 시행된 국가직, 지방직, 서울시 기출문제를 과목별로, 시행처와 시행연도별로 깔끔하게 정리하여 담고 문제마다 상세한 해설과 함께 관련 이론을 수록한 군더더기 없는 구성으로 기출문제집 본연의 의미를 살리고자 하였다.

수험생은 본서를 통해 변화하는 출제경향을 파악하고 학습의 방향을 잡아 단기간에 최대의 학습효과를 거둘 수 있을 것이다.

9급 공무원 시험의 경쟁률이 해마다 점점 더 치열해지고 있다. 이럴 때일수록 기본적인 내용에 대한 탄탄한 학습이 빛을 발한다. 수험생 모두가 자신을 믿고 본서와 함께 끝까지 노력하여 합격의 결실을 맺기를 희망한다.

STRUCTURE

이 책의 특징 및 구성

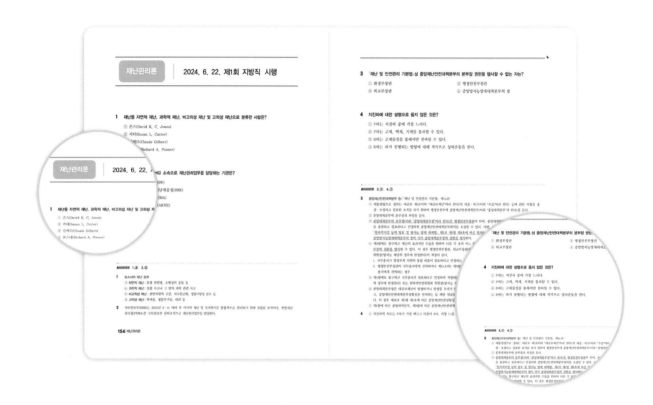

최신 기출문제분석

최신의 최다 기출문제를 수록하여 기출 동향을 파악하고, 학습한 이론을 정리할 수 있습니다. 기출문제들을 반복하여 풀어봄으로써 이전 학습에서 확실하게 깨닫지 못했던 세세한 부분까지 철저하게 파악, 대비하여 실전대비 최종 마무리를 완성하고, 스스로의 학습상태를 점검할 수 있습니다.

상세한 해설

상세한 해설을 통해 한 문제 한 문제에 대한 완전학습을 가능하도록 하였습니다. 정답을 맞힌 문제라도 꼼꼼한 해설을 통해 다시 한 번 내용을 확인할 수 있습니다. 틀린 문제를 체크하여 내가 취약한 부분을 파악할 수 있습니다.

CONTENT
이 책 의 차 례

01 재난관리론

02 안전관리론

01

재난관리론

1 사면의 붕괴방지 대책으로 옳지 않은 것은?

① 사면 선단부를 성토한다.

② 사면 상부의 흙을 제거한다.

③ 표면배수공을 적용하여 지표수를 침투시킨다.

④ 말뚝공법, 앵커공법 등을 적용한다.

2 「재난 및 안전관리 기본법」상 재난관리 단계와 그 주요내용을 바르게 연결한 것은?

① 재난의 예방단계 – 재난현장 긴급통신수단의 마련

② 재난의 대비단계 – 재난관리자원공동활용시스템의 구축·운영

③ 재난의 대응단계 – 특별재난지역 선포 및 지원

④ 재난의 복구단계 – 재난사태 선포

ANSWER 1.③ 2.②

1 ③ 표면배수공을 적용하여 지표수의 침투를 방지한다.
 ※ 사면의 붕괴방지 대책
  ㉠ 사면 선단부 성토
  ㉡ 사면 상부 잔해물 제거
  ㉢ 표면배수공을 설치하여 지표수 침투 방지
  ㉣ 말뚝공법, 앵커공법, 옹벽 또는 낙석 방지공법 등 적용

2 ② 재난관리책임기관의 장은 재난관리를 위하여 필요한 물품, 재산 및 인력 등의 물적·인적자원을 비축하거나 지정하는 등 체계적이고 효율적으로 관리하여야 한다〈「재난 및 안전관리 기본법」 제5장 재난의 대비 제34조(재난관리자원의 관리) 제4항〉.
 ① 동법 제5장 재난의 대비 제34조의2(재난현장 긴급통신수단의 마련)
 ③ 동법 제7장 재난의 복구 제2절 특별재난지역 선포 및 지원
 ④ 동법 제6장 재난의 대응 제36조(재난사태 선포)

3 「재난 및 안전관리 기본법」상 행정안전부장관의 직무에 해당하는 것만을 모두 고르면?

> ㉠ 재난 및 안전관리 사업의 효과성 및 효율성 평가
> ㉡ 재난관리 실태 공시
> ㉢ 국가안전관리기본계획 수립지침 작성

① ㉠
② ㉠, ㉢
③ ㉡, ㉢
④ ㉠, ㉡, ㉢

4 화재의 연소분류 중 액체의 연소에 해당하는 것만을 모두 고르면?

> ㉠ 표면연소 ㉡ 분해연소
> ㉢ 액적연소 ㉣ 증발연소

① ㉠, ㉣
② ㉠, ㉡, ㉢
③ ㉡, ㉢, ㉣
④ ㉠, ㉡, ㉢, ㉣

ANSWER 3.① 4.③

3 ㉠ 행정안전부장관은 매년 재난 및 안전관리 사업의 효과성 및 효율성을 평가하고, 그 결과를 관계 중앙행정기관의 장에게 통보하여야 한다〈「재난 및 안전관리 기본법」제10조의3(재난 및 안전관리 사업에 대한 평가) 제1항〉.

㉡ 시장·군수·구청장(제3호의 경우에는 시·도지사를 포함한다)은 다음 각 호의 사항이 포함된 재난관리 실태를 매년 1회 이상 관할 지역 주민에게 공시하여야 한다〈동법 제33조의3(재난관리 실태 공시 등) 제1항〉.
1. 전년도 재난의 발생 및 수습 현황
2. 제25조의2 제1항에 따른 재난예방조치 실적
3. 제67조에 따른 재난관리기금의 적립 및 집행 현황
4. 제34조의5에 따른 현장조치 행동매뉴얼의 작성·운용 현황
5. 그 밖에 대통령령으로 정하는 재난관리에 관한 중요 사항

㉢ 국무총리는 대통령령으로 정하는 바에 따라 국가의 재난 및 안전관리업무에 관한 기본계획의 수립지침을 작성하여 관계 중앙행정기관의 장에게 통보하여야 한다〈동법 제22조(국가안전관리기본계획의 수립 등) 제1항〉.

4 ㉠ 표면연소는 고체의 연소에 해당한다.

5 국가가뭄정보분석센터에서 제시한 가뭄의 정의에 해당하지 않는 것은?

① 지형학적 가뭄

② 사회경제적 가뭄

③ 수문학적 가뭄

④ 기상학적 가뭄

6 저기압을 중심으로 성질이 서로 다른 대규모의 두 공기 기단이 모여들어 상승함으로써 발생하는 강수의 유형은?

① 선풍형 강수

② 대류형 강수

③ 산악형 강수

④ 열대성 저기압

ANSWER 5.① 6.①

5 국가가뭄정보분석센터에서 제시한 가뭄의 정의와 구분

ⓒ 정의 : 가뭄은 물 공급이 부족한 시기를 일컫는 말로 일반적으로 평균 이하의 강수량이 지속적으로 보이는 지역에서 나타난다. 가뭄은 강수 등의 자연현상이나 인위적 행위에 의해 영향을 받는 물의 공급과 수요 간의 상호작용으로 발생하며 경제적, 환경적 그리고 개개인의 고통 등 사회에 많은 영향을 미친다.

ⓒ 구분 : 가뭄은 여러 가지 기준에 의해 정의되며, 크게 기상학적 가뭄, 농업적 가뭄, 수문학적 가뭄, 사회경제적 가뭄 등 크게 4가지로 분류할 수 있다.

• 기상학적 가뭄 : 주어진 기간의 강수량이나 무강수 계속일수 등으로 정의하며 기상현상의 영향을 직접적으로 표현하는 가뭄

• 농업적 가뭄 : 농업에 영향을 주는 가뭄을 언급한 것으로 농작물 생육에 직접 관계되는 토양수분으로 표시

• 수문학적 가뭄 : 물 공급에 초점을 맞추고 하천유량, 저수지, 지하수 등 가용수자원의 양으로 정의한 가뭄

• 사회경제적 가뭄 : 다른 측면의 가뭄을 모두 고려한 넓은 범위의 가뭄정의로 경제재(물)의 수요와 공급을 기상학적, 수문학적 그리고 농업적 가뭄의 요소와 관련시켜 정의

6 저기압을 중심으로 성질이 서로 다른 대규모의 두 공기 기단이 모여들어 상승함으로써 발생하는 강수의 유형은 선풍형 강수이다.

② 대류성 강수 : 맑은 여름날 지표의 복사열로 국지적으로 대기 하부층의 공기가 가열되어 높이 상승할 때 내리는 비

③ 산악형(또는 지형형) 강수 : 고온 다습한 공기가 산지를 넘을 때 상승하는 쪽에서 내리는 비

④ 열대성 저기압 : 적도 부근의 열대 해상에서 발원하는 열대성 저기압으로, 중심부에서 상승 기류가 발생하면서 내리는 비를 저기압성 강우라고 한다.

※ 이 외의 강수 유형으로 서로 성질이 다른 두 기단이 만나 형성되는 전선을 따라 내리는 비인 전선형 강수가 있다.

7 「재난 및 안전관리 기본법」상 재난분야 위기관리 매뉴얼에 대한 설명으로 옳지 않은 것은? (기출변형)

① 행정안전부장관은 재난유형별 위기관리 매뉴얼의 작성 및 운용기준을 정하여 재난관리책임기관의 장에게 통보할 수 있다.

② 재난관리주관기관의 장이 작성한 위기관리 표준매뉴얼은 행정안전부장관의 승인을 받아 이를 확정하고, 위기대응 실무매뉴얼과 연계하여 운용하여야 한다.

③ 시장·군수·구청장이 통합하여 작성한 위기대응 실무매뉴얼과 현장조치 행동매뉴얼에 대하여는 행정안전부장관의 승인을 받아야 한다.

④ 행정안전부장관은 재난관리업무를 효율적으로 하기 위하여 대통령령으로 정하는 바에 따라 위기관리에 필요한 매뉴얼 표준안을 연구·개발하여 보급할 수 있다.

8 우리나라의 홍수피해 유발요인에 대한 설명으로 옳지 않은 것은?

① 대부분의 하천은 유로연장이 짧고 경사가 급하여 홍수잠재력을 증가시킨다.

② 토사유출이 심하여 하상퇴적으로 인한 하천의 통수단면 저하를 초래하기도 한다.

③ 산지 및 산림지대는 피복토가 얇고 수분함유량이 적어 풍화, 침식 등으로 산사태를 유발하기도 한다.

④ 건조기와 우기의 강우량 차이가 크고 하천유량의 변동이 커서 하상계수가 작다.

ANSWER 7.③ 8.④

7 ③ 재난관리주관기관의 장은 소관 분야 재난유형의 위기대응 실무매뉴얼 및 현장조치 행동매뉴얼을 조정·승인하고 지도·관리를 하여야 하며, 소관분야 위기관리 매뉴얼을 새로이 작성하거나 변경한 때에는 이를 행정안전부장관에게 통보하여야 한다「재난 및 안전관리 기본법」제34조의5(재난분야 위기관리 매뉴얼 작성·운용) 제6항).
① 동법 제34조의5 제2항
② 동법 제34조의5 제3항
④ 동법 제34조의5 제9항 전단

8 ④ 하상계수는 한 하천의 어떤 지점에서 1년 또는 여러 해 동안의 최대 유량을 최소 유량으로 나눈 비율로, 수치가 클수록 유량의 변동이 크고 불안정한 것을 의미한다. 우리나라는 여름철에 강수량이 집중하여 월별 유량 변동이 매우 크고 다른 나라의 하천들에 비해 하상계수가 매우 크다.

9 홍수와 수자원 관리를 위해 필요한 수문곡선의 구성 요소로만 묶은 것은?

① 첨두유량, 직접유출, 지체시간　　　　② 손실수두, 직접유출, 지체시간

③ 첨두유량, 기저유출, 조도계수　　　　④ 손실수두, 기저유출, 조도계수

10 다음에서 설명하는 것은?

> 재난으로부터의 충격이나 사회적 기능의 단절을 흡수할 수 있는 능력을 의미하며, 시스템 기능이 유지되는 범위를 나타내는 내구성(Robustness)과 시스템 운영 및 생산성이 회복되는 시간인 신속성(Rapidity) 등으로 구성되어 있다.

① Hazard

② Exposure

③ Vulnerability

④ Resilience

9 수문곡선은 유량의 변화와 시간적 과정을 나타내는 그래프로, 수문곡선의 구성은 다음 그림과 같이 나타낼 수 있다. 수문곡선의 주요 구성 요소로는 상승부곡선, 첨두유량, 감수곡선, 직접유출, 지체시간 등이 있다.

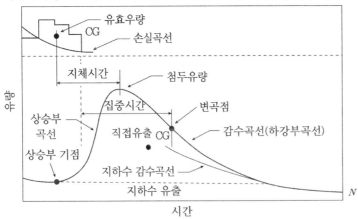

10 Resilience는 'to jump back'이란 뜻을 가진 라틴어 'Resiliere'를 어원으로 하는 단어로, 이전 상태로 돌아가는 능력을 말한다. 재난으로부터의 충격이나 사회적 기능의 단절을 흡수할 수 있는, 즉 스트레스나 충격이 가해진 상황에서 적응하고 회복하는 능력이라고 할 수 있다. Resilience를 강화하기 위한 요소로서 내구성, 대체성, 신속성, 자원동원력 등이 강조된다.

11 「자연재해대책법 시행령」상 내진설계기준의 설정대상 시설에 해당하지 않는 것은? (단, 관계 중앙행정기관의 장이 정하는 시설을 전제로 함)

① 「전기사업법」 제2조제16호에 따른 전기설비 중 송전·배전시설
② 「국토의 계획 및 이용에 관한 법률」 제2조제9호에 따른 공동구
③ 「항만법」 제2조제5호에 따른 항만시설
④ 「농어업재해대책법」 제2조제12호에 따른 어업용 시설

12 고도신뢰이론(High Reliability Theory)의 전략에 해당하는 것은?

① 누적성 전략
② 인지성 전략
③ 복잡성 전략
④ 가외성 전략

ANSWER 11.② 12.④

11 내진설계기준의 설정대상 시설〈「자연재해대책법 시행령」 제22조의7〉 … 법 제26조의4 제1항 각 호 외의 부분에서 "대통령령으로 정하는 시설"이란 다음의 시설 중 관계 중앙행정기관의 장이 정하는 시설을 말한다.
1. 「건축법」 제2조에 따른 건축물
2. 「공항시설법」 제2조 제7호에 따른 공항시설 중 항공기의 이륙·착륙 및 여객·화물의 운송을 위한 시설
3. 「도로법 시행령」 제2조 제2호에 따른 교량
4. 「전기사업법」 제2조 제16호에 따른 전기설비 중 송전·배전시설
5. 「항만법」 제2조 제5호에 따른 항만시설
6. 「농어업재해대책법」 제2조 제10호·제11호 및 제12호에 따른 농업용 시설, 임업용 시설 및 어업용 시설

12 고도신뢰이론(High Reliability Theory)은 사고 예방이 가능하다는 전제 아래, 복잡성과 꽉 짜인 체계에서 사고 발생 가능성을 낮출 수 있는 조직의 전략을 발전시킬 수 있다고 본다. 따라서 사고는 예방할 수 있으며 조직의 안전에 관한 신뢰도도 높일 수 있다는 것이 고도신뢰이론의 핵심이다. 고도신뢰이론의 위기관리 전략으로는 가외성(redundancy) 전략, 의사결정 분권화(de-centralization) 전략, 관점의 유연화(conceptual slacks) 전략, 조직 학습(organization learning) 전략 등이 있다.
㉠ 가외성 전략 : 만약 한 부분이나 한 개인이 실패를 한다면 다른 부문이나 다른 조직원이 이를 보완
㉡ 의사결정 분권화 전략 : 의사결정을 분권화하여 문제발생 지점으로부터 가장 근접해 있는 부서가 문제해결을 담당토록 하여 신속한 문제해결을 추구
㉢ 관점의 유연화 전략 : 다양한 이론을 조직의 기술과 생산과정에서 동시에 수용하고, 긴밀한 토론과 협상을 거친 이후에 조직의 최종 행동양식을 결정
㉣ 조직 학습 전략 : 학습과정을 통해서 신뢰도가 높은 성취를 이루게 되는 것을 기대

13 재난관리방식 중 통합관리 방식에 대한 설명으로 옳지 않은 것은?

① 재난에 대한 인지능력이 강력하고 종합적이다.

② 모든 재난에 대한 관리책임과 과도한 부담 가능성이 있다.

③ 실효성 있는 현장대응이 가능하다.

④ 정보의 전달이 다원화되어 있다.

14 재난 및 안전관리 기본법령상 재난취약시설 보험·공제에 대한 설명으로 옳지 않은 것은? (기출변형)

① 행정안전부장관은 가입의무자의 보험 또는 공제의 가입관리 업무를 위하여 필요한 경우 대통령령으로 정하는 바에 따라 중앙행정기관의 장 또는 지방자치단체의 장에게 행정적 조치를 하도록 요청할 수 있다.

② 행정안전부장관은 보험·공제 가입관리 업무의 효율적인 수행을 위하여 필요한 경우 보험 또는 공제 관련 통합 정보시스템을 구축·운영할 수 있다.

③ 재난취약시설 보험·공제 가입대상시설의 소유자와 점유자가 다른 경우 가입대상시설의 소유자가 재난 관련 보험·공제에 가입하여야 한다.

④ 국가는 예산의 범위에서 대통령령으로 정하는 바에 따라 보험료와 공제회비의 일부, 보험·공제의 운영과 관리 등에 필요한 비용의 일부를 지원할 수 있다.

....

ANSWER 13.④ 14.③

13 ④ 통합관리 방식은 일원화된 재난대응체계를 확보해 재난발생 시 현장 대응능력을 향상시키고 신속·정확한 의사결정과 체계적인 재난관리를 확보하고자 한다.

14 ③ 재난취약시설 보험·공제 가입대상시설의 소유자와 점유자가 다른 경우 가입대상시설의 점유자가 재난취약시설 보험·공제에 가입하여야 한다.

　　※ 재난취약시설 보험·공제의 보상한도액 등〈「재난 및 안전관리 기본법 시행령」 제84조의6 제2항〉… 법 제76조의5 제2　항에 따라 보험 또는 공제에 가입해야 하는 자(이하 이 조 및 제84조의7에서 "가입의무자"라 한다)는 다음 각 호의　구분에 따른다.

　　1. 가입대상시설의 소유자와 점유자가 동일한 경우 : 소유자

　　2. 가입대상시설의 소유자와 점유자가 다른 경우 : 점유자

　　3. 소유자 또는 점유자와의 계약에 따라 가입대상시설에 대한 관리책임과 권한을 부여받은 자(이하 "관리자"라 한다)가 있거나 다른 법령에 따라 관리자로 규정된 자가 있는 경우 : 관리자

15 재난 및 안전관리 기본법령상 재난원인조사에 대한 설명으로 옳지 않은 것은? (기출변형)

① 행정안전부장관은 재난원인조사가 필요하다고 인정하는 경우 직접 재난원인조사를 실시하거나, 재난관리책임기관의 장으로 하여금 재난원인조사를 실시하고 그 결과를 제출하게 할 수 있다.

② 재난원인조사는 예비조사와 본조사로 구분하여 실시할 수 있다.

③ 정부합동 재난원인조사단은 재난원인조사를 완료한 날부터 3개월 이내에 조사결과보고서 작성을 완료하여 이를 행정안전부장관에게 보고하여야 한다.

④ 행정안전부장관은 재난원인조사를 위하여 필요하면 관계 기관의 장에게 소속직원의 파견, 관계 서류의 열람 및 자료제출 등의 요청을 할 수 있다.

16 재난 및 안전관리 기본법령상 안전책임관에 대한 설명으로 옳지 않은 것은? (기출변형)

① 국가기관과 지방자치단체의 장은 재난 및 안전관리업무를 총괄하는 안전책임관 및 담당직원을 소속 공무원 중에서 임명할 수 있다.

② 국가기관과 지방자치단체의 장은 필요한 경우에는 안전책임관을 여러 명 임명할 수 있다.

③ 안전책임관은 해당 기관의 재난 및 안전관리업무와 관련하여 재난 및 안전관리와 관련된 교육·훈련에 관한 사항을 담당한다.

④ 국가기관과 지방자치단체의 장이 임명한 안전책임관을 해임하거나 변경하였을 때에는 행정안전부장관의 승인을 얻어야 한다.

ANSWER 15.③ 16.④

15 ③ 재난원인조사단은 법 제69조 제3항에 따라 이 조 제6항에 따른 조사결과보고서 작성을 완료한 날부터 3개월 이내에 그 결과를 조정위원회에 보고하여야 한다〈「재난 및 안전관리 기본법 시행령」 제75조의3(재난원인조사 등) 제9항〉.

16 ④ 해당 기관의 장이 안전책임관을 임명 또는 변경하였을 때에는 그 사실을 행정안전부장관에게 통보하여야 한다〈「재난 및 안전관리 기본법 시행령」 제83조의6(안전책임관의 임명 및 운영) 제3항〉.

17 「자연재해대책법」상 자연재해위험개선지구에 대한 설명으로 옳지 않은 것은?

① 시장·군수·구청장은 지정된 자연재해위험개선지구를 관할하는 군부대에 대해 행정안전부령으로 정하는 바에 따라 재해 예방에 필요한 한도에서 점검·정비 등 필요한 조치를 할 것을 요청할 수 있다.

② 행정안전부장관은 자연재해위험개선지구의 지정이 필요함에도 불구하고 시장·군수·구청장이 이를 지정하지 않는 경우, 직권으로 해당 지역을 자연재해위험개선지구로 지정·고시할 수 있다.

③ 특별자치시장은 지정된 자연재해위험개선지구에 대하여 정비 방향의 지침이 될 자연재해위험개선지구 정비계획을 5년마다 수립하고 행정안전부장관에게 제출하여야 한다.

④ 자연재해위험개선지구 정비사업 실시계획을 공고한 경우에는 「공익사업을 위한 토지 등의 취득 및 보상에 관한 법률」에 따른 사업인정 및 사업인정의 고시를 한 것으로 본다.

18 화재에 노출된 콘크리트의 특성에 대한 설명으로 옳지 않은 것은?

① 화재 시 온도가 상승하면 콘크리트의 압축강도가 저하된다.

② 화재 시 온도가 상승하면 콘크리트의 탄성계수가 증가되어 보와 바닥판의 처짐이 증가한다.

③ 화재시의 급격한 온도상승으로 콘크리트 내부의 수증기압이 증가하여 콘크리트 인장강도를 초과하면 폭렬을 일으킬 수 있다.

④ 낮은 온도에 녹는 폴리프로필렌을 이용하여 콘크리트 내부의 수증기압이 빠져나갈 수 있는 통로를 만들어 폭렬을 예방할 수 있다.

ANSWER 17.② 18.②

17 ② 행정안전부장관 및 시·도지사는 제1항에 따른 자연재해위험개선지구의 지정이 필요함에도 불구하고 시장·군수·구청장이 자연재해위험개선지구로 지정하지 아니하는 경우에는 해당 지역을 자연재해위험개선지구로 지정·고시하도록 권고할 수 있다. 이 경우 시장·군수·구청장은 특별한 사유가 없는 한 이에 따라야 한다〈「자연재해대책법」 제12조(자연재해위험개선지구의 지정 등) 제6항〉.

18 ② 화재 시 온도가 상승하면 콘크리트의 탄성계수가 감소되어 보와 바닥판의 처짐이 증가한다.

19 재해구호법령상 구호에 대한 설명으로 옳지 않은 것은?

① 구호기관은 구호를 하기 위하여 특별히 필요하다고 인정하면 타인 소유의 토지 또는 건물 등을 사용할 수 있다.

② 장사(葬事)의 지원에 있어 재해로 사망한 사람의 연고자(緣故者)가 있는 경우에는 행정안전부장관이 정하여 고시하는 기준에 따라 연고자에게 장례비를 지급한다.

③ 구호기관은 이재민에게 현금을 지급하여 구호할 수 없다.

④ 구호기간은 이재민의 피해정도 및 생활정도 등을 고려하여 6개월 이내로 하나, 구호기관이 이재민의 주거안정을 위하여 필요하다고 인정하는 경우에는 구호기간을 연장할 수 있다.

20 「지진·화산재해대책법」상 지진위험지도에 대한 설명으로 옳지 않은 것은?

① 행정안전부장관은 내진설계 등에 활용하기 위하여 국가지진위험지도를 제작하여 공표할 수 있다.

② 행정안전부장관은 국가지진위험지도를 공표한 날부터 5년마다 그 타당성을 검토하여 필요한 경우에는 이를 변경할 수 있다.

③ 행정안전부장관은 국가지진위험지도 작성에 활용하기 위하여 지질 및 지반조사 자료를 통합·관리할 수 있다.

④ 행정안전부장관이 지역지진위험지도를 제작하려면 시·도지사등과 협의하여야 하며, 지역지진위험지도가 제작된 경우에는 이를 시·도지사등에게 통지하여야 한다.

ANSWER 19.③ 20.④

19 ③ 구호기관은 필요하다고 인정하면 이재민에게 현금을 지급하여 구호할 수 있다〈「재해구호법」 제4조(구호의 종류 등) 제2항〉.
① 동법 제9조(토지 또는 건물 등의 사용) 제1항
② 동법 시행령 제2조(구호의 방법 등) 제1항 제1호 가목
④ 동법 시행령 제3조(구호기간)

20 ④ 행정안전부장관이 국가지진위험지도를 제작하거나 변경하려면 관계 중앙행정기관의 장과 협의하여야 하며, 국가지진위험지도가 제작되거나 변경된 경우에는 이를 관계 중앙행정기관의 장에게 통지하여야 한다〈「지진·화산재해대책법」 제12조(국가지진위험지도의 제작·활용 등) 제3항〉.
※ 시·도지사등은 관할 구역에 대한 지역지진위험지도를 제작·활용할 수 있다〈동법 제12조 제5항〉.

1 다음에서 설명하는 재난관리의 원칙은?

> 효율적인 재난 대응을 위해서는 다양한 대응요소를 통합하고, 집중 운용할 수 있는 단일 지휘통제가 중요하므로, 중앙에서 지방 재난 현장까지의 상·하 기관과 관련 유관기관 등을 통합·운영하여 조정·통제할 수 있는 시스템 확립이 필요하다.

① 현장중심의 원칙

② 지휘통일의 원칙

③ 정보공유의 원칙

④ 상호협력의 원칙

ANSWER 1.②

1 제시된 내용은 재난관리에 있어 단일 지휘통제를 강조하는 지휘통일의 원칙에 대한 설명이다.

※ 재난관리의 원칙

ⓐ 사전대비의 원칙 : 재난은 관리가 가능하다는 인식하에 단계적인 대비 및 대응을 통한 체계적인 관리가 필요

ⓑ 현장중심의 원칙 : 재난대응 최적기는 재난의 초기단계로, 피해 최소화를 위해 사고현장의 가용한 수단을 이용한 초기진압이 중요

ⓒ 지휘통일의 원칙 : 효율적인 재난 대응을 위해 다양한 대응요소를 통합하고, 집중 운용

ⓓ 정보공유의 원칙 : 정확한 재난 정보를 바탕으로 적합한 대응요소를 효과적으로 활용하기 위해 관련 기관들의 정보 교류

ⓔ 상호협력의 원칙 : 모든 대응요소들이 협력된 가운데 합동 대응

2 데이비드 존스(David K. C. Jones)의 재난분류와 재난의 연결이 옳지 않은 것은?

① 지질학적 재난 – 지진

② 지형학적 재난 – 산사태

③ 기상학적 재난 – 온난화 현상

④ 준자연재난 – 눈사태

3 다음 용어에 대한 설명으로 ㉠, ㉡에 들어갈 내용은?

구분	설명
(㉠)	어떤 나쁜 일이 일어날 가능성
(㉡)	물리적, 감성적, 정신적으로 쉽게 상처 또는 영향을 받거나, 공격받을 가능성

	㉠	㉡
①	Hazard	Vulnerability
②	Risk	Vulnerability
③	Hazard	Resilience
④	Risk	Resilience

ANSWER 2.③ 3.②

2 ③ 온난화 현상은 준자연재난에 해당한다.

※ 데이비드 존스의 재난분류

재난				준자연재난	인적재난
자연재난				• 스모그	• 공해
지구물리학적 재난			생물학적 재난	• 온난화	• 광화학 연무
지질학적 재난	지형학적 재난	기상학적 재난	• 세균 질병	• 사막화	• 폭동
• 지진	• 산사태	• 안개	• 유독식물	• 염수화	• 교통사고
• 화산	• 염수토양 등	• 눈	• 유독동물 등	• 눈사태	• 폭발사고
• 쓰나미 등		• 해일		• 홍수	• 전쟁 등
		• 번개		• 토양침식 등	
		• 토네이도/폭풍/ 태풍			
		• 이상기온			
		• 가뭄 등			

3 ㉠은 Risk(위험성), ㉡은 Vulnerability(취약성)에 대한 설명이다. Hazard는 위해성, Resilience는 회복성을 말한다.

4 재난경감대책을 구조적 경감과 비구조적 경감으로 구분하는 경우, 비구조적 경감 대책은?

① 하천 정비

② 제방 건설

③ 보험 가입

④ 저수지 보강

5 화재현상에 대한 설명으로 ㉠, ㉡에 들어갈 내용은?

구분	설명
(㉠)	화재의 초기 단계에서 연소물로부터 가연성 가스가 천장 부근에 모이고 그것이 일시에 인화하여 폭발적으로 실내 전체에 불꽃이 도는 현상
(㉡)	연소에 필요한 산소가 부족하여 훈소상태에 있는 실내에서 산소가 갑자기 다량 공급될 때 가연성가스가 순간적으로 폭발하듯 연소하는 현상

	㉠	㉡
①	플래시오버	백드래프트
②	백드래프트	플래시오버
③	백드래프트	훈소화재
④	플래시오버	훈소화재

ANSWER 4.③ 5.①

4 재난경감대책에는 재난 유형별 예방대책이 포함되며, 이의 실행을 위한 구조적 경감 대책(기술적 측면) 및 기관이 해야 할 기본 지침이나 규정과 같은 비구조적 경감 대책(관리 및 제도적 측면)도 포함되어야 한다.

①②④는 구조적 경감 대책, ③은 비구조적 경감 대책이다.

※ **구조적·비구조적 대책**〈「재난관리기준」 제10조〉 ··· 재난유형 및 재난상황에 따라 재난관리기관에서 추진하여야 할 다음 각 호의 구조적·비구조적 경감대책을 제시하여야 한다.

1. 구조적 대책

가. 재난취약지역 및 시설 등 분야별 점검 및 관리대상 선정

나. 재난취약지역 및 시설에 대한 보수·보강·정비사업 등에 대한 대책

다. 각종 안전시설의 정비 및 보수·보강대책 등

2. 비구조적 대책

가. 재난취약지역, 시설의 지정관리를 위한 기준마련

나. 재난 대처능력 제고를 위한 교육·훈련에 관한 사항

다. 관련법령, 제도개선 및 정비에 관한 사항

5 ㉠은 플래시오버, ㉡은 백드래프트에 대한 설명이다.

※ **훈소화재** ··· 훈소(薰燒, smoldering)는 작은 구멍이 많은(다공성) 가연성 물질의 내부에서 주로 발생하는 것으로, 화염이 없이 백열과 연기를 내는 연소로 인한 화재를 말한다.

6 「재난 및 안전관리 기본법」상 재난의 복구비용에 대한 설명으로 옳지 않은 것은?

① 시장·군수·구청장은 응급조치를 위해 다른 시·군·구의 장에게 인력·장비·자재 등 필요한 응원을 요청할 수 있으며, 이 경우 응원 요청을 받은 자는 그 응원에 드는 비용을 부담하여야 한다.

② 시·도지사나 시장·군수·구청장이 다른 재난관리책임기관이 시행할 재난의 응급조치를 시행한 경우 그 비용은 그 응급조치를 시행할 책임이 있는 재난관리책임기관이 부담한다.

③ 지방자치단체의 장은 재난의 신속한 구호 및 복구를 위하여 필요하다고 판단되면 재난의 구호 및 복구를 위하여 지원하는 비용 중 대통령령으로 정하는 항목에 대해서는 복구계획 수립 전에 미리 지급할 수 있다.

④ 국가와 지방자치단체는 부정한 방법으로 복구비등을 받은 자에 대하여는 행정안전부령이 정하는 바에 따라 그 받은 복구비등을 반환하도록 명하여야 한다.

7 「재난 및 안전관리 기본법」상 재난관리책임기관에 해당하지 않는 것은?

① 재난관리업무를 하는 중앙행정기관 및 지방자치단체(「제주특별자치도 설치 및 국제자유도시 조성을 위한 특별법」에 따른 행정시 포함)

② 지방행정기관·공공기관·공공단체(공공기관 및 공공단체의 지부 등 지방조직 포함)로서 대통령령으로 정하는 기관

③ 재난관리의 대상이 되는 중요시설의 관리기관으로서 대통령령으로 정하는 기관

④ 긴급구조에 필요한 인력·시설 및 장비, 운영체계 등 긴급구조능력을 보유한 기관으로서 대통령령으로 정하는 기관

ANSWER 6.① 7.④

6 ① 시장·군수·구청장은 응급조치를 하기 위하여 필요하면 다른 시·군·구나 관할 구역에 있는 군부대 및 관계 행정기관의 장, 그 밖의 민간기관·단체의 장에게 재난관리자원의 지원 등 필요한 응원(應援)을 요청할 수 있다. 이 경우 응원을 요청 받은 군부대의 장과 관계 행정기관의 장은 특별한 사유가 없으면 요청에 따라야 한다〈「재난 및 안전관리 기본법」 제44조 (응원) 제1항〉. 제44조 제1항, 제46조 또는 제48조 제1항에 따라 응원을 받은 자는 그 응원에 드는 비용을 부담하여야 한다.〈동법 제63조(응급지원에 필요한 비용) 제1항〉.

② 동법 제62조(비용 부담의 원칙) 제1항 후단

③ 동법 제66조의2(복구비 등의 선지급) 제1항

④ 동법 제66조의3(복구비등의 반환) 제1항 제1호

7 ④ 긴급구조지원기관에 해당한다.

※ 재난관리책임기관〈「재난 및 안전관리 기본법」 제3조(정의) 제5호〉 … 재난관리책임기관이란 재난관리업무를 하는 다음 각 목의 기관을 말한다.

　　가. 중앙행정기관 및 지방자치단체(「제주특별자치도 설치 및 국제자유도시 조성을 위한 특별법」 제10조 제2항에 따른 행정시를 포함한다)

　　나. 지방행정기관·공공기관·공공단체(공공기관 및 공공단체의 지부 등 지방조직을 포함한다) 및 재난관리의 대상이 되는 중요시설의 관리기관 등으로서 대통령령으로 정하는 기관

8 자연재해대책법령상 풍수해의 예방 및 대비에 대한 설명으로 옳지 않은 것은? (기출변형)

① 수방기준 중 시설물의 수해 내구성을 강화하기 위한 수방기준은 관계 중앙행정기관의 장이 정하고, 지하 공간의 침수를 방지하기 위한 수방기준은 행정안전부장관이 관계 중앙행정기관의 장과 협의하여 정한다.

② 특별시장·광역시장·특별자치시장·특별자치도지사 및 시장·군수는 관할구역의 지역특성 등을 고려하여 우수의 침투, 저류 또는 배수를 통한 재해의 예방을 위하여 우수유출저감대책을 5년마다 수립하여야 한다.

③ 재난관리책임기관의 장은 풍수해에 의한 재해 발생 우려 시설 및 지역에 대하여 매년 2월에서 4월 중 2회 이상 정기점검을 하여야 한다.

④ 행정안전부장관은 기후변화에 따른 재해에 선제적이고 효과적으로 대응하기 위하여 미래 기간별·지역별로 예측되는 기온, 강우량, 풍속 등을 바탕으로 방재기준 가이드라인을 정하고, 재난관리책임기관의 장에게 이를 적용하도록 권고할 수 있다.

9 「재난 및 안전관리 기본법」상 안전정책조정위원회에 대한 설명으로 옳지 않은 것은?

① 안전정책조정위원회의 위원장은 국무총리가 된다.

② 안전정책조정위원회에 간사위원 1명을 두며, 간사위원은 행정안전부의 재난안전관리사무를 담당하는 본부장이 된다.

③ 안전정책조정위원회의 위원장은 중앙안전관리위원회 또는 안전정책조정위원회에서 심의·조정된 사항에 대한 이행상황을 점검하고, 그 결과를 중앙안전관리위원회에 보고할 수 있다.

④ 안전정책조정위원회의 업무를 효율적으로 처리하기 위하여 안전정책조정위원회에 실무위원회를 둘 수 있다.

ANSWER 8.③ 9.①

8 ③ 「재난 및 안전관리 기본법」 제3조 제5호에 따른 재난관리책임기관의 장은 제1항에 따른 점검 대상 시설 및 지역에 대하여 연중 2회 이상의 수시점검과 다음 각 호의 방법에 따른 정기점검을 하여야 한다〈「자연재해대책법 시행령」 제2조(재해예방 점검 대상 시설·지역 및 점검 방법 등) 제2항〉.
  1. 풍수해에 의한 재해 발생 우려 시설 및 지역 : 매년 3월에서 5월 중 1회 이상 점검
  2. 설해(雪害)에 의한 재해 발생 우려 시설 및 지역 : 매년 11월에서 다음 해 2월 중 1회 이상 점검

9 ① 조정위원회의 위원장은 행정안전부장관이 되고, 위원은 대통령령으로 정하는 중앙행정기관의 차관 또는 차관급 공무원과 재난 및 안전관리에 관한 지식과 경험이 풍부한 사람 중에서 위원장이 임명하거나 위촉하는 사람이 된다〈「재난 및 안전관리 기본법」 제10조(안전정책조정위원회) 제2항〉.
  ② 동법 제10조 제3항
  ③ 동법 제10조 제6항
  ④ 동법 제10조 제4항

10 「자연재해대책법」상 대설로 인하여 재해를 입을 우려가 있어 내설(耐雪)설계기준을 정하고 그 이행을 감독하여야 하는 대상이 아닌 것은?

① 「건축법」에 따른 건축물
② 「관광진흥법」에 따른 유원시설
③ 「댐건설 및 주변지역지원 등에 관한 법률」에 따른 댐
④ 「항만법」에 따른 항만시설

11 위기징후와 관련된 현상이 나타나고 있으나 그 활동수준이 낮아 국가위기로 발전될 가능성이 낮은 상태를 의미하는 위기경보 단계는?

① 관심경보   ② 주의경보
③ 경계경보   ④ 심각경보

ANSWER 10.③ 11.①

10 내설설계기준의 설정〈「자연재해대책법」 제26조의4 제1항〉 ··· 관계 중앙행정기관의 장은 대설로 인하여 재해를 입을 우려가 있는 다음 각 호의 시설 중 대통령령으로 정하는 시설에 대하여 관계 법령 등에 내설(耐雪)설계기준을 정하고 그 이행을 감독하여야 한다.
1. 「건축법」에 따른 건축물
2. 「공항시설법」에 따른 공항시설
3. 「관광진흥법」에 따른 유원시설
4. 「도로법」에 따른 도로
5. 「국토의 계획 및 이용에 관한 법률」에 따른 도시 · 군계획시설
6. 「궤도운송법」에 따른 삭도시설
7. 「옥외광고물 등의 관리와 옥외광고산업 진흥에 관한 법률」에 따른 옥외광고물
8. 「전기사업법」에 따른 전기설비
9. 「항만법」에 따른 항만시설
10. 「철도산업발전 기본법」에 따른 철도 및 철도시설
11. 「도시철도법」에 따른 도시철도 및 도시철도시설
12. 「농어업재해대책법」에 따른 농업용 시설, 임업용 시설 및 어업용 시설
10. 그 밖에 대통령령으로 정하는 시설

11 위기경보는 재난 피해의 전개 속도, 확대 가능성 등 재난상황의 심각성을 종합적으로 고려하여 관심 · 주의 · 경계 · 심각으로 구분한다.
㉠ 관심경보 : 위기징후와 관련된 현상이 나타나고 있으나 그 활동수준이 낮아서 국가 위기로 발전할 가능성이 적은 수준
㉡ 주의경보 : 위기징후가 비교적 많아서 국가위기로 발전할 수 있는 일정 수준의 경향이 나타나는 상태
㉢ 경계경보 : 위기징후 현상이 매우 포착돼 국가위기로 발전할 가능성이 농후한 수준
㉣ 심각경보 : 위기징후가 너무 많아 국가위기 발생이 확실한 상태

12 태풍에 관한 사피어-심슨(Saffir-Simpson) 스케일에서 ㉠, ㉡에 들어갈 내용은?

범주	풍속(mph)	영향
1	(㉠)	건물에는 피해가 없다. 주로 고정되지 않은 이동주택, 관목 및 나무 피해
2	(㉡)	일부 건물의 지붕, 문, 창문의 피해 식물, 이동주택, 교각에 상당한 피해

	㉠	㉡
①	74~95	96~110
②	96~110	111~130
③	111~130	131~155
④	155~160	161~210

ANSWER 12.①

12 사피어-심슨 스케일(Saffir-Simpson Scale)

범주	중심기압 (Central pressure)	풍속(MPH)	파고(feet)	피해
1	>980mb	74-95	4-5	Minimal
2	979-965mb	96-100	6-8	Moderate
3	964-945mb	111-130	9-12	Extensive
4	944-920mb	131-155	13-18	Extreme
5	<920mb	>155	>18	Catastrophic(재앙)

13 중첩화, 분권화, 몰입감 및 책임성 강화의 전략적 효과를 나타내는 재난관리조직의 구조적 속성은?

① 통합성　　　　　　　　　　　② 유기성

③ 학습성　　　　　　　　　　　④ 협력성

14 「재난 및 안전관리 기본법」상 중앙 및 지역사고수습본부에 대한 설명으로 옳은 것만을 모두 고르면?

> ㉠ 재난관리책임기관의 장은 재난이 발생하거나 발생할 우려가 있는 경우에는 재난상황을 효율적으로 관리하고 재난을 수습하기 위한 중앙사고수습본부를 신속하게 설치·운영하여야 한다.
> ㉡ 중앙사고수습본부장은 지역사고수습본부를 운영할 수 있으며, 지역사고수습본부의 장은 지방자치단체장의 동의를 얻어 중앙사고수습본부장이 임명한다.
> ㉢ 중앙사고수습본부장은 재난정보의 수집·전파, 상황관리, 재난발생 시 초동조치 및 지휘 등을 위한 수습본부상황실을 설치·운영하여야 한다.
> ㉣ 중앙사고수습본부장은 재난을 수습하기 위하여 필요하면 관계 재난관리책임기관의 장에게 행정상 및 재정상의 조치, 소속 직원의 파견, 그 밖에 필요한 지원을 요청할 수 있다.

① ㉠, ㉡　　　　　　　　　　　② ㉠, ㉣

③ ㉡, ㉢　　　　　　　　　　　④ ㉢, ㉣

ANSWER 13.② 14.④

13 재난관리조직의 구조적 속성에 따른 전략적 효과

구조적 속성	전략적 효과
통합성	• 통합화, 효율화, 체계화 • 중재적 기능
유기성	• 중첩화, 분권화, 몰입감 • 책임성 강화 • 의사소통 활성화
학습성	• 지식기반 확충 • 상황 변화에 대한 대응력 향상
협력성	• 수평적 협력 및 복합적 관리 지향 • 외적 협력 네트워크 구축

14 ㉠ 재난관리주관기관의 장은 재난이 발생하거나 발생할 우려가 있는 경우에는 대통령령으로 정하는 바에 따라 재난상황을 효율적으로 관리하고 재난을 수습하기 위한 중앙사고수습본부(이하 "수습본부"라 한다)를 신속하게 설치·운영하여야 한다〈「재난 및 안전관리 기본법」 제15조의2(중앙 및 지역사고수습본부) 제1항〉.
㉡ 수습본부장은 지역사고수습본부를 운영할 수 있으며, 지역사고수습본부의 장은 수습본부장이 지명한다〈동법 제15조의2 제6항〉.
㉢ 동법 제15조의2 제4항 전단
㉣ 동법 제15조의2 제5항 전단

15 제3급감염병이 아닌 것은? (기출변형)

① 풍진
② 브루셀라증
③ 쯔쯔가무시증
④ 레지오넬라증

---

15 「감염병의 예방 및 관리에 관한 법률」 제2조(정의)

구분	정의 및 질환
제1급감염병	• 생물테러감염병 또는 치명률이 높거나 집단 발생의 우려가 커서 발생 또는 유행 즉시 신고하여야 하고, 음압격리와 같은 높은 수준의 격리가 필요한 감염병 • 다만, 갑작스러운 국내 유입 또는 유행이 예견되어 긴급한 예방·관리가 필요하여 질병관리청장이 보건복지부장관과 협의하여 지정하는 감염병을 포함 • 에볼라바이러스병, 마버그열, 라싸열, 크리미안콩고출혈열, 남아메리카출혈열, 리프트밸리열, 두창, 페스트, 탄저, 보툴리눔독소증, 야토병, 신종감염병증후군, 중증급성호흡기증후군(SARS), 중동호흡기증후군(MERS), 동물인플루엔자인체감염증, 신종인플루엔자, 디프테리아
제2급감염병	• 전파가능성을 고려하여 발생 또는 유행 시 24시간 이내에 신고하여야 하고, 격리가 필요한 감염병 • 다만, 갑작스러운 국내 유입 또는 유행이 예견되어 긴급한 예방·관리가 필요하여 질병관리청장이 보건복지부장관과 협의하여 지정하는 감염병을 포함 • 결핵, 수두, 홍역, 콜레라, 장티푸스, 파라티푸스, 세균성이질, 장출혈성대장균감염증, A형간염, 백일해, 유행성이하선염, 풍진, 폴리오, 수막구균 감염증, b형헤모필루스인플루엔자, 폐렴구균 감염증, 한센병, 성홍열, 반코마이신내성황색포도알균(VRSA) 감염증, 카바페넴내성장내세균목(CRE)감염증 , E형간염
제3급감염병	• 그 발생을 계속 감시할 필요가 있어 발생 또는 유행 시 24시간 이내에 신고하여야 하는 감염병 • 다만, 갑작스러운 국내 유입 또는 유행이 예견되어 긴급한 예방·관리가 필요하여 질병관리청장이 보건복지부장관과 협의하여 지정하는 감염병을 포함 • 파상풍, B형간염, 일본뇌염, C형간염, 말라리아, 레지오넬라증, 비브리오패혈증, 발진티푸스, 발진열, 쯔쯔가무시증, 렙토스피라증, 브루셀라증, 공수병, 신증후군출혈열, 후천성면역결핍증(AIDS), 크로이츠펠트–야콥병(CJD) 및 변종크로이츠펠트–야콥병(vCJD), 황열, 뎅기열, 큐열, 웨스트나일열, 라임병, 진드기매개뇌염, 유비저, 치쿤구니야열, 중증열성혈소판감소증후군(SFTS), 지카바이러스 감염증, 매독
제4급감염병	• 제1급감염병부터 제3급감염병까지의 감염병 외에 유행 여부를 조사하기 위하여 표본감시 활동이 필요한 감염병 • 인플루엔자, 회충증, 편충증, 요충증, 간흡충증, 폐흡충증, 장흡충증, 수족구병, 임질, 클라미디아감염증, 연성하감, 성기단순포진, 첨규콘딜롬, 반코마이신내성장알균(VRE) 감염증, 메티실린내성황색포도알균(MRSA) 감염증, 다제내성녹농균(MRPA) 감염증, 다제내성아시네토박터바우마니균(MRAB) 감염증, 장관감염증, 급성호흡기감염증, 해외유입기생충감염증, 엔테로바이러스감염증, 사람유두종바이러스 감염증
기생충감염병	기생충에 감염되어 발생하는 감염병 중 질병관리청장이 고시하는 감염병
세계보건기구 감시대상감염병	세계보건기구가 국제공중보건의 비상사태에 대비하기 위하여 감시대상으로 정한 질환으로서 질병관리청장이 고시하는 감염병
생물테러감염병	고의 또는 테러 등을 목적으로 이용된 병원체에 의하여 발생된 감염병 중 질병관리청장이 고시하는 감염병
성매개감염병	성 접촉을 통하여 전파되는 감염병 중 질병관리청장이 고시하는 감염병
인수공통감염병	동물과 사람 간에 서로 전파되는 병원체에 의하여 발생되는 감염병 중 질병관리청장이 고시하는 감염병
의료관련감염병	환자나 임산부 등이 의료행위를 적용받는 과정에서 발생한 감염병으로서 감시활동이 필요하여 질병관리청장이 고시하는 감염병

16 재난 및 안전관리 기본법령상 재난방송협의회에 대한 설명으로 옳지 않은 것은?

① 재난에 관한 예보·경보·통지나 응급조치 및 재난관리를 위한 재난방송이 원활이 수행될 수 있도록 중앙안전관리위원회에 중앙재난방송협의회를 둘 수 있다.

② 중앙재난방송협의회는 위원장 1명과 부위원장 1명을 포함한 25명 이내의 위원으로 구성한다.

③ 중앙재난방송협의회의 회의는 위원장이 필요하다고 인정하거나 위원의 소집요구가 있는 경우에 위원장이 소집하고, 위원장은 그 의장이 된다.

④ 행정안전부장관은 중앙재난방송협의회의 운영에 필요한 행정적·재정적 지원을 하여야 한다.

17 「재해경감을 위한 기업의 자율활동 지원에 관한 법률」상 행정안전부장관이 우수기업 인증을 효율적으로 추진하기 위하여 지정한 인증대행기관의 업무가 아닌 것은?

① 기업의 재해경감활동에 대한 평가

② 재해경감 우수기업 인증서의 발급

③ 재해경감 우수기업에 대한 지도·감독

④ 재해경감활동 전문인력 육성을 위한 전문교육과정의 위탁 운영

ANSWER 16.④ 17.④

16 ④ 과학기술정보통신부장관은 중앙재난방송협의회의 운영에 필요한 행정적·재정적 지원을 할 수 있다〈「재난 및 안전관리 기본법 시행령」 제10조의3(중앙재난방송협의회의 구성과 운영) 제12항〉.
　① 동법 제12조(재난방송협의회) 제1항
　② 동법 시행령 제10조의3 제1항
　③ 동법 시행령 제10조의3 제8항

17 인증대행기관의 업무 등〈「재해경감을 위한 기업의 자율활동 지원에 관한 법률」 제9조 제1항〉
　1. 기업의 재해경감활동에 대한 평가
　2. 우수기업 인증서의 발급
　3. 우수기업에 대한 지도·감독
　4. 그 밖에 재해경감활동의 인증에 관한 사항

18 「가축전염병 예방법」상 시장·군수·구청장은 일정한 가축전염병이 퍼지는 것을 막기 위하여 필요하다고 인정하면 그 가축전염병에 걸렸거나 걸렸다고 믿을 만한 역학조사·정밀검사 결과나 임상증상이 있는 경우에는 그 가축이 있거나 있었던 장소를 중심으로 그 가축전염병이 퍼지거나 퍼질 것으로 우려되는 지역에 있는 가축의 소유자에게 지체 없이 살처분을 명할 수 있다. 다음 중 위와 같은 조치를 취할 수 있는 가축전염병으로 옳은 것만을 모두 고르면?

> ㉠ 우폐역
> ㉡ 구제역
> ㉢ 아프리카돼지열병
> ㉣ 고병원성 조류인플루엔자
> ㉤ 돼지일본뇌염
> ㉥ 소해면상뇌증

① ㉠, ㉤, ㉥
② ㉠, ㉡, ㉢, ㉣
③ ㉠, ㉡, ㉢, ㉣, ㉤
④ ㉡, ㉢, ㉣, ㉤, ㉥

⋯⋯

ANSWER 18.②

18 살처분 명령〈「가축전염병 예방법」제20조 제1항〉 ⋯ 시장·군수·구청장은 농림축산식품부령으로 정하는 제1종 가축전염병이 퍼지는 것을 막기 위하여 필요하다고 인정하면 농림축산식품부령으로 정하는 바에 따라 가축전염병에 걸렸거나 걸렸다고 믿을 만한 역학조사·정밀검사 결과나 임상증상이 있는 가축의 소유자에게 그 가축의 살처분(殺處分)을 명하여야 한다. 다만, <u>우역, 우폐역, 구제역, 돼지열병, 아프리카돼지열병 또는 고병원성 조류인플루엔자</u>에 걸렸거나 걸렸다고 믿을 만한 역학조사·정밀검사 결과나 임상증상이 있는 가축 또는 가축전염병 특정매개체의 경우(가축전염병 특정매개체는 역학조사 결과 가축전염병 특정매개체와 가축이 직접 접촉하였거나 접촉하였다고 의심되는 경우 등 농림축산식품부령으로 정하는 경우에 한정한다)에는 그 가축 또는 가축전염병 특정매개체가 있거나 있었던 장소를 중심으로 그 가축전염병이 퍼지거나 퍼질 것으로 우려되는 지역에 있는 가축의 소유자에게 지체 없이 살처분을 명할 수 있다.

19 나무의 줄기가 연소하는 것을 말하며 대부분 지표화로부터 확산된 화염에 의해 확대되는 임야화재는?

① 비산화(飛散火)

② 수간화(樹幹火)

③ 수관화(樹冠火)

④ 지중화(地中火)

20 「재난 및 안전관리 기본법」상 중앙안전관리민관협력위원회의 기능으로 옳은 것만을 모두 고르면?

> ㉠ 재난 및 안전관리 민관협력활동사업의 효율적 운영방안의 협의
> ㉡ 평상시 재난 및 안전관리 위험요소 및 취약시설의 모니터링 · 제보
> ㉢ 평상시 재난에 관한 예보 · 경보 · 통지나 응급조치 방안의 협의

① ㉠, ㉡

② ㉠, ㉢

③ ㉡, ㉢

④ ㉠, ㉡, ㉢

ANSWER 19.② 20.①

19 산불화재의 종류

㉠ 지표화(地表火) : 산불 중에서 가장 자주 발생하는 화재로 지표면에 쌓인 낙엽, 잔가지, 고사목 등의 연료를 태우며 확산한다.

㉡ 수간화(樹幹火) : 나무의 줄기가 타면서 발생하는 불로서 지표화로부터 연소하는 경우가 많다. 나무 줄기 부분의 높이에 있는 나무덤불, 잘라진 간벌 나무 등에서 발생하기 쉽다.

㉢ 수관화(樹冠火) : 나무의 가지와 잎이 타는 불로 나무의 윗부분(수관)에 불이 붙어 연속적으로 번진다. 지표화로부터 발생하여 수간에서 수관으로 강하게 퍼지는 위험한 불이며, 산불 중에서 가장 큰 피해를 입힌다.

㉣ 비산화(飛散火) : 불의 화두 부분에서 대류 열로 인한 상승기류가 발생하여 불똥이 날아가 번지는 불이다. 연소방향을 예측하기 어려워 진화가 어렵다.

㉤ 지중화(地中火) : 지표화로부터 시작되어 주로 낙엽층 아래의 부식층에 축적된 유기물들을 태우며 확산하는 산불이다. 확산속도는 느리지만 화염이나 연기가 적어서 눈에 잘 띄지 않아 진화하기 매우 어려운 산불이다.

20 중앙민관협력위원회의 기능〈「재난 및 안전관리 기본법」 제12조의3 제1항〉

1. 재난 및 안전관리 민관협력활동에 관한 협의

2. 재난 및 안전관리 민관협력활동사업의 효율적 운영방안의 협의

3. 평상시 재난 및 안전관리 위험요소 및 취약시설의 모니터링 · 제보

4. 재난 발생 시 제34조에 따른 재난관리자원의 동원, 인명구조 · 피해복구 활동 참여, 피해주민 지원서비스 제공 등에 관한 협의

1 「긴급구조 대응활동 및 현장지휘에 관한 규칙」에서 사상자의 상태를 4단계로 분류한다. 중증도 분류표 상 사상자의 상태와 표시의 연결로 가장 옳지 않은 것은?

① 긴급 – 적색

② 비응급 – 청색

③ 사망 – 흑색

④ 응급 – 황색

2 「자연재해대책법」상의 용어 정의로 가장 옳지 않은 것은? (기출변형)

① 침수흔적도 : 풍수해로 인한 침수 기록을 표시한 도면을 말한다.

② 자연재해 안전도 진단 : 재난등에 대한 국민의 안전 의식을 말한다.

③ 풍수해 : 태풍, 홍수, 호우, 강풍, 풍랑, 해일, 조수, 대설로 인하여 발생하는 재해를 말한다.

④ 재해지도 : 풍수해로 인한 침수 흔적, 침수 예상 및 재해정보 등을 표시한 도면을 말한다.

ANSWER 1.② 2.②

1 제20조 제4항에 따른 분류반은 재난현장에서 발생한 사상자를 검진하여 사상자의 상태에 따라 사망 · 긴급 · 응급 및 비응급의 4 단계로 분류한다〈「긴급구조 대응활동 및 현장지휘에 관한 규칙」 제22조(분류반의 임무) 제1항〉.

※ 「긴급구조 대응활동 및 현장지휘에 관한 규칙」 [별표 7] 중증도 분류표 참고

O 사 ✚ 망 O	– 흑색
긴 급	– 적색
Ⅱ 응 급 Ⅱ	– 황색
Ⅲ 비 응급 Ⅲ	– 녹색

2 ② 자연재해 안전도 진단이란 자연재해 위험에 대하여 지역별로 안전도를 진단하는 것을 말한다〈「자연재해대책법」 제2조(정 의) 제15호〉.

3 「재해구호법」상 재해구호계획의 수립 및 구호기관의 활동에 대한 설명으로 가장 옳지 않은 것은?

① 행정안전부장관, 시·도지사등 및 구호지원기관의 장은 재해구호물자등의 관리와 응급구호 및 재해구호 상황의 보고 등에 필요한 재해구호 정보체계를 구축·운영 하여야 한다.

② 구호기관은 구호를 하기 위하여 특별히 필요하다고 인정하면 타인 소유의 토지 또는 건물 등을 사용할 수 있다.

③ 이재민등과 그 인근 거주자는 구호기관의 구호업무에 협력하여야 한다.

④ 재해구호기금의 매년 최저적립액은 최근 3년 동안의 「지방세기본법」에 따른 보통세의 수입결산액 연평균액의 100분의 1에 해당하는 금액으로 한다.

4 페로(Perrow)의 정상사고이론에서 "꽉 짜여진 체계 (tightly-coupled)"에 대한 설명으로 가장 옳지 않은 것은?

① 단일성이 높다.

② 변형이 적다.

③ 시간 의존적인 생산과정을 거친다.

④ 체계 내에 안전기제가 내재되어 있어서 그 개선이 용이하다.

ANSWER 3.④ 4.④

3 ④ 제14조 제1항에 따른 재해구호기금의 매년 최저적립액은 최근 3년 동안의 「지방세기본법」에 따른 보통세의 수입결산액 연평균액의 1천분의 5에 해당하는 금액으로 한다. 다만, 특별시의 경우에는 1천분의 2.5에 해당하는 금액으로 한다〈「재해구호법」 제15조(재해구호기금의 최저적립액) 제1항〉.
① 동법 제7조의2(재해구호 정보체계의 구축) 제1항
② 동법 제9주(토지 또는 건물 등의 사용) 제1항
③ 동법 제12조(재해구호 관련 기관 등과의 협조 등) 제2항

4 페로는 정상사고이론에서 복잡하고 꽉 짜여진 기술적 체계는 필연적으로 사고(accidents)를 발생시킬 수밖에 없다고 주장한다. 이때 '꽉 짜여진 체계'란 단일성이 높고, 변형이 적으며, 시간 의존적인 생산과정을 거치는 체계를 의미한다. 흔히 전문가 집단으로 구성되어 있고, 각각의 구성 요소들의 대체가 쉽지 않은 속성을 지니며, 체계 내에 안전 기제가 내장되어 있지만, 그 개선이 용이하지 않다는 문제가 있다.

5 「재난 및 안전관리 기본법 시행령」상 재난관리책임기관의 장이 작성하는 그 소관 안전관리계획에 포함되어야 하는 사항으로 가장 옳지 않은 것은?

① 특별재난지역의 선포에 관한 사항
② 소관 재난 및 안전관리에 관한 기본방향
③ 소관 재난 및 안전관리를 위한 사업계획에 관한 사항
④ 재난별 대응 시 관계 기관 간의 상호 협력 및 조치에 관한 사항

6 대기오염물질 중 2차 오염물질에 해당하는 것은?

① 오존(O_3)
② 이산화황(SO_2)
③ 먼지 등의 입자상 물질
④ 일산화탄소(CO)

7 「재난 및 안전관리 기본법」에 따라 대통령령으로 정하는 사항으로 가장 옳지 않은 것은?

① 중앙재난안전대책본부회의의 구성과 운영에 필요한 사항
② 수습지원단의 구성과 운영 및 특수기동구조대의 편성과 파견 등에 필요한 사항
③ 지역대책본부 및 통합지원본부의 구성과 운영에 필요한 사항
④ 수습본부의 구성·운영 등에 필요한 사항

....

ANSWER 5.① 6.① 7.③

5 법 제24조 제2항 및 제25조 제2항에 따라 재난관리책임기관의 장이 작성하는 그 소관 안전관리계획에는 다음 각 호의 사항이 포함되어야 한다〈「재난 및 안전관리 기본법 시행령」 제29조(시·도안전관리계획 및 시·군·구안전관리계획의 작성) 제4항〉.
  1. 소관 재난 및 안전관리에 관한 기본방향
  2. 재난별 대응 시 관계 기관 간의 상호 협력 및 조치에 관한 사항
  3. 소관 재난 및 안전관리를 위한 사업계획에 관한 사항
  4. 그 밖에 재난 및 안전관리에 필요한 사항

6 ① 오존은 대표적인 2차 오염물질에 해당한다.
  ※ 대기오염물질
    ㉠ 1차 오염물질 : 발생원으로부터 직접 배출된 오염물질
    ㉡ 2차 오염물질 : 대기 중에서 복수의 오염물질이 태양복사에너지에 의하여 광화학반응을 일으켜 생성되는 새로운 오염물질

7 ③ 지역대책본부 및 통합지원본부의 구성과 운영에 필요한 사항은 해당 지방자치단체의 조례로 정한다〈「재난 및 안전관리 기본법」 제16조(지역재난안전대책본부) 제5항〉.
  ① 동법 제14조(중앙재난안전대책본부 등) 제7항
  ② 동법 제14조의2(수습지원단 파견 등) 제3항
  ④ 동법 제15조의2(중앙 및 지역사고수습본부) 제8항

8 「대기환경보전법」상 온실가스에 해당하지 않는 것은?

① 수소불화탄소   ② 아산화질소

③ 메탄   ④ 일산화탄소

9 「재난 및 안전관리 기본법 시행령」상 기능연속성계획 수립에 포함되어야 하는 사항으로 가장 옳지 않은 것은?

① 기능연속성계획수립기관의 핵심기능의 선정과 우선순위에 관한 사항

② 핵심기능의 유지를 위한 대체시설, 장비 등의 확보에 관한 사항

③ 소속 직원 등에 대한 기능연속성계획의 교육 · 훈련에 관한 사항

④ 평상시에 핵심기능을 유지하기 위한 조정 권한에 관한 사항

10 「자연재해대책법」상 자연재해의 예방 및 저감을 위하여 시장(특별자치시장 및 행정시장은 제외) · 군수가 수립하는 "자연재해저감 종합계획"의 수립주기는?

① 매년   ② 3년마다

③ 5년마다   ④ 10년마다

ANSWER 8.④ 9.④ 10.④

8 온실가스란 적외선 복사열을 흡수하거나 다시 방출하여 온실효과를 유발하는 대기 중의 가스상태 물질로서 이산화탄소, 메탄, 아산화질소, 수소불화탄소, 과불화탄소, 육불화황을 말한다〈「대기환경보전법」 제2조(정의) 제3호〉.

9 기능연속성계획에는 다음 각 호의 사항이 포함되어야 한다〈「재난 및 안전관리 기본법 시행령」 제29조의4(기능연속성계획의 수립 등) 제3항〉.
1. 기능연속성계획수립기관의 핵심기능의 선정과 우선순위에 관한 사항
2. 재난상황에서 핵심기능을 유지하기 위한 의사결정권자 지정 및 그 권한의 대행에 관한 사항
3. 핵심기능의 유지를 위한 대체시설, 장비 등의 확보에 관한 사항
4. 재난상황에서의 소속 직원의 활동계획 등 기능연속성계획의 구체적인 시행절차에 관한 사항
5. 소속 직원 등에 대한 기능연속성계획의 교육 · 훈련에 관한 사항
6. 그 밖에 기능연속성계획수립기관의 장이 재난상황에서 해당 기관의 핵심기능을 유지하는 데 필요하다고 인정하는 사항

10 시장(특별자치시장 및 행정시장은 제외한다) · 군수는 자연재해의 예방 및 저감을 위하여 10년마다 시 · 군 자연재해저감 종합계획을 수립하여 시 · 도지사를 거쳐 대통령령으로 정하는 바에 따라 행정안전부장관의 승인을 받아 확정하여야 한다〈「자연재해대책법」 제16조(자연재해저감 종합계획의 수립) 제1항〉.

11 현재 시행 중인 「감염병의 예방 및 관리에 관한 법률」상 법정 감염병의 분류로 가장 옳지 않은 것은?

① 제1급감염병 – 콜레라

② 제2급감염병 – 장티푸스

③ 제3급감염병 – 후천성면역결핍증(AIDS)

④ 제1급감염병 – 중동 호흡기 증후군(MERS)

11 ※「감염병의 예방 및 관리에 관한 법률」제2조(정의)

구분	정의 및 질환
제1급감염병	• 생물테러감염병 또는 치명률이 높거나 집단 발생의 우려가 커서 발생 또는 유행 즉시 신고하여야 하고, 음압격리와 같은 높은 수준의 격리가 필요한 감염병 • 다만, 갑작스러운 국내 유입 또는 유행이 예견되어 긴급한 예방·관리가 필요하여 질병관리청장이 보건복지부장관과 협의하여 지정하는 감염병을 포함 • 에볼라바이러스병, 마버그열, 라싸열, 크리미안콩고출혈열, 남아메리카출혈열, 리프트밸리열, 두창, 페스트, 탄저, 보툴리눔독소증, 야토병, 신종감염병증후군, 중증급성호흡기증후군(SARS), 중동호흡기증후군(MERS), 동물인플루엔자 인체감염증, 신종인플루엔자, 디프테리아
제2급감염병	• 전파가능성을 고려하여 발생 또는 유행 시 24시간 이내에 신고하여야 하고, 격리가 필요한 감염병 • 다만, 갑작스러운 국내 유입 또는 유행이 예견되어 긴급한 예방·관리가 필요하여 질병관리청장이 보건복지부장관과 협의하여 지정하는 감염병을 포함 • 결핵, 수두, 홍역, 콜레라, 장티푸스, 파라티푸스, 세균성이질, 장출혈성대장균감염증, A형간염, 백일해, 유행성이하선염, 풍진, 폴리오, 수막구균 감염증, b형헤모필루스인플루엔자, 폐렴구균 감염증, 한센병, 성홍열, 반코마이신내성황색포도알균(VRSA) 감염증, 카바페넴내성장내세균목(CRE)감염증, E형간염
제3급감염병	• 그 발생을 계속 감시할 필요가 있어 발생 또는 유행 시 24시간 이내에 신고하여야 하는 감염병 • 다만, 갑작스러운 국내 유입 또는 유행이 예견되어 긴급한 예방·관리가 필요하여 질병관리청장이 보건복지부장관과 협의하여 지정하는 감염병을 포함 • 파상풍, B형간염, 일본뇌염, C형간염, 말라리아, 레지오넬라증, 비브리오패혈증, 발진티푸스, 발진열, 쯔쯔가무시증, 렙토스피라증, 브루셀라증, 공수병, 신증후군출혈열, 후천성면역결핍증(AIDS), 크로이츠펠트-야콥병(CJD) 및 변종크로이츠펠트-야콥병(vCJD), 황열, 뎅기열, 큐열, 웨스트나일열, 라임병, 진드기매개뇌염, 유비저, 치쿤구니야열, 중증열성혈소판감소증후군(SFTS), 지카바이러스 감염증, 매독
제4급감염병	• 제1급감염병부터 제3급감염병까지의 감염병 외에 유행 여부를 조사하기 위하여 표본감시 활동이 필요한 감염병 • 인플루엔자, 회충증, 편충증, 요충증, 간흡충증, 폐흡충증, 장흡충증, 수족구병, 임질, 클라미디아감염증, 연성하감, 성기단순포진, 첨규콘딜롬, 반코마이신내성장알균(VRE) 감염증, 메티실린내성황색포도알균(MRSA) 감염증, 다제내성녹농균(MRPA) 감염증, 다제내성아시네토박터바우마니균(MRAB) 감염증, 장관감염증, 급성호흡기감염증, 해외유입기생충감염증, 엔테로바이러스감염증, 사람유두종바이러스 감염증
기생충감염병	기생충에 감염되어 발생하는 감염병 중 질병관리청장이 고시하는 감염병
세계보건기구 감시대상감염병	세계보건기구가 국제공중보건의 비상사태에 대비하기 위하여 감시대상으로 정한 질환으로서 질병관리청장이 고시하는 감염병
생물테러감염병	고의 또는 테러 등을 목적으로 이용된 병원체에 의하여 발생된 감염병 중 질병관리청장이 고시하는 감염병
성매개감염병	성 접촉을 통하여 전파되는 감염병 중 질병관리청장이 고시하는 감염병
인수공통감염병	동물과 사람 간에 서로 전파되는 병원체에 의하여 발생되는 감염병 중 질병관리청장이 고시하는 감염병
의료관련감염병	환자나 임산부 등이 의료행위를 적용받는 과정에서 발생한 감염병으로서 감시활동이 필요하여 질병관리청장이 고시하는 감염병

12 〈보기〉의 우리나라 자연재난관리 체계의 변천 과정을 순서대로 바르게 나열한 것은?

〈보기〉
ㄱ 「풍수해대책법」 제정 공포
ㄴ 「하천법」 제정 공포
ㄷ 「재난 및 안전관리 기본법」 제정 공포
ㄹ 「자연재해대책법」 개정 공포

① ㄱ→ㄴ→ㄷ→ㄹ

② ㄱ→ㄴ→ㄹ→ㄷ

③ ㄴ→ㄱ→ㄹ→ㄷ

④ ㄴ→ㄱ→ㄷ→ㄹ

13 민방위 관련 법령상 "민방위 대원의 교육훈련"에 관한 내용으로 가장 옳지 않은 것은?

① 민방위 대원은 대통령령으로 정하는 바에 따라 연 10일, 총 50시간의 범위에서 민방위에 관한 교육 및 훈련을 받아야 한다.

② 국가재난안전교육의 시간은 민방위에 관한 교육 및 훈련의 총 일수와 총 시간에 포함되지 않는다.

③ 행정안전부장관은 주민재난안전교육의 일정·교육 내용 및 신청에 관한 사항을 행정안전부 홈페이지에 게시하는 등의 방법으로 일반 국민에게 알려야 한다.

④ 교육훈련을 면제받은 자가 형의 집행종료, 귀국, 퇴직 또는 전직 등으로 면제 사유가 소멸되었을 때에는 그 소멸된 날부터 7일 이내에 소속 민방위 대장을 거쳐 관할 읍·면·동장에게 그 사실을 신고하여야 한다.

ANSWER 12.③ 13.②

12 ㄴ 「하천법」 제정 공포 : 1961. 12. 30.
　　ㄱ 「풍수해대책법」 제정 공포 : 1967. 2. 28.
　　ㄹ 「자연재해대책법」 개정 공포 : 1996. 12. 6. 구 「풍수해대책법」 전부개정
　　ㄷ 「재난 및 안전관리 기본법」 제정 공포 : 2004. 3. 11.

13 ② 국가재난안전교육의 시간은 법 제23조의2 제1항 전단에 따른 민방위에 관한 교육 및 훈련의 총 일수와 총 시간에 포함한다 〈「민방위기본법 시행규칙」 제32조의2(국가재난안전교육의 실시) 제2항〉.
　　① 동법 제23조(민방위 대원의 교육훈련) 제1항 전단
　　③ 동법 시행규칙 제32조의2 제4항
　　④ 동법 시행령 제31조(교육훈련의 면제) 제2항

14 재난관리책임기관의 장이 「자연재해대책법 시행규칙」상 재해 유형별 행동을 작성할 경우 각각의 단계와, 단계별 행동 요령에 포함되어야 할 세부 사항을 옳게 짝지은 것은?

① 대응단계 – 재난정보의 수집 및 전달체계에 관한 사항
② 대비단계 – 유관기관 및 민간단체와의 협조 · 지원에 관한 사항
③ 예방단계 – 재해가 예상되거나 발생한 경우 비상근무 계획에 관한 사항
④ 복구단계 – 부상자 치료대책에 관한 사항

....

ANSWER 14.①

14 재해 유형별 행동 요령에 포함되어야 할 세부 사항〈「자연재해대책법 시행규칙」 제14조 제1항〉
1. 예방단계
   가. 자연재해위험개선지구 · 재난취약시설 등의 점검 · 정비 및 관리에 관한 사항
   나. 방재물자 · 동원장비의 확보 · 지정 및 관리에 관한 사항
   다. 유관기관 및 민간단체와의 협조 · 지원에 관한 사항
   라. 그 밖에 행정안전부장관이 필요하다고 인정하는 사항
2. 대비단계
   가. 재해가 예상되거나 발생한 경우 비상근무계획에 관한 사항
   나. 피해 발생이 우려되는 시설의 점검 · 관리에 관한 사항
   다. 유관기관 및 방송사에 대한 상황 전파 및 방송 요청에 관한 사항
   라. 그 밖에 행정안전부장관이 필요하다고 인정하는 사항
3. 대응단계
   가. 재난정보의 수집 및 전달체계에 관한 사항
   나. 통신 · 전력 · 가스 · 수도 등 국민생활에 필수적인 시설의 응급복구에 관한 사항
   다. 부상자 치료대책에 관한 사항
   라. 그 밖에 행정안전부장관이 필요하다고 인정하는 사항
4. 복구단계
   가. 방역 등 보건위생 및 쓰레기 처리에 관한 사항
   나. 이재민 수용시설의 운영 등에 관한 사항
   다. 복구를 위한 민간단체 및 지역 군부대의 인력 · 장비의 동원에 관한 사항
   라. 그 밖에 행정안전부장관이 필요하다고 인정하는 사항

15 〈보기〉의 괄호 안에 들어갈 말을 순서대로 바르게 나열한 것은?

> 〈보기〉
>
> A시에 위치한 산업단지에 홍수가 발생하여 대규모 재난으로 확산되었다. 이에 따라, A시는 해당 관할 구역에서 재난의 수습 등에 관한 사항을 총괄·조정하고 필요한 조치를 하기 위하여 (㉮)은(는) (㉯)을(를) 둔다. 또한 (㉮)은(는) 재난현장의 총괄·조정 및 지원을 위하여 (㉰)을(를) 설치하고 (㉰)의 장은 (㉱)이 된다.

	㉮	㉯	㉰	㉱
①	시장	지역대책본부	통합지원본부	부시장
②	부시장	긴급구호본부	지역대책본부	소방서장
③	소방서장	지역대책본부	긴급구조통제본부	부시장
④	부시장	안전대책본부	지원본부	시장

16 「자연재해대책법 시행령」상 자연재해위험개선지구 정비 계획을 수립할 때 검토하여야 할 사항이 아닌 것은?

① 정비사업의 타당성 검토
② 지역주민의 의견 수렴 결과
③ 투자우선순위 등 행정안전부장관이 정하는 사항
④ 정비사업의 수혜도 등 효과분석

ANSWER 15.① 16.③

15 ㉮, ㉯ 해당 관할 구역에서 재난의 수습 등에 관한 사항을 총괄·조정하고 필요한 조치를 하기 위하여 시·도지사는 시·도재난안전대책본부를 두고, 시장·군수·구청장은 시·군·구재난안전대책본부를 둔다〈「재난 및 안전관리 기본법」 제16조(지역재난안전대책본부) 제1항〉.

㉰ 시·군·구대책본부의 장은 재난현장의 총괄·조정 및 지원을 위하여 재난현장 통합지원본부를 설치·운영할 수 있다〈동법 제16조 제3항 전단〉.

㉱ 통합지원본부의 장은 관할 시·군·구의 부단체장이 되며, 실무반을 편성하여 운영할 수 있다〈동법 제16조 제4항〉.

16 자연재해위험개선지구 정비계획의 수립 등에 관한 사항〈「자연재해대책법 시행령」 제10조 제1항〉 … 법 제13조 제1항에 따른 자연재해위험개선지구 정비계획을 수립할 때 검토하여야 할 사항은 다음 각 호와 같다.
1. 정비사업의 타당성 검토
2. 다른 사업과의 중복 및 연계성 여부
3. 정비사업의 수혜도 등 효과분석
4. 지역주민의 의견 수렴 결과

17 「재난 및 안전관리 기본법」상 다중이용시설의 소유자·관리자 또는 점유자가 작성·관리하여야 하는 매뉴얼로 옳은 것은?

① 위기관리 표준매뉴얼
② 위기대응 실무매뉴얼
③ 위기상황 매뉴얼
④ 현장조치 행동매뉴얼

18 기상청의 기상특보 발표기준에 의할 때 황사 경보가 발령되는 조건으로 가장 옳은 것은?

① 황사로 인해 1시간의 평균 미세먼지(PM10) 농도가 $800\mu g/m^3$ 이상으로 1시간 이상 지속될 것으로 예상될 때
② 황사로 인해 1시간의 평균 미세먼지(PM10) 농도가 $400\mu g/m^3$ 이상으로 2시간 이상 지속될 것으로 예상될 때
③ 황사로 인해 1시간의 평균 미세먼지(PM10) 농도가 $800\mu g/m^3$ 이상으로 2시간 이상 지속될 것으로 예상될 때
④ 황사로 인해 1시간의 평균 미세먼지(PM10) 농도가 $400\mu g/m^3$ 이상으로 1시간 이상 지속될 것으로 예상될 때

ANSWER 17.③ 18.③

17 대통령령으로 정하는 다중이용시설 등의 소유자·관리자 또는 점유자는 대통령령으로 정하는 바에 따라 위기상황에 대비한 매뉴얼을 작성·관리하여야 한다. 다만, 다른 법령에서 위기상황에 대비한 대응계획 등의 작성·관리에 관하여 규정하고 있는 경우에는 그 법령에서 정하는 바에 따른다〈「재난 및 안전관리 기본법」 제34조의6(다중이용시설 등의 위기상황 매뉴얼 작성·관리 및 훈련) 제1항〉.

18 기상청의 기상특보 발효기준에 따른 황사 경보 발 조건은 "황사로 인해 1시간 평균 미세먼지(PM10) 농도 $800\mu g/m^3$ 이상이 2시간 이상 지속될 것으로 예상될 때"이다.
※ 참고로 황사주의보는 2017. 1. 13.부로 미세먼지경보로 대체되었다.

19 「자연재해대책법」상 벌칙 조항에서 500만원 이하의 과태료에 처해지는 사항이 아닌 것은?

① 재해영향평가등의 협의 내용의 이행을 위반하여 관리 책임자를 지정하여 통보하지 아니한 자

② 사업 착공 등의 통보를 위반하여 사업의 착공·준공 또는 중지의 통보를 하지 아니한 자

③ 재해영향평가등의 협의 이행 조치 명령에 따른 공사 중지 명령을 이행하지 아니한 자

④ 재해영향평가등의 협의 이행 조치 명령에 따른 조치 명령을 이행하지 아니한 자

ANSWER 19.③

19　과태료〈「자연재해대책법」 제79조〉

① 다음 각 호의 어느 하나에 해당하는 자에게는 500만 원 이하의 과태료를 부과한다.

　1. 제6조 제2항을 위반하여 개발계획등에 반영된 협의 결과를 이행하지 아니한 자

　2. 제6조 제3항 전단을 위반하여 관리책임자를 지정하여 통보하지 아니한 자

　3. 제6조 제4항을 위반하여 관리대장에 재해영향평가 등의 협의 내용의 이행 상황 등을 기록하지 아니하거나 관리대장을 공사 현장에 갖추어 두지 아니한 자

　4. 제6조의2를 위반하여 사업의 착공·준공 또는 중지의 통보를 하지 아니한 자

　5. 제6조의5 제1항 또는 제3항에 따른 조치 명령을 이행하지 아니한 자

② 다음 각 호의 어느 하나에 해당하는 자에게는 300만 원 이하의 과태료를 부과한다.

　1. 제12조 제2항에 따른 자연재해위험개선지구의 재해 예방을 위한 점검·정비 명령을 이행하지 아니한 자

　2. 제19조의6 제1항에 따른 우수유출저감시설을 설치하지 아니한 자

　3. 제21조 제2항에 따른 침수흔적 등의 조사를 방해하거나 무단으로 침수흔적 표지를 훼손한 자

　4. 제25조의3 제2항에 따른 해일위험지구의 재해 예방을 위한 점검·정비 명령을 이행하지 아니한 자

　5. 제40조에 따른 준수사항을 위반한 자

　6. 제41조에 따른 신고를 하지 아니하고 사업을 휴업하거나 폐업한 자

　7. 제41조의2에 따른 실태 점검을 거부·기피·방해하거나 거짓 자료를 제출한 대행자 및 방재관리대책 업무를 대행하게 한 자

20 「재난관리자원의 관리 등에 관한 법률 시행령」에서 〈보기〉의 괄호 안에 들어갈 날짜를 순서대로 바르게 나열한 것은? (기출변형)

<보기>

관리기관의 장은 매년 (㉠)까지 다음 연도의 소관 재난관리재산의 재산관리계획을 수립하여 계획취합 기관의 장에게 제출해야 하며, 행정안전부장관은 관리기관의 장이 다음 연도의 소관 재산관리계획을 체계적으로 수립할 수 있도록 지원하기 위하여 매년 (㉡)까지 재산관리계획의 수립을 위한 지침을 마련하여 관리기관의 장에게 통보할 수 있다.

㉠	㉡
① 5월 31일	9월 30일
② 12월 31일	5월 31일
③ 11월 30일	6월 30일
④ 9월 30일	5월 31일

....

ANSWER 20 ④

20 • 관리기관의 장은 매년 <u>9월 30일</u>까지 다음 연도의 소관 재난관리재산의 관리계획(이하 "재산관리계획'이라 한다)을 수립하여 계획취합기관의 장에게 제출(자원통합관리시스템을 통한 제출을 포함한다.)해야 한다〈「재난관리자원의 관리 등에 관한 법률 시행령」제42조(재난관리재산 관리계획의 수립) 제1항〉.
• 행정안전부장관은 관리기관의 장이 다음 연도의 소관 재산관리계획을 체계적으로 수립할 수 있도록 지원하기 위하여 매년 <u>5 월 31일</u>까지 재산관리계획의 수립을 위한 지침을 마련하여 관리기관의 장에게 통보할 수 있다〈동법 시행령」 제42조 제2항〉.

1 「재난 및 안전관리 기본법」상 재난현장에서 임무를 직접 수행하는 기관의 행동조치 절차를 구체적으로 수록한 매뉴얼은?

① 위기관리 표준매뉴얼

② 위기대응 실무매뉴얼

③ 현장조치 행동매뉴얼

④ 위기상황 조치매뉴얼

ANSWER 1.③

1 재난분야 위기관리 매뉴얼 작성·운용〈「재난 및 안전관리 기본법」 제34조의5 제1항〉 ··· 재난관리책임기관의 장은 재난을 효율적으로 관리하기 위하여 재난유형에 따라 다음 각 호의 위기관리 매뉴얼을 작성·운용하고, 이를 준수하도록 노력하여야 한다. 이 경우 재난대응활동계획과 위기관리 매뉴얼이 서로 연계되도록 하여야 한다.

1. 위기관리 표준매뉴얼 : 국가적 차원에서 관리가 필요한 재난에 대하여 재난관리 체계와 관계 기관의 임무와 역할을 규정한 문서로 위기대응 실무매뉴얼의 작성 기준이 되며, 재난관리주관기관의 장이 작성한다. 다만, 다수의 재난관리주관기관이 관련되는 재난에 대해서는 관계 재난관리주관기관의 장과 협의하여 행정안전부장관이 위기관리 표준매뉴얼을 작성할 수 있다.

2. 위기대응 실무매뉴얼 : 위기관리 표준매뉴얼에서 규정하는 기능과 역할에 따라 실제 재난대응에 필요한 조치사항 및 절차를 규정한 문서로 재난관리주관기관의 장과 관계 기관의 장이 작성한다. 이 경우 재난관리주관기관의 장은 위기대응 실무매뉴얼과 제1호에 따른 위기관리 표준매뉴얼을 통합하여 작성할 수 있다.

3. 현장조치 행동매뉴얼 : 재난현장에서 임무를 직접 수행하는 기관의 행동조치 절차를 구체적으로 수록한 문서로 위기대응 실무매뉴얼을 작성한 기관의 장이 지정한 기관의 장이 작성하되, 시장·군수·구청장은 재난유형별 현장조치 행동매뉴얼을 통합하여 작성할 수 있다. 다만, 현장조치 행동매뉴얼 작성 기관의 장이 다른 법령에 따라 작성한 계획·매뉴얼 등에 재난유형별 현장조치 행동매뉴얼에 포함될 사항이 모두 포함되어 있는 경우 해당 재난유형에 대해서는 현장조치 행동매뉴얼이 작성된 것으로 본다.

2 재난관리의 원칙에 해당되지 않는 것은?

① 사전대비
② 현장중심
③ 정보공유
④ 분산관리

3 우리나라에서 1990년대에 발생한 재난(사고)이 아닌 것은?

① 삼풍백화점 붕괴사고
② 성수대교 붕괴사고
③ 대구지하철 화재참사
④ 서해 부안군 위도 페리호 침몰사고

4 세계기상기구(WMO)에서 제시한 위험성(risk)을 구성하는 세 가지 요소는?

① 위기(crisis), 위해(hazard), 노출(exposure)
② 위해(hazard), 노출(exposure), 민감(sensitivity)
③ 위해(hazard), 노출(exposure), 취약(vulnerability)
④ 위기(crisis), 민감(sensitivity), 취약(vulnerability)

ANSWER 2.④ 3.③ 4.③

2 ④ 재난관리는 통합적으로 이루어져야 한다.

3 ③ 대구지하철 화재참사는 2003년에 발생하였다.
① 삼풍백화점 붕괴사고 1995년
② 성수대교 붕괴사고 1994년
④ 서해 부안군 위도 페리호 침몰사고 1993년

4 위험성(risk)은 재해특성인 위해(hazard), 노출(exposure), 취약(vulnerability)의 세 가지 요소들에 의해 결정되는 것으로 간주된다.

5 「자연재해대책법」상 중앙긴급지원체계의 구축 시 각 부처와 긴급지원계획 수립 사항을 연결한 것으로 옳지 않은 것은?

① 과학기술정보통신부 – 재해 발생 지역의 통신 소통 원활화 등에 관한 사항
② 산업통상자원부 – 재해 수습을 위한 홍보 등에 관한 사항
③ 농림축산식품부 – 농축산물 방역 등의 지원 등에 관한 사항
④ 국토교통부 – 비상교통수단 지원 등에 관한 사항

6 지진해일에 대한 설명으로 옳지 않은 것은?

① 해저지진이나 해저화산분화, 산사태 등 기상 이외의 요인에 의해 해저가 융기하거나 침강하여 발생한다.
② 먼 거리에서 발생한 지진해일에 대해서는 도착 시각을 예측할 수 없다.
③ 수분에서 수 시간에 걸친 주기를 갖는다.
④ 전파속도는 수심이 깊을수록 빠르고, 얕을수록 느리다.

ANSWER 5.② 6.②

5 ② 재해 수습을 위한 홍보 등에 관한 사항은 문화체육관광부 소관 사무이다.
※ 중앙긴급지원체계의 구축〈「자연재해대책법」 제35조 제1항〉 … 중앙행정기관의 장은 자연재해가 발생하거나 발생할 우려가 있는 경우에는 신속한 국가 지원을 위하여 다음 각 호의 사항 중 소관 사무에 해당하는 사항에 대하여 긴급지원계획을 수립하여야 한다.
1. 과학기술정보통신부 : 재해발생지역의 통신 소통 원활화 등에 관한 사항
2. 국방부 : 인력 및 장비의 지원 등에 관한 사항
2의2. 행정안전부 : 이재민의 수용, 구호, 긴급 재정 지원, 정보의 수집, 분석, 전파 등에 관한 사항
3. 문화체육관광부 : 재해 수습을 위한 홍보 등에 관한 사항
4. 농림축산식품부 : 농축산물 방역 등의 지원 등에 관한 사항
5. 산업통상자원부 : 긴급에너지 수급 지원 등에 관한 사항
6. 보건복지부 : 재해발생지역의 의료서비스 및 위생 등에 관한 사항
7. 환경부 : 긴급 용수 지원, 유해화학물질의 처리 지원, 재해발생지역의 쓰레기 수거 · 처리 지원 등에 관한 사항
8. 국토교통부 : 비상교통수단 지원 등에 관한 사항
9. 해양수산부 : 해운물류 지원 등에 관한 사항
10. 삭제 〈2017. 7. 26.〉
11. 조달청 : 복구자재 지원 등에 관한 사항
12. 경찰청 : 재해발생지역의 사회질서 유지 및 교통 관리 등에 관한 사항
12의 2. 질병관리청 : 감염병 예방 및 방역 지원 등에 관한 사항
13. 해양경찰청 : 해상에서의 각종 지원 및 수난(水難) 구호 등에 관한 사항
14. 그 밖에 대통령령으로 정하는 부처별 긴급지원에 관한 사항

6 ② 지진 규모 6.3 이상으로 진원깊이 80km 이하의 얕은 곳에서 수직 단층운동에 의한 지진일 경우 지진해일이 일어날 가능성이 크며, 현재의 과학기술로는 지진발생을 예측하기 어렵지만, 먼 거리에서 발생한 지진해일에 대해서는 그 도착시간을 예상할 수 있다.

7 자연재난 중 지진에 대한 설명으로 옳지 않은 것은?

① 리히터 규모(Richter magnitude)는 지진계에 기록된 지진파 진폭으로 결정된다.

② 진도(Intensity)는 일반적으로 동일한 지진에 대해 거리에 따라 느껴지는 정도 또는 피해를 나타내는 지표이다.

③ 국내에서는 수정된 메르칼리 진도계급(Modified Mercalli Intensity)을 사용하여 진도를 나타낸다.

④ 횡파는 압축에 의해 생성되는 진동으로 바위와 같은 고체나 물과 같은 액체를 통과하여 이동하며 종파는 직각으로 진동하여 발생하며 액체는 통과하지 못한다.

8 미국 연방재난관리청(FEMA)에 대한 설명으로 옳지 않은 것은?

① 국가적인 재해재난관리 전략과 조정프로그램을 제공하는 국무장관 직속기관이다.

② 행정의 연속성을 확보하기 위한 계획과 국가적 위기가 발생하였을 때의 자원동원을 총괄한다.

③ 광범위한 재해계획, 재해대비, 피해경감, 복구활동 시 주와 지방행정기관을 지원한다.

④ 대통령이 대규모 재해 또는 비상사태를 선포할 때 연방정부의 지원을 총괄한다.

ANSWER 7.④ 8.①

7 ④ 반대로 설명되었다. 종파는 파동이 진행하는 방향으로 흔들리는 변위가 일어나는 파동이고, 횡파는 진행 방향에 수직하게 변위가 일어나는 파동이다. 지진파 중 횡파에 해당하는 S파의 경우 매질을 아래 위로 흔들면서 전달되어 나가기 때문에 고체일 경우 상하운동이 전달이 되지만 액체를 만날 경우 매질을 아래위로 흔드는 힘이 분산이 되어 더 이상 전달이 되지 않는다.

8 ① 연방재난관리청(FEMA)은 2001년 9 · 11 테러 후 신설된 부서인 국토안보부 산하조직이다.

9 「재난 및 안전관리 기본법」상 다음 행정조치에 해당하는 재난관리 단계는?

- 국가핵심기반의 지정 및 관리 등
- 특정관리대상지역의 지정 및 관리 등
- 재난방지시설의 관리
---

① 재난의 예방　　　　　　　　② 재난의 대비

③ 재난의 대응　　　　　　　　④ 재난의 복구

10 제1급전염병에 해당하는 것은?

① 회충증

② 보톨리눔독소증

③ 편충증

④ 요충증

ANSWER 9.①　10.②

9 ・국가핵심기반의 지정(「재난 및 안전관리 기본법」 제4장 재난의 예방 제26조) 및 관리 등(동법 제4장 제26조의2)
　　・특정관리대상지역의 지정 및 관리 등(동법 제4장 제27조)
　　・재난방지시설의 관리(동법 제4장 제29조)

10 제1급감염병〈「감염병의 예방 및 관리에 관한 법률」 제2조(정의) 제2호〉 ··· 생물테러감염병 또는 치명률이 높거나 집단 발생의
　　우려가 커서 발생 또는 유행 즉시 신고하여야 하고, 음압격리와 같은 높은 수준의 격리가 필요한 감염병으로서 다음 각 목의
　　감염병을 말한다. 다만, 갑작스러운 국내 유입 또는 유행이 예견되어 긴급한 예방·관리가 필요하여 질병관리청장이 보건복지
　　부장관과 협의하여 지정하는 감염병을 포함한다.
　　에볼라바이러스병, 마버그열, 라싸열, 크리미안콩고출혈열, 남아메리카출혈열, 리프트밸리열, 두창, 페스트, 탄저, 보톨리눔독
　　소증, 야토병, 신종감염병증후군, 중증급성호흡기증후군(SARS), 중동호흡기증후군(MERS), 동물인플루엔자 인체감염증, 신종
　　인플루엔자, 디프테리아

11 열가소성 수지인 폴리염화비닐(PVC), 수지류 등이 연소할 때 발생하고 허용농도가 0.1ppm인 맹독성 가스는?

① 포스겐($COCl_2$)

② 일산화탄소(CO)

③ 황화수소(H_2S)

④ 시안화수소(HCN)

12 「재난 및 안전관리 기본법」상 자연재난에 해당하는 것으로만 묶은 것은?

㉠ 태풍	㉡ 홍수
㉢ 화재	㉣ 황사
㉤ 붕괴	㉥ 조수

① ㉠, ㉡, ㉢

② ㉠, ㉤, ㉥

③ ㉡, ㉢, ㉣

④ ㉡, ㉣, ㉥

---

11 ② 일산화탄소 허용농도 50ppm

③④ 황화수소, 시안화수소 허용농도 10ppm

※ 주요 독성가스의 허용농도

㉠ 0.1ppm : 포스겐($COCl_2$), 불소(F_2), 오존(O_3)

㉡ 5ppm : 염화수소(HCl), 이산화황(S_2)

㉢ 10ppm : 시안화수소(HCN), 황화수소(H_2S), 벤젠(C_6H_6)

㉣ 50ppm : 일산화탄소(CO), 염화메탄(CH_3Cl), 산화에틸렌(C_2H_4O)

12 ㉢ 화재와 ㉤ 붕괴는 사회재난이다.

※ 자연재난〈「재난 및 안전관리 기본법」 제3조(정의) 제1호 가목〉 ··· 태풍, 홍수, 호우(豪雨), 강풍, 풍랑, 해일(海溢), 대설, 한파, 낙뢰, 가뭄, 폭염, 지진, 황사(黃砂), 조류(藻類) 대발생, 조수(潮水), 화산활동, 「우주개발 진흥법」에 따른 자연우주물체의 추락·충돌, 그 밖에 이에 준하는 자연현상으로 인하여 발생하는 재해

13 「재난 및 안전관리 기본법」상 다음 사항들을 심의하는 기구는?

- 재난 및 안전관리에 관한 중요 정책에 관한 사항
- 국가안전관리기본계획에 관한 사항
- 중앙행정기관의 장이 수립·시행하는 계획, 점검·검사, 교육·훈련, 평가 등 재난 및 안전관리업무의 조정에 관한 사항
- 재난사태의 선포에 관한 사항

---

① 안전정책조정위원회
② 중앙재난방송협의회
③ 중앙안전관리민관협력위원회
④ 중앙안전관리위원회

---

13 중앙안전관리위원회〈「재난 및 안전관리 기본법」 제9조 제1항〉 … 재난 및 안전관리에 관한 다음 각 호의 사항을 심의하기 위하여 국무총리 소속으로 중앙안전관리위원회를 둔다.
1. 재난 및 안전관리에 관한 중요 정책에 관한 사항
2. 제22조에 따른 국가안전관리기본계획에 관한 사항
2의2. 제10조의2에 따른 재난 및 안전관리 사업 관련 중기사업계획서, 투자우선순위 의견 및 예산요구서에 관한 사항
3. 중앙행정기관의 장이 수립·시행하는 계획, 점검·검사, 교육·훈련, 평가 등 재난 및 안전관리업무의 조정에 관한 사항
3의2. 안전기준관리에 관한 사항
4. 제36조에 따른 재난사태의 선포에 관한 사항
5. 제60조에 따른 특별재난지역의 선포에 관한 사항
6. 재난이나 그 밖의 각종 사고가 발생하거나 발생할 우려가 있는 경우 이를 수습하기 위한 관계 기관 간 협력에 관한 중요 사항
6의 2. 재난안전의무보험의 관리·운용 등에 관한 사항
7. 중앙행정기관의 장이 시행하는 대통령령으로 정하는 재난 및 사고의 예방사업 추진에 관한 사항
8. 「재난안전산업 진흥법」 제5조에 따른 기본계획에 관한 사항
9. 그 밖에 위원장이 회의에 부치는 사항

14 세계기상기구(WMO)에서 제시한 열대성 회오리바람의 분류에 대한 설명으로 ㉠, ㉡에 들어갈 내용은?

구분	설명
(㉠)	순화하는 구름과 뇌우로 구성된 상태 (최대풍속 16 m/s 이하)
(㉡)	표면순환이 잘 조직화된 강력한 열대성 기후시스템 (최대풍속 33 m/s 이상)

	㉠	㉡
①	열대성 저기압	허리케인
②	열대성 저기압	열대성 폭풍
③	열대성 폭풍	허리케인
④	열대성 폭풍	열대성 저기압

15 「재난 및 안전관리 기본법」상 중앙재난안전대책본부에 대한 설명으로 옳지 않은 것은?

① 대통령령으로 정하는 대규모 재난의 대응·복구 등에 관한 사항을 총괄·조정하고 필요한 조치를 하기 위하여 행정안전부에 중앙재난안전대책본부를 둔다.

② 중앙대책본부에는 본부장과 차장을 둔다.

③ 해외재난 및 방사능재난의 경우에 행정안전부장관이 중앙대책본부장의 권한을 행사한다.

④ 중앙대책본부의 본부장은 중앙대책본부의 업무를 총괄하고 필요하다고 인정하면 중앙재난안전대책본부회의를 소집할 수 있다.

ANSWER 14.① 15.③

14 세계기상기구(WMO)는 열대저기압 중에서 중심 부근의 최대풍속이 33㎧ 이상인 것을 태풍(TY), 25~32㎧인 것을 강한 열대폭풍(STS), 17~24㎧인 것을 열대폭풍(TS), 그리고 17㎧ 미만인 것을 열대저압부(TD)로 구분한다. 태풍은 지역에 따라 각기 다른 이름으로 불리는데, 북서태평양에서는 태풍(Typhoon), 북중미에서는 허리케인(Hurricane), 인도양과 남반구에서는 사이클론(Cyclone)이라고 부른다.

15 ③ 중앙대책본부의 본부장은 행정안전부장관이 되며, 중앙대책본부장은 중앙대책본부의 업무를 총괄하고 필요하다고 인정하면 중앙재난안전대책본부회의를 소집할 수 있다. 다만, 해외재난의 경우에는 외교부장관이, 「원자력시설 등의 방호 및 방사능 방재 대책법」제2조 제1항 제8호에 따른 방사능재난의 경우에는 같은 법 제25조에 따른 중앙방사능방재대책본부의 장이 각각 중앙대책본부장의 권한을 행사한다〈동법 제14조(중앙재난안전대책본부 등) 제3항〉.

16 「지진·화산재해대책법 시행령」상 지진가속도계측을 해야 할 건축물로서 ㉠, ㉡에 들어갈 내용은?

> • 중앙행정기관 및 지방자치단체의 청사
> • 국립대학교
> • 높이 (㉠)미터 또는 (㉡)층 이상 공공건축물

	㉠	㉡
①	100	20
②	150	30
③	200	40
④	200	50

16 지진가속도계측 대상 시설 등〈「지진·화산재해대책법 시행령」 제5조 제1항〉
  1. 다음 각 목에 해당하는 건축물
    가. 중앙행정기관 및 지방자치단체의 청사
    나. 「고등교육법」 및 그 밖의 다른 법률에 따라 설립된 국립대학교
    다. 높이 200미터 또는 50층 이상 공공건축물
  2. 「공항시설법」 제2조 제7호에 따른 공항시설
  3. 다음 각 목에 해당하는 댐 및 저수지
    가. 「농어촌정비법」 제2조 제6호에 따른 저수지 중 총 저수용량 500만 톤 이상의 저수지
    나. 「댐건설·관리 및 주변지역지원 등에 관한 법률」 및 다른 법령에 따른 높이 15미터 이상의 댐 중 「건설기술 진흥법」 제44조의 기준에 따른 내진 특등급 및 1등급의 댐
    다. 가목 및 나목에 해당하지 않는 댐 및 저수지로서 노후화 등으로 붕괴가 우려되는 댐 및 저수지 중 행정안전부장관이 지진가속도계측이 필요하다고 인정하여 고시하는 댐 및 저수지
  4. 「도로법」 제2조 제1호에 따른 교량 중 기둥과 기둥 사이가 200미터 이상인 현수교(懸垂橋) 및 사장교(斜張橋)
  5. 다음 각 목에 해당하는 석유·가스 시설
    가. 「도시가스사업법」 제2조 제5호에 따른 가스공급시설 중 같은 법 제12조의 기준에 따른 내진 특등급 및 1등급의 정압기지
    나. 「고압가스 안전관리법」 제3조 제1호에 따른 저장소
    다. 「석유 및 석유대체연료 사업법」 제15조 제2항 제3호에 따른 석유비축시설
  6. 「철도의 건설 및 철도시설 유지관리에 관한 법률」 제2조 제2호에 따른 고속철도의 시설
  7. 제10조 제1항 제17호에 따른 시설
  8. 「전기사업법」 제2조 제16호에 따른 전기설비 중 지진으로 인하여 전력계통 운영에 피해가 우려되는 345킬로볼트(kv) 이상급의 변전소
  9. 「전기사업법」 제2조 제4호에 따른 발전사업자의 시설 중 발전용 수력설비 및 화력설비
  10. 삭제 〈2020. 5. 26.〉

17 「자연재해대책법 시행령」상 우수유출저감시설의 종류 중 침투시설에 해당하지 않는 것은?

① 침투트렌치   ② 투수성 포장

③ 투수성 보도블럭   ④ 습지

18 다음 역할을 수행하는 일본의 재난관리 정부조직은?

> • 방재기본계획의 작성 및 실시
> • 비상재해 시 긴급조치계획의 작성 및 실시
> • 방재에 관한 중요사항 심의

① 중앙방재회의   ② 비상재해대책본부

③ 지방방재회의   ④ 지방재해대책본부

ANSWER 17.④ 18.①

17 우수유출저감시설의 종류 등〈「자연재해대책법 시행령」제16조의3 제1항〉

  1. 침투시설
    가. 침투통
    나. 침투측구
    다. 침투트렌치
    라. 투수성 포장
    마. 투수성 보도블록 등

  2. 저류시설
    가. 쇄석공극(碎石空隙)저류시설
    나. 운동장저류
    다. 공원저류
    라. 주차장저류
    마. 단지내저류
    바. 빗물이용저류
    사. 공사장 임시저류지
    아. 유지(溜池), 습지 등 자연형 저류시설

18 일본의 중앙방재회의 … 우리나라의 중앙안전관리위원회와 비슷한 정부조직으로 종합적인 재해대책을 추진하기 위해 설치되었다. 주요 역할로는 방재기본계획의 작성 및 실시, 비상재해 시 긴급조치계획의 작성 및 실시, 방재 전반에 관한 시책의 종합조정, 재해긴급사태의 포고, 방재에 관한 중요사항 심의 등이 있다.

19 재난 및 안전관리 기본법령상 행정안전부장관이 맡는 지위가 아닌 것은?

① 중앙안전관리위원회의 간사
② 중앙민관협력위원회의 위원장
③ 안전정책조정위원회의 위원장
④ 중앙재난안전대책본부 본부장

ANSWER 19.②

19 중앙민관협력위원회의 공동위원장은 행정안전부의 재난안전관리사무를 담당하는 본부장과 제4항에 따라 위촉된 민간위원 중에서 중앙민관협력위원회의 의결을 거쳐 행정안전부장관이 지명하는 사람이 된다〈「재난 및 안전관리 기본법 시행령」 제12조의3 (중앙민관협력위원회의 구성·운영) 제2항〉.

※ 「재난 및 안전관리 기본법 시행령」 제12조의3 제4항… 중앙민관협력위원회의 위원은 다음 각 호의 사람이 된다.

　　1. 당연직 위원
　　　　가. 행정안전부 안전예방정책실장
　　　　나. 행정안전부 자연재난실장
　　　　다. 행정안전부 사회재난실장
　　　　라. 행정안전부 재난복구지원국장
　　2. 민간위원 : 다음 각 목의 어느 하나에 해당하는 사람 중에서 성별을 고려하여 행정안전부장관이 위촉하는 사람
　　　　가. 재난 및 안전관리 활동에 적극적으로 참여하고 전국 규모의 회원을 보유하고 있는 협회 등의 민간단체 대표
　　　　나. 재난 및 안전관리 분야 유관기관, 단체·협회 또는 기업 등에 소속된 재난 및 안전관리 전문가
　　　　다. 재난 및 안전관리 분야에 학식과 경험이 풍부한 사람

20 「자연재해대책법 시행규칙」상 재해 유형별 행동 요령에 포함되어야 할 사항 중 단계별 행동 요령의 세부사항을 바르게 연결한 것은?

① 예방단계 – 재해가 예상되거나 발생한 경우 비상근무계획에 관한 사항
② 대비단계 – 피해 발생이 우려되는 시설의 점검·관리에 관한 사항
③ 대응단계 – 이재민 수용시설의 운영 등에 관한 사항
④ 복구단계 – 통신·전력·가스·수도 등 국민생활에 필수적인 시설의 응급복구에 관한 사항

....

ANSWER 20.②

20   재해 유형별 행동 요령에 포함되어야 할 세부 사항〈「자연재해대책법 시행규칙」 제14조 제1항〉

1. 예방단계
   가. 자연재해위험개선지구·재난취약시설 등의 점검·정비 및 관리에 관한 사항
   나. 방재물자·동원장비의 확보·지정 및 관리에 관한 사항
   다. 유관기관 및 민간단체와의 협조·지원에 관한 사항
   라. 그 밖에 행정안전부장관이 필요하다고 인정하는 사항

2. 대비단계
   가. 재해가 예상되거나 발생한 경우 비상근무계획에 관한 사항
   나. 피해 발생이 우려되는 시설의 점검·관리에 관한 사항
   다. 유관기관 및 방송사에 대한 상황 전파 및 방송 요청에 관한 사항
   라. 그 밖에 행정안전부장관이 필요하다고 인정하는 사항

3. 대응단계
   가. 재난정보의 수집 및 전달체계에 관한 사항
   나. 통신·전력·가스·수도 등 국민생활에 필수적인 시설의 응급복구에 관한 사항
   다. 부상자 치료대책에 관한 사항
   라. 그 밖에 행정안전부장관이 필요하다고 인정하는 사항

4. 복구단계
   가. 방역 등 보건위생 및 쓰레기 처리에 관한 사항
   나. 이재민 수용시설의 운영 등에 관한 사항
   다. 복구를 위한 민간단체 및 지역 군부대의 인력·장비의 동원에 관한 사항
   라. 그 밖에 행정안전부장관이 필요하다고 인정하는 사항

1 재난관리 단계별 활동내용 중 복구단계에 해당하는 것은?

① 이재민 지원   ② 비상경보체계 구축
③ 재난대응계획 수립   ④ 위험성 분석 및 위험지도 작성

2 아네스(Br. J. Anesth)의 재해(재난) 분류와 재해(재난)의 종류를 바르게 연결한 것은?

① 기후성 재해 – 해일   ② 지진성 재해 – 태풍
③ 사고성 재해 – 방사능 재해   ④ 계획적 재해 – 생물학적 재해

ANSWER 1.① 2.③

1　②③ 대비단계
　　④ 예방단계
　　※ 재난관리 단계
　　　　㉠ 예방단계 : 인간의 생명과 재산에 피해를 주는 재난의 위험을 줄이거나 제거하기 위해 장기적인 관점으로 행하는 모든
　　　　　　활동
　　　　㉡ 대비단계 : 재난 발생시 효과적으로 대응하기 위한 사전 준비 활동
　　　　㉢ 대응단계 : 재난 발생 직전과 직후, 재난 진행 도중에 취해지는 활동으로 인명구조, 재산손실의 경감 등을 위한 일련의
　　　　　　활동
　　　　㉣ 복구단계 : 단기복구 및 중장기복구

2　아네스의 재해 분류

대분류	세분류	재해의 종류
자연재해	기후성 재해	태풍, 수해, 설해
	지진성 재해	지진, 해일, 화산폭발
사회재해	사고성 재해	화재, 폭발, 교통사고, 산업사고, 방사능 재해, 화학적 재해, 생물학적 재해
	계획성 재해	테러, 폭동, 전쟁

3 「재난 및 안전관리 기본법 시행령」상 안전관리전문기관에 해당하는 것만을 모두 고르면?

> ㉠ 「한국농어촌공사 및 농지관리기금법」에 따른 한국농어촌공사
> ㉡ 「에너지이용 합리화법」에 따른 한국에너지공단
> ㉢ 「도로교통법」에 따른 도로교통공단
> ㉣ 「자연재해대책법」에 따른 한국방재협회

① ㉠, ㉣
② ㉠, ㉡, ㉢
③ ㉡, ㉢, ㉣
④ ㉠, ㉡, ㉢, ㉣

ANSWER 3.④

3 안전관리전문기관〈「재난 및 안전관리 기본법 시행령」제40조〉
1. 「소방산업의 진흥에 관한 법률」제14조에 따른 한국소방산업기술원
2. 「한국농어촌공사 및 농지관리기금법」에 따른 한국농어촌공사
3. 「고압가스 안전관리법」에 따른 한국가스안전공사
4. 「전기안전관리법」에 따른 한국전기안전공사
5. 「에너지이용 합리화법」에 따른 한국에너지공단
6. 「한국산업안전보건공단법」에 따른 한국산업안전보건공단
7. 「국토안전관리원법」에 따른 국토안전관리원
8. 「한국교통안전공단법」에 따른 한국교통안전공단
9. 「도로교통법」에 따른 도로교통공단
10. 「자연재해대책법」에 따른 한국방재협회
11. 「소방기본법」에 따른 한국소방안전원
12. 「승강기 안전관리법」에 따른 한국승강기안전공단
13. 그 밖에 행정안전부장관이 안전관리에 관한 자료를 요구할 필요가 있다고 인정하여 고시하는 기관

4 폭발의 분류 중 가연성 고체(석탄, 유황 등)의 미분이 공기 중에 부유하고 있을 때 어떤 착화원에 의해 에너지가 주어지면 발생하는 폭발은?

① 분진폭발
② 분무폭발
③ 증기운폭발
④ 블레비(BLEVE, Boiling Liquid Expanding Vapor Explosion)

5 「재해경감을 위한 기업의 자율활동 지원에 관한 법률」상 재해경감 우수기업 인증을 받은 기업(이하 "우수기업")에 대한 지원 등에 대한 설명으로 옳지 않은 것은?

① 국가 및 지방자치단체는 중소기업에 대한 자금을 지원함에 있어서 우수기업을 우대하여야 한다.
② 행정안전부장관은 모든 공공기관에서 발주하는 시설공사 사업에 대하여 입찰 참여를 하는 우수기업에 대한 가산점 부여 등 필요한 조치를 요청할 수 있다.
③ 국가는 기업의 재해경감활동을 촉진하기 위하여 우수기업에 대하여 「조세특례제한법」 등 조세 관련 법률이 정하는 바에 따라 세제상의 지원을 할 수 있다.
④ 우수기업이 아닌 기업도 직전 사업연도의 법인세 또는 소득세 차감 전 순이익의 일부를 재해경감활동에 사용되는 비용으로 충당할 수 있다.

ANSWER 4.① 5.②

4 지문은 분진폭발에 대한 설명으로 공기 중에 떠도는 농도 짙은 분진이 착화원에 의해 에너지를 받아 열과 압력을 발생하면서 갑자기 연소·폭발하는 현상이다. 먼지폭발 또는 분체폭발이라고도 한다.
※ **분무폭발** … 고압의 유압설비의 일부가 파손되어 내부의 가연성 액체가 공기 중에 분출될 때, 미세한 액적(液滴)이 되어 무상(霧像)으로 되고 공기 중에 현탁하여 존재할 때 어떤 착화원에 의해 에너지가 주어지면 발생하는 폭발이다.

5 ② 행정안전부장관은 우수기업이 「재난 및 안전관리 기본법」 제3조 제5호에 따른 재난관리책임기관에서 발주하는 물품구매·시설공사·용역 등의 사업에 대하여 입찰 참여를 하는 경우에는 가산점 부여 등 필요한 조치를 요청할 수 있다〈「재해경감을 위한 기업의 자율활동 지원에 관한 법률」 제19조(가산점 부여) 제3항〉.

6 「미세먼지 저감 및 관리에 관한 특별법」상 미세먼지의 관리 등에 대한 설명으로 옳지 않은 것은?

① 「대기환경보전법」 제2조제6호에 따른 먼지 중 입자의 지름이 1.5마이크로미터인 흡입성먼지는 초미세먼지에 해당한다.

② 정부가 5년마다 수립·시행해야 하는 미세먼지관리종합계획에는 미세먼지 취약계층 보호에 관한 사항이 포함되어야 한다.

③ 국무총리는 미세먼지등의 발생원인, 정책영향 분석, 배출량 관련 정보의 수집·분석 및 체계적인 관리를 위하여 국가미세먼지정보센터를 설치·운영하여야 한다.

④ 환경부장관이 집중관리를 할 수 있는 미세먼지 계절관리기간은 계절적 요인 등으로 초미세먼지의 월평균 농도가 특히 심화되는 12월 1일부터 다음 해 3월 31일까지의 기간을 말한다.

7 「자연재해대책법 시행령」상 관계 중앙행정기관의 장이 내풍설계기준의 설정 대상 시설로 정할 수 있는 시설에 해당하지 않는 것은?

① 「항만법」 제2조 제5호에 따른 방파제

② 「도로법」 제2조 제2호에 따른 도로의 부속물

③ 「전기사업법」 제2조 제16호에 따른 전기설비

④ 「도시철도법」 제2조 제2호에 따른 도시철도

ANSWER 6.③ 7.①

6 ③ 환경부장관은 미세먼지등의 발생원인, 정책영향 분석, 배출량 관련 정보의 수집·분석 및 체계적인 관리를 위하여 국가미세먼지정보센터를 설치·운영하여야 한다〈「미세먼지 저감 및 관리에 관한 특별법」 제17조(국가미세먼지정보센터의 설치 및 운영) 제1항〉.

7 내풍설계기준의 설정 대상 시설〈「자연재해대책법 시행령」 제17조〉 … 법 제20조 제1항에서 "대통령령으로 정하는 시설"이란 다음 각 호의 시설 중 관계 중앙행정기관의 장이 정하는 시설을 말한다.
1. 「건축법」 제2조에 따른 건축물
2. 「공항시설법」 제2조 제7호 및 제8호에 따른 공항시설 및 비행장시설
3. 「관광진흥법」 제3조에 따른 유원시설업상의 안전성검사 대상 유기기구(遊技機具)
4. 「도로법」 제2조 제2호에 따른 도로의 부속물
5. 「궤도운송법」 제2조 제3호에 따른 궤도시설
6. 「산업안전보건법」 제80조 및 제81조에 따른 유해하거나 위험한 기계·기구 및 설비
7. 「옥외광고물 등의 관리와 옥외광고산업 진흥에 관한 법률」 제2조 제1호에 따른 옥외광고물
8. 「전기사업법」 제2조 제16호에 따른 전기설비
9. 「항만법」 제2조 제5호에 따른 항만시설 중 고정식 또는 이동식 하역장비
10. 「도시철도법」 제2조 제2호에 따른 도시철도

8 A 광역시에 사회재난이 발생하여 A 광역시재난안전대책본부의 본부장인 甲은 A 광역시가 특별재난지역으로 선포되기를 원하고 있다. 재난 및 안전관리 기본법령상 이에 대한 설명으로 옳지 않은 것은?

① 甲은 중앙재난안전대책본부장에게 특별재난지역의 선포를 요청할 수 있고, 중앙재난안전대책본부장은 甲의 요청이 타당하다고 인정하는 경우에는 중앙안전관리위원회의 심의를 거쳐 A 광역시를 특별재난지역으로 선포할 수 있다.

② A 광역시의 행정능력이나 재정능력으로는 재난의 수습이 곤란하여 국가적 차원의 지원이 필요하다고 인정되는 경우에는 A 광역시를 특별재난지역으로 선포할 수 있다.

③ A 광역시를 특별재난지역으로 선포하는 경우 국가는 A 광역시에 대하여 대통령령으로 정하는 바에 따라 응급대책 및 재난구호와 복구에 필요한 행정상·재정상·금융상·의료상의 특별지원을 할 수 있다.

④ A 광역시를 특별재난지역으로 선포하는 경우 국가는 A 광역시에 대하여 의료·방역·방제(防除) 및 쓰레기수거 활동 등에 대한 지원을 할 수 있다.

ANSWER 8.①

8 「재난 및 안전관리 기본법」 제60조(특별재난지역의 선포) 제1항에 따르면, 중앙대책본부장은 대통령령으로 정하는 규모의 재난이 발생하여 국가의 안녕 및 사회질서의 유지에 중대한 영향을 미치거나 피해를 효과적으로 수습하기 위하여 특별한 조치가 필요하다고 인정하거나 제3항에 따른 지역대책본부장의 요청이 타당하다고 인정하는 경우에는 중앙위원회의 심의를 거쳐 해당 지역을 특별재난지역으로 선포할 것을 대통령에게 건의할 수 있다.

따라서 甲은 중앙재난안전대책본부장에게 특별재난지역의 선포를 요청할 수 있고, 중앙재난안전대책본부장은 甲의 요청이 타당하다고 인정하는 경우에는 중앙안전관리위원회의 심의를 거쳐 <u>A 광역시를 특별재난지역으로 선포할 것을 대통령에게 건의할 수 있다.</u>

※ 「재난 및 안전관리 기본법」 제60조 제4항… 지역대책본부장은 관할지역에서 발생한 재난으로 인하여 제1항에 따른 사유가 발생한 경우에는 중앙대책본부장에게 특별재난지역의 선포 건의를 요청할 수 있다.

9 「재난 및 안전관리 기본법」상 재난의 구호 및 복구를 위하여 지원하는 비용(이하 "복구비등")의 반환에 대한 설명으로 옳지 않은 것은?

① 복구비등을 받은 자가 부정한 방법으로 복구비등을 받은 경우 국가와 지방자치단체는 그 받은 복구비등을 반환하도록 명하여야 한다.

② 복구비등을 받은 후 그 지급 사유가 소급하여 소멸된 경우 국가와 지방자치단체는 그 복구비등을 받은 자에게 복구비등을 반환하도록 명하여야 한다.

③ 복구비등의 반환명령을 받은 자가 반환하여야 할 반환금을 지정된 기한까지 반환하지 아니하면 국세 체납처분 또는 지방세 체납처분의 예에 따라 징수한다.

④ 복구비등의 반환명령에 따른 반환금의 징수는 국세와 지방세를 포함한 공과금에 우선한다.

10 대기오염물질을 생성 메커니즘에 따라 1차 오염물질과 2차 오염물질로 분류할 때 2차 오염물질에 해당하는 것만을 모두 고르면?

㉠ 일산화질소	㉡ 오존
㉢ 황산염	㉣ 탄화수소

① ㉠, ㉡

② ㉠, ㉣

③ ㉡, ㉢

④ ㉢, ㉣

ANSWER 9.④ 10.③

9 복구비등의 반환〈「재난 및 안전관리 기본법」 제66조의3〉
① 국가와 지방자치단체는 복구비등을 받은 자가 다음 각 호의 어느 하나에 해당하는 경우에는 행정안전부령으로 정하는 바에 따라 그 받은 복구비등을 반환하도록 명하여야 한다.
  1. 부정한 방법으로 복구비등을 받은 경우
  2. 복구비등을 받은 후 그 지급 사유가 소급하여 소멸된 경우
  3. 그 밖에 대통령령으로 정하는 사유가 발생한 경우
② 제1항에 따라 반환명령을 받은 자는 즉시 복구비등을 반환하여야 한다.
③ 제2항에 따라 반환하여야 할 반환금을 지정된 기한까지 반환하지 아니하면 국세 체납처분 또는 지방세 체납처분의 예에 따라 징수한다.
④ 제3항에 따른 반환금의 징수는 국세와 지방세를 제외하고는 다른 공과금에 우선한다.

10 ③ 오존과 황산염은 대표적인 2차 오염물질에 해당한다.
※ 대기오염물질
  ㉠ 1차 오염물질 : 발생원으로부터 직접 배출된 오염물질
  ㉡ 2차 오염물질 : 대기 중에서 복수의 오염물질이 태양복사에너지에 의하여 광화학반응을 일으켜 생성되는 새로운 오염물질

11 위험물의 종류 중 자기반응성 물질에 해당하는 것은?

① 염소산염류

② 과산화수소

③ 유기과산화물

④ 무기과산화물

12 「재난 및 안전관리 기본법」상 항공기 등 조난사고 시의 긴급구조 등과 관련하여 국방부장관이 취하여야 할 조치가 아닌 것은?

① 조난 항공기에 관한 정보 제공

② 탐색구조본부의 설치 · 운영

③ 탐색구조부대의 지정 및 출동대기태세의 유지

④ 조난 항공기 수색 · 구조계획의 수립 · 시행

ANSWER 11.③ 12.④

11 위험물의 성질 및 종류〈「위험물안전관리법 시행령」 [별표 1] 위험물 및 지정수량 참고〉

유별	성질	품명
제1류	산화성고체	아염소산염류, 염소산염류, 과염소산염류, 무기과산화물, 브로민산염류, 질산염류, 아이오딘산염류, 과망가니즈산염류, 다이크로뮴산염류 등
제2류	가연성고체	황화인, 적린, 황, 철분, 금속분, 마그네슘, 인화성고체 등
제3류	자연발화성물질 및 금수성물질	칼륨, 나트륨, 알킬알루미늄, 알킬리튬, 황린, 알칼리금속(칼륨 및 나트륨을 제외한다) 및 알칼리토금속, 유기금속화합물(알킬알루미늄 및 알킬리튬을 제외한다), 금속의 수소화물, 금속의 인화물, 칼슘 또는 알루미늄의 탄화물 등
제4류	인화성액체	특수인화물, 제1석유류, 알코올류, 제2석유류, 제3석유류, 제4석유류, 동식물유류 등
제5류	자기반응성물질	유기과산화물, 질산에스터류, 나이트로화합물, 나이트로소화합물, 아조화합물, 다이아조화합물, 하이드라진 유도체, 하이드록실아민, 하이드록실아민염류 등
제6류	산화성액체	과염소산, 과산화수소, 질산 등

12 국방부장관은 항공기나 선박의 조난사고가 발생하면 관계 법령에 따라 긴급구조업무에 책임이 있는 기관의 긴급구조활동에 대한 군의 지원을 신속하게 할 수 있도록 다음 각 호의 조치를 취하여야 한다〈「재난 및 안전관리 기본법」 제57조(항공기 등 조난사고 시의 긴급구조 등) 제3항〉.

1. 탐색구조본부의 설치 · 운영

2. 탐색구조부대의 지정 및 출동대기태세의 유지

3. 조난 항공기에 관한 정보 제공

13 존스(David K. C. Jones)의 재해(재난) 분류에 대한 설명으로 옳지 않은 것은?

① 자연재해는 지구물리학적 재해와 생물학적 재해로 구분한다.

② 공해, 스모그현상, 온난화현상은 준자연재해로 분류한다.

③ 지구물리학적 재해는 세부적으로 지질학적 재해, 지형학적 재해, 기상학적 재해로 구분한다.

④ 지진, 화산, 쓰나미는 지질학적 재해로 분류한다.

14 「재난 및 안전관리 기본법」상 대통령령으로 정하는 사항이 아닌 것은?

① 안전정책조정위원회의 구성과 운영 등에 필요한 사

② 재난현장 통합지원본부의 구성과 운영에 필요한 사항

③ 국가핵심기반의 지정 및 지정취소 등에 필요한 사항

④ 특정관리대상지역의 지정, 관리 및 정비에 필요한 사항

....

ANSWER 13.② 14.②

13 ② 스모그현상과 온난화현상은 준자연재해로 분류하지만, 공해는 인적재해로 분류한다.

※ 데이비드 존스의 재난분류

재난					
자연재난				준자연재난	인적재난
지구물리학적 재난			생물학적 재난	• 스모그	• 공해
지질학적 재난	지형학적 재난	기상학적 재난	• 세균 질병	• 온난화	• 광화학 연무
• 지진	• 산사태	• 안개	• 유독식물	• 사막화	• 폭동
• 화산	• 염수토양 등	• 눈	• 유독동물 등	• 염수화	• 교통사고
• 쓰나미 등		• 해일		• 눈사태	• 폭발사고
		• 번개		• 홍수	• 전쟁 등
		• 토네이도/폭풍/태풍		• 토양침식 등	
		• 이상기온			
		• 가뭄 등			

14 ② 지역대책본부 및 통합지원본부의 구성과 운영에 필요한 사항은 해당 지방자치단체의 조례로 정한다〈「재난 및 안전관리 기본법」제16조(지역재난안전대책본부) 제5항〉.

15 주의보와 경보로 분류하는 기상청의 기상특보 기준 중 주의보 기준으로 옳지 않은 것은?

① 호우 – 3시간 누적강우량이 90mm 이상 예상되거나 12시간 강우량이 180mm 이상 예상될 때

② 풍랑 – 해상에서 풍속 14 m/s 이상이 3시간 이상 지속되거나 유의파고가 3m 이상이 예상될 때

③ 건조 – 실효습도 35 % 이하가 2일 이상 지속될 것이 예상될 때

④ 대설 – 24시간 동안 내려 쌓인 눈의 양이 5cm 이상 예상될 때

ANSWER 15.①

15 ① 호우경보 발효기준이다.

※ **특보의 기준**〈「기상법 시행령」[별표1]〉

종류	주의보	경보
강풍	육상에서 풍속 50.4km/h(14m/s) 이상 또는 순간풍속 72.0km/h(20m/s) 이상이 예상될 때. 다만, 산지는 풍속 61.2km/h(17m/s) 이상 또는 순간풍속 90.0km/h(25m/s) 이상이 예상될 때	육상에서 풍속 75.6km/h(21m/s) 이상 또는 순간풍속 93.6km/h(26m/s) 이상이 예상될 때. 다만, 산지는 풍속 86.4km/h(24m/s) 이상 또는 순간풍속 108.0km/h(30m/s) 이상이 예상될 때
풍랑	해상에서 풍속 50.4km/h(14m/s) 이상이 3시간 이상 지속되거나 유의파고가 3m 이상이 예상될 때	해상에서 풍속 75.6km/h(21m/s) 이상이 3시간 이상 지속되거나 유의파고가 5m 이상이 예상될 때
호우	3시간 누적강우량이 60mm 이상 예상되거나 12시간 누적강우량이 110mm 이상 예상될 때	3시간 누적강우량이 90mm 이상 예상되거나 12시간 누적강우량이 180mm 이상 예상될 때
대설	24시간 동안 내려 쌓인 눈의 양이 5cm 이상 예상될 때	24시간 동안 내려 쌓인 눈의 양이 20cm 이상 예상될 때. 다만, 산지는 24시간 동안 내려 쌓인 눈의 양이 30cm 이상 예상될 때
건조	실효습도 35% 이하가 2일 이상 지속될 것으로 예상될 때	실효습도 25% 이하가 2일 이상 지속될 것으로 예상될 때
폭풍 해일	천문조, 폭풍, 저기압 등의 복합적인 영향으로 해수면이 상승하여 기상청장이 정하는 지역별 발효기준 값 이상이 예상될 때	천문조, 폭풍, 저기압 등의 복합적인 영향으로 해수면이 상승하여 기상청장이 정하는 지역별 발효기준 값 이상이 예상될 때
한파	10월~4월 사이의 기간에 다음 중 어느 하나에 해당하는 경우 ① 아침 최저기온이 전날보다 10℃ 이상 하강하여 3℃ 이하이고 평년값보다 3℃가 낮을 것으로 예상될 때 ② 아침 최저기온이 −12℃ 이하가 2일 이상 지속될 것으로 예상될 때 ③ 급격한 저온현상으로 중대한 피해가 예상될 때	10월~4월사이의 기간에 다음 중 어느 하나에 해당하는 경우 ① 아침 최저기온이 전날보다 15℃ 이상 하강하여 3℃ 이하이고 평년값보다 3℃가 낮을 것으로 예상될 때 ② 아침 최저기온이 −15℃ 이하가 2일 이상 지속될 것으로 예상될 때 ③ 급격한 저온현상으로 광범위한 지역에서 중대한 피해가 예상될 때
태풍	태풍으로 인하여 강풍, 풍랑, 호우, 폭풍해일 현상 등이 주의보 기준에 도달할 것으로 예상될 때	태풍으로 인하여 다음 중 어느 하나에 해당하는 경우 ① 강풍, 풍랑 또는 폭풍해일 현상이 경보 기준에 도달할 것으로 예상될 때 ② 총 강우량이 200mm이상 예상될 때
황사	–	황사로 인해 1시간 평균 미세먼지(PM10) 농도 800μg/m³ 이상이 2시간 이상 지속될 것으로 예상될 때
폭염	폭염으로 인하여 다음 중 어느 하나에 해당하는 경우 ① 일 최고 체감온도 33℃ 이상인 상태가 2일 이상 예상될 때 ② 급격한 체감온도 상승 또는 폭염 장기화 등으로 중대한 피해 발생이 예상될 때	폭염으로 인하여 다음 중 어느 하나에 해당하는 경우 ① 일 최고 체감온도 35℃ 이상인 상태가 2일 이상 예상될 때 ② 급격한 체감온도 상승 또는 폭염 장기화 등으로 광범위한 지역에서 중대한 피해 발생이 예상될 때

1. 실효습도 : 물체의 건조한 정도를 나타내기 위해 수일 전부터 현재까지의 습도를 가중하여 산출한 지수
2. 천문조 : 달이나 태양과 같은 천체의 인력에 의하여 일어나는 조수간만의 차

16 자연재해대책법령상 재해지도에 대한 설명으로 옳지 않은 것은?

① 홍수에 의한 범람 및 내수배제(內水排除) 불량 등에 의한 침수지역을 예측하여 표시한 지도는 홍수범람 위험도로서 침수예상도의 일종이다.

② 태풍, 호우, 해일 등에 의한 해안침수지역을 예측하여 표시한 해안침수예상도는 재해정보지도에 속한다.

③ 행정안전부장관은 재해지도를 자연재해의 예방·대비·대응·복구 등 전분야 대책에 기초로 활용하고 업무추진의 효율성을 증진하기 위한 재해지도통합관리연계시스템을 구축·운영하여야 한다.

④ 지방자치단체의 장은 침수 피해가 발생한 날부터 6개월 이내에 침수흔적도를 작성하여 행정안전부장관 에게 제출하여야 한다.

ANSWER 16.②

16 ② 태풍, 호우, 해일 등에 의한 해안침수지역을 예측하여 표시한 해안침수예상도는 침수예상도에 속한다.

※ 재해지도의 종류〈「자연재해대책법 시행령」제18조〉

1. 침수흔적도 : 태풍, 호우(豪雨), 해일 등으로 인한 침수흔적을 조사하여 표시한 지도
2. 침수예상도 : 현 지형을 기준으로 예상 강우 및 태풍, 호우, 해일 등에 의한 침수범위를 예측하여 표시한 지도로서 다음 각 목의 어느 하나에 해당하는 지도
   가. 홍수범람위험도 : 홍수에 의한 범람 및 내수배제(저류된 물을 배출하여 제거하는 것을 말한다.) 불량 등에 의한 침수 지역을 예측하여 표시한 지도와 「수자원의 조사·계획 및 관리에 관한 법률」제7조 제1항 및 제5항에 따른 홍수위험 지도
   나. 해안침수예상도 : 태풍, 호우, 해일 등에 의한 해안침수지역을 예측하여 표시한 지도
3. 재해정보지도 : 침수흔적도와 침수예상도 등을 바탕으로 재해 발생 시 대피 요령, 대피소 및 대피 경로 등의 정보를 표 시한 지도로서 다음 각 목의 어느 하나에 해당하는 지도
   가. 피난활용형 재해정보지도 : 재해 발생 시 대피 요령, 대피소 및 대피 경로 등 피난에 관한 정보를 지도에 표시한 도면
   나. 방재정보형 재해정보지도 : 침수예측정보, 침수사실정보 및 병원 위치 등 각종 방재정보가 수록된 생활지도
   다. 방재교육형 재해정보지도 : 재해유형별 주민 행동 요령 등을 수록하여 교육용으로 제작한 지도

17 「재해구호법」상 재해구호계획의 수립 및 구호기관의 활동 등에 대한 설명으로 옳지 않은 것은?

① 행정안전부장관 및 시·도지사등은 재해구호 전문인력의 양성을 위하여 「고등교육법」 제2조에 따른 학교를 재해구호 전문인력 양성기관으로 지정하여 필요한 교육훈련을 실시하게 할 수 있다.

② 특별시가 매년 적립해야 하는 재해구호기금의 최저적립액은 원칙적으로 최근 3년 동안의 「지방세기본법」에 따른 보통세의 수입결산액 연평균액의 1천분의 2.5에 해당하는 금액으로 한다.

③ 시·도지사는 적립된 재해구호기금의 누적집행잔액이 최근 3년 동안의 「지방세기본법」에 따른 보통세의 수입결산액 연평균액의 1천분의 30을 초과하는 경우에는 해당 연도의 최저적립액 이하로 적립할 수 있다.

④ 구호기관은 구호를 하기 위하여 특별히 필요하다고 인정하면 소유자 또는 점유자의 사전 승낙 없이 타인 소유의 토지 또는 건물 등을 사용할 수 있다.

18 자연재해대책법령상 수방기준(水防基準)의 제정·운영 등에 대한 설명으로 옳지 않은 것은? (기출변형)

① 수방기준 중 시설물의 수해 내구성을 강화하기 위한 수방기준은 관계 중앙행정기관의 장이 정한다.

② 지하 공간의 침수를 방지하기 위한 수방기준은 행정안전부장관이 관할 지방자치단체의 장과 협의하여 정한다.

③ 「하수도법」 제2조 제3호에 따른 하수도 중 하수관로 및 공공하수처리시설은 수방기준을 제정하여야 하는 대상 시설물에 해당한다.

④ 지방자치단체의 장은 수방기준제정대상의 준공검사 또는 사용승인을 할 때에는 수방기준 적용 여부를 확인하여야 한다.

ANSWER 17.④ 18.②

17 ④ 구호기관은 구호를 하기 위하여 특별히 필요하다고 인정하면 타인 소유의 토지 또는 건물 등을 사용할 수 있다〈「재해구호법」 제9조(토지 또는 건물 등의 사용) 제1항〉. 구호기관은 제1항에 따라 타인 소유의 토지 또는 건물 등을 사용하는 경우에는 미리 토지 또는 건물 등의 소유자 또는 점유자에게 통지하여 승낙을 받아야 한다. 이 경우 소유자등은 정당한 사유가 없으면 적극 협조하여야 한다〈동법 제9조 제2항〉.

18 ② 수방기준 중 시설물의 수해 내구성을 강화하기 위한 수방기준은 관계 중앙행정기관의 장이 정하고, 지하 공간의 침수를 방지하기 위한 수방기준은 행정안전부장관이 관계 중앙행정기관의 장과 협의하여 정한다〈「자연재해대책법」 제17조(수방기준의 제정·운영) 제1항〉.

19 재난 및 안전관리 기본법령상 재정 및 보상 등에 대한 설명으로 옳지 않은 것은?

① 어느 시·군에 인명의 피해 정도가 매우 크고 그 영향이 광범위한 재난이 발생하여 관할 도지사가 다른 시장·군수에게 응원을 요청한 경우 그 응원에 드는 비용은 응원을 받은 자가 부담하여야 한다.

② 어느 지방자치단체가 관계 행정기관의 장으로부터 응급조치에 필요한 응원을 받았는데, 그 응급조치로 인하여 다른 지방자치단체가 이익을 받은 경우에는 그 수익의 범위에서 이익을 받은 해당 지방자치단체가 그 비용의 일부를 분담하여야 한다.

③ 국가가 시행한 응급조치로 인하여 손실을 입은 자가 「공익사업을 위한 토지 등의 취득 및 보상에 관한 법률」 제51조에 따른 관할 토지수용위원회에 재결을 신청하려면 그 응급조치가 있는 날부터 60일 이내에 하여야 한다.

④ 재난의 응급대책·복구 및 긴급구조 등에 참여한 자원봉사자의 장비 등이 응급대책·복구 또는 긴급구조와 관련하여 고장나거나 파손된 경우에는 그 자원봉사자에게 수리비용을 보상할 수 있다.

ANSWER 19.③

19 ③ 「재난 및 안전관리 기본법」 제64조(손실보상) 제1항에 따르면 국가나 지방자치단체는 동원명령이나 응급부담에 따른 조치로 인하여 손실이 발생하면 보상하여야 한다. 이때 손실보상에 관하여는 손실을 입은 자와 그 조치를 한 중앙행정기관의 장, 시·도지사 또는 시장·군수·구청장이 협의하여야 하는데(동조 제2항), 이에 따른 협의가 성립되지 아니하면 대통령령으로 정하는 바에 따라 「공익사업을 위한 토지 등의 취득 및 보상에 관한 법률」 제51조에 따른 관할 토지수용위원회에 재결을 신청할 수 있다(동조 제3항).

※ 「재난 및 안전관리 기본법 시행령」 제71조(재결의 신청기간)
① 법 제64조 제2항에 따른 손실보상에 관한 협의는 법 제39조 및 제45조에 따른 조치가 있는 날부터 60일 이내에 하여야 한다.
② 법 제64조 제3항에 따른 재결의 신청은 법 제39조 및 제45조에 따른 조치가 있는 날부터 180일 이내에 하여야 한다.

20 재난이 발생할 우려가 있거나 재난이 발생하였을 때 시 · 도긴급구조통제단 및 시 · 군 · 구긴급구조통제단의 단장이 하여야 하는 응급조치에 해당하지 않는 것은?

① 진화에 관한 응급조치

② 현장지휘통신체계의 확보

③ 긴급수송 및 구조 수단의 확보

④ 급수 수단의 확보, 긴급피난처 및 구호품 등 재난관리자원의 확보

ANSWER 20.④

20 응급조치〈「재난 및 안전관리 기본법」제37조 제1항〉… 제50조 제2항에 따른 시 · 도긴급구조통제단 및 시 · 군 · 구긴급구조통제단의 단장(이하 "지역통제단장"이라 한다)과 시장 · 군수 · 구청장은 재난이 발생할 우려가 있거나 재난이 발생하였을 때에는 즉시 관계 법령이나 재난대응활동계획 및 위기관리 매뉴얼에서 정하는 바에 따라 수방(水防) · 진화 · 구조 및 구난(救難), 그 밖에 재난 발생을 예방하거나 피해를 줄이기 위하여 필요한 다음 각 호의 응급조치를 하여야 한다. 다만, 지역통제단장의 경우에는 제2호 중 진화에 관한 응급조치와 제4호 및 제6호의 응급조치만 하여야 한다.

1. 경보의 발령 또는 전달이나 피난의 권고 또는 지시

1의2. 제31조에 따른 안전조치

2. 진화 · 수방 · 지진방재, 그 밖의 응급조치와 구호

3. 피해시설의 응급복구 및 방역과 방범, 그 밖의 질서 유지

4. 긴급수송 및 구조 수단의 확보

5. 급수 수단의 확보, 긴급피난처 및 구호품 등 재난관리자원의 확보

6. 현장지휘통신체계의 확보

7. 그 밖에 재난 발생을 예방하거나 줄이기 위하여 필요한 사항으로서 대통령령으로 정하는 사항

1 재난관리방식 중 분산관리방식에 대한 설명으로 옳지 않은 것은?

① 전통적 재난관리제도이며 재난의 유형별 특징을 강조한다.

② 재난의 종류에 따라 대응방식에 차이가 있다는 것을 강조한다.

③ 재난계획과 대응 책임기관을 각각 다르게 배정하여 관리하는 방식이다.

④ 기능별 책임기관을 지정하고 통합적인 조정·통제 및 지휘체계를 갖는다.

ANSWER 1.④

1 ④ 기능별 책임기관을 지정하고 통합적인 조정·통제 및 지휘 체계를 갖는 것은 통합관리방식에 대한 설명이다.

※ 재난관리방식별 장단점

유형	재난유형별관리	통합재난관리
성격	분산적 관리	통합적 관리
책임범위와 부담	소관재난에 대한 관리, 부담 분산	모든 재난에 대한 관리, 부담 과도의 가능성
활동범위	특정 재난에 대한 관리	모든 재난에 대한 관리
정보의 전달	다원화, 환란의 가능성	단일화, 효율적
재원마련과 배분	복잡	간소
재난대응	대응조직 없음	통합 대응
관련부처 및 기관의 수	다수	소수

2 고도신뢰이론에서 체계 내의 어느 한 부분이 실패하더라도 다른 부분이 그 역할을 보충하거나 실패를 방지하는 전략은?

① 조직학습

② 가외성 확보

③ 관점의 유연화

④ 의사결정의 분권화

3 이상 상황이 발생하면 확인하려 하고 긴급사태가 확인되면 반사적으로 위험으로부터 멀어지려고 하는 인간의 피난본능은?

① 퇴피본능

② 좌회본능

③ 추종본능

④ 귀소본능

ANSWER 2.② 3.①

2 고도신뢰이론(High Reliability Theory)은 사고 예방이 가능하다는 전제 아래, 복잡성과 꽉 짜인 체계에서 사고 발생 가능성을 낮출 수 있는 조직의 전략을 발전시킬 수 있다고 본다. 따라서 사고는 예방할 수 있으며 조직의 안전에 관한 신뢰도도 높일 수 있다는 것이 고도신뢰이론의 핵심이다. 고도신뢰이론의 위기관리 전략으로는 가외성(redundancy) 전략, 의사결정 분권화 (de-centralization) 전략, 관점의 유연화(conceptual slacks) 전략, 조직 학습(organization learning) 전략 등이 있다.

ⓐ **가외성 전략** : 만약 한 부분이나 한 개인이 실패를 한다면 다른 부문이나 다른 조직원이 이를 보완

ⓑ **의사결정 분권화 전략** : 의사결정을 분권화하여 문제발생 지점으로부터 가장 근접해 있는 부서가 문제해결을 담당토록 하여 신속한 문제해결을 추구

ⓒ **관점의 유연화 전략** : 다양한 이론을 조직의 기술과 생산과정에서 동시에 수용하고, 긴밀한 토론과 협상을 거친 이후에 조직 의 최종 행동양식을 결정

ⓓ **조직학습 전략** : 학습과정을 통해서 신뢰도가 높은 성취를 이루게 되는 것을 기대

3 인간의 피난본능

ⓐ **추종본능** : 대피 시 먼저 뛰어나가는 사람을 따라가는 성질

ⓑ **퇴피본능** : 반사적으로 위험으로부터 멀리 피난하려는 성질

ⓒ **좌회본능** : 오른손이나 오른발을 이용해 왼쪽으로 좌회전하려는 성질

ⓓ **귀소본능** : 자신이 들어온 길 또는 평상시 사용하던 통로로 탈출하려는 성질

ⓔ **지광본능** : 주위가 어두워지면 빛이 있는 밝은 곳으로 피난하려는 성질

4 「자연재해대책법 시행령」상 재해 발생 시 대피 요령, 대피소 및 대피 경로 등 피난에 관한 정보를 지도에 표시한 도면은?

① 피난활용형 재해정보지도

② 방재정보형 재해정보지도

③ 홍수범람위험도

④ 해안침수예상도

5 재난 및 안전관리 기본법령상 수립주기를 바르게 연결한 것은?

> ㉠ 국가안전관리기본계획
> ㉡ 재난대비훈련 기본계획
> ㉢ 재난 및 안전관리기술개발 종합계획

	㉠	㉡	㉢
①	5년	1년	5년
②	5년	5년	3년
③	10년	1년	3년
④	10년	3년	5년

ANSWER 4.① 5.①

4 재해정보지도〈「자연재해대책법 시행령」제18조(재해지도의 종류) 제3호〉 ⋯ 침수흔적도와 침수예상도 등을 바탕으로 재해 발생 시 대피 요령, 대피소 및 대피 경로 등의 정보를 표시한 지도로서 다음 각 목의 어느 하나에 해당하는 지도

　가. **피난활용형 재해정보지도** : 재해 발생 시 대피 요령, 대피소 및 대피 경로 등 피난에 관한 정보를 지도에 표시한 도면

　나. **방재정보형 재해정보지도** : 침수예측정보, 침수사실정보 및 병원 위치 등 각종 방재정보가 수록된 생활지도

　다. **방재교육형 재해정보지도** : 재해유형별 주민 행동 요령 등을 수록하여 교육용으로 제작한 지도

5 ㉠ 국무총리는 대통령령으로 정하는 바에 따라 <u>5년</u>마다 국가의 재난 및 안전관리업무에 관한 기본계획(이하 "국가안전관리기본계획"이라 한다)의 수립지침을 작성하여 관계 중앙행정기관의 장에게 통보하여야 한다〈「재난 및 안전관리 기본법」 제22조(국가안전관리기본계획의 수립 등) 제1항〉.

　㉡ 행정안전부장관은 <u>매년</u> 재난대비훈련 기본계획을 수립하고 재난관리책임기관의 장에게 통보하여야 한다〈「재난 및 안전관리 기본법」 제34조의9(재난대비훈련 기본계획 수립) 제1항〉.

　㉢ 행정안전부장관은 제71조 제1항의 재난 및 안전관리에 관한 과학기술의 진흥을 위하여 <u>5년</u>마다 관계 중앙행정기관의 재난 및 안전관리기술개발에 관한 계획을 종합하여 조정위원회의 심의와 「국가과학기술자문회의법」에 따른 국가과학기술자문회의의 심의를 거쳐 재난 및 안전관리기술개발 종합계획(이하 "개발계획"이라 한다)을 수립하여야 한다〈「재난 및 안전관리 기본법」 제71조의2(재난 및 안전관리기술개발 종합계획의 수립 등) 제1항〉.

6 재난 및 안전관리 기본법령상 긴급구조지휘대의 설치기준으로 옳지 않은 것은?

① 소방서현장지휘대: 소방서별로 설치 · 운영

② 소방본부현장지휘대: 소방본부별로 현장지휘대 설치 · 운영

③ 권역현장지휘대 : 2개 이상 4개 이하의 소방서별로 소방청장이 1개를 설치 · 운영

④ 방면현장지휘대: 2개 이상 4개 이하의 소방서별로 소방본부장이 1개를 설치 · 운영

7 지진에 대한 설명으로 옳지 않은 것은?

① 진원이란 지진파 발생지점이다.

② P파는 고체, 액체, 기체를 모두 통과할 수 있다.

③ S파는 P파보다 속도가 느리며 종파이다.

④ 지진의 규모는 지진이 발생한 지진에너지의 절대적인 크기를 나타낸다.

8 위험성 평가 분석기법 중 정량적 평가 기법은?

① 사건수분석

② 체크리스트기법

③ 사고예상질문분석법

④ 이상위험도분석기법

....

ANSWER 6.③ 7.③ 8.①

6 법 제55조 제2항에 따른 긴급구조지휘대는 소방서현장지휘대, 방면현장지휘대, 소방본부현장지휘대 및 권역현장지휘대로 구분하되, 구분된 긴급구조지휘대의 설치기준은 다음 각 호와 같다〈「재난 및 안전관리 기본법 시행령」 제65조(긴급구조지휘대 구성 · 운영) 제2항〉.
  1. 소방서현장지휘대 : 소방서별로 설치 · 운영
  2. 방면현장지휘대 : 2개 이상 4개 이하의 소방서별로 소방본부장이 1개를 설치 · 운영
  3. 소방본부현장지휘대 : 소방본부별로 현장지휘대 설치 · 운영
  4. 권역현장지휘대 : 2개 이상 4개 이하의 소방본부별로 소방청장이 1개를 설치 · 운영

7 ③ 종파는 파동이 진행하는 방향으로 흔들리는 변위가 일어나는 파동이고, 횡파는 진행 방향에 수직하게 변위가 일어나는 파동이다. S파는 횡파에 해당하며, 종파인 P파보다 느리다.

8 ① 사건수분석은 양적 측면을 강조하는 정량적 평가 기법이다.

9 재해구호법령상 의연금품의 배분 및 사용 등에 대한 설명으로 옳지 않은 것은?

① 의연금은 배분위원회의 심의·의결을 거쳐 배분하여야 한다.

② 의연물품은 모집자가 모집목적에 따라 해당 지역구호센터에 전달하여 배분하여야 한다.

③ 납입된 의연금은 전국재해구호협회의 인건비로 사용할 수 있다.

④ 모집자는 의연금품의 모집을 마친 후 14일 이내에 모집된 의연금품의 목록을 행정안전부장관에게 제출하여야 한다.

10 「감염병의 예방 및 관리에 관한 법률」상 제1급감염병의 정의에서 ㉠, ㉡에 들어갈 내용을 바르게 연결한 것은?

> "제1급감염병"이란 (㉠) 또는 (㉡)이 높거나 집단 발생의 우려가 커서 발생 또는 유행 즉시 신고하여야 하고, 음압격리와 같은 높은 수준의 격리가 필요한 감염병으로서 다음 각 목의 감염병을 말한다. 다만, 갑작스러운 국내 유입 또는 유행이 예견되어 긴급한 예방·관리가 필요하여 질병관리청장이 보건복지부장관과 협의하여 지정하는 감염병을 포함한다.

	㉠	㉡
①	세균테러감염병	치명률
②	생물테러감염병	치명률
③	세균테러감염병	발병률
④	생물테러감염병	발병률

ANSWER 9.④ 10.②

9 ④ 모집자는 의연금품의 모집을 마친 후 7일 이내에 모집된 의연금품의 목록을 행정안전부장관에게 제출하여야 한다 〈「재해구호법」 제26조(의연금품의 배분 및 사용 등) 제1항〉.

10 "제1급감염병"이란 <u>생물테러감염병</u> 또는 <u>치명률</u>이 높거나 집단 발생의 우려가 커서 발생 또는 유행 즉시 신고하여야 하고, 음압격리와 같은 높은 수준의 격리가 필요한 감염병으로서 다음 각 목의 감염병을 말한다. 다만, 갑작스러운 국내 유입 또는 유행이 예견되어 긴급한 예방·관리가 필요하여 질병관리청장이 보건복지부장관과 협의하여 지정하는 감염병을 포함한다〈「감염병의 예방 및 관리에 관한 법률」 제2조(정의) 제2호〉.

가. 에볼라바이러스병	나. 마버그열	다. 라싸열
라. 크리미안콩고출혈열	마. 남아메리카출혈열	바. 리프트밸리열
사. 두창	아. 페스트	자. 탄저
차. 보툴리눔독소증	카. 야토병	타. 신종감염병증후군
파. 중증급성호흡기증후군(SARS)	하. 중동호흡기증후군(MERS)	거. 동물인플루엔자 인체감염증
너. 신종인플루엔자	더. 디프테리아	

11 「위험물안전관리법 시행령」상 위험물의 분류와 성질의 연결이 옳은 것은?

① 제1류 위험물 – 산화성액체

② 제2류 위험물 – 가연성액체

③ 제3류 위험물 – 자기반응성물질

④ 제4류 위험물 – 인화성액체

12 현대사회와 같이 복잡하고 견고하게 이루어진 사회에서는 필연적으로 사고가 발생한다는 정상사고이론(Normal Accident Theory)을 주장한 학자는?

① 터너(Barry A. Turner)

② 버드(Frank E. Bird Jr.)

③ 페로(Charles B. Perrow)

④ 하인리히(Herbert W. Heinrich)

ANSWER 11.④ 12.③

11 위험물의 성질 및 종류〈「위험물안전관리법 시행령」[별표 1] 위험물 및 지정수량 참고〉

유별	성질	품명
제1류	산화성고체	아염소산염류, 염소산염류, 과염소산염류, 무기과산화물, 브로민산염류, 질산염류, 아이오딘산염류, 과망가니즈산염류, 다이크로뮴산염류 등
제2류	가연성고체	황화인, 적린, 황, 철분, 금속분, 마그네슘, 인화성고체 등
제3류	자연발화성물질 및 금수성물질	칼륨, 나트륨, 알킬알루미늄, 알킬리튬, 황린, 알칼리금속(칼륨 및 나트륨을 제외한다) 및 알칼리토금속, 유기금속화합물(알킬알루미늄 및 알킬리튬을 제외한다), 금속의 수소화물, 금속의 인화물, 칼슘 또는 알루미늄의 탄화물 등
제4류	인화성액체	특수인화물, 제1석유류, 알코올류, 제2석유류, 제3석유류, 제4석유류, 동식물유류 등
제5류	자기반응성물질	유기과산화물, 질산에스터류, 나이트로화합물, 나이트로소화합물, 아조화합물, 다이아조화합물, 하이드라진 유도체, 하이드록실아민, 하이드록실아민염류 등
제6류	산화성액체	과염소산, 과산화수소, 질산 등

12 C. B. 페로는 정상사고이론에서 복잡하고 꽉 짜여진 기술적 체계는 필연적으로 사고(accidents)를 발생시킬 수밖에 없다고 주장한다. 이때 '꽉 짜여진 체계'란 단일성이 높고, 변형이 적으며, 시간 의존적인 생산과정을 거치는 체계를 의미한다. 흔히 전문가 집단으로 구성되어 있고, 각각의 구성 요소들의 대체가 쉽지 않은 속성을 지니며, 체계 내에 안전 기제가 내장되어 있지만, 그 개선이 용이하지 않다는 문제가 있다.

13 「재해경감을 위한 기업의 자율활동 지원에 관한 법률」상 재해경감 우수기업에 대한 지원내용에 해당하는 것만을 모두 고르면?

> ㉠ 세제지원
> ㉡ 보험료 할인
> ㉢ 자금지원 우대

① ㉠, ㉡　　　　　　　　　　② ㉠, ㉢
③ ㉡, ㉢　　　　　　　　　　④ ㉠, ㉡, ㉢

14 「재난 및 안전관리 기본법」상 행정안전부장관의 직무에 해당하는 것만을 모두 고르면?

> ㉠ 국가 및 지방자치단체가 행하는 재난 및 안전관리 업무 총괄·조정
> ㉡ 중앙재난안전상황실 설치·운영
> ㉢ 재난안전통신망의 구축·운영
> ㉣ 안전관리헌장 제정·고시

① ㉠, ㉣　　　　　　　　　　② ㉠, ㉡, ㉢
③ ㉡, ㉢, ㉣　　　　　　　　④ ㉠, ㉡, ㉢, ㉣

ANSWER 13.④　14.②

13 ㉠ 기업의 재난 관련 보험운영기관은 우수기업에 대한 재난 관련 보험계약을 체결하는 경우 보험료율을 차등 적용할 수 있다〈「재해경감을 위한 기업의 자율활동 지원에 관한 법률」 제20조(보험료 할인) 제1항〉.
　　㉡ 국가 및 지방자치단체는 기업의 재해경감활동을 촉진하기 위하여 우수기업에 대하여 「조세특례제한법」 또는 「지방세특례제한법」 등 조세 관련 법률로 정하는 바에 따라 세제상의 지원을 할 수 있다〈동법 제21조(세제지원)〉.
　　㉢ 국가 및 지방자치단체는 중소기업에 대한 자금을 지원함에 있어서 우수기업을 우대하여야 한다〈동법 제22조(자금지원 우대) 제1항〉.

14 ㉣ 국무총리는 재난을 예방하고, 재난이 발생할 경우 그 피해를 최소화하기 위하여 재난 및 안전관리업무에 종사하는 자가 지켜야 할 사항 등을 정한 안전관리헌장을 제정·고시하여야 한다〈「재난 및 안전관리 기본법」 제66조의8(안전관리헌장) 제1항〉.

15 「자연재해대책법 시행령」상 자연재해위험개선지구의 지정에서 재해위험원인에 따른 구분에 포함되지 않는 것은?

① 붕괴위험지구

② 해일위험지구

③ 산사태위험지구

④ 상습가뭄재해지구

16 「가축전염병 예방법」상 제1종 가축전염병에 해당하는 것만을 모두 고르면?

> ㉠ 아프리카돼지열병　　　　　　　㉡ 구제역(口蹄疫)
> ㉢ 결핵병(結核病)　　　　　　　　㉣ 부저병
> ㉤ 돼지열병

① ㉠, ㉡, ㉣

② ㉠, ㉡, ㉤

③ ㉠, ㉢, ㉣

④ ㉢, ㉣, ㉤

....

ANSWER 15.③ 16.②

15 자연재해위험개선지구의 지정 등〈「자연재해대책법 시행령」 제8조〉

　① 법 제12조 제1항에 따른 자연재해위험개선지구의 지정기준은 다음 각 호와 같다.

　　1. 재해 위험 원인에 따라 <u>침수위험지구, 유실위험지구, 고립위험지구, 취약방재시설지구, 붕괴위험지구, 해일위험지구, 상습가뭄재해지구</u>로 구분하여 지정하되, 행정안전부장관이 관계 중앙행정기관의 장과 협의하여 정하는 지정 요건을 충족할 것. 다만, 해일위험지구의 지정기준은 법 제25조의3 제1항에 따른다.

　　2. 지구 유형별 피해 발생 빈도, 피해 발생 가능성 등을 고려하여 행정안전부장관이 관계 중앙행정기관의 장과 협의하여 정하는 등급 분류방식에 따르되, 가·나·다 및 라등급으로 구분하여 지정할 것

16 "가축전염병"이란 다음의 제1종 가축전염병, 제2종 가축전염병 및 제3종 가축전염병을 말한다〈「가축전염병 예방법」 제2조(정의) 제2호〉.

　가. 제1종 가축전염병 : 우역(牛疫), 우폐역(牛肺疫), <u>구제역(口蹄疫)</u>, 가성우역(假性牛疫), 블루텅병, 리프트계곡열, 럼피스킨병, 양두(羊痘), 수포성구내염(水疱性口內炎), 아프리카마역(馬疫), <u>아프리카돼지열병, 돼지열병</u>, 돼지수포병(水疱病), 뉴캣슬병, 고병원성 조류(鳥類)인플루엔자 및 그 밖에 이에 준하는 질병으로서 농림축산식품부령으로 정하는 가축의 전염성 질병

　나. 제2종 가축전염병 : 탄저(炭疽), 기종저(氣腫疽), 브루셀라병, <u>결핵병(結核病)</u>, 요네병, 소해면상뇌증(海綿狀腦症), 큐열, 돼지오제스키병, 돼지일본뇌염, 돼지테센병, 스크래피(양해면상뇌증), 비저(鼻疽), 말전염성빈혈, 말바이러스성동맥염(動脈炎), 구역(區域), 말전염성자궁염(傳染性子宮炎), 동부말뇌염(腦炎), 서부말뇌염, 베네수엘라말뇌염, 추백리(雛白痢: 병아리 흰설사병), 가금(家禽)티푸스, 가금콜레라, 광견병(狂犬病), 사슴만성소모성질병(慢性消耗性疾病) 및 그 밖에 이에 준하는 질병으로서 농림축산식품부령으로 정하는 가축의 전염성 질병

　다. 제3종 가축전염병 : 소유행열, 소아카바네병, 닭마이코플라스마병, 저병원성 조류인플루엔자, <u>부저병(腐蛆病)</u> 및 그 밖에 이에 준하는 질병으로서 농림축산식품부령으로 정하는 가축의 전염성 질병

17 「재난 및 안전관리 기본법 시행령」상 행정안전부장관이 관계 재난관리책임기관의 장에게 미리 재난 방지에 필요한 조치를 하도록 요청하기 위하여 수집·분석하는 재난징후정보에 포함되는 내용이 아닌 것은?

① 위험요인 제거 및 조치 사항
② 위험요인 발생 원인 및 상황
③ 재난 대응 절차와 복구 활동
④ 재난 발생 징후가 포착된 위치

18 「재난 및 안전관리 기본법 시행령」상 긴급구조지원기관에 해당하지 않는 것은?

① 산림청
② 산업통상자원부
③ 방송통신위원회
④ 원자력안전위원회

....

ANSWER 17.③ 18.④

17 재난 사전 방지조치〈「재난 및 안전관리 기본법 시행령」제29조의3 제1항〉 ··· 행정안전부장관은 법 제25조의4 제1항에 따라 재난 발생을 사전에 방지하기 위하여 다음 각 호의 사항이 포함된 재난발생 징후 정보(이하 "재난징후정보"라 한다)를 수집·분석하여 관계 재난관리책임기관의 장에게 미리 필요한 조치를 하도록 요청할 수 있다.
   1. 재난 발생 징후가 포착된 위치
   2. 위험요인 발생 원인 및 상황
   3. 위험요인 제거 및 조치 사항
   4. 그 밖에 재난 발생의 사전 방지를 위하여 필요한 사항

18 긴급구조지원기관〈「재난 및 안전관리 기본법 시행령」제4조〉 ··· 법 제3조 제8호에서 "대통령령으로 정하는 기관과 단체"란 다음 각 호의 기관과 단체를 말한다.
   1. 교육부, 과학기술정보통신부, 국방부, 산업통상자원부, 보건복지부, 환경부, 국토교통부, 해양수산부, 방송통신위원회, 경찰청, 산림청, 질병관리청 및 기상청
   2. 국방부장관이 법 제57조 제3항 제2호에 따른 탐색구조부대로 지정하는 군부대와 그 밖에 긴급구조지원을 위하여 국방부장관이 지정하는 군부대
   3. 「대한적십자사 조직법」에 따른 대한적십자사
   4. 「의료법」제3조 제2항 제3호 마목에 따른 종합병원
   4의2. 「응급의료에 관한 법률」제2조 제5호에 따른 응급의료기관, 같은 법 제25조에 따른 중앙응급의료센터 및 같은 법 제44조 제1항 제1호·제2호에 따른 구급차등의 운용자
   5. 「재해구호법」제29조에 따른 전국재해구호협회
   6. 법 제3조 제7호에 따른 긴급구조기관과 긴급구조활동에 관한 응원협정을 체결한 기관 및 단체
   7. 그 밖에 긴급구조에 필요한 인력과 장비를 갖춘 기관 및 단체로서 행정안전부령으로 정하는 기관 및 단체

19 재난 및 안전관리 기본법령상 재난예방을 위한 긴급안전점검에 대한 설명으로 옳지 않은 것은?

① 긴급안전점검을 하는 공무원은 관계 서류 등을 열람할 수 있다.

② 긴급안전점검을 하는 공무원은 그 권한을 표시하는 증표를 지녀야 한다.

③ 행정안전부장관은 긴급안전점검의 결과를 해당 긴급안전점검 대상 시설 및 지역의 관계인에게 통보하여야 한다.

④ 재난관리책임기관의 장이 긴급안전점검을 실시할 때 서면 통지로는 긴급안전점검의 목적을 달성할 수 없는 경우에는 말로 통지할 수 있다.

20 선형적, 기계적인 과정만을 따르는 것이 아니라 비선형적, 유기적 혹은 진화적인 과정을 따를 수도 있다는 재난의 특성은?

① 누적성

② 복잡성

③ 인지성

④ 불확실성

ANSWER 19.③ 20.④

19 ③ 행정안전부장관은 제1항에 따라 긴급안전점검을 하면 그 결과를 해당 재난관리책임기관의 장에게 통보하여야 한다.
〈「재난 및 안전관리 기본법」 제30조(재난예방을 위한 긴급안전점검 등) 제5항〉.

20 비선형적, 유기적 혹은 진화적인 과정을 따를 수도 있다는 것은 재난의 불확실성과 관련된다.

※ 재난의 특성

ⓐ 누적성(cumulativity)

ⓑ 상호작용성(interaction)

ⓒ 불확실성(uncertainty)

ⓓ 복잡성(complexity)

1 국가위기경보 4단계 중 징후활동이 매우 활발하고 위기발생이 확실시되는 상태는?

① 관심(Blue)

② 주의(Yellow)

③ 경계(Orange)

④ 심각(Red)

ANSWER 1.④

1 국가위기경보제도와 단계별 조치사항

종류	수준	조치사항
관심 (Blue)	'징후가 있으나 그 활동수준이 낮으며 가까운 기간 내에 국가 위기로 발전할 가능성도 비교적 낮은 상태'일 때 발령한다.	주관기관에서는 위기징후를 세밀히 감시하고 유관기관과의 협조 체계를 점검한다.
주의 (Yellow)	'징후활동이 비교적 활발하고 국가 위기로 발전할 수 있는 일정 수준의 경향성이 나타나는 상태'일 때 발령한다.	주관기관은 유관기관과의 정보공유 활동을 강화하며 협조체계를 가동한다.
경계 (Orange)	'징후활동이 매우 활발하고 전개속도, 경향성 등이 현저한 수준으로서 국가위기로의 발전 가능성이 농후한 상태'일 때 발령한다.	범정부 차원의 조치가 시작되며 주관기관은 대비계획을 점검하고 인적·물적 자원을 준비한다.
심각 (Red)	'징후 활동이 매우 활발하고 전개속도, 경향성 등이 심각한 수준으로서 위기발생이 확실시 되는 상태'일 때 발령한다.	관련기관들은 위기발생을 억제하기 위해 역량을 총투입하며 비상근무 태세를 유지하고 물자와 장비를 비치하는 등 즉각 대응이 가능한 대비태세에 돌입한다.

2 태풍에 대한 설명으로 옳지 않은 것은?

① 고기압 중심의 최대 풍속이 14m/sec 이상 되는 열대성 고기압을 말한다.

② 태풍의 강도는 중심최대풍속을 기준으로 약, 중, 강, 매우 강으로 분류한다.

③ 우리나라는 2002년 제15호 태풍 「루사」로 인해 5조 원 이상의 재산피해를 보았다.

④ 지역에 따라 다른 이름으로 불리는데 북대서양카리브해에서는 허리케인(Hurricane), 인도양에서는 사이클론(Cyclone)이라고 한다.

3 1990년대 이후 국내에서 발생한 재난을 시기순으로 바르게 나열한 것은?

(개) 대구지하철 화재 참사		(내) 삼풍백화점 붕괴
(대) 서해 페리호 침몰		(래) 숭례문 화재 사건

① (내) → (대) → (개) → (래)

② (내) → (대) → (래) → (개)

③ (대) → (내) → (개) → (래)

④ (대) → (내) → (래) → (개)

....

ANSWER 2.① 3.③

2 ① 중심최대풍속이 17m/s 이상인, 폭풍우를 동반하는 열대저기압을 말한다. 세계기상기구는 열대저기압 중에서 중심 부근의 최대풍속이 33m/s 이상인 것을 태풍(TY), 25~32m/s인 것을 강한 열대폭풍(STS), 17~24m/s인 것을 열대폭풍(TS), 그리고 17 m/s 미만인 것을 열대저압부(TD)로 구분한다. 우리나라와 일본에서도 이와 같이 구분하지만, 일반적으로 중심최대풍속이 17m/s 이상인 열대저기압 모두를 태풍이라고 부른다.

3 (대) 1993년 10월 10일

(내) 1995년 6월 29일

(개) 2003년 2월 18일

(래) 2008년 2월 11일

4 댐·저수지 그리고 하천에 물이 고갈되고 수자원 부족의 피해가 일어나는 가뭄은?

① 화학적 가뭄

② 생물학적 가뭄

③ 물리학적 가뭄

④ 수문학적 가뭄

5 재난 및 안전관리 기본법령상 중앙재난방송협의회에 대한 설명으로 옳지 않은 것은?

① 중앙재난방송협의회는 구성원 과반수의 출석과 출석위원 과반수의 찬성으로 의결한다.

② 방송통신위원회위원장은 중앙재난방송협의회를 대표하며, 중앙재난방송협의회의 사무를 총괄한다.

③ 중앙재난방송협의회의 간사는 과학기술정보통신부의 재난방송 업무를 담당하는 공무원 중에서 과학기술정보통신부장관이 지명하는 사람이 된다.

④ 재난에 관한 예보·경보·통지나 응급조치 및 재난관리를 위한 재난방송이 원활히 수행될 수 있도록 중앙안전관리위원회에 중앙재난방송협의회를 둘 수 있다.

ANSWER 4.④ 5.②

4 가뭄의 정의

　㉠ **기상학적 가뭄** : 주어진 기간의 강수량이나 무강수 계속일수 등으로 정의하며 기상현상의 영향을 직접적으로 표현한다. 강수량 감소나 증발산량 증가로 발생하는 가뭄을 의미한다.

　㉡ **농업적 가뭄** : 농업에 영향을 주는 가뭄으로 농작물 생육에 직접 관계되는 토양수분으로 표시한다. 토양 함수량 감소로 발생하며 작물 생산량 감소 등을 야기한다.

　㉢ **수문학적 가뭄** : 물 공급에 초점을 맞추고 하천유량, 저수지, 지하수 등 가용수자원의 양에 따라 정의한다.

　㉣ **사회경제적 가뭄** : 다른 측면을 모두 고려한 넓은 범위의 가뭄으로 지역 환경 및 경제의 영향으로 발생한다.

5 ④ 중앙재난방송협의회의 위원장은 중앙재난방송협의회를 대표하며, 중앙재난방송협의회의 사무를 총괄한다〈재난 및 안전관리 기본법 시행령 제10조의3 제6항〉.

6 자연재해대책법령상 재난관리책임기관의 장이 작성하는 재해 유형별 행동 요령에 포함되어야 할 사항의 구분으로 옳지 않은 것은?

① 주민 행동 요령 : 도시 · 농어촌 · 산간지역 주민 등의 행동 요령
② 단계별 행동 요령 : 재난의 예방 · 대비 · 대응 · 복구단계별 행동 요령
③ 담당사무별 행동 요령 : 실과별 재해복구활동의 지원에 관한 행동 요령
④ 업무 유형별 행동 요령 : 재난취약시설 점검, 시설물 응급복구 등의 행동 요령

7 「미세먼지 저감 및 관리에 관한 특별법」에 대한 설명으로 옳지 않은 것은?

① 이산화탄소(CO_2)와 메탄(CH_4)은 미세먼지 생성물질에 해당한다.
② 환경부장관은 시 · 도지사로부터 보고받은 시행계획의 추진실적을 종합한 추진실적보고서를 작성하여 국회에 제출하여야 한다.
③ 미세먼지 저감 및 관리의 원활한 추진과 위원회의 사무 및 운영의 효율적인 지원을 위하여 국무총리 소속으로 미세먼지개선기획단을 설치한다.
④ 환경부장관은 미세먼지등의 발생원인, 정책영향 분석, 배출량 관련 정보의 수집·분석 및 체계적인 관리를 위하여 국가미세먼지정보센터를 설치·운영하여야 한다.

ANSWER 6.③ 7.①

6 재해 유형별 행동 요령에 포함되어야 할 사항〈자연재해대책법 시행령 제33조〉
㉠ 단계별 행동 요령 : 재난의 예방 · 대비 · 대응 · 복구단계별 행동 요령
㉡ 업무 유형별 행동 요령 : 재난취약시설 점검, 시설물 응급복구 등의 행동 요령
㉢ 담당자별 행동 요령 : 비상근무 실무반의 행동 요령 등
㉣ 주민 행동 요령 : 도시 · 농어촌 · 산간지역 주민 등의 행동 요령
㉤ 그 밖에 실과(室課)별 행동 요령 등 행정안전부장관이 필요하다고 인정하는 행동 요령

7 미세먼지 생성물질이란 대기 중에서 미세먼지로 전환되는 다음 각 목의 물질을 말한다.
㉠ 질소산화물
㉡ 황산화물
㉢ 휘발성유기화합물
㉣ 그 밖에 환경부령으로 정하는 물질 : 암모니아

8 「자연재해대책법」상 풍수해에 대한 설명으로 옳지 않은 것은?

① 지하 공간의 침수를 방지하기 위한 수방기준은 행정안전부장관이 관계 중앙행정기관의 장과 협의하여 정한다.

② 풍수해란 태풍, 홍수, 호우, 강풍, 풍랑, 해일, 조수, 대설, 그 밖에 이에 준하는 자연현상으로 인하여 발생하는 재해를 말한다.

③ 홍수통제소의 장과 지방자치단체의 장은 매년도 8월 31일을 기준으로 자연재해 관련 기록 등을 종합하여 재해연보를 발행하여야 한다.

④ 홍수통제소의 장은 홍수의 예보·경보, 각종 수문 관측 및 수문정보 등에 관한 사항에 대하여 행정안전부장관 및 지방자치단체의 장과 협조하여야 한다.

9 재난 및 안전관리 기본법령상 재난안전분야 종사자 교육에 대한 설명으로 옳지 않은 것은?

① 재난안전분야 종사자 전문교육은 관리자 전문교육과 실무자 전문교육으로 구분한다.

② 행정안전부장관은 정당한 사유 없이 전문교육을 받지 아니한 자에 대하여 소속 재난관리책임기관의 장에게 징계할 것을 요구할 수 있다.

③ 행정안전부장관은 필요하다고 인정하면 대통령령으로 정하는 전문인력 및 시설기준을 갖춘 교육기관으로 하여금 전문교육을 대행하게 할 수 있다.

④ 재난관리책임기관에서 재난 및 안전관리업무를 담당하는 공무원은 행정안전부장관이 실시하는 전문교육을 대통령령으로 정하는 바에 따라 매월 받아야 한다.

ANSWER 8.③ 9.④

8 ③ 행정안전부장관은 매년도 말을 기준으로 제1항에 따른 자연재해 관련 기록 등을 종합하여 재해연보를 발행하여야 한다〈「자연재해대책법」 제21조의2 제5항〉.

9 ④ 재난관리책임기관에서 재난 및 안전관리업무를 담당하는 공무원이나 직원은 행정안전부장관이 실시하는 전문교육을 행정안전부령으로 정하는 바에 따라 정기적으로 또는 수시로 받아야 한다. 전문교육의 대상자는 해당 업무를 맡은 후 6개월 이내에 신규교육을 받아야 하며, 신규교육을 받은 후 매 2년마다 정기교육을 받아야 한다〈재난 및 안전관리 기본법 제29조의2, 동법 시행규칙 제6조의2〉.

10 「재난 및 안전관리 기본법」상 용어의 정의로 옳지 않은 것은?

① "재난관리정보"란 비상방송시스템 가동 및 정보통제에 관한 정보를 말한다.

② "국가재난관리기준"이란 모든 유형의 재난에 공통적으로 활용할 수 있도록 재난관리의 전 과정을 통일적으로 단순화 · 체계화한 것으로서 행정안전부장관이 고시한 것을 말한다.

③ "국가핵심기반"이란 에너지, 정보통신, 교통수송, 보건의료 등 국가경제, 국민의 안전 · 건강 및 정부의 핵심기능에 중대한 영향을 미칠 수 있는 시설, 정보기술시스템 및 자산 등을 말한다.

④ "재난안전통신망"이란 재난관리책임기관 · 긴급구조기관 및 긴급구조지원기관이 재난관리업무에 이용하거나 재난현장에서의 통합지휘에 활용하기 위하여 구축 · 운영하는 무선통신망을 말한다.

11 「재난 및 안전관리 기본법 시행령」상 안전취약계층으로 지원하는 대상에 해당하지 않는 경우는?

① 68세인 노인

② 12세인 남자 어린이

③ 「장애인복지법」제2조에 따른 장애인

④ 「농업 · 농촌 및 식품산업 기본법」제3조 제2호에 따른 54세인 여성농업인

ANSWER 10.① 11.④

10 ① "재난관리정보"란 재난관리를 위하여 필요한 재난상황정보, 동원가능 자원정보, 시설물정보, 지리정보를 말한다.

11 ④ 안전취약계층〈「재난 및 안전관리 기본법 시행령」제39조의2〉
1. 13세 미만의 어린이
2. 65세 이상의 노인
3. 「장애인복지법」제2조에 따른 장애인
4. 그 밖에 재난이나 그 밖의 각종 사고에 취약하다고 인정되는 사람

12 재난 및 안전관리 기본법령상 재난 및 사고유형별 재난관리주관기관의 연결이 옳지 않은 것은? (기출변형)

① 저수지 사고 - 농림축산식품부

② 승강기 사고 - 행정안전부

③ 전기 사고 - 과학기술정보통신부

④ 인접국가 방사능 누출 사고 - 원자력안전위원회

ANSWER 12.③

12 ③ 전기 사고 - 산업통상자원부

※ 재난 및 그 밖의 각종 사고 유형별 재난관리주관기관〈「재난 및 안전관리 기본법 시행령」[별표 1의3]〉

① 자연재난 유형별 재난관리주관기관

재난관리주관기관	자연재난 유형
과학기술정보통신부 및 우주항공청	1. 자연우주물체의 추락·충돌 등으로 인해 발생하는 재해 2. 우주전파재난
행정안전부	1. 자연재해로서 낙뢰, 가뭄, 폭염 및 한파로 인해 발생하는 재해 2. 풍수해(조수로 인해 발생하는 재해는 제외한다) 3. 지진재해 4. 화산재해
환경부	1. 황사로 인해 발생하는 재해 2. 하천·호소 등의 조류 대발생으로 인해 발생하는 재해
해양수산부	1. 어업재해 중 적조현상 및 해파리의 대량발생으로 인해 발생하는 수산양식물 및 어업용 시설의 피해 2. 풍수해 중 조수로 인해 발생하는 재해
산림청	산사태로 인해 발생하는 재해

② 사회재난 유형별 재난관리주관기관

재난관리주관기관	사회재난 유형
교육부	1. 교육시설(연구실은 제외한다)의 화재·붕괴·폭발·다중운집인파사고 등으로 인해 발생하는 국가 또는 지방자치단체 차원의 대처가 필요한 인명 또는 재산의 피해 2. 어린이집의 화재등으로 인해 발생하는 대규모 피해
과학기술정보통신부	1. 방송통신재난(자연재난은 제외한다) 2. 연구실사고로 인해 발생하는 대규모 피해 3. 전파의 혼신(주파수분배에 따른 위성항법시스템 관련 전파의 혼신으로 한정한다)으로 인해 발생하는 대규모 피해
과학기술정보통신부 및 우주항공청	인공우주물체의 추락·충돌 등으로 인해 발생하는 피해
외교부	1. 주한외국공관 및 이에 준하는 기관의 화재등으로 인해 발생하는 대규모 피해 2. 해외재난
법무부	다음의 어느 하나에 해당하는 시설 및 그 밖에 이와 유사한 시설의 화재등으로 인해 발생하는 대규모 피해 1. 교정시설 2. 보호관찰소 및 갱생보호시설 3. 소년원 및 소년분류심사원 4. 치료감호시설 5. 난민신청자의 주거시설 및 난민지원시설 6. 외국인보호실 및 외국인보호소
국방부	국방·군사시설의 화재등으로 인해 발생하는 대규모 피해
행정안전부 (4및 6의 경우에는 각각 관계 법령에 따라 해당 정보시스템의 구축·운영에 관한 사무 및 해당 청사의 관리에 관한 사무를 관장하는 중앙행정기관을 말한다)	1. 승강기의 사고 또는 고장으로 인해 발생하는 대규모 피해 2. 사고로 인해 발생하는 대규모 피해 3. 정보시스템(행정안전부장관이 구축·운영하는 정보시스템으로 한정한다)의 장애로 인해 발생하는 대규모 피해 4. 정보시스템(행정안전부장관이 구축·운영하는 정보시스템은 제외한다)의 장애로 인해 발생하는 대규모 피해 5. 청사(6에 따른 청사는 제외한다)의 화재등으로 인해 발생하는 대규모 피해 6. 행정안전부장관이 관리하지 않는 청사의 화재등으로 인해 발생하는 대규모 피해
행정안전부 및 경찰청	일반인이 자유로이 모이거나 통행하는 도로, 광장 및 공원의 다중운집인파사고로 인해 발생하는 대규모 피해
행정안전부 및 소방청	1. 소방대상물의 화재로 인해 발생하는 대규모 피해 2. 위험물의 누출·화재·폭발 등으로 인해 발생하는 대규모 피해
문화체육관광부	1. 야영장업의 등록을 한 자가 관리하는 야영장의 화재등으로 인해 발생하는 대규모 피해 2. 유기시설 또는 유기기구의 중대한 사고로 인해 발생하는 대규모 피해 3. 공연장의 화재등으로 인해 발생하는 대규모 피해 4. 전문체육시설 및 생활체육시설의 화재등으로 인해 발생하는 대규모 피해
농림축산식품부	1. 가축전염병의 확산으로 인한 피해 2. 농업생산기반시설 중 저수지의 붕괴·파손 등으로 인해 발생하는 대규모 피해

	3. 농수산물도매시장(축산물도매시장은 포함하며, 수산물도매시장은 제외한다) 및 농수산물종합 유통센터(수산물종합유통센터는 제외한다)의 화재등으로 인해 발생하는 대규모 피해
산업통상자원부	1. 가스사고로 인해 발생하는 대규모 피해 2. 석유의 정제시설·비축시설 및 주유소의 화재등으로 인해 발생하는 대규모 피해 3. 에너지의 중대한 수급 차질로 인해 발생하는 대규모 피해 4. 대규모점포의 화재등으로 인해 발생하는 대규모 피해 5. 전기사고로 인해 발생하는 대규모 피해 6. 제품사고(안전관리대상어린이제품 및 안전관리대상제품으로 인한 사고로 한정한다)로 인해 발생하는 대규모 피해
보건복지부	1. 다음의 어느 하나에 해당하는 시설의 화재등으로 인해 발생하는 대규모 피해 ① 노인복지시설 ② 아동복지시설 ③ 장애인복지시설(요양병원에 해당하는 장애인 의료재활시설은 제외한다) 2. 병원급 의료기관의 화재등으로 인해 발생하는 대규모 피해
보건복지부 및 질병관리청	감염병의 확산으로 인한 피해
환경부	1. 댐(산업통상자원부 소관의 발전(發電)용 댐은 제외한다)의 붕괴·파손 등으로 인해 발생하는 대규모 피해 2. 미세먼지로 인한 피해 3. 수도의 화재등으로 발생하는 대규모 피해 4. 먹는물의 수질오염으로 인해 발생하는 대규모 피해 5. 안전확인대상생활화학제품 및 살생물제 관련 사고로 인해 발생하는 대규모 피해 6. 화학사고로 인해 발생하는 대규모 피해 7. 오염물질등으로 인한 환경오염(먹는물의 수질오염은 제외한다)으로 인해 발생하는 대규모 피해
고용노동부	산업재해 및 중대산업사고로 인해 발생하는 대규모 피해
국토교통부(3의 경우에는 공동구에 공동 수용되는 공급설비 및 통신시설 등으로서 화재등의 원인이 되는 설비·시설 등의 관리에 관한 사무를 관장하는 중앙행정기관을 포함한다)	1. 건축물의 붕괴·전도 등으로 인해 발생하는 대규모 피해 2. 공항의 화재등으로 인해 발생하는 대규모 피해 3. 공동구의 화재등으로 인해 발생하는 대규모 피해 4. 도로의 화재등으로 인해 발생하는 대규모 피해 5. 국토교통부장관에게 등록한 복합물류터미널사업자 및 물류창고업자가 관리하는 물류시설 (다른 중앙행정기관 소관의 시설은 제외한다)의 화재등으로 인해 발생하는 대규모 피해 6. 철도사고로 인해 발생하는 대규모 피해 7. 항공기사고, 경량항공기사고 및 초경량비행장치사고로 인해 발생하는 대규모 피해
해양수산부	1. 농수산물도매시장(수산물도매시장으로 한정한다) 및 농수산물종합유통센터(수산물종합유통센 터로 한정한다)의 화재등으로 인해 발생하는 대규모 피해 2. 항만의 화재등으로 인해 발생하는 대규모 피해 3. 해수욕장의 안전사고로 인해 발생하는 대규모 피해 4. 해양사고(해양에서 발생한 사고로 한정하며, 해양오염은 제외한다)로 인해 발생하는 대규모 피해
해양수산부 및 해양경찰청	해양오염으로 인해 발생하는 대규모 피해
중소벤처기업부	전통시장의 화재등으로 인해 발생하는 대규모 피해
여성가족부	1. 청소년복지시설의 화재등으로 인해 발생하는 대규모 피해

	2. 청소년수련시설의 화재등으로 인해 발생하는 대규모 피해
금융위원회	정보통신기반시설을 관리하는 금융기관의 화재등으로 인해 발생하는 대규모 피해
원자력안전위원회	1. 방사능재난 2. 인접 국가의 방사능 누출로 인해 발생하는 대규모 피해
국가유산청	1. 문화유산·보호구역·보호물과 문화유산 보관시설의 화재등으로 인해 발생하는 대규모 피해 2. 자연유산·보호물 및 보호구역의 화재등으로 인해 발생하는 대규모 피해
산림청	1. 사방시설의 붕괴·파손 등으로 인해 발생하는 대규모 피해 2. 산불로 인해 발생하는 대규모 피해
해당 국가핵심기반을 지정하는 중앙행정기관	국가핵심기반의 마비(쟁의행위 또는 이에 준하는 행위로 인한 마비를 포함한다)로 인한 피해
중앙행정기관 (주최·주관하는 중앙행정기관이 다수인 경우에는 주최·주관의 주된 역할을 담당하는 중앙행정기관을 말한다)	중앙행정기관이 주최·주관하는 각종 행사가 개최되는 시설등에서 발생하는 대규모 피해

③ 그 밖의 각종 사고 유형별 재난관리주관기관

재난관리주관기관	사고 유형
해당 중앙행정기관	사회재난 유형으로 인해 발생하거나 해당 시설등에서 발생하는 인명 또는 재산의 피해로서 사회재난에 해당하지 않는 피해

13 「감염병의 예방 및 관리에 관한 법률」상 감염병의 분류로 옳지 않은 것은?

① 두창 − 제1급감염병

② 장티푸스 − 제2급감염병

③ 일본뇌염 − 제3급감염병

④ 비브리오패혈증 − 제4급감염병

13 ④ 비브리오패혈증 - 제3급감염병

※ 감염병의 분류

제1급 감염병	가. 에볼라바이러스병 다. 라싸열 마. 남아메리카출혈열 사. 두창 자. 탄저 카. 야토병 파. 중증급성호흡기증후군(SARS) 거. 동물인플루엔자 인체감염증 더. 디프테리아	나. 마버그열 라. 크리미안콩고출혈열 바. 리프트밸리열 아. 페스트 차. 보툴리눔독소증 타. 신종감염병증후군 하. 중동호흡기증후군(MERS) 너. 신종인플루엔자
제2급 감염병	가. 결핵(結核) 다. 홍역(紅疫) 마. 장티푸스 사. 세균성이질 자. A형간염 카. 유행성이하선염(流行性耳下腺炎) 파. 폴리오 거. b형헤모필루스인플루엔자 더. 한센병 머. 반코마이신내성황색포도알균(VRSA) 감염증 서. E형간염	나. 수두(水痘) 라. 콜레라 바. 파라티푸스 아. 장출혈성대장균감염증 차. 백일해(百日咳) 타. 풍진(風疹) 하. 수막구균 감염증 너. 폐렴구균 감염증 러. 성홍열 버. 카바페넴내성장내세균목(CRE) 감염증
제3급 감염병	가. 파상풍(破傷風) 다. 일본뇌염 마. 말라리아 사. 비브리오패혈증 자. 발진열(發疹熱) 카. 렙토스피라증 파. 공수병(恐水病) 거. 후천성면역결핍증(AIDS) 더. 황열 러. 뎅기열 버. 웨스트나일열 어. 진드기매개뇌염 처. 치쿤구니야열 터. 지카바이러스 감염증	나. B형간염 라. C형간염 바. 레지오넬라증 아. 발진티푸스 차. 쯔쯔가무시증 타. 브루셀라증 하. 신증후군출혈열(腎症侯群出血熱) 너. 크로이츠펠트-야콥병(CJD) 및 변종크로이츠펠트- 　　야콥병(vCJD) 머. 큐열(Q熱) 서. 라임병 저. 유비저(類鼻疽) 커. 중증열성혈소판감소증후군(SFTS) 퍼. 매독(梅毒)
제4급 감염병	가. 인플루엔자 다. 편충증 마. 간흡충증 사. 장흡충증 자. 임질 카. 연성하감 파. 첨규콘딜롬 거. 메티실린내성황색포도알균(MRSA) 감염증 더. 다제내성아시네토박터바우마니균(MRAB) 감염증 머. 급성호흡기감염증 서. 엔테로바이러스감염증	나. 회충증 라. 요충증 바. 폐흡충증 아. 수족구병 차. 클라미디아감염증 타. 성기단순포진 하. 반코마이신내성장알균(VRE) 감염증 너. 다제내성녹농균(MRPA) 감염증 러. 장관감염증 버. 해외유입기생충감염증 어. 사람유두종바이러스 감염증

14 재난관리방식에 대한 설명으로 옳지 않은 것은?

① 분산관리방식은 재난 유형별 관리를 강조하는 관리방식으로 다수 부처가 연관된다.

② 분산관리방식은 모든 재난에 대한 관리책임이 집중되고 부처 이기주의가 발생할 가능성이 높다.

③ 통합관리방식은 지휘체계가 단일화되고 광범위한 체계를 통합적으로 운영할 수 있다.

④ 통합관리방식은 재난 유형별로 관리하는 방식이 아니라 모든 종류의 재난위험 요소들을 통합적으로 관리하는 방식이다.

ANSWER 14.②

14 ② 통합관리방식에 관한 설명이다.

※ 재난관리 방식별 장·단점 비교

유형	분산관리방식	통합관리방식
성격	유형별 관리	통합적 관리
재난인지능력	미약, 단편적	강력 종합적
효율성	낮음	높음
책임성	소관재난에 대한 관리책임, 부담분산	모든 재난에 대한 관리책임, 과도한 부담 가능성
신속성	낮음	높음
총체성	산만한 관리	통합적 관리
활동범위	특정재난에 대한 관리활동	모든 재난에 대한 관리활동
관련부처 및 기관의 수	다수부처 및 기관 관련	소수부터 및 기관관련
정보의 전달(지휘체계)	정보전달의 다원화, 혼란 우려	정보전달의 단일화, 효율적
제도적 장치(관리체계)	복잡	보다 간편
장점	• 전문성 제고가 용이 • 한사안에 대한 업무의 과다방지	• 총괄적 자원동원과 신속한 대응 • 자원 봉사자 등 가용자원을 효율적으로 활용
단점	• 각부처 간 업무의 중복 및 연계 미흡 • 재원 마련과 배분의 복잡성	• 시스템 구축의 어려움 • 부처이기주의 작용과 기존 조직들의 반발 가능성이 높음

15 지진의 발생 원인 중 함몰지진에 대한 설명은?

① 지하의 큰 공동이 무너지면서 생기는 지진이다.

② 지각변동으로 지반에 축적된 힘에 의해 단층이 생길 때 발생되는 지진이다.

③ 지구 내부에 있는 고온의 마그마가 이동하거나 관입하면서 생기는 화산폭발 시의 진동에 의한 지진이다.

④ 땅속에서 화약을 폭발시키거나 지하 핵실험 등으로 지진과 유사한 현상이 일어남으로써 생기는 지진이다.

16 「재난관리자원의 관리 등에 관한 법률 시행령」상 재난관리재산 관리계획에 대해 ㈎, ㈏에 들어갈 내용을 바르게 연결한 것은? (기출변형)

〈보기〉

• 관리기관의 장은 매년 _____㈎_____ 까지 다음 연도의 소관 재난관리재산의 재산관리계획을 수립하여 계획취합기관의 장에게 제출해야 한다.

• 행정안전부장관은 관리기관의 장이 다음 연도의 소관 재산관리계획을 체계적으로 수립할 수 있도록 지원하기 위하여 매년 _____㈏_____ 까지 재산관리계획의 수립을 위한 지침을 마련하여 관리기관의 장에게 통보할 수 있다.

	㈎	㈏
①	9월 30일	1월 31일
②	9월 30일	5월 31일
③	10월 31일	1월 31일
④	10월 31일	5월 31일

ANSWER 15.① 16.②

15 ② 구조지진 ③ 화산지진 ④ 인공지진

※ 지진의 발생 원인

㉠ **구조지진** : 지각 변동으로 지반에 축적된 에너지가 일시에 방출 발산될 때 발생

㉡ **화산지진** : 화산의 폭발에 의해 발생하는 지진

㉢ **함몰지진** : 지하에 큰 동굴이나 연약지반으로 인하여 지반이 내려 앉으면서 발생하는 지진

㉣ **인공지진** : 화약폭발이나 지하핵실험으로 인하여 일어나는 지진

16 • 관리기관의 장은 매년 <u>9월 30일</u>까지 다음 연도의 소관 재난관리재산의 관리계획(이하 "재산관리계획'이라 한다)을 수립하여 계획취합기관의 장에게 제출(자원통합관리시스템을 통한 제출을 포함한다.)해야 한다〈「재난관리자원의 관리 등에 관한 법률 시행령」 제42조(재난관리재산 관리계획의 수립) 제1항〉.

• 행정안전부장관은 관리기관의 장이 다음 연도의 소관 재산관리계획을 체계적으로 수립할 수 있도록 지원하기 위하여 매년 <u>5월 31일</u>까지 재산관리계획의 수립을 위한 지침을 마련하여 관리기관의 장에게 통보할 수 있다〈동법 시행령」 제42조 제2항〉.

17 「자연재해대책법」상 계획 및 대책의 수립주기를 바르게 연결한 것은?

┌───┐
│ (가) 자연재해위험개선지구 정비계획   │
│ (나) 시 · 군 자연재해저감 종합계획   │
│ (다) 우수유출저감대책   │
└───┘

	<u>(가)</u>	<u>(나)</u>	<u>(다)</u>		<u>(가)</u>	<u>(나)</u>	<u>(다)</u>
①	5년	3년	5년	②	5년	10년	5년
③	10년	3년	5년	④	10년	5년	3년

18 재난 발생 원인을 현대사회의 기술적 · 조직적 시스템이 복잡하게 꽉 짜여진 것에서 찾으며, 예기치 않은 사건이 필연적으로 발생하고 거대한 재난으로 확대되는 경향이 있다고 주장한 찰스 페로우(Charles Perrow)의 이론은?

① 재난배양이론
② 정상사고이론
③ 고도신뢰이론
④ 인지주의이론

···

ANSWER 17.② 18.②

17 ㈎ 시장 · 군수 · 구청장은 제12조 제1항에 따라 지정된 자연재해위험개선지구에 대하여 정비 방향의 지침이 될 자연재해위험개선지구 정비계획을 <u>5년</u>마다 수립하고 시 · 도지사(특별자치시장의 경우에는 행정안전부장관)에게 제출하여야 한다〈「자연재해대책법」 제13조 제1항〉.

ㄴ 시장(특별자치시장 및 행정시장은 제외) · 군수는 자연재해의 예방 및 저감을 위하여 <u>10년</u>마다 시 · 군 자연재해저감 종합계획을 수립하여 시 · 도지사를 거쳐 대통령령으로 정하는 바에 따라 행정안전부장관의 승인을 받아 확정하여야 한다〈「자연재해대책법」 제16조 제1항〉.

ㄷ 특별시장 · 광역시장 · 특별자치시장 · 특별자치도지사 및 시장 · 군수는 관할구역의 지역특성 등을 고려하여 우수의 침투, 저류 또는 배수를 통한 재해의 예방을 위하여 우수유출저감대책을 <u>5년</u>마다 수립하여야 한다〈「자연재해대책법」 제19조 제1항〉.

18 ② 페로우는 현대사회의 기술적, 조직적 시스템의 특성을 복잡(complex)하고, 꽉 짜여진(tightly-coupled) 것에서 찾았다. 복잡하고 꽉 짜여진 기술적 체계는 필연적으로 사고(accidents)를 발생시킬 수밖에 없다는 것이 정상사건이론의 핵심주장이다.

① 이 이론은 터너(Barry Turner)의 1978년 저작 〈Man Made Disaster〉에서 제기된 것으로, 주로 재난 발생의 사회적, 문화적 측면에 주목한다. 터너의 주된 관심은 재난이 발생하는 해당 사회의 사전(precondition) 조건들을 규명하는 것이었으며 그는 재난이 이미 사회 속에 내재되어 있다는 것을 강조한다.

③ 정상사건이론의 관점과는 조금 다르게 Berkely 학파는 뛰어난 안전 기록을 유지하고 있는 조직들의 독특한 조직 전략을 연구했다. 사고 예방이 가능하다는 전제 아래, 복잡성과 꽉 짜여진 체계에서 사고 발생 가능성을 낮출 수 있는 조직의 전략을 발전시킬 수 있다. 따라서 사고는 예방할 수 있고, 조직의 안전에 관한 신뢰성도 높일 수 있다는 것이 고도신뢰이론의 핵심이다.

19 「재난 및 안전관리 기본법」상 안전관리기구 및 재난의 대응조직에 대해 ㈎~㈐에 들어갈 내용을 바르게 연결한 것은?

> 재난관리를 위한 안전관리기구 중 중앙안전관리위원회의 위원장은 [㈎]이/가 되고, 재난의 대응조직 중 중앙긴급구조통제단의 단장은 [㈏]이, 시·군·구긴급구조통제단의 단장은 [㈐]이 된다.

	㈎	㈏	㈐
①	행정안전부	상관소방서장	소방본부장
②	국무총리	소방청장	소방서장
③	국무총리	소방서장	소방본부장
④	행정안전부장관	소방본부장	소방서장

20 우리나라 재난관리 체계의 변천에 대한 설명으로 옳지 않은 것은?

① 조선 전기에는 소방대응기구인 금화도감을 만들었다.

② 일제강점기에는 소방조가 있어 화재에 대응하기도 했다.

③ 1998년 「풍수해대책법」을 전부 개정하여 예방, 대비, 대응, 복구의 체계를 구축했다.

④ 2004년 「재난 및 안전관리 기본법」을 제정·공포했다.

ANSWER 19.② 20.③

19 ② 중앙위원회의 위원장은 <u>국무총리</u>가 되고, 중앙긴급구조단의 단장은 <u>소방청장</u>이, 시·군·구긴급구조통제단의 단장은 <u>소방서장</u>이 된다.

20 ③ 1967년 풍수해대책법을 제정하여 비구조적 대책 뿐 만아니라 구조적 대책으로 자연재해위험지구를 개량하고 관리하도록 규정하였으며 1998년부터 행정자치부 재해대책과에서 인명피해 우려가 있는 재해취약 시설과 지역을 발굴하여 체계적인 관리와 신속한 재해위험요인 해소를 위해 자연재해위험지구 정비에 국비를 지원하면서 행정안전부 재해예방사업은 시작되었다고 볼 수 있다.

1 「재난 및 안전관리 기본법」상 자연재난에 해당하지 않는 것은? (기출변형)

① 조류 대발생으로 인하여 발생하는 재해

② 황사로 인하여 발생하는 재해

③ 「미세먼지 저감 및 관리에 관한 특별법」에 따른 미세먼지로 인한 피해

④ 「우주개발진흥법」에 따른 자연우주물체의 추락·충돌로 인하여 발생하는 재해

2 「재난 및 안전관리 기본법 시행령」상 특정관리대상지역의 안전등급별 정기안전점검 실시 횟수를 바르게 연결한 것은?

① A등급 - 연 1회 이상

② B등급 - 연 1회 이상

③ C등급 - 반기별 1회 이상

④ D등급 - 분기별 1회 이상

ANSWER 1.③ 2.③

1 ③ 사회재난에 해당한다.

  ※ 자연재난이란 태풍, 홍수, 호우(豪雨), 강풍, 풍랑, 해일(海溢), 대설, 한파, 낙뢰, 가뭄, 폭염, 지진, 황사(黃砂), 조류(藻類) 대발생, 조수(潮水), 화산활동, 「우주개발진흥법」에 따른 자연우주물체의 추락·충돌, 그 밖에 이에 준하는 자연현상으로 인하여 발생하는 재해를 뜻한다〈「재난 및 안전관리 기본법」 제3조(정의) 제1호 가목〉.

2 정기안전점검 실시 횟수〈「재난 및 안전관리 기본법 시행령」 제34조의2 제3항 제1호〉
  ㉠ A등급, B등급 또는 C등급에 해당하는 특정관리대상지역 : 반기별 1회 이상
  ㉡ D등급에 해당하는 특정관리대상지역 : 월 1회 이상
  ㉢ E등급에 해당하는 특정관리대상지역 : 월 2회 이상

3 재난이 상호작용성을 지니기 때문에 재난의 발발은 대체로 단일한 원인에 기인하지 않는다는 재난의 특성은?

① 누적성

② 불확실성

③ 복잡성

④ 인지성

4 가연물에 따른 화재분류에서 칼륨, 나트륨, 마그네슘 등 가연성 금속의 화재 등급은?

① A급화재

② B급화재

③ C급화재

④ D급화재

5 「재난 및 안전관리 기본법」상 안전관리기구에 대한 설명으로 옳은 것은?

① 특별재난지역의 선포에 관한 사항은 대통령 소속의 중앙안전관리위원회가 심의한다.

② 안전정책조정위원회는 행정안전부 소속으로 두며, 행정안전부장관이 안전정책조정위원회의 위원장이 된다.

③ 국무총리는 매년 재난 및 안전관리 사업의 효과성 및 효율성을 평가하여야 한다.

④ 안전정책조정위원회의 위원장은 재난 및 안전관리에 관한 민관 협력관계를 원활히 하기 위하여 중앙안전관리민관협력위원회를 구성·운영할 수 있다.

ANSWER 3.③ 4.④ 5.④

3 ① 가시적 발생 이전부터 누적되어 온 위험 요인들이 특정한 시점에서 표출된 결과이다.
② 재난은 비선형적 유기적 혹은 진화적인 과정을 따른다.
④ 같은 사건을 두고도 서로 다른 시각이나 인지를 한다.

4 가연물에 따른 화재분류
㉠ 일반화재(A급) : 나무, 솜, 종이, 고무 등 일반 가연성 물질에 의한 화재
㉡ 유류가스화재(B급) : 석유, 벙커C유, 타르, 페인트, 가스, LNG, LPG, 도시가스 같은 가스에 의한 화재
㉢ 전기화재(C급) : 전기스파크, 단락, 파부하 등으로 선기에너지가 불로 전이되는 것이다.
㉣ 금속화재(D급) : 철분, 마그네슘, 칼륨, 나트륨, 지르코늄 등 금속물질에 의한 화재로 금속가루의 경우 폭발을 동반하기도 한다.

5 ① 특별재난지역의 선포에 관한 사항은 국무총리 소속으로 중앙안전관리위원회가 심의한다.
② 안전정책조정위원회는 중앙위원회에 소속으로 두며, 행정안전부장관이 안전정책조정위원회의 위원장이 된다.
③ 행정안전부장관은 매년 재난 및 안전관리 사업의 효과성 및 효율성을 평가하여야 한다.

6 「감염병의 예방 및 관리에 관한 법률」상 의료기관에 소속된 의사가 소속 의료기관의 장에게 보고하여야 할 의무가 있는 경우가 아닌 것은?

① 의사가 표본감시 대상이 되는 제4급감염병 환자를 진단한 경우
② 의사가 제1급감염병 예방을 위해 예방접종 후 이상반응자를 진단한 경우
③ 의사가 제2급감염병 환자의 사체를 검안(檢案)한 경우
④ 의사가 진료하던 제3급감염병 환자가 해당 감염병으로 사망한 경우

7 재난 및 안전관리 기본법령상 재난의 대비에 대한 설명으로 옳지 않은 것은? (기출변형)

① 행정안전부장관은 매년 재난대비훈련 기본계획을 수립하고 재난관리책임기관의 장에게 통보하여야 한다.
② 행정안전부장관은 재난을 효율적으로 관리하기 위하여 재난유형에 따라 위기관리 매뉴얼을 작성·운용하고, 이를 준수하도록 노력하여야 한다.
③ 행정안전부장관이 국가재난관리기준을 제정할 때에는 미리 관계 중앙행정기관의 장의 의견을 들어야 한다.
④ 행정안전부장관은 체계적인 재난관리를 위하여 재난안전통신망을 구축·운영하여야 한다.

ANSWER 6.① 7.②

6 의료기관에 소속된 의사가 소속 의료기관의 장에게 보고하여야 할 의무가 있는 경우〈「감염병의 예방 및 관리에 관한 법률」 제11조 제1항〉
　㉠ 감염병환자등을 진단하거나 그 사체를 검안(檢案)한 경우
　㉡ 예방접종 후 이상반응자를 진단하거나 그 사체를 검안한 경우
　㉢ 감염병환자등이 제1급감염병부터 제3급감염병까지에 해당하는 감염병으로 사망한 경우
　㉣ 감염병환자로 의심되는 사람이 감염병병원체 검사를 거부하는 경우

7 재난관리책임기관의 장은 재난을 효율적으로 관리하기 위하여 재난유형에 따라 다음 각 호의 위기관리 매뉴얼을 작성·운용하고, 이를 준수하도록 노력하여야 한다. 이 경우 재난대응활동계획과 위기관리 매뉴얼이 서로 연계되도록 하여야 한다〈「재난 및 안전관리 기본법」 제34조의5(재난분야 위기관리 매뉴얼 작성·운용) 제1항〉.

8 미세먼지 저감 및 관리에 관한 특별법령상 미세먼지 생성물질에 해당하지 않는 것은?

① 삼산화 크로뮴

② 질소산화물

③ 암모니아

④ 휘발성유기화합물

9 「지진 · 화산재해대책법」상 지진 예방과 대비에 대한 설명으로 옳지 않은 것은?

① 행정안전부장관은 5년마다 지진방재종합계획을 수립하여야 한다.

② 행정안전부장관 소속의 지진 · 화산방재정책위원회는 기존시설물 내진보강기본계획을 심의한다.

③ 행정안전부장관은 주민대피지구의 지정 등 지진해일 대비 주민대피계획을 수립하여야 한다.

④ 행정안전부장관은 내진설계 등에 활용하기 위하여 전국적인 지진구역을 정한 지진위험지도를 제작하여 공표할 수 있다.

ANSWER 8.① 9.③

8 미세먼지 생성물질〈「미세먼지 저감 및 관리에 관한 특별법」 제2조 제2호〉

㉠ 질소산화물

㉡ 황산화물

㉢ 휘발성유기화합물

㉣ 그 밖에 환경부령으로 정하는 물질(암모니아)

9 ③ 시 · 도지사등은 지진해일로 인한 주민의 인명피해를 최소화하기 위하여 주민대피지구의 지정, 대피소 및 대피로의 정비 등 지진해일 대비 주민대피계획을 수립 · 추진하여야 한다〈「지진 · 화산재해대책법」 제10조의2(지진해일대비 주민대피계획수립 등) 제1항〉.

10 「자연재해대책법」상 행정안전부장관의 권한에 해당하는 것은?

① 지구단위 홍수방어기준의 설정
② 우수유출저감대책의 수립
③ 상습가뭄재해지역의 지정·고시
④ 자연재해저감 종합계획의 수립

11 「재난 및 안전관리 기본법」상 재난이 발생하였을 때 지역통제단장이 하여야 하는 응급조치는?

① 피해시설의 응급복구
② 지진방재에 관한 응급조치
③ 현장지휘통신체계의 확보
④ 피난의 권고 또는 지시

....

ANSWER 10.① 11.③

10 ② 특별시장·광역시장·특별자치시장·특별자치도지사 및 시장·군수
③ 시장·군수·구청장
④ 재난관리책임기관의 장

11 시·도 긴급구조통제단 및 시·군·구 긴급구조통제단의 단장과 시장·군수·구청장은 재난이 발생할 우려가 있거나 발생하였을 때에는 즉시 관계 법령이나 재난대응활동계획 및 위기관리 매뉴얼에서 정하는 바에 따라 수방·진화·구조 및 구난, 그 밖에 재난 발생을 예방하거나 피해를 줄이기 위하여 필요한 다음 각 호의 응급조치를 하여야 한다. 다만 지역통제단장의 경우에는 제2호 중 진화에 관한 응급조치와 제4호 및 제6호의 응급조치만 하여야 한다〈「재난 및 안전관리 기본법」 제37조(응급조치) 제1항〉.
1. 경보의 발령 또는 전달이나 피난의 권고 또는 지시
2. 진화·수방·지진방재, 그 밖의 응급조치와 구호
3. 피해시설의 응급복구 및 방역과 방범, 그 밖의 질서 유지
4. 긴급수송 및 구조 수단의 확보
5. 급수 수단의 확보, 긴급피난처 및 구호품의 확보
6. 현장지휘통신체계의 확보
7. 그 밖에 재난 발생을 예방하거나 줄이기 위하여 필요한 사항으로서 대통령령으로 정하는 사항

12 재난관리방식 중 통합관리방식의 특징에 해당하는 것만을 모두 고르면?

> ㉠ 과도한 부담 가능성   ㉡ 정보전달의 일원화
> ㉢ 전문성 제고 용이   ㉣ 특정재난에 대한 관리활동
> ㉤ 재원 마련과 배분의 간소함

① ㉠, ㉡, ㉢   ② ㉠, ㉡, ㉤
③ ㉡, ㉢, ㉣   ④ ㉢, ㉣, ㉤

13 재난 및 안전관리 기본법령상 인명 또는 재산의 피해 정도가 매우 크거나 재난의 영향이 사회적·경제적으로 광범위한 재난으로서 정부합동 재난원인조사단을 편성하여 재난원인조사를 실시할 수 있는 재난에 해당하는 것만을 모두 고르면?

> ㉠ 지역재난안전대책본부를 구성·운영하게 한 재난
> ㉡ 중앙사고수습본부를 구성·운영하게 한 재난
> ㉢ 특별재난지역을 선포하게 한 재난

① ㉠, ㉡   ② ㉠, ㉢
③ ㉡, ㉢   ④ ㉠, ㉡, ㉢

ANSWER 12.② 13.④

12 통합재난관리 방식
  ㉠ 모든 재난을 통합 관리
  ㉡ 예방, 준비, 대응, 수습, 및 복구활동을 종합 관리
  ㉢ 재난 대응에 필요한 대응기능별 책임기관을 지정하여 유사시 잠가기관들을 조정 통제

13 재난원인조사를 실시할 수 있는 재난
  ㉠ 특별재난지역을 선포하게 한 재난
  ㉡ 중앙재난안전대책본부, 지역재난안전대책본부 또는 중앙사고수습본부를 구성·운영하게 한 재난
  ㉢ 반복적으로 발생하는 재난으로서 행정안전부장관이 재발 방지를 위하여 재난원인조사가 필요하다고 판단하는 재난
  ㉣ ㉠㉡㉢에 따른 재난에 준하는 재난으로서 행정안전부장관이 체계적인 재난원인조사가 필요하다고 인정하는 재난

14 「자연재해대책법 시행규칙」상 재해 유형별 행동 요령에 포함되어야 할 세부사항 중 대비단계의 행동 요령에 포함되어야 할 세부사항에 해당하는 것은?

① 민간단체와의 협조 · 지원에 관한 사항
② 재난정보의 수집 및 전달체계에 관한 사항
③ 유관기관 및 방송사에 대한 상황 전파 및 방송 요청에 관한 사항
④ 이재민 수용시설의 운영 등에 관한 사항

15 재난경감방법 중 구조적 경감방법이 아닌 것은?

① 배수시설 설치　　　　　　　　　② 방재기준 설정
③ 하천제방 설치　　　　　　　　　④ 방수시설 보강

16 국내 주요 대형재난을 발생한 시기순으로 바르게 나열한 것은?

㈎ 아현동 가스폭발	㈏ 태풍 매미
㈐ 태풍 루사	㈑ 화성 씨랜드 청소년수련원 화재

① ㈎ → ㈏ → ㈐ → ㈑　　　　　② ㈎ → ㈑ → ㈐ → ㈏
③ ㈑ → ㈎ → ㈏ → ㈐　　　　　④ ㈑ → ㈎ → ㈐ → ㈏

---

14 대비단계〈「자연재해대책법 시행규칙」 제14조(재해유형별 행동요령에 포함되어야 할 세부 사항) 제1항 제2호〉
　㉠ 재해가 예상되거나 발생한 경우 비상근무계획에 관한 사항
　㉡ 피해 발생이 우려되는 시설의 점검 · 관리에 관한 사항
　㉢ 유관기관 및 방송사에 대한 상황 전파 및 방송 요청에 관한 사항
　㉣ 그 밖에 행정안전부장관이 필요하다고 인정하는 사항

15 ② 비구조적 경감방법에 해당한다.

16 ㈎ 1994년 12월 7일
　㈑ 1999년 6월 30일
　㈐ 2002년 8월 31일
　㈏ 2003년 9월 12일

17 자연재해대책법령상 수방기준을 제정하여야 하는 대상에 해당하지 않는 것은?

① 「소하천정비법」 제2조제3호에 따른 소하천부속물 중 제방

② 「사방사업법」 제2조제3호에 따른 사방시설 중 사방사업에 따라 설치된 공작물

③ 「관광진흥법」 제3조에 따른 유원시설업상의 안전성검사 대상 유기기구(遊技機具)

④ 「도로법 시행령」 제2조제2호에 따른 교량

ANSWER 17.③

17 수방기준을 제정하여야 하는 대상〈「자연재해대책법」 제17조(수방기준의 제정·운영) 제2항〉
   ㉠ 시설물
   • 「소하천정비법」 제2조 제3호에 따른 소하천부속물
   • 「하천법」 제2조 제3호에 따른 하천시설
   • 「국토의 계획 및 이용에 관한 법률」 제2조 제6호에 따른 기반시설
   • 「하수도법」 제2조 제3호에 따른 하수도
   • 「농어촌정비법」 제2조 제6호에 따른 농업생산기반시설
   • 「사방사업법」 제2조 제3호에 따른 사방시설
   • 「댐건설·관리 및 주변지역지원 등에 관한 법률」 제2조 제1호에 따른 댐
   • 「도로법」 제2조 제1호에 따른 도로
   • 「항만법」 제2조 제5호에 따른 항만시설
   ㉡ 지하 공간
   • 「국토의 계획 및 이용에 관한 법률」 제2조 제6호 및 제9호에 따른 기반시설 및 공동구(共同溝)
   • 「시설물의 안전 및 유지관리에 관한 특별법」 제2조 제1호에 따른 시설물
   • 「철도의 건설 및 철도시설 유지관리에 관한 법률」 제2조 제6호에 따른 철도시설
   • 「도시철도법」 제2조 제3호에 따른 도시철도시설
   • 「건축법」 제2조 제1항 제2호에 따른 건축물

18 재난의 분류에 대한 설명으로 옳지 않은 것은?

① 존스(David K. C. Jones)는 재난을 자연재난, 준자연재난, 인적 재난으로 분류하였다.
② 존스(David K. C. Jones)는 눈사태를 자연재난 중 기상학적 재난으로 분류하였다.
③ 아네스(Br. J. Anesth)는 재난을 자연재난과 인적 재난으로 분류하였다.
④ 아네스(Br. J. Anesth)는 인적 재난을 사고성 재난과 계획적 재난으로 분류하였다.

19 건물에 가해지는 충격에 의하여 한쪽 벽판이나 지붕 조립부분이 무너져 내리고 다른 한쪽은 원형을 그대로 유지하고 있는 형태의 붕괴로서 2차 붕괴에 가장 취약한 건축물의 붕괴 유형은?

① 팬케이크형 붕괴
② V자형 붕괴
③ 경사형 붕괴
④ 캔틸레버형 붕괴

ANSWER 18.② 19.④

18 ② 존스(David K. C. Jones)는 눈사태를 준자연재난으로 분류하였다.

※ 존스의 재난 분류

재난					
자연재난				준자연재난	인위재난
지구물리학적재난			생물학적재난	스모그 현상, 온난화 현상, 사막화 현상, 염수화 현상, 눈사태, 산성화, 홍수, 토양 침식 등	공해, 광화학 연무, 폭동, 교통사고, 폭발사고, 전쟁 등
지질학적재난	지형학적재난	생물학적재난			
지진, 화산, 쓰나미 등	산사태, 염수토양 등	안개, 눈, 해일, 번개, 토네이도, 폭풍, 태양, 이상기온	세균, 질병, 유독식물, 유동식물 등		

19 ① 이 유형의 붕괴는 마주보는 두 외벽에 모두 결함이 발생하여 바닥이나 지붕이 아래로 무너져 내리는 경우에 발생한다.
② 가구나 장비, 기타 잔해 같은 무거운 물건들이 바닥 중심부에 집중되었을 때 V형의 붕괴가 일어날 수 있다.
③ 이 유형의 붕괴는 마주보는 두 외벽 중 하나가 결함이 있을 때 발생한다. 결함이 있는 외벽이 지탱하는 건물 지붕의 측면 부분이 무너져 내리면 삼각형의 공간이 발생하며 이렇게 형성된 빈 공간에 요구조자들이 갇히는 경우가 많다.

20 「재난 및 안전관리 기본법」상 재난의 대응단계에 해당하는 것만을 모두 고르면?

> ㉠ 재난예보 · 경보 체계 구축 · 운영
> ㉡ 응급부담
> ㉢ 특별재난지역의 선포
> ㉣ 재난현장 긴급통신수단의 마련
> ㉤ 재난사태 선포

① ㉠, ㉡, ㉤

② ㉠, ㉢, ㉣

③ ㉡, ㉢, ㉣

④ ㉡, ㉣, ㉤

· ·

ANSWER 20.①

20 재난의 대응단계

응급조치	긴급구조
㉠ 재난사태 선포	㉠ 중앙긴급구조통제단
㉡ 응급조치	㉡ 지역긴급구조통제단
㉢ 위기경보의 발령	㉢ 긴급구조
㉣ 재난 예보 · 경보체계 구축 · 운영	㉣ 긴급구조 현장지휘
㉤ 동원명령	㉤ 긴급대응협력관
㉥ 대피명령	㉥ 긴급구조활동에 대한 평가
㉦ 위험구역의 설정	㉦ 긴급구조대응계획의 수립
㉧ 강제대피조치	㉧ 긴급구조 관련 특수번호 전화서비스의 통합 · 연계
㉨ 통행제한	㉨ 재난대비능력 보강
㉩ 응원	㉩ 긴급구조지원기관의 능력에 대한 평가
㉪ 응급부담	㉪ 해상에서의 긴급구조
㉫ 시 · 도지사가 실시하는 응급조치	㉫ 항공기 등 조난사고 시의 긴급구조
㉬ 재난관리책임기관의 장의 응급조치	
㉭ 지역통제단장의 응급조치	

1 존스(David K. C. Jones)에 의한 재난 분류에서 산사태가 해당하는 재난 유형은?

① 준자연 재난

② 지형학적 재난

③ 지질학적 재난

④ 기상학적 재난

ANSWER 1.②

1　② 산사태는 지형학적 재난에 해당한다.

※ 데이비드 존스의 재난분류

재난					
자연재난				준자연재난	인적재난
지구물리학적 재난			생물학적 재난	• 스모그 • 온난화 • 사막화 • 염수화 • 눈사태 • 홍수 • 토양침식 등	• 공해 • 광화학 연무 • 폭동 • 교통사고 • 폭발사고 • 전쟁 등
지질학적 재난	지형학적 재난	기상학적 재난	• 세균 질병 • 유독식물 • 유독동물 등		
• 지진 • 화산 • 쓰나미 등	• 산사태 • 염수토양 등	• 안개 • 눈 • 해일 • 번개 • 토네이도/폭풍 /태풍 • 이상기온 • 가뭄 등			

2 재난관리의 4단계에 해당하지 않는 것은?

① 경보단계
② 예방단계
③ 대응단계
④ 복구단계

3 하천, 저수지, 지하수 등의 수위를 기준으로 정의하는 가뭄은?

① 기상학적 가뭄
② 농업적 가뭄
③ 기후학적 가뭄
④ 수문학적 가뭄

ANSWER 2.① 3.④

2　재난관리는 예방, 대비, 대응, 복구의 4단계로 구분한다.

3　국가가뭄정보분석센터에서 제시한 가뭄의 정의와 구분
　ⓘ 정의 : 가뭄은 물 공급이 부족한 시기를 일컫는 말로 일반적으로 평균 이하의 강수량이 지속적으로 보이는 지역에서 나타난다. 가뭄은 강수 등의 자연현상이나 인위적 행위에 의해 영향을 받는 물의 공급과 수요 간의 상호작용으로 발생하며 경제적, 환경적 그리고 개개인의 고통 등 사회에 많은 영향을 미친다.
　ⓛ 구분 : 가뭄은 여러 가지 기준에 의해 정의되며, 크게 기상학적 가뭄, 농업적 가뭄, 수문학적 가뭄, 사회경제적 가뭄 등 크게 4가지로 분류할 수 있다.
　• 기상학적 가뭄 : 주어진 기간의 강수량이나 무강수 계속일수 등으로 정의하며 기상현상의 영향을 직접적으로 표현하는 가뭄
　• 농업적 가뭄 : 농업에 영향을 주는 가뭄을 언급한 것으로 농작물 생육에 직접 관계되는 토양수분으로 표시
　• 수문학적 가뭄 : 물 공급에 초점을 맞추고 하천유량, 저수지, 지하수 등 가용수자원의 양으로 정의한 가뭄
　• 사회경제적 가뭄 : 다른 측면의 가뭄을 모두 고려한 넓은 범위의 가뭄정의로 경제재(물)의 수요와 공급을 기상학적, 수문학적 그리고 농업적 가뭄의 요소와 관련시켜 정의

4 「재난 및 안전관리 기본법 시행령」상 재난 및 사고유형과 재난관리주관기관의 연결이 바르지 않은 것은?
(기출변형)

① 위험물의 누출·화재·폭발 – 소방청

② 해수욕장의 안전사고 – 해양경찰청

③ 항공기 사고 – 국토교통부

④ 산업재해 및 중대산업사고 – 고용노동부부

ANSWER 4.②

4 ② 해수욕장의 안전사고 – 해양수산부

※ 재난 및 그 밖의 각종 사고 유형별 재난관리주관기관〈「재난 및 안전관리 기본법 시행령」[별표 1의3]〉

① 자연재난 유형별 재난관리주관기관

재난관리주관기관	자연재난 유형
과학기술정보통신부 및 우주항공청	1. 자연우주물체의 추락·충돌 등으로 인해 발생하는 재해 2. 우주전파재난
행정안전부	1. 자연재해로서 낙뢰, 가뭄, 폭염 및 한파로 인해 발생하는 재해 2. 풍수해(조수로 인해 발생하는 재해는 제외한다) 3. 지진재해 4. 화산재해
환경부	1. 황사로 인해 발생하는 재해 2. 하천·호소 등의 조류 대발생으로 인해 발생하는 재해
해양수산부	1. 어업재해 중 적조현상 및 해파리의 대량발생으로 인해 발생하는 수산양식물 및 어업용 시설의 피해 2. 풍수해 중 조수로 인해 발생하는 재해
산림청	산사태로 인해 발생하는 재해

② 사회재난 유형별 재난관리주관기관

재난관리주관기관	사회재난 유형
교육부	1. 교육시설(연구실은 제외한다)의 화재·붕괴·폭발·다중운집인파사고 등으로 인해 발생하는 국가 또는 지방자치단체 차원의 대처가 필요한 인명 또는 재산의 피해 2. 어린이집의 화재등으로 인해 발생하는 대규모 피해
과학기술정보통신부	1. 방송통신재난(자연재난은 제외한다) 2. 연구실사고로 인해 발생하는 대규모 피해 3. 전파의 혼신(주파수분배에 따른 위성항법시스템 관련 전파의 혼신으로 한정한다)으로 인해 발생하는 대규모 피해
과학기술정보통신부 및 우주항공청	인공우주물체의 추락·충돌 등으로 인해 발생하는 피해
외교부	1. 주한외국공관 및 이에 준하는 기관의 화재등으로 인해 발생하는 대규모 피해 2. 해외재난
법무부	다음의 어느 하나에 해당하는 시설 및 그 밖에 이와 유사한 시설의 화재등으로 인해 발생하는 대규모 피해 1. 교정시설 2. 보호관찰소 및 갱생보호시설 3. 소년원 및 소년분류심사원 4. 치료감호시설 5. 난민신청자의 주거시설 및 난민지원시설 6. 외국인보호실 및 외국인보호소
국방부	국방·군사시설의 화재등으로 인해 발생하는 대규모 피해
행정안전부 (4및 6의 경우에는 각각 관계 법령에 따라 해당 정보시스템의 구축·운영에 관한 사무 및 해당 청사의 관리에 관한 사무를 관장하는 중앙행정기관을 말한다)	1. 승강기의 사고 또는 고장으로 인해 발생하는 대규모 피해 2. 사고로 인해 발생하는 대규모 피해 3. 정보시스템(행정안전부장관이 구축·운영하는 정보시스템으로 한정한다)의 장애로 인해 발생하는 대규모 피해 4. 정보시스템(행정안전부장관이 구축·운영하는 정보시스템은 제외한다)의 장애로 인해 발생하는 대규모 피해 5. 청사(6에 따른 청사는 제외한다)의 화재등으로 인해 발생하는 대규모 피해 6. 행정안전부장관이 관리하지 않는 청사의 화재등으로 인해 발생하는 대규모 피해
행정안전부 및 경찰청	일반인이 자유로이 모이거나 통행하는 도로, 광장 및 공원의 다중운집인파사고로 인해 발생하는 대규모 피해
행정안전부 및 소방청	1. 소방대상물의 화재로 인해 발생하는 대규모 피해 2. 위험물의 누출·화재·폭발 등으로 인해 발생하는 대규모 피해
문화체육관광부	1. 야영장업의 등록을 한 자가 관리하는 야영장의 화재등으로 인해 발생하는 대규모 피해 2. 유기시설 또는 유기기구의 중대한 사고로 인해 발생하는 대규모 피해 3. 공연장의 화재등으로 인해 발생하는 대규모 피해 4. 전문체육시설 및 생활체육시설의 화재등으로 인해 발생하는 대규모 피해
농림축산식품부	1. 가축전염병의 확산으로 인한 피해 2. 농업생산기반시설 중 저수지의 붕괴·파손 등으로 인해 발생하는 대규모 피해 3. 농수산물도매시장(축산물도매시장은 포함하며, 수산물도매시장은 제외한다) 및 농수산물종합유통센터(수산물종합유통센터는 제외한다)의 화재등으로 인해 발생하는 대규모 피해
산업통상자원부	1. 가스사고로 인해 발생하는 대규모 피해 2. 석유의 정제시설·비축시설 및 주유소의 화재등으로 인해 발생하는 대규모 피해

	3. 에너지의 중대한 수급 차질로 인해 발생하는 대규모 피해 4. 대규모점포의 화재등으로 인해 발생하는 대규모 피해 5. 전기사고로 인해 발생하는 대규모 피해 6. 제품사고(안전관리대상어린이제품 및 안전관리대상제품으로 인한 사고로 한정한다)로 인해 발생하는 대규모 피해
보건복지부	1. 다음의 어느 하나에 해당하는 시설의 화재등으로 인해 발생하는 대규모 피해 ① 노인복지시설 ② 아동복지시설 ③ 장애인복지시설(요양병원에 해당하는 장애인 의료재활시설은 제외한다) 2. 병원급 의료기관의 화재등으로 인해 발생하는 대규모 피해
보건복지부 및 질병관리청	감염병의 확산으로 인한 피해
환경부	1. 댐(산업통상자원부 소관의 발전(發電)용 댐은 제외한다)의 붕괴·파손 등으로 인해 발생하는 대규모 피해 2. 미세먼지로 인한 피해 3. 수도의 화재등으로 발생하는 대규모 피해 4. 먹는물의 수질오염으로 인해 발생하는 대규모 피해 5. 안전확인대상생활화학제품 및 살생물제 관련 사고로 인해 발생하는 대규모 피해 6. 화학사고로 인해 발생하는 대규모 피해 7. 오염물질등으로 인한 환경오염(먹는물의 수질오염은 제외한다)으로 인해 발생하는 대규모 피해
고용노동부	산업재해 및 중대산업사고로 인해 발생하는 대규모 피해
국토교통부 (3의 경우에는 공동구에 공동 수용되는 공급설비 및 통신시설 등으로서 화재등의 원인이 되는 설비·시설 등의 관리에 관한 사무를 관장하는 중앙행정기관을 포함한다)	1. 건축물의 붕괴·전도 등으로 인해 발생하는 대규모 피해 2. 공항의 화재등으로 인해 발생하는 대규모 피해 3. 공동구의 화재등으로 인해 발생하는 대규모 피해 4. 도로의 화재등으로 인해 발생하는 대규모 피해 5. 국토교통부장관에게 등록한 복합물류터미널사업자 및 물류창고업자가 관리하는 물류시설(다른 중앙행정기관 소관의 시설은 제외한다)의 화재등으로 인해 발생하는 대규모 피해 6. 철도사고로 인해 발생하는 대규모 피해 7. 항공기사고, 경량항공기사고 및 초경량비행장치사고로 인해 발생하는 대규모 피해
해양수산부	1. 농수산물도매시장(수산물도매시장으로 한정한다) 및 농수산물종합유통센터(수산물종합유통센터로 한정한다)의 화재등으로 인해 발생하는 대규모 피해 2. 항만의 화재등으로 인해 발생하는 대규모 피해 3. 해수욕장의 안전사고로 인해 발생하는 대규모 피해 4. 해양사고(해양에서 발생한 사고로 한정하며, 해양오염은 제외한다)로 인해 발생하는 대규모 피해
해양수산부 및 해양경찰청	해양오염으로 인해 발생하는 대규모 피해
중소벤처기업부	전통시장의 화재등으로 인해 발생하는 대규모 피해
여성가족부	1. 청소년복지시설의 화재등으로 인해 발생하는 대규모 피해 2. 청소년수련시설의 화재등으로 인해 발생하는 대규모 피해
금융위원회	정보통신기반시설을 관리하는 금융기관의 화재등으로 인해 발생하는 대규모 피해
원자력안전위원회	1. 방사능재난 2. 인접 국가의 방사능 누출로 인해 발생하는 대규모 피해

국가유산청	1. 문화유산·보호구역·보호물과 문화유산 보관시설의 화재등으로 인해 발생하는 대규모 피해 2. 자연유산·보호물 및 보호구역의 화재등으로 인해 발생하는 대규모 피해
산림청	1. 사방시설의 붕괴·파손 등으로 인해 발생하는 대규모 피해 2. 산불로 인해 발생하는 대규모 피해
해당 국가핵심기반을 지정하는 중앙행정기관	국가핵심기반의 마비(쟁의행위 또는 이에 준하는 행위로 인한 마비를 포함한다)로 인한 피해
중앙행정기관 (주최·주관하는 중앙행정기관이 다수인 경우에는 주최·주관의 주된 역할을 담당하는 중앙행정기관을 말한다)	중앙행정기관이 주최·주관하는 각종 행사가 개최되는 시설등에서 발생하는 대규모 피해

③ 그 밖의 각종 사고 유형별 재난관리주관기관

재난관리주관기관	사고 유형
해당 중앙행정기관	사회재난 유형으로 인해 발생하거나 해당 시설등에서 발생하는 인명 또는 재산의 피해로서 사회재난에 해당하지 않는 피해

5 재난의 개념상 위험도(Risk)에 대하여 ㈎, ㈏에 들어갈 내용으로 바르게 연결한 것은?

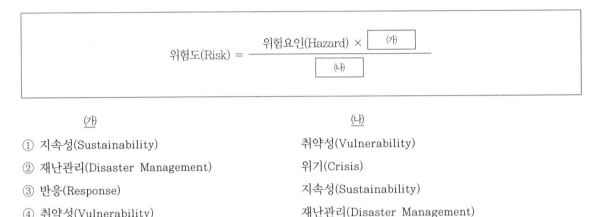

㈎	㈏
① 지속성(Sustainability)	취약성(Vulnerability)
② 재난관리(Disaster Management)	위기(Crisis)
③ 반응(Response)	지속성(Sustainability)
④ 취약성(Vulnerability)	재난관리(Disaster Management)

6 「지진·화산재해대책법」상 지진으로부터 각종 시설물이 견딜 수 있는 성능을 향상시키는 일체의 행위를 말하는 것은?

① 지진방재
② 내진보강
③ 화산방재
④ 지진가속도계측

ANSWER 5.④ 6.②

5 위험도 = 위해성 × 취약성 ÷ 재난관리

6 ② 내진보강 : 지진으로부터 각종 시설물이 견딜 수 있는 성능을 향상시키는 일체의 행위를 말한다〈「지진·화산재해대책법」 제2조(정의) 제7호〉.
　① 지진방재 : 지진재해의 발생을 방지하고 지진재해가 발생한 경우 피해를 줄이기 위하여 조치하는 것을 말한다〈동법 동조 제3호〉.
　③ 화산방재 : 화산재해의 발생을 방지하고 화산재해가 발생한 경우 피해를 줄이기 위하여 조치하는 것을 말한다〈동법 동조 제4호〉.
　④ 지진가속도계측 : 지진가속도계를 이용하여 각종 구조물과 기기 등을 설치하거나 관리하는 자가 시설물이 지진으로 인한 외부적인 힘에 반응하여 움직이는 특성(지진거동특성)을 감지하는 행위를 말한다〈동법 동조 제6호〉.

7 「자연재해대책법」상 풍수해에 대한 설명으로 옳지 않은 것은?

① 대설로 인한 재해는 풍수해에 해당한다.

② 시장 및 군수는 지역별 방재성능목표를 공표한 날부터 10년마다 그 타당성 여부를 검토하여 필요한 경우에는 설정된 방재성능목표를 변경·공표하여야 한다.

③ 행정안전부장관은 기후변화에 따른 재해에 선제적이고 효과적으로 대응하기 위하여 방재기준 가이드라인을 정한다.

④ 행정안전부장관은 상습침수지역, 홍수피해예상지역, 그 밖의 수해지역의 재해 경감을 위하여 필요하면 지구단위 홍수방어기준을 정하여야 한다.

8 재난 및 안전관리 기본법령상 중앙안전관리위원회에 대한 설명으로 옳은 것은?

① 국무조정실장은 중앙안전관리위원회 위원이다.

② 행정안전부 소속으로 중앙안전관리위원회를 둔다.

③ 회의는 위원의 요청에 의하여 소집될 수 없다.

④ 회의는 재적위원 과반수의 출석으로 개의(開議)하고, 출석위원 3분의 2 이상의 찬성으로 의결한다.

ANSWER 7.② 8.①

7 ② 특별시장·광역시장·시장 및 군수는 지역별 방재성능목표를 공표한 날부터 <u>5년마다</u> 그 타당성 여부를 검토하여 필요한 경우에는 설정된 방재성능목표를 변경·공표하여야 한다〈「자연재해대책법」제16조의4(지역별 방재성능목표 설정·운용) 제3항〉.

8 ② 중앙안전관리위원회는 국무총리 소속이다〈「재난 및 안전관리 기본법」제9조(중앙안전관리위원회) 제1항 참고〉.

③ 중앙위원회의 회의는 위원의 요청이 있거나 위원장이 필요하다고 인정하는 경우에 위원장이 소집한다〈동법 시행령 제8조(중앙위원회의 운영) 제1항〉.

④ 중앙위원회의 회의는 재적위원 과반수의 출석으로 개의(開議)하고, 출석위원 과반수의 찬성으로 의결한다〈동법 시행령 제8조(중앙위원회의 운영) 제2항〉.

9 「재난 및 안전관리 기본법」상 국가핵심기반의 지정 또는 관리에 대한 설명으로 옳지 않은 것은?

① 행정안전부장관은 국가핵심기반의 보호 및 관리 실태의 확인·점검을 할 수 없다.

② 소관 재난관리책임기관의 해당 업무 변경은 국가핵심기반의 지정을 취소할 수 있는 사유에 해당한다.

③ 국가핵심기반의 지정은 일정 기준에 따라 조정위원회의 심의를 거쳐 관계 중앙행정기관의 장이 할 수 있다.

④ 국가핵심기반에 대한 데이터베이스 구축·운영은 행정안전부장관이 한다.

10 「자연재해대책법 시행령」상 재해영향평가심의위원회의 구성 및 운영에 대한 설명으로 옳은 것은?

① 위원장은 위원 중에서 호선한다.

② 위원의 사임 등으로 새로 위촉된 위원의 임기는 2년으로 한다.

③ 위원장 및 부위원장을 포함하여 20명 이상 100명 이하의 위원으로 구성한다.

④ 회의는 위원장과 위원장이 회의마다 사안별로 지정하는 5명 이상 15명 이하의 위원으로 구성한다.

ANSWER 9.① 10.③

9 ① 행정안전부장관 또는 관계 중앙행정기관의 장은 대통령령으로 정하는 바에 따라 국가핵심기반의 보호 및 관리 실태를 확인·점검할 수 있다〈「재난 및 안전관리 기본법」 제26조의2(국가핵심기반의 관리 등) 제3항〉.

10 ① 심의위원회의 위원장은 행정안전부에서 재해영향평가등의 협의 업무를 담당하는 국장급 공무원으로 하고 부위원장은 위원 중에서 호선(互選)하며 위원은 다음 각 호의 사람으로 한다〈「자연재해대책법 시행령」 제5조(재해영향평가심의위원회의 구성 및 운영) 제2항 참고〉.
② 위촉위원의 임기는 2년으로 한다. 다만, 위원의 사임 등으로 새로 위촉된 위원의 임기는 전임위원 임기의 남은 기간으로 한다〈동조 제3항 참고〉.
④ 심의위원회의 회의는 위원장과 위원장이 회의마다 사안별로 지정하는 5명 이상 10명 이하의 위원으로 구성한다〈동조 제6항〉.

11 지진 · 화산재해대책법령상 지진 · 지진해일 및 화산활동 관측에 대한 설명으로 옳지 않은 것은?

① 지진 · 지진해일 및 화산활동 관측기관협의회의 위원장은 기상청장이 된다.

② 기상청장과 해양수산부장관은 지진해일 관측망 종합계획을 공동으로 수립하여 추진하여야 한다.

③ 기상청장은 국내외의 지진·지진해일과 화산활동에 대한 예측 및 관측결과를 행정안전부장관에게 통보하여야 한다.

④ 「한국원자력안전기술원법」에 따른 한국원자력안전기술원의 장이 지진 관측시설을 설치하려면 기상청장과 미리 협의하여 지진 관측계획서를 작성하여야 한다.

12 「감염병의 예방 및 관리에 관한 법률」상 용어의 정의로 감염병병원체 등 위험요인에 노출되어 감염이 우려되는 사람은?

① 감염병환자

② 병원체보유자

③ 감염병의심자

④ 감염병의사환자

---

11 ① 협의회의 위원장은 기상청 소속의 지진 · 지진해일 및 화산에 관한 사무를 담당하는 고위공무원단에 속하는 일반직공무원 (직무등급이 나등급에 해당하는 공무원에 한정한다)이 된다〈「지진 · 화산재해대책법 시행령」 제7조(지진 · 지진해일 및 화산활동 관측기관협의회의 구성 등) 제2항〉.

12 ① **감염병환자**: 감염병의 병원체가 인체에 침입하여 증상을 나타내는 사람으로서 제11조제6항의 진단 기준에 따른 의사, 치과 의사 또는 한의사의 진단이나 제16조의2에 따른 감염병병원체 확인기관의 실험실 검사를 통하여 확인된 사람을 말한다〈「감염병의 예방 및 관리에 관한 법률」 제2조(정의) 제13호〉.

② **병원체보유자**: 임상적인 증상은 없으나 감염병병원체를 보유하고 있는 사람을 말한다〈동법 동조 제15호〉.

④ **감염병의사환자**: 감염병병원체가 인체에 침입한 것으로 의심이 되나 감염병환자로 확인되기 전 단계에 있는 사람을 말한다〈동법 동조 제14호〉.

13 재난 및 안전관리 기본법령상 특별재난지역에 대한 설명으로 옳은 것만을 모두 고르면?

> ㉠ 특별재난지역은 자연재난에 대해서 선포할 수 있으며, 사회재난에 대해서는 선포할 수 없다.
> ㉡ 중앙재난안전대책본부장은 지역재난안전대책본부장의 선포요청이 타당하다고 인정하는 경우에는 중앙안전관리위원회의 심의를 거쳐 특별재난지역을 선포할 수 있다.
> ㉢ 자연재난과 관련하여 특별재난지역으로 선포된 지역에 대해서는 특별지원으로 「재해구호법」에 따른 의연금품의 지원을 할 수 있다.
> ㉣ 특별재난지역으로 선포된 지역에 대해서는 재난복구계획의 수립·시행 전에 재난대책을 위한 예비비를 집행할 수 있다.

① ㉠, ㉡   ② ㉠, ㉣
③ ㉡, ㉢   ④ ㉢, ㉣

14 「재난 및 안전관리 기본법」상 재난 대비 단계에서의 활동으로 옳은 것은?

① 위기 경보 발령
② 국가핵심기반의 지정
③ 재난안전통신망의 구축 및 운영
④ 재난관리체계 등에 대한 평가

ANSWER 13.④ 14.③

13 ㉠ 특별재난지역은 자연재난과 사회재난 모두에 선포할 수 있다〈「재난 및 안전관리 기본법 시행령」 제69조(특별재난의 범위 및 선포 등) 제1항 참고〉.
   ㉡ 중앙대책본부장은 대통령령으로 정하는 규모의 재난이 발생하여 국가의 안녕 및 사회질서의 유지에 중대한 영향을 미치거나 피해를 효과적으로 수습하기 위하여 특별한 조치가 필요하다고 인정하거나 제3항에 따른 지역대책본부장의 요청이 타당하다고 인정하는 경우에는 중앙위원회의 심의를 거쳐 해당 지역을 특별재난지역으로 선포할 것을 대통령에게 건의할 수 있다〈동법 제60조(특별재난지역의 선포) 제1항〉.

14 ① 재난 대응 단계
   ② 재난 예방 단계
   ④ 재난 예방 단계

15 「산림보호법 시행령」상 산불경보의 발령기준으로 ⑦, ⑭에 들어갈 내용을 바르게 연결한 것은?

> • 국립산림과학원장은 산불이 발생할 수 있는 위험 정도를 기준으로 ⑦ 를 산정한다.
>
> • ⑦ 에 대한 기준을 바탕으로 ⑭ 은 산불경보를 발령한다.

	⑦	⑭
①	산림의 건강활력도	행정안전부장관
②	산불위험지수	행정안전부장관
③	산림의 건강활력도	산림청장
④	산불위험지수	산림청장

ANSWER 15.④

15 산불경보의 발령기준〈「산림보호법 시행령」 별표 1의9〉

산불경보 구분	발령기준
관심	산불 발생시기 등을 고려하여 산불 예방에 관한 관심이 필요한 경우로서 주의 경보 발령기준에 미달되는 경우
주의	전국의 산림 중 법 제31조 제1항에 따른 산불위험지수가 51 이상인 지역이 70퍼센트 이상이거나 산불 발생의 위험이 높아질 것으로 예상되어 특별한 주의가 필요하다고 인정되는 경우
경계	전국의 산림 중 산불위험지수가 66 이상인 지역이 70퍼센트 이상이거나 발생한 산불이 대형 산불로 확산될 우려가 있어 특별한 경계가 필요하다고 인정되는 경우
심각	전국의 산림 중 산불위험지수가 86 이상인 지역이 70퍼센트 이상이거나 산불이 동시다발적으로 발생하고 대형 산불로 확산될 개연성이 높다고 인정되는 경우

비고

1. 산림청장은 산불재난 위기발생 가능성을 평가하여 그 수준에 따라 산불경보를 발령하되, 범정부 차원의 조치가 요구되는 심각한 산불경보를 발령하려면 행정안전부장관과 미리 협의해야 하며, 산불경보를 발령했을 때에는 산불유관기관·지방자치단체에 그 사실을 통보하고 대국민 홍보를 실시해야 한다.

2. 산불위험지수는 국립산림과학원장이 산불조심기간 또는 산불 발생이 예상되는 시기에 산림에 있는 가연 물질의 연소 상태와 기상 상태에 따라 산불이 발생할 수 있는 위험 정도를 기준으로 산정한다.

16 「재해경감을 위한 기업의 자율활동 지원에 관한 법률」상 재해경감활동계획 수립 대행자 등록의 결격사유에 해당하는 것만을 모두 고르면?

> ㉠ 피성년후견인
> ㉡ 피한정후견인
> ㉢ 「재해경감을 위한 기업의 자율활동 지원에 관한 법률」의 규정을 위반하여 징역 이상의 실형을 선고받고 그 형의 집행을 받지 아니하기로 확정된 후 2년이 경과되지 아니한 자
> ㉣ 「재해경감을 위한 기업의 자율활동 지원에 관한 법률」의 규정을 위반하여 징역 이상의 실형을 선고받고 그 형의 집행을 받지 아니하기로 확정된 후 2년이 경과되지 아니한 자가 임원으로 있는 법인

① ㉠, ㉡
② ㉢, ㉣
③ ㉠, ㉡, ㉢
④ ㉠, ㉡, ㉢, ㉣

ANSWER 16.②

16 대행자 등록의 결격사유〈「재해경감을 위한 기업의 자율활동 지원에 관한 법률」 제14조〉 … 다음 각 호의 어느 하나에 해당하는 자는 대행자로 등록할 수 없다.
1. 삭제 〈2021. 1. 12.〉
2. 삭제 〈2016. 5. 29.〉
3. 이 법의 규정을 위반하여 징역 이상의 실형을 선고받고 그 형의 집행이 종료되거나 집행을 받지 아니하기로 확정된 후 2년이 경과되지 아니한 자
4. 임원 중 제3호에 해당하는 사람이 있는 법인

17 「재난 및 안전관리 기본법」상 재난관리기금에 대한 설명으로 ㈎, ㈏에 들어갈 내용을 바르게 연결한 것은?

- 지방자치단체는 재난관리에 드는 비용에 충당하기 위하여 매년 재난관리기금을 적립하여야 하는데, 재난관리기금의 매년도 최저적립액은 최근 3년 동안의 「지방세법」에 의한 보통세의 수입결산액의 평균연액의 ㈎ 에 해당하는 금액으로 한다.

- 재난관리기금의 매년도 최저적립액 중 해당연도의 최저적립액의 ㈏ 이상은 응급복구 또는 긴급한 조치에 우선적으로 사용하여야 한다.

	㈎	㈏
①	10분의 1	100분의 11
②	10분의 1	100분의 21
③	100분의 1	100분의 11
④	100분의 1	100분의 21

ANSWER 17.④

17 • 「재난 및 안전관리 기본법」 제67조(재난관리기금의 적립) 제1항, 제2항
  ① 지방자치단체는 재난관리에 드는 비용에 충당하기 위하여 매년 재난관리기금을 적립하여야 한다.
  ② 제1항에 따른 재난관리기금의 매년도 최저적립액은 최근 3년 동안의 「지방세법」에 의한 보통세의 수입결산액의 평균연액의 100분의 1에 해당하는 금액으로 한다
• 동법 제68조(재난관리기금의 운용 등) 제1항, 제2항
  ① 재난관리기금에서 생기는 수입은 그 전액을 재난관리기금에 편입하여야 한다.
  ② 제67조 제2항에 따른 매년도 최저적립액 중 대통령령으로 정하는 일정 비율 이상은 응급복구 또는 긴급한 조치에 우선적으로 사용하여야 한다.
※ 동법 시행령 제75조(재난관리기금의 운용·관리) 제3항 … 법 제68조 제2항에서 "대통령령으로 정하는 일정 비율"이란 해당 연도의 최저적립액의 100분의 21을 말한다.

18 어느 지역의 누가강우량이 다음 표와 같을 때, 지속 시간 30분에 대한 최대강우강도(mm/hr)는?

시각(시:분)	누가강우량(mm)
06:00	0
06:30	5
07:00	10
07:30	25
08:00	35
08:30	35

① 15

② 25

③ 30

④ 35

19 「재난 및 안전관리 기본법 시행령」상 중앙민관협력위원회에 참여하는 유관기관, 단체·협회 또는 기업에서 파견된 인력으로 구성된 기구는?

① 재난방송협의회

② 재난긴급대응단

③ 안전관리자문단

④ 지역긴급구조통제단

ANSWER 18.③ 19.②

18 표에서 30분간 누가강우량이 가장 많이 증가한 때는 7:00~7:30 사이로, 15mm가 내렸다. 따라서 최대강우강도(mm/hr)은 30이 된다.

19 법 제12조의3 제3항에 따른 재난긴급대응단은 중앙민관협력위원회에 참여하는 유관기관, 단체·협회 또는 기업에서 파견된 인력으로 구성한다〈「재난 및 안전관리 기본법 시행령」 제12조의5(재난긴급대응단의 구성 및 임무 등) 제1항〉.

20 재난 관련 정부 부처의 조직 개편을 시기순으로 바르게 나열한 것은?

> (가) 행정자치부 소방방재청
> (나) 행정안전부 소방방재청
> (다) 안전행정부 소방방재청
> (라) 국민안전처
> (마) 행정안전부 소방청

① (가)→(나)→(다)→(라)→(마)
② (나)→(가)→(마)→(라)→(다)
③ (가)→(라)→(다)→(나)→(마)
④ (나)→(마)→(라)→(가)→(다)

ANSWER 20.①

20 (가) 행정자치부 소방방재청 2004. 6. 1. 이후
(나) 행정안전부 소방방재청
(다) 안전행정부 소방방재청
(라) 국민안전처 2014. 11. 19. 이후
(마) 소방청 출범 2017. 7. 26.

1 지진에 대한 설명으로 옳지 않은 것은?

① L파는 지표면을 따라 전파된다.

② S파는 종파이며 고체, 액체를 통과한다.

③ 지구 내부의 지진이 발생한 지점을 진원이라고 한다.

④ 지진파는 지진관측소에 P파, S파, L파 순으로 도착한다.

2 「재난 및 안전관리 기본법」상 사회재난에 해당하지 않는 것은? (기출변형)

① 「우주개발진흥법」에 따른 자연우주물체의 추락·충돌로 인하여 발생하는 재해

② 「가축전염병예방법」에 따른 가축전염병의 확산으로 인한 피해

③ 「미세먼지 저감 및 관리에 관한 특별법」에 따른 미세먼지로 인한 피해

④ 환경오염사고로 인하여 발생하는 대통령령으로 정하는 규모 이상의 피해

ANSWER 1.② 2.①

1   ② S파는 횡파로, 고체 상태의 물질만 통과한다.

2   사회재난이란 화재·붕괴·폭발·교통사고(항공사고 및 해상사고를 포함한다)·화생방사고·환경오염사고·다중운집인파사고 등으로 인하여 발생하는 대통령령으로 정하는 규모 이상의 피해와 국가핵심기반의 마비, 「감염병의 예방 및 관리에 관한 법률」에 따른 감염병 또는 「가축전염병예방법」에 따른 가축전염병의 확산, 「미세먼지 저감 및 관리에 관한 특별법」에 따른 미세먼지, 「우주개발진흥법」에 따른 인공우주물체의 추락·충돌 등으로 인한 피해를 말한다.

3 황사경보 기준으로 ㈎, ㈏에 들어갈 내용을 바르게 연결한 것은?

> 황사로 인해 1시간의 평균 미세먼지(PM − ㈎)농도가 ㈏ μ g/m^3 이상으로 2시간 이상 지속될 것으로 예상될 때

	㈎	㈏
①	2.5	400
②	2.5	800
③	10	400
④	10	800

4 세계기상기구(WMO) 기준에서 열대폭풍(Tropical Storm)의 풍속은?

① 17 m/s 미만
② 17 m/s~24 m/s
③ 25 m/s~32 m/s
④ 33 m/s 이상

5 어느 지역에 50분간 25mm의 강우가 발생하였을 때 강우강도[mm/hr]는?

① 10
② 20
③ 30
④ 40

....

ANSWER 3.④ 4.② 5.③

3 ④ 황사경보는 황사로 인해 1시간 평균 미세먼지(PM10) 농도 800μg/m³ 이상이 2시간 이상 지속될 것으로 예상될 때 발령된다.

4 세계기상기구(WMO) 기준
　㉠ 태풍(TY):최대풍속이 33㎧ 이상
　㉡ 강한 열대폭풍(STS):25~32㎧
　㉢ 열대폭풍(TS):7~24㎧
　㉣ 열대저압부(TD):17㎧ 미만

5 강우강도란 강우강도계를 이용해 1분간 내린 비의 양을 측정한 후 이를 1시간당 강우량으로 추산하여 나타내는 것으로, 순간적인 강우의 세기를 측정하는 것이다.
25÷50=0.2
0.2×60=30(mm/hr)

6 화재의 연소분류 중 기체의 연소에 해당하는 것은?

① 증발연소

② 표면연소

③ 자기연소

④ 예혼합연소

ANSWER 6.④

6 ① 액체연소

② ③ 고체연소

※ 연소의 일반적 형태

구분 및 형태		가연물	비고
기체연소	예혼합연소	분젠버너, 가정용가스기 기점화, 산소용접기	기체연료와 공기와 미리 혼합하여 혼합기를 통하며 여기에 점화시켜 연소하는 형태
	확산연소	초심지연소, 심지식 석유난로, 성냥, 산림화재, pool 화재	연료가스와 공기가 혼합되면서 연소하는 형태
	폭발연소		화학변화를 수반하는 급격한 압력상승현상으로 폭음과 발광을 수반하는 연소반응. 폭발에는 물리적 변화와 화학적 변화에 의한 폭발이 있고 화학적변화에 의한 폭발은 연소폭발과 분해폭발로 구분
액체연소	증발연소	파라핀, 황, 나프탈렌, 기타 액체 가연물	가열시 열분해가 없이 직접 증발하여 증기가 연소하거나, 융해된 액체가 기화하여 연소하는 형태로서, 최근에는 증발관을 사용하지 않고 공기 압축기에서 나온 고온공기를 연료를 뿜어 넣어서 예증발시켜 연소실에서 희박 예혼합 연소시키는 방법이 있다.
	액면연소	포트연소 (pot burning), 경계층연소, 전파화염	화염에서 복사나 대류로서 연료표면에 열이 전하여 증발이 일어나고 발생한 증기가 공기와 접촉하여 유면의 상부에서 확산연소하는 것.
	분해연소	목재, 석탄, 종이, 플라스틱	가열시 열분해에 의해 생성된 가연성가스가 공기와 혼합 착화하여 연소가 진행되는 형태
	등심연소	심지상하심버너, 석유램프	연료를 모세관 현상에 의해 등심선단으로 빨아올려 등심의 표면에서 증발시켜 확산연소를 행하는 것
	분무연소		액체연료를 수~수백 micron의 무수한 액적으로 미립화시켜 증발 표면적을 증가시켜 공기와의 혼합을 좋게 하여 연소하는 것이다. 공업적으로 가장 많이 이용.
고체연소	표면연소 분해연소	목탄, 코크스, 금속분	가열시 열분해에 의해 증발되는 성분이 없이 물체 표면에서 산소와 직접 반응하여 연소 가능한 물질이 분해하여 연소하는 형태로 산화반응에 의해 열과 빛을 발생한다.
	증발연소		
	자기연소	니트로 글리세린, 니트로셀룰로오즈, 질산 에스테르류	고체 가연물이 분자 내에 산소를 가지고 있어 가열시 열분해에 의해 가스생성물과 함께 산소를 발생하여 공기중의 산소가 부족하여도 연소가 진행되는 형태, 이 경우 회부 산소 존재시에는 폭발로 진행될 수도 있다.

7 산사태 방지를 위한 안전율 증가법 중 저항력 증가법에 해당하지 않는 것은?

① 배수공   ② 말뚝공

③ 앵커공   ④ 옹벽공

8 재난관리의 단계에서 복구단계 활동에 해당하는 것은?

① 안전기준의 설정

② 위험지도의 작성

③ 재난관리를 위한 장기적 계획 마련

④ 재난 피해자들에 대한 긴급 지원 물품 제공

9 재난을 유사전쟁모형, 사회적 취약성 모형, 불확실성 모형으로 분류한 학자는?

① 존스(David K. C. Jones)   ② 포스너(Richard A. Posner)

③ 길버트(Claude Gilbert)   ④ 아네스(Br. J. Anesth)

ANSWER 7.①   8.④   9.③

7 저항력증가법으로는 말뚝, 앵커, 옹벽, 흙 등을 사용하여 이들 재료의 전단, 휨, 인장, 압축 등의 역학적 저항특성을 이용하는 물리적 방법과 지반안정약액을 사용하여 직접 지반의 강도를 증가시켜줌으로써 사면활동에 저항하도록 하는 화학적 방법이 있다.

8 재난관리의 단계와 단계별 활동

단계	단계별 활동
예방단계	안전관리계획 수립, 위험성 분석 및 위험지도 작성, 건축 관련 법 제정과 정비, 조세유도, 재해보험, 토지이용관리, 안전 관련 법 제정 및 정비
대비단계	재난대응계획 수립, 비상경보체계 구축, 비상통신망 구축, 유관기관 협조체제 유지, 비상자원의 확보
대응단계	재난대응계획의 시행, 재난의 긴급대응과 수습, 인명구조 구난활동 전개, 응급의료체계 운영, 환자의 수용과 후송, 의약품 및 생필품 제공
복구단계	잔해물 제거, 전염방 예방 및 방역활동, 이재민 지원, 임시거주지 마련, 시설복구 및 피해보상

9 길버트(Claude Gilbert)의 재난 분류

㉠ 유사전쟁모형 : 재난을 사회 체계를 방해하는 외부로부터의 공격

㉡ 사회적 취약성 모형 : 재난이 사회 내부 과정에 내재한 취약성에 의해 발생

㉢ 불확실성 모형 : 재난은 실제 혹은 가상의 위험을 정의하는데 실패하는 데서 기인하며, 현실을 이해하는데 적합한 프레임이 작동하지 않을 때 발생한다고 정의

10 재해경감을 위한 기업의 자율활동 지원에 관한 법령상 재난관리표준에 대한 설명으로 옳지 않은 것은?

① 재난관리표준의 작성·변경·폐지 및 고시는 행정안전부장관의 권한이다.

② 행정안전부장관이 하는 기업의 재해경감활동계획 등에 대한 조사·분석 및 평가는 현지조사를 원칙으로 한다.

③ 행정안전부장관은 기업의 재해경감활동계획 등에 대한 조사·분석 및 평가가 필요하다고 판단하는 때에는 이를 실시한다.

④ 행정안전부장관은 기업의 재해경감활동계획 등에 대한 조사·분석 및 평가를 위하여 필요한 경우 재해경감활동계획 등을 수립하는 기업 및 관계 기관의 장에게 통계자료의 제공을 요청할 수 있다.

11 「재해경감을 위한 기업의 자율활동 지원에 관한 법률」상 재해경감 우수기업에 대한 설명으로 옳지 않은 것은?

① 재해경감 우수기업으로 인증받고자 하는 기업은 행정안전부장관에게 신청하여야 한다.

② 행정안전부장관은 재난관리책임기관에서 발주하는 물품조달의 적격심사 중 신인도 평가에서 재해경감 우수기업에 대한 가점 부여를 요청하여야 한다.

③ 기업의 재난 관련 보험운영기관은 재해경감 우수기업에 대한 재난 관련 보험계약을 체결하는 경우 보험 료율을 차등 적용할 수 있다.

④ 국가 및 지방자치단체는 중소기업에 대한 자금을 지원함에 있어서 재해경감 우수기업을 우대하여야 한다.

ANSWER 10.② 11.②

10 ② 기업의 재해경감활동계획 조사는 서면조사를 원칙으로 한다. 다만, 현장 확인이 필요한 경우 현지조사를 실시할 수 있다 〈재해경감을 위한 기업의 자율활동 지원에 관한 법률 시행령 제2조〉.

11 가산점 부여

㉠ 행정안전부장관은 「중소기업제품 구매촉진 및 판로지원에 관한 법률」에 따른 공공기관이 자금 등을 지원하고자 할 때에는 우수기업에 대하여 가산점 부여 등 필요한 조치를 요청할 수 있다.

㉡ 행정안전부장관은 우수기업이 「재난 및 안전관리 기본법」에 따른 재난관리책임기관에서 발주하는 물품구매·시설공사·용역 등의 사업에 대하여 입찰 참여를 하는 경우에는 가산점 부여 등 필요한 조치를 요청할 수 있다.

㉢ ㉠ 및 ㉡에 따른 가산점이란 다음 각 호의 어느 하나에 해당하는 경우에 부여하는 가점을 말한다.
• 공공기관이 중소기업 정책자금 지원 대상업체를 선정·심사하는 경우의 가점
• 책임기관에서 발주하는 물품조달·시설공사·용역의 적격심사를 하는 경우 신인도 평가에서의 가점
• 그 밖에 공공기관이 자금지원을 하는 경우 필요하다고 인정하여 대통령령으로 정하는 가점

12 자연재해대책법령상 우수유출저감시설로서 자연형 저류시설은?

① 침투통

② 투수성 포장

③ 공사장 임시 저류지

④ 습지

13 「지진·화산재해대책법」상 지진방재종합계획을 수립하는 자는?

① 대통령

② 국무총리

③ 행정안전부장관

④ 소방청장

ANSWER 12.④   13.③

12 ④ 자연형 저류시설은 유지, 습지이다.

※ **우수유출저감시설의 종류**〈「자연재해대책법 시행령」 제16조의3〉

㉠ 침투시설
- 침투통
- 침투측구
- 침투트렌치
- 투수성 포장
- 투수성 보도블록 등

㉡ 저류시설
- 쇄석공극(碎石空隙)저류시설
- 운동장저류
- 공원저류
- 주차장저류
- 단지내저류
- 건축물저류
- 공사장 임시 저류지(배수로를 따라 모여드는 물을 관개에 다시 쓰기 위하여 모아두는 곳을 말한다)
- 유지(溜池), 습지 등 자연형 저류시설

13 ③ 행정안전부장관은 지진재해로부터 국민의 생명과 재산, 주요 기간시설을 보호하고 지진방재업무의 지속적인 발전을 위하여 5년마다 다음 각 호의 사항이 포함된 지진방재종합계획을 수립하여 「재난 및 안전관리 기본법」에 따른 중앙안전관리위원회에 보고하여야 한다〈「지진·화산재해대책법」 제9조의2〉.

14 「자연재해대책법」상 용어 정의에 대한 설명으로 옳은 것은?

① "침수흔적도"란 풍수해로 인한 침수 흔적, 침수 예상 및 재해정보 등을 표시한 도면을 말한다.

② "자연재해 안전도 진단"이란 자연재해 위험에 대하여 지역별로 안전도를 진단하는 것을 말한다.

③ "지구단위 홍수방어기준"이란 상습침수지역이나 재해위험도가 높은 지역에 대하여 침수 피해를 방지하기 위하여 시·도지사 및 시장·군수가 정한 기준을 말한다.

④ "자연재해저감 종합계획"이란 자연재해의 예방 및 저감을 위하여 행정안전부장관이 지역안전도에 대한 진단 등을 거쳐 수립한 종합계획을 말한다.

15 「재난 및 안전관리 기본법」에 따라 구성·운영할 수 있는 기구는?

① 재해영향평가심의위원회

② 재해경감대책협의회

③ 지역민관협력위원회

④ 지역자율방재단

ANSWER 14.② 15.③

14 ① "침수흔적도"란 풍수해로 인한 침수 기록을 표시한 도면을 말한다.

③ "지구단위 홍수방어기준"이란 상습침수지역이나 재해위험도가 높은 지역에 대하여 침수 피해를 방지하기 위하여 행정안전부장관이 정한 기준을 말한다.

④ "지구단위종합복구"란 자연재해로 인한 피해가 발생한 지역을 하나의 지구로 묶어서 지역적·지형적 특성, 시설물 간 연계성, 자연재해에 대한 회복력 강화 등을 고려하여 종합적으로 복구하는 것을 말한다.

15 ③ 지역위원회의 위원장은 재난 및 안전관리에 관한 지역 차원의 민관 협력관계를 원활히 하기 위하여 시·도 또는 시·군·구 안전관리민관협력위원회(이하 이 조에서 "지역민관협력위원회"라 한다)를 구성·운영할 수 있다〈재난 및 안전관리 기본법 제12조의2〉.

16 「지진·화산재해대책법 시행령」상 지진가속도계측 대상 시설에 해당하는 것만을 모두 고르면?

> ㉠ 높이 200미터 또는 50층 이상의 건축물
> ㉡ 「공항시설법」 제2조제7호에 따른 공항시설
> ㉢ 「고등교육법」 및 그 밖의 다른 법률에 따라 설립된 국립대학교 및 사립대학교
> ㉣ 「전기사업법」 제2조제4호에 따른 발전사업자의 시설 중 발전용 수력설비

① ㉠, ㉢

② ㉠, ㉣

③ ㉡, ㉢

④ ㉡, ㉣

....

ANSWER 16.④

16 지진가속도계측 대상 시설
㉠ 다음 각 목에 해당하는 건축물
• 중앙행정기관 및 지방자치단체의 청사
• 「고등교육법」 및 그 밖의 다른 법률에 따라 설립된 국립대학교
• 높이 200미터 또는 50층 이상 공공건축물
㉡ 「공항시설법」에 따른 공항시설
㉢ 다음 각 목에 해당하는 댐 및 저수지
• 「농어촌정비법」에 따른 저수지 중 총 저수용량 500만톤 이상의 저수지
• 「댐건설·관리 및 주변지역지원 등에 관한 법률」 및 다른 법령에 따른 높이 15미터 이상의 댐 중 「건설기술 진흥법」의 기준에 따른 내진 특등급 및 1등급의 댐
• 위에 해당하지 않는 댐 및 저수지로서 노후화 등으로 붕괴가 우려되는 댐 및 저수지 중 행정안전부장관이 지진가속도계측이 필요하다고 인정하여 고시하는 댐 및 저수지
㉣ 「도로법」에 따른 교량 중 기둥과 기둥 사이가 200미터 이상인 현수교 및 사장교
㉤ 다음 각 목에 해당하는 석유·가스 시설
• 「도시가스사업법」에 따른 가스공급시설 중 같은 법의 기준에 따른 내진 특등급 및 1등급의 정압기지
• 「고압가스 안전관리법」에 따른 저장소
• 「석유 및 석유대체연료 사업법」에 따른 석유비축시설
㉥ 「철도의 건설 및 철도시설 유지관리에 관한 법률」에 따른 고속철도의 시설
㉦ 원자력이용시설 중 원자로 및 관계시설, 핵연료주기시설, 사용후핵연료 중간저장시설, 방사성폐기물의 영구처분시설, 방사성폐기물의 처리 및 저장시설
㉧ 「전기사업법」에 따른 전기설비 중 지진으로 인하여 전력계통 운영에 피해가 우려되는 345킬로볼트(kv) 이상 급의 변전소
㉨ 「전기사업법」에 따른 발전사업자의 시설 중 발전용 수력설비 및 화력설비

17 「자연재해대책법」상 자연재해위험개선지구 정비사업에 대한 설명으로 옳지 않은 것은?

① 시장·군수·구청장은 정비사업 시행을 위하여 필요하다고 인정하더라도 정비 사업구역에 있는 토지·건축물 또는 물건에 관한 소유권 외의 권리를 수용·사용할 수 없다.

② 시장·군수·구청장은 자연재해위험개선지구로 지정·고시된 지역에서 건축행위와 병행하여 그 행위로 발생할 수 있는 자연재해에 관한 예방대책이 마련되어 추진되는 경우가 아닌 한, 재해 예방을 위하여 건축행위를 제한할 수 있다.

③ 자연재해위험개선지구 정비사업 실시계획을 공고한 경우에는 「공익사업을 위한 토지 등의 취득 및 보상에 관한 법률」에 따른 사업인정 및 사업인정의 고시를 한 것으로 본다.

④ 행정안전부장관은 필요하면 시·도지사에게 자연재해위험개선지구 정비계획의 보완을 요청할 수 있다.

18 「재난 및 안전관리 기본법 시행령」상 사업평가에 대한 내용 중 ㈎~㈐에 들어갈 내용을 바르게 연결한 것은?

> ㈎ 은 법 제10조의3제1항에 따른 재난 및 안전관리 사업의 효과성 및 효율성 평가를 위하여 매년 ㈏ 까지 다음 연도 소관 사업의 성과목표 및 성과지표를 정하여 ㈐ 에게 제출하여야 한다.

	㈎	㈏	㈐
①	관계 중앙행정기관의 장	4월 30일	행정안전부장관
②	관계 중앙행정기관의 장	9월 30일	행정안전부장관
③	행정안전부장관	4월 30일	기획재정부장관
④	행정안전부장관	9월 30일	기획재정부장관

ANSWER 17.① 18.②

17 ① 시장·군수·구청장은 자연재해위험개선지구 정비사업을 시행하기 위하여 필요하다고 인정하면 사업구역에 있는 토지·건축물 또는 그 토지에 정착된 물건의 소유권이나 그 토지·건축물 또는 물건에 관한 소유권 외의 권리를 수용하거나 사용할 수 있다〈「자연재해대책법」 제14조의3 제1항〉.

18 ② 관계 중앙행정기관의 장은 법 제10조의3 제1항에 따른 재난 및 안전관리 사업의 효과성 및 효율성 평가를 위하여 매년 9월 30일까지 다음 연도 소관 사업의 성과목표 및 성과지표를 정하여 행정안전부장관에게 제출하여야 한다〈「재난 및 안전관리 기본법 시행령」 제10조의2 제1항〉.

19 「재난 및 안전관리 기본법」상 중앙안전관리위원회에 대한 설명으로 옳지 않은 것은?

① 재난사태 선포 및 특별재난지역 선포에 관한 사항은 중앙안전관리위원회 심의사항이다.

② 국무총리 소속기관으로, 재난안전의무보험의 관리·운용 등에 관한 사항도 심의한다.

③ 중앙안전관리위원회에 간사 1명을 두며, 간사는 행정안전부장관이 된다.

④ 중앙안전관리위원회에 상정될 안건을 사전에 검토하기 위하여 안전정책실무조정위원회를 둔다.

20 자연재해대책법령상 지하공간의 침수방지를 위하여 수방기준을 제정하여야 하는 대상 시설물에 해당하는 것만을 모두 고르면?

> ㉠ 「항만법」 제2조제5호에 따른 방파제(防波堤)
> ㉡ 「국토의 계획 및 이용에 관한 법률」 제2조제9호에 따른 공동구
> ㉢ 「하천법」 제2조제3호에 따른 하천시설 중 제방
> ㉣ 「도로법 시행령」 제2조제2호에 따른 교량

① ㉡

② ㉠, ㉣

③ ㉡, ㉢

④ ㉠, ㉢, ㉣

ANSWER 19.④ 20.①

19 ④ 중앙위원회에 상정될 안건을 사전에 검토하고 다음 각 호의 사무를 수행하기 위하여 중앙위원회에 안전정책조정위원회를 둔다〈「재난 및 안전관리 기본법」 제10조 제1항〉.

20 지하공간의 침수방지를 위하여 수방기준을 제정하여야 하는 대상 시설물〈「자연재해대책법 시행령」 제15조 제2호〉
㉠ 「국토의 계획 및 이용에 관한 법률」 제2조 제6호 및 제9호에 따른 기반시설 및 공동구(共同溝)
㉡ 「시설물의 안전 및 유지관리에 관한 특별법」 제2조 제1호에 따른 시설물
㉢ 「철도의 건설 및 철도시설 유지관리에 관한 법률」 제2조 제6호에 따른 철도시설
㉣ 「도시철도법」 제2조 제3호에 따른 도시철도시설
㉤ 「건축법」 제2조 제1항 제2호에 따른 건축물

1 「재난 및 안전관리 기본법」상 긴급구조기관에 해당하지 않는 것은?

① 소방청　　　　　　　　　　　　② 경찰청
③ 소방서　　　　　　　　　　　　④ 소방본부

2 「재난 및 안전관리 기본법」상 재난분야 위기관리 매뉴얼에 해당하지 않는 것은?

① 위기관리 표준매뉴얼
② 중대재해 예방매뉴얼
③ 위기대응 실무매뉴얼
④ 현장조치 행동매뉴얼

ANSWER 1.②　2.②

1 ② "긴급구조기관"이란 소방청 · 소방본부 및 소방서를 말한다. 다만, 해양에서 발생한 재난의 경우에는 해양경찰청 · 지방해양경찰청 및 해양경찰서를 말한다.

2 재난분야 위기관리 매뉴얼
　㉠ 위기관리 표준매뉴얼 : 국가적 차원에서 관리가 필요한 재난에 대하여 재난관리 체계와 관계 기관의 임무와 역할을 규정한 문서로 위기대응 실무매뉴얼의 작성 기준이 되며, 재난관리주관기관의 장이 작성한다. 다만, 다수의 재난관리주관기관이 관련되는 재난에 대해서는 관계 재난관리주관기관의 장과 협의하여 행정안전부장관이 위기관리 표준매뉴얼을 작성할 수 있다.
　㉡ 위기대응 실무매뉴얼 : 위기관리 표준매뉴얼에서 규정하는 기능과 역할에 따라 실제 재난대응에 필요한 조치사항 및 절차를 규정한 문서로 재난관리주관기관의 장과 관계 기관의 장이 작성한다. 이 경우 재난관리주관기관의 장은 위기대응 실무매뉴얼과 제1호에 따른 위기관리 표준매뉴얼을 통합하여 작성할 수 있다.
　㉢ 현장조치 행동매뉴얼 : 재난현장에서 임무를 직접 수행하는 기관의 행동조치 절차를 구체적으로 수록한 문서로 위기대응 실무매뉴얼을 작성한 기관의 장이 지정한 기관의 장이 작성하되, 시장 · 군수 · 구청장은 재난유형별 현장조치 행동매뉴얼을 통합하여 작성할 수 있다. 다만, 현장조치 행동매뉴얼 작성 기관의 장이 다른 법령에 따라 작성한 계획 · 매뉴얼 등에 재난유형별 현장조치 행동매뉴얼에 포함될 사항이 모두 포함되어 있는 경우 해당 재난유형에 대해서는 현장조치 행동매뉴얼이 작성된 것으로 본다.

3 지진이 발생할 때 지반의 파괴가 시작된 곳으로 지진파의 발생지점은?

① 진도　　　　　　　　　　　② 진원

③ 진앙　　　　　　　　　　　④ 규모

4 재난관리 4단계를 순서대로 바르게 나열한 것은?

① 대비 → 대응 → 예방 → 복구

② 대비 → 복구 → 예방 → 대응

③ 예방 → 대비 → 대응 → 복구

④ 예방 → 복구 → 대응 → 대비

ANSWER 3.② 4.③

3 ② 최초로 지진파가 발생한 지역을 가리킨다. 쉽게 말해 땅속에서 지진이 가장 먼저 시작된 곳이다 위도와 경도, 지표로부터의 깊이로 진원을 표시하는데 진원에서 방출되는 에너지를 측정해 표준화한 뒤 그 정도를 매긴 값이 바로 '지진규모'가 된다.

　① 지진이 일어났을 때 지표면의 흔들림을 나타내는 '상대적'인 정도를 말한다. 사람이 감지하는 느낌, 구조물들의 피해정도 등 전체적인 피해정도를 고려해 진도값을 산정하는데 때문에 진원, 진앙에 가까울수록 진도는 커지고, 멀수록 진도는 작아진다.

　③ 땅속에서 지진이 가장 먼저 시작된 곳이 '진원'이라면, 그 바로 위 지표면을 말한다. 일반적으로 지진이 일어나면 가장 피해가 큰 지역이 바로 진앙이다.

　④ 지진의 크기를 나타내는 척도로 '절대적' 개념이다. 지진의 규모는 1935년 미국 과학자 찰스 리히터가 창안한 리히터 규모를 보편적으로 사용하고 있는데 리히터의 숫자, 다시 말해 규모(M)가 1씩 올라갈 때마다 지진 에너지는 약 30배씩 증가한다고 한다.

4 재난관리 4단계

단계	단계별 활동
예방단계	안전관리계획 수립, 위험성 분석 및 위험지도 작성, 건축 관련 법 제정과 정비, 조세유도, 재해보험, 토지이용관리, 안전 관련 법 제정 및 정비
대비단계	재난대응계획 수립, 비상경보체계 구축, 비상통신망 구축, 유관기관 협조체제 유지, 비상자원의 확보
대응단계	재난대응계획의 시행, 재난의 긴급대응과 수습, 인명구조 구난활동 전개, 응급의료체계 운영, 환자의 수용과 후송, 의약품 및 생필품 제공
복구단계	잔해물 제거, 전염방 예방 및 방역활동, 이재민 지원, 임시거주지 마련, 시설복구 및 피해보상

5 「재난 및 안전관리 기본법 시행령」상 시·도안전관리계획 및 시·군·구안전관리계획의 작성에 대한 내용으로 ㈎, ㈏에 들어갈 것을 바르게 연결한 것은?

> 시·도지사는 전년도 ☐㈎☐ 까지, 시장·군수·구청장은 해당 연도 ☐㈏☐ 까지 소관 안전관리계획을 확정하여야 한다.

	㈎	㈏
①	10월 31일	1월 말일
②	10월 31일	2월 말일
③	12월 31일	1월 말일
④	12월 31일	2월 말일

6 「재난 및 안전관리 기본법 시행령」상 해양수산부가 재난관리주관기관이 되는 재난 및 사고의 유형에 해당하지 않는 것은? (기출변형)

① 조수(潮水)
② 해양 사고
③ 해양 오염 사고
④ 해수욕장의 안전사고

<hr>

ANSWER 5.④ 6.④

5 ④ 시·도지사는 전년도 12월 31일까지, 시장·군수·구청장은 해당 연도 2월 말일까지 소관 안전관리계획을 확정하여야 한다
〈「재난 및 안전관리의 기본법 시행령」 제29조 제3항〉.

6 해양수산부가 재난관리주관기관이 되는 재난의 유형
㉠ 자연재난
• 어업재해 중 적조현상 및 해파리의 대량발생으로 인해 발생하는 수산양식물 및 어업용 시설의 피해
• 풍수해 중 조수로 인해 발생하는 재해
㉡ 사회재난
• 농수산물도매시장(수산물도매시장으로 한정한다) 및 농수산물종합유통센터(수산물종합유통센터로 한정한다)의 화재등으로 인해 발생하는 대규모 피해
• 항만의 화재등으로 인해 발생하는 대규모 피해
• 해수욕장의 안전사고로 인해 발생하는 대규모 피해
• 해양사고(해양에서 발생한 사고로 한정하며, 해양오염은 제외한다)로 인해 발생하는 대규모 피해
• 해양오염으로 인해 발생하는 대규모 피해(해양수산부 및 해양경찰청이 주관)

7 「재해경감을 위한 기업의 자율활동 지원에 관한 법률」상 재해경감 우수기업에 대한 지원 내용에 해당하는 것만을 모두 고르면?

> ㉠ 가산점 부여
> ㉡ 보험료 할인
> ㉢ 재해경감 설비자금 등의 지원

① ㉠, ㉡   ② ㉠, ㉢
③ ㉡, ㉢   ④ ㉠, ㉡, ㉢

8 「재난 및 안전관리 기본법」상 중앙재난안전대책본부에 대한 설명으로 옳지 않은 것은?

① 행정안전부에 중앙재난안전대책본부를 둔다.
② 중앙재난안전대책본부의 본부장은 특별재난지역을 선포할 수 있다.
③ 중앙재난안전대책본부에 본부장과 차장을 둔다.
④ 중앙재난안전대책본부의 본부장은 제출받은 재난복구계획을 중앙재난안전대책본부회의의 심의를 거쳐 확정한다.

---

7 우수기업에 대한 지원
 ㉠ 가산점 부여
 ㉡ 보험료 할인
 ㉢ 세제지원
 ㉣ 자금지원 우대
 ㉤ 재해경감 설비자금 등의 지원

8 ② 특별재난지역의 선포를 건의받은 대통령은 해당 지역을 특별재난지역으로 선포할 수 있다〈「재난 및 안전관리 기본법」제60조 제3항〉.

9 「재난 및 안전관리 기본법 시행령」상 재난대비훈련에 대한 설명으로 옳지 않은 것은?

① 훈련참여기관의 장은 재난대비훈련 실시 후 20일 이내에 그 결과를 행정안전부장관에게 제출하여야 한다.

② 행정안전부장관은 재난대비훈련 기본계획을 수립하는 경우에는 재난대비훈련 유형 선정기준 및 훈련프로그램을 포함하여야 한다.

③ 재난대비훈련에 참여하는 기관은 자체 훈련을 수시로 실시할 수 있다.

④ 재난대비훈련에 참여하는 데에 필요한 비용은 참여 기관이 부담하나, 민간 긴급구조지원기관에 대해서는 훈련주관기관의 장이 부담할 수 있다.

10 「자연재해대책법」상 자연재해위험개선지구 정비계획을 수립하는 자는?

① 국무총리

② 행정안전부장관

③ 시·도지사

④ 시장·군수·구청장

11 자연재난을 세분하여 지구물리학적 재난, 생물학적 재난으로 구분한 학자는?

① 존스(David K. C. Jones)

② 포스너(Richard A. Posner)

③ 길버트(Claude Gilbert)

④ 하인리히(Herbert W. Heinrich)

....

ANSWER 9.① 10.④ 11.①

9 ① 훈련주관기관의 장은 법에 따라 재난대비훈련을 실시하는 경우에는 훈련일 15일 전까지 훈련일시, 훈련장소, 훈련내용, 훈련방법, 훈련참여 인력 및 장비, 그 밖에 훈련에 필요한 사항을 재난관리책임기관, 긴급구조지원기관 및 군부대 등 관계기관의 장에게 통보하여야 한다〈「재난 및 안전관리 기본법 시행령」제43조의14 제3호〉.

10 ④ 시장·군수·구청장은 법에 따라 지정된 자연재해위험개선지구에 대하여 정비 방향의 지침이 될 자연재해위험개선지구 정비계획(이하 "정비계획"이라 한다)을 5년마다 수립하고 시·도지사(특별자치시장의 경우에는 행정안전부장관)에게 제출하여야 한다〈「자연재해대책법」제13조 제1항〉.

11 존스(Jones)의 재해분류

㉠ 자연재해

•지구묵리학적 재해

−지질학적 재해 : 지진, 화산, 쓰나미 등

−지형학적 재해 : 산사태, 염수토양 등

−기상학적 재해 : 안개, 눈, 해일, 번개, 토네이도, 폭풍, 태풍, 가뭄, 이상기온 등

•생물학적 재해 : 세균질병, 유독식물, 유독동물

㉡ 준자연재해 : 스모그현상, 온난화현상, 사막화현상, 염수화현상, 눈사태, 산성화, 홍수, 토양침식 등

㉢ 인위재해 : 공해, 광화학연무, 폭동, 교통사고, 폭발사고, 태업, 전쟁 등

12 아네스(Br. J. Anesth)의 재난분류에서 해일, 화산폭발이 해당하는 재난은?

① 기후성 재난

② 계획성 재난

③ 지진성 재난

④ 사고성 재난

13 재난관리이론에 대한 내용으로 (개), (내)에 들어갈 것을 바르게 연결한 것은?

이론	내용
(개)	터너(Barry A. Turner)가 주장한 이론으로, 주로 재난발생의 사회적·문화적 측면을 주목한다.
(내)	페로우(Charles B. Perrow)가 주장한 이론으로, 복잡하고 꽉 짜여진 기술적 체계는 필연적으로 사고를 발생시킨다고 한다.

	(개)	(내)
①	고도신뢰이론	재난배양이론
②	고도신뢰이론	정상사건이론
③	재난배양이론	고도신뢰이론
④	재난배양이론	정상사건이론

....

ANSWER 12.③ 13.④

12 아네스(Br. J. Anesth)의 재난분류

대분류	세분류	재난의 종류
자연재난	기후성 재난	태풍, 수해, 설해
	지진성 재난	지진, 화산폭발, 해일
인적재난	사고성 재난	-교통사고(자동차, 철도, 항공, 선박사고) -산업사고(건축물 붕괴), 기계시설물 사고 -폭발사고(갱도, 가스, 화학, 폭발물) -생물학적 사고(박테리아, 독혈증, 기타 질병) -화재사고 -화학적사고(부식성 물질, 유독물질) -방사능사고, 환경오염(대기, 토질, 수질 등)
	계획적 재난	테러, 폭동, 전쟁

13 (개) 재난 발전의 초기단계인 배양 단계에서부터 사회 속에서는 재난이 잠재되어 누적되어 가고 있다는 것이다. 이러한 재난의 배양에 대한 강조는 재난 그 자체보다는 이를 야기하는 사회적인 상황에 대하여 사전적 관심을 기울여야 함을 의미한다.

(내) 로우는 현대사회의 기술적, 조직적 시스템의 특성을 복잡성과 꽉 짜여진 것에서 찾는다. 원자력발전소 등이 그 대표적인 예이다. 결국 복잡하고 꽉 짜여진 기술적 시스템은 필연적으로 사고를 발생시킬 수밖에 없다는 것이다.

14 「재난 및 안전관리 기본법」상 재난의 대비에 해당하는 것만을 모두 고르면? (기출변형)

> ㉠ 재난예방을 위한 안전조치
> ㉡ 재난관리자원의 관리
> ㉢ 재난복구계획의 수립·시행

① ㉠   ② ㉡
③ ㉠, ㉢   ④ ㉡, ㉢

15 재난의 분산관리방식에 대한 설명으로 옳지 않은 것은?

① 정보전달체계가 일원화되어 있다.
② 복잡한 재난에 대한 대처능력에 한계가 있다.
③ 재난의 유형별 특징을 강조하는 전통적 관리방식이다.
④ 소관 부처에서 해당 재난을 지속적으로 담당하므로 전문성 제고가 용이하다.

ANSWER 14.② 15.①

14 재난의 대비
  ㉠ 재난관리자원의 관리
  ㉡ 재난현장 긴급통신수단의 마련
  ㉢ 국가재난관리기준의 제정·운용 등
  ㉣ 기능별 재난대응 활동계획의 작성·활용
  ㉤ 재난분야 위기관리 매뉴얼 작성·운용
  ㉥ 다중이용시설 등의 위기상황 매뉴얼 작성·관리 및 훈련
  ㉦ 안전기준의 등록 및 심의 등
  ㉧ 재난안전통신망의 구축·운영
  ㉨ 재난대비훈련 기본계획 수립
  ㉩ 재난대비훈련 실시

15 ① 재난의 분산관리방식은 정보 전달이 다원화되어 있고 소관 재난에 대한 관리 책임 및 부담이 분산되어 있다.

16 「재난 및 안전관리 기본법」상 자연재난에 해당하는 것만을 모두 고르면?

> ㉠ 화산활동으로 인하여 발생하는 재해
> ㉡ 「감염병의 예방 및 관리에 관한 법률」에 따른 감염병으로 인한 피해
> ㉢ 붕괴로 인하여 발생하는 대통령령으로 정하는 규모 이상의 피해

① ㉠

② ㉡

③ ㉠, ㉢

④ ㉡, ㉢

17 태풍의 규모와 그 규모에 따르는 영향을 5개의 범주로 분류한 것은?

① 리히터 스케일(Richter Scale)

② 순간 규모 스케일(Moment Magnitude Scale)

③ 사피어-심슨 스케일(Saffir-Simpson Scale)

④ 수정 메르칼리 진도 스케일(Modified Mercalli Intensity Scale)

ANSWER 16.① 17.③

16 ① 자연재난이란 태풍, 홍수, 호우(豪雨), 강풍, 풍랑, 해일(海溢), 대설, 한파, 낙뢰, 가뭄, 폭염, 지진, 황사(黃砂), 조류(藻類) 대발생, 조수(潮水), 화산활동, 「우주개발진흥법」에 따른 자연우주물체의 추락·충돌, 그 밖에 이에 준하는 자연현상으로 인하여 발생하는 재해이다.

17 사피어-심프슨 허리케인 등급

등급	풍속	파고
5	≥70m/s ≥136kt	≥5.5m ≥19ft
4	59~69m/s 114~135kt	4.0~5.5m 13~18ft
3	50~58m/s 96~113kt	2.7~3.7m 9~12 ft
2	43~49m/s 83~95kt	1.8~2.4m 6~8ft
1	33~42m/s 64~82kt	1.2~1.5m 4~5ft

18 「감염병의 예방 및 관리에 관한 법률」상 용어의 정의로 고의 또는 테러 등을 목적으로 이용된 병원체에 의하여 발생된 감염병 중 질병관리청장이 고시하는 감염병은?

① 성매개감염병
② 인수공통감염병
③ 생물테러감염병
④ 의료관련감염병

19 자연재해대책법령상 자연재해저감 종합계획에 대한 설명으로 옳지 않은 것은?

① 시·군 자연재해저감 종합계획은 10년마다 수립한다.
② 시장·군수는 시·군 자연재해저감 종합계획을 수립한 날부터 5년이 지난 경우 그 타당성 여부를 검토하여 필요한 경우에는 그 계획을 변경할 수 있다.
③ 시·군 자연재해저감 종합계획은 시·도지사가 승인하여 확정한다.
④ 자연재해저감 종합계획 수립·변경을 위한 세부기준은 행정안전부령으로 정하는 바에 따라 행정안전부장관이 정한다.

ANSWER 18.③ 19.③

18 ① "성매개감염병"이란 성 접촉을 통하여 전파되는 감염병 중 질병관리청장이 고시하는 감염병을 말한다.
② "인수공통감염병"이란 동물과 사람 간에 서로 전파되는 병원체에 의하여 발생되는 감염병 중 질병관리청장이 고시하는 감염병을 말한다.
④ "의료관련감염병"이란 환자나 임산부 등이 의료행위를 적용받는 과정에서 발생한 감염병으로서 감시활동이 필요하여 질병관리청장이 고시하는 감염병을 말한다.

19 ③ 시·도지사는 직접 또는 시·군 종합계획을 기초로 시·도 자연재해저감 종합계획을 수립하여 대통령령으로 정하는 바에 따라 행정안전부장관의 승인을 받아 확정하여야 한다〈「자연재해대책법」 제16조 제2항〉.

20 「자연재해대책법 시행령」상 수방기준을 제정하여야 하는 대상 시설물에 해당하지 않는 것은?

① 「도로법 시행령」에 따른 교량

② 「하수도법」에 따른 하수도 중 개인하수처리시설

③ 「농어촌정비법」에 따른 농업생산기반시설 중 저수지

④ 「국토의 계획 및 이용에 관한 법률」에 따른 방재시설 중 유수지

ANSWER 20.②

20 수해내구성 강화를 위하여 수방기준을 제정하여야 하는 시설물은 다음 각 목과 같다.

ⓐ 「소하천정비법」에 따른 소하천부속물 중 제방

ⓑ 「하천법」에 따른 하천시설 중 제방

ⓒ 「국토의 계획 및 이용에 관한 법률」에 따른 방재시설 중 유수지

ⓓ 「하수도법」에 따른 하수도 중 하수관로 및 공공하수처리시설

ⓔ 「농어촌정비법」에 따른 농업생산기반시설 중 저수지

ⓕ 「사방사업법」에 따른 사방시설 중 사방사업에 따라 설치된 공작물

ⓖ 「댐건설·관리 및 주변지역지원 등에 관한 법률」에 따른 댐 중 높이 15미터 이상의 공작물 및 여수로(餘水路), 보조댐

ⓗ 「도로법 시행령」에 따른 교량

ⓘ 「항만법」에 따른 방파제(防波堤), 방사제(防砂堤), 파제제(波除堤) 및 호안(護岸)

1 재난이론과 주장한 학자 또는 학파의 연결이 옳은 것만을 모두 고르면?

> ⊙ 고도신뢰이론 − 버클리학파
> ⊙ 재난배양이론 − 페로(Charles B. Perrow)
> ⓒ 정상사고이론 − 터너(Barry A. Turner)

① ⊙

② ⊙

③ ⊙, ⓒ

④ ⊙, ⓒ

2 9 · 11테러 이후 미국의 재난 및 국가위기를 통합적으로 관리하기 위해 설립된 조직은?

① 중앙정보국(CIA)

② 국토안보부(DHS)

③ 연방재난관리청(FEMA)

④ 연방기술지원단(THW)

ANSWER 1.① 2.②

1 현대사회의 재난발생 원인과 배경에 관한 대표적인 재난관리 이론으로 재난배양이론(Disaster Incubation Theory), 정상사건 이론(Normal Accidents Theory), 고도신뢰이론(High Reliability Theory) 등을 들 수 있다.

　⊙ **재난배양이론**: T. 터너의 저서 『Man Made Disaster』(1978)에서 제기된 것으로, 주로 재난 발생의 사회적, 문화적 측면에 주목한다. 터너의 주된 관심은 재난이 발생하는 해당 사회의 사전 조건들을 규명하는 것이었으며, 재난이 이미 사회 속에 내재되어 있다는 것을 강조한다.

　⊙ **정상사건이론**: C. 페로우의 저서 『Normal Accident』(1984)에서 처음 소개된 이론이다. 페로우는 현대사회의 기술적 · 조직 적 시스템의 특성을 복잡하고 꽉 짜여진 것으로 규정하며, 이러한 체계는 필연적으로 사고를 발생시킬 수밖에 없다고 주장 하였다.

　ⓒ **고도신뢰이론**: 정상사건이론의 비관적 측면에 대한 반발로, Berkely 학파가 전략적으로 연구한 이론이다. 사고 예방이 가능 하다는 전제 아래, 복잡성과 꽉 짜여진 체계하에서도 사고발생 가능성을 낮추고 조직의 안전에 관한 신뢰성도 높일 수 있 다는 것이 고도신뢰이론의 핵심이다.

2 2001년 9 · 11 테러 후 미국의 재난 및 국가위기를 통합적으로 관리하기 위해 설립된 조직은 국토안보부(DHS)이다. 연방재난 관리청은 국토안보부 산하조직이다.

3 화재발생 시 인간의 본능적 피난행동 특성에 대한 설명으로 옳지 않은 것은?

① 귀소본능 – 화재 시 무의식중에도 평소에 사용하는 출입구, 통로로 가려는 경향

② 지광본능 – 화재 시 연기와 정전으로 시야가 흐려져서 밝은 곳으로 이동하려는 경향

③ 좌회본능 – 화재 시 판단력 약화로 한 사람의 지도자에 의한 최초의 행동에 전체가 이끌리는 경향

④ 퇴피본능 – 화재의 확대에 따라 화염, 연기에 대한 공포감으로 발화의 반대 방향으로 이동하려는 경향

4 존스(David K. C. Jones)의 재난분류에서 안개와 폭풍 및 태풍이 해당되는 재난은?

① 지질학적 재난

② 지형학적 재난

③ 기상학적 재난

④ 생물학적 재난

3 인간의 피난본능
  ㉠ **추종본능** : 대피 시 먼저 뛰어나가는 사람을 따라가는 성질
  ㉡ **퇴피본능** : 반사적으로 위험으로부터 멀리 피난하려는 성질
  ㉢ **좌회본능** : 오른손이나 오른발을 이용해 왼쪽으로 좌회전하려는 성질
  ㉣ **귀소본능** : 자신이 들어온 길 또는 평상시 사용하던 통로로 탈출하려는 성질
  ㉤ **지광본능** : 주위가 어두워지면 빛이 있는 밝은 곳으로 피난하려는 성질

4 데이비드 존스의 재난분류

재난					
자연재난				준자연재난	인적재난
지구물리학적 재난			생물학적 재난	• 스모그	• 공해
지질학적 재난	지형학적 재난	기상학적 재난	• 세균 질병	• 온난화	• 광화학 연무
• 지진	• 산사태	• 안개	• 유독식물	• 사막화	• 폭동
• 화산	• 염수토양 등	• 눈	• 유독동물 등	• 염수화	• 교통사고
• 쓰나미 등		• 해일		• 눈사태	• 폭발사고
		• 번개		• 홍수	• 전쟁 등
		• 토네이도/폭풍/ 태풍		• 토양침식 등	
		• 이상기온			
		• 가뭄 등			

5 재난관리의 분산관리방식에 대한 설명으로 옳지 않은 것은?

① 단일 부처 조정하의 병렬적 다수 부처 및 기관을 관리한다.

② 소관 재난에 대한 관리책임 및 부담이 분산된다.

③ 정보전달체계가 다원화되어 있다.

④ 재난에 대한 인지 능력이 통합관리방식에 비해 상대적으로 미약하고 단편적이다.

6 「재난 및 안전관리 기본법」상 재난 예방 단계에서의 활동에 해당하는 것은?

① 특별재난지역 선포

② 재난사태 선포

③ 재난방지시설의 관리

④ 재난관리자원의 관리

ANSWER 5.① 6.③

5 ① 분산관리방식은 다수의 관련부처가 다수의 기관 등을 관리한다.

6 ③ 「재난 및 안전관리 기본법」 제4장 재난의 예방, 제29조(재난방지시설의 관리)
① 동법 제7장 재난의 복구, 제60조(특별재난지역의 선포)
② 동법 제6장 재난의 대응, 제36조(재난사태 선포)
④ 동법 제5장 재난의 대비, 제34조(재난관리자원의 관리)

7 다음과 같이 주장한 학자는?

> 분산관리방식이 통합관리방식으로 전환되어야 하는 근거는 재난 개념의 변화, 재난 대응의 유사성, 계획 내용의 유사성, 대응 자원의 공통성이다.

① 콰란텔리(E. L. Quarantelli)　　　② 앨더퍼(C. P. Alderfer)
③ 맥그리거(D. M. McGregor)　　　④ 매슬로우(A. H. Maslow)

8 다음에서 설명하는 길버트(C. Gilbert)의 재난분류이론의 세부 모형은?

> 재난은 실제 또는 가상의 위험을 정의함에 있어서 이에 대한 실패에 기인하며, 현실을 이해하는 데 적합한 프레임이 작동하지 않을 때 발생한다고 정의하는 관점

① 불확실성모형　　　　　　　　　② 사회적 취약성모형
③ 유사전쟁모형　　　　　　　　　④ 통합관리모형

ANSWER 7.① 8.①

7 콰란텔리는 유형별 분산관리방식이 통합관리방식으로 전환되어야 하는 근거로 재난 개념의 변화, 재난 대응의 유사성, 계획 내용의 유사성, 대응 자원의 공통성을 제시하고 있다.

※ 재난관리방식별 장·단점

유형	재난유형별관리	통합재난관리
성격	분산적 관리	통합적 관리
책임범위와 부담	소관재난에 대한 관리, 부담 분산	모든 재난에 대한 관리, 부담 과도의 가능성
활동범위	특정 재난에 대한 관리	모든 재난에 대한 관리
정보의 전달	다원화, 혼란의 가능성	단일화, 효율적
재원마련과 배분	복잡	간소
재난대응	대응조직 없음	통합 대응
관련부처 및 기관의 수	다수	소수

8 길버트의 재난분류이론
ⓐ 유사전쟁모형 : 재난을 사회체계를 방해하는 외부로부터의 공격이라고 정의하는 관점
ⓑ 사회적 취약성모형 : 재난이 사회 내부과정에 내재한 취약성에 의해 발생한다고 정의하는 관점
ⓒ 불확실성모형 : 재난은 실제 또는 가상의 위험을 정의함에 있어서 이에 대한 실패에 기인하며, 현실을 이해하는 데 적합한 프레임이 작동하지 않을 때 발생한다고 정의하는 관점

9 특별재난지역으로 선포된 사회재난에 해당하는 것만을 모두 고르면?

> ㉠ 대구지하철 화재사고(2003년)
> ㉡ 휴브글로벌 구미 불산사고(2012년)
> ㉢ 제천 스포츠센터 화재사고(2017년)

① ㉠
② ㉢
③ ㉠, ㉡
④ ㉡, ㉢

10 「자연재해대책법 시행령」상 재해지도에 대한 설명으로 옳지 않은 것은?

① 홍수에 의한 범람 및 내수배제 불량 등에 의한 침수지역을 예측하여 표시한 지도는 홍수범람위험도에 해당한다.

② 지방자치단체의 장은 침수 피해가 발생한 날부터 6개월 이내에 재해정보지도를 작성하여 행정안전부장관에게 제출하여야 한다.

③ 지방자치단체의 장은 재해지도를 전산화하여 관리하여야 한다.

④ 지방자치단체의 장은 침수흔적도를 활용하려는 자가 특정 지역·시설 등에 대하여 침수흔적도에 따른 침수흔적의 확인을 요청하는 경우에는 행정안전부령으로 정하는 바에 따라 확인해 주어야 한다.

ANSWER 9.③ 10.②

9 특별재난지역이 최초로 선포된 것은 1995년 7월 삼풍백화점 붕괴사고 때다. 이후 2000년 4월 강원도 동해안(고성, 강릉, 동해, 삼척) 산불, 2003년 2월 대구지하철 화재사고, 2005년 4월 강원도 양양 산불, 2007년 12월 유조선 허베이스피리트호 기름유출사고, 2012년 10월 ㈜휴브글로벌 구미 불산사고, 2014년 4월 세월호 침몰사고, 2019년 4월 강원 동해안(고성, 속초, 동해, 강릉, 인제) 산불, 2022년 10월 이태원 압사참사 등이 차례로 특별재난지역으로 선포됐다.

10 각종 재해지도의 작성·활용 및 유지·관리 등〈「자연재해대책법 시행령」 제19조〉
① 지방자치단체의 장은 침수 피해가 발생한 날부터 6개월 이내에 침수흔적도를 작성하여 행정안전부장관에게 제출하여야 한다.
② 지방자치단체의 장은 제18조에 따른 재해지도를 전산화하여 관리하여야 한다.
③ 지방자치단체의 장은 침수흔적도를 활용하려는 자가 특정 지역·시설 등에 대하여 침수흔적도에 따른 침수흔적의 확인을 요청하는 경우에는 행정안전부령으로 정하는 바에 따라 확인해 주어야 한다.
④ 이 영에서 규정한 사항 외에 침수흔적도의 작성, 설치 장소, 표시방법 및 유지·관리에 관한 사항과 재해지도의 작성에 관한 기준은 행정안전부장관이 정한다.

11 「재난 및 안전관리 기본법 시행령」상 기능별 긴급구조대응계획에 포함되어야 하는 사항 중 세부 사항을 연결한 것으로 옳지 않은 것은?

① 재난통신 – 긴급구조기관 및 긴급구조지원기관 간 정보통신체계 운영 등에 관한 사항

② 긴급오염통제 – 오염 노출 통제, 긴급 감염병 방제 등 재난현장 공중보건에 관한 사항

③ 피해상황분석 – 재난현장상황 및 피해정보의 수집 · 분석 · 보고에 관한 사항

④ 지휘통제 – 주민보호를 위한 비상방송시스템 가동 등 긴급 공공정보 제공에 관한 사항 및 재난상황 등에 관한 정보 통제에 관한 사항

ANSWER 11.④

11 긴급구조대응계획의 수립〈「재난 및 안전관리 기본법 시행령」 제63조 제1항〉 ··· 법 제54조에 따라 긴급구조기관의 장이 수립하는 긴급구조대응계획은 기본계획, 기능별 긴급구조대응계획, 재난유형별 긴급구조대응계획으로 구분하되, 구분된 계획에 포함되어야 하는 사항은 다음 각 호와 같다.

1. 기본계획
   가. 긴급구조대응계획의 목적 및 적용범위
   나. 긴급구조대응계획의 기본방침과 절차
   다. 긴급구조대응계획의 운영책임에 관한 사항
2. 기능별 긴급구조대응계획
   가. 지휘통제 : 긴급구조체제 및 중앙통제단과 지역통제단의 운영체계 등에 관한 사항
   나. 비상경고 : 긴급대피, 상황 전파, 비상연락 등에 관한 사항
   다. 대중정보 : 주민보호를 위한 비상방송시스템 가동 등 긴급 공공정보 제공에 관한 사항 및 재난상황 등에 관한 정보 통제에 관한 사항
   라. 피해상황분석 : 재난현장상황 및 피해정보의 수집 · 분석 · 보고에 관한 사항
   마. 구조 · 진압 : 인명 수색 및 구조, 화재진압 등에 관한 사항
   바. 응급의료 : 대량 사상자 발생 시 응급의료서비스 제공에 관한 사항
   사. 긴급오염통제 : 오염 노출 통제, 긴급 감염병 방제 등 재난현장 공중보건에 관한 사항
   아. 현장통제 : 재난현장 접근 통제 및 치안 유지 등에 관한 사항
   자. 긴급복구 : 긴급구조활동을 원활하게 하기 위한 긴급구조차량 접근 도로 복구 등에 관한 사항
   차. 긴급구호 : 긴급구조요원 및 긴급대피 수용주민에 대한 위기 상담, 임시 의식주 제공 등에 관한 사항
   카. 재난통신 : 긴급구조기관 및 긴급구조지원기관 간 정보통신체계 운영 등에 관한 사항
3. 재난유형별 긴급구조대응계획
   가. 재난 발생 단계별 주요 긴급구조 대응활동 사항
   나. 주요 재난유형별 대응 매뉴얼에 관한 사항
   다. 비상경고 방송메시지 작성 등에 관한 사항

12 「지진 · 화산재해대책법」상 지진방재종합계획과 국가지진위험지도에 대한 설명으로 ㈎, ㈏에 들어갈 내용을 바르게 연결한 것은?

> • 행정안전부장관은 지진재해로부터 국민의 생명과 재산, 주요 기간시설을 보호하고 지진방재업무의 지속적인 발전을 위하여 ⟨㈎⟩년마다 지진방재종합계획을 수립하여야 한다.
> • 행정안전부장관은 국가지진위험지도를 공표한 날부터 ⟨㈏⟩년마다 그 타당성을 검토하여 필요한 경우에는 이를 변경할 수 있다.

	㈎	㈏
①	3	3
②	5	3
③	3	5
④	5	5

ANSWER 12.②

12 • 행정안전부장관은 지진재해로부터 국민의 생명과 재산, 주요 기간시설을 보호하고 지진방재업무의 지속적인 발전을 위하여 <u>5년마다</u> 다음 각 호의 사항이 포함된 지진방재종합계획(이하 "종합계획"이라 한다)을 수립하여 「재난 및 안전관리 기본법」 제9조에 따른 중앙안전관리위원회에 보고하여야 한다〈「지진 · 화산재해대책법」 제9조의2(지진방재종합계획의 수립 · 추진 등) 제1항〉.
   1. 지진방재정책의 기본방향에 관한 사항
   2. 지진방재업무의 체계적 발전방안에 관한 사항
   3. 지진방재 연구개발의 촉진에 관한 사항
   4. 지진방재업무의 국내외 관계 기관 간 협력에 관한 사항
   5. 그 밖에 행정안전부장관이 지진방재정책에 필요하다고 인정하는 사항
   • 행정안전부장관은 국가지진위험지도를 공표한 날부터 <u>5년마다</u> 그 타당성을 검토하여 필요한 경우에는 이를 변경할 수 있다〈동법 제12조(국가지진위험지도의 제작 · 활용 등) 제2항〉.

13 「미세먼지 저감 및 관리에 관한 특별법」상 미세먼지 저감 및 관리를 위한 종합계획에 포함되어야 하는 사항을 모두 고르면?

> ㉠ 미세먼지 농도 현황 및 전망
> ㉡ 미세먼지 취약계층 보호에 관한 사항
> ㉢ 종합계획 시행에 필요한 재원의 규모와 재원조달계획에 관한 사항

① ㉠

② ㉠, ㉡

③ ㉡, ㉢

④ ㉠, ㉡, ㉢

14 「재난 및 안전관리 기본법 시행령」상 ㈎, ㈏에 공통으로 들어갈 훈련은?

> • 행정안전부장관, 중앙행정기관의 장, 시·도지사, 시장·군수·구청장 및 긴급구조기관의 장은 관계 기관과 합동으로 참여하는 ㈎ 을 각각 소관 분야별로 주관하여 연 1회 이상 실시하여야 한다.
> • ㈏ 에 참여하는 기관은 자체 훈련을 수시로 실시할 수 있다.

① 재난대비훈련

② 재난대응훈련

③ 재난복구훈련

④ 응급조치훈련

ANSWER 13.④ 14.①

13 미세먼지 저감 및 관리를 위한 종합계획에 포함되어야 하는 사항〈「미세먼지 저감 및 관리에 관한 특별법」 제7조(미세먼지관리종합계획의 수립 등) 제1항 ⋯ 종합계획에는 다음 각 호의 사항이 포함되어야 한다.
1. 미세먼지 농도 개선 목표 및 기본방향
2. 미세먼지 농도 현황 및 전망
3. 미세먼지등의 배출량 현황 및 전망
4. 미세먼지등의 배출 저감 목표와 이를 달성하기 위한 분야별·단계별 대책
5. 미세먼지가 국민건강에 미치는 영향에 관한 조사·연구
6. 미세먼지 취약계층 보호에 관한 사항
7. 종합계획 시행에 필요한 재원의 규모와 재원조달계획에 관한 사항
8. 그 밖에 미세먼지등의 배출 저감 및 관리를 위하여 필요하다고 인정하여 대통령령으로 정하는 사항

14 • 행정안전부장관, 중앙행정기관의 장, 시·도지사, 시장·군수·구청장 및 긴급구조기관의 장(이하 "훈련주관기관의 장"이라 한다)은 법 제35조제1항에 따라 관계 기관과 합동으로 참여하는 재난대비훈련을 각각 소관 분야별로 주관하여 연 1회 이상 실시하여야 한다〈「재난 및 안전관리 기본법 시행령」 제43조의14(재난대비훈련 등) 제1항〉.
• 제1항에 따라 재난대비훈련에 참여하는 기관은 자체 훈련을 수시로 실시할 수 있다〈동법 동조 제2항〉.

15 「감염병의 예방 및 관리에 관한 법률」상 제1급감염병에 해당하지 않는 것은?

① 신종인플루엔자

② 탄저

③ 콜레라

④ 페스트

ANSWER 15③

15 "제1급감염병"이란 생물테러감염병 또는 치명률이 높거나 집단 발생의 우려가 커서 발생 또는 유행 즉시 신고하여야 하고, 음압격리와 같은 높은 수준의 격리가 필요한 감염병으로서 다음 각 목의 감염병을 말한다. 다만, 갑작스러운 국내 유입 또는 유행이 예견되어 긴급한 예방·관리가 필요하여 질병관리청장이 보건복지부장관과 협의하여 지정하는 감염병을 포함한다〈「감염병의 예방 및 관리에 관한 법률」 제2조(정의) 제2호〉.

가. 에볼라바이러스병

나. 마버그열

다. 라싸열

라. 크리미안콩고출혈열

마. 남아메리카출혈열

바. 리프트밸리열

사. 두창

아. 페스트

자. 탄저

차. 보툴리눔독소증

카. 야토병

타. 신종감염병증후군

파. 중증급성호흡기증후군(SARS)

하. 중동호흡기증후군(MERS)

거. 동물인플루엔자 인체감염증

너. 신종인플루엔자

더. 디프테리아

③ 콜레라는 제2급감염병이다.

16 「재난 및 안전관리 기본법 시행령」상 특정관리대상지역에 대한 설명으로 옳지 않은 것은?

① 특정관리대상지역을 지정하거나 해제할 때에는 그 사실을 특정관리대상지역의 소유자·관리자 또는 점유자에게 알려주어야 한다.

② 안전도가 미흡한 경우 특정관리대상지역의 안전등급은 E등급에 해당한다.

③ 안전등급이 C등급에 해당하는 특정관리대상지역에 대해서는 반기별 1회 이상 정기안전점검을 실시하여야 한다.

④ 행정안전부장관은 특정관리대상지역을 체계적으로 관리하기 위하여 정보화시스템을 구축·운영할 수 있다.

17 「자연재해대책법」상 자연재해저감 종합계획의 수립권자에 해당하지 않는 자는?

① 시장(행정시장은 제외)

② 군수

③ 구청장

④ 도지사

ANSWER 16.② 17.③

16 ② 안전도가 미흡한 경우 특별관리대상지역의 안전등급은 D등급에 해당한다.

※ 특정관리대상지역의 안전등급 및 안전점검 등〈「재난 및 안전관리 기본법 시행령」 제34조의2 제1항〉 … 재난관리책임기관의 장은 제31조제2항에 따라 지정된 특정관리대상지역을 제32조제1항에 따른 특정관리대상지역의 지정·관리 등에 관한 지침에서 정하는 안전등급의 평가기준에 따라 다음 각 호의 어느 하나에 해당하는 등급으로 구분하여 관리하여야 한다.

　1. A등급 : 안전도가 우수한 경우

　2. B등급 : 안전도가 양호한 경우

　3. C등급 : 안전도가 보통인 경우

　4. D등급 : 안전도가 미흡한 경우

　5. E등급 : 안전도가 불량한 경우

17 시장(특별자치시장 및 행정시장은 제외한다)·군수는 자연재해의 예방 및 저감을 위하여 10년마다 시·군 자연재해저감 종합계획을 수립하여 시·도지사를 거쳐 대통령령으로 정하는 바에 따라 행정안전부장관의 승인을 받아 확정하여야 한다〈「자연재해대책법」 제16조(자연재해저감 종합계획의 수립) 제1항〉.

18 「재해경감을 위한 기업의 자율활동 지원에 관한 법률」상 용어의 정의로 옳지 않은 것은?

① "재해"란 재난으로 인하여 발생하는 피해를 말한다.

② "재난관리표준"이란 기업의 재해경감활동계획 수립을 위하여 행정안전부장관이 작성·고시하는 표준을 말한다.

③ "재난관리"란 재난의 예방·대비·대응 및 복구를 위하여 행하는 모든 활동을 말한다.

④ "재해경감활동계획"이란 기업이 재난으로부터 피해를 최소화하기 위하여 수립하는 예방계획, 대비계획, 대응계획 및 복구계획을 말한다.

19 「재난 및 안전관리 기본법」상 자연재난과 사회재난의 예를 연결한 것으로 옳지 않은 것은?

① 자연재난 – 화산활동으로 인하여 발생하는 재해

② 자연재난 – 지진으로 인하여 발생하는 재해

③ 사회재난 – 「가축전염병예방법」에 따른 가축전염병의 확산으로 인한 피해

④ 사회재난 – 황사로 인한 피해

ANSWER 18.④ 19.④

18 정의〈「재해경감을 위한 기업의 자율활동 지원에 관한 법률」 제2조〉 … 이 법에서 사용하는 용어의 정의는 다음과 같다.

1. "기업"이란 영리를 목적으로 「상법」 제172조에 따라 법인설립등기를 마친 기업 또는 「소득세법」 제168조 및 「부가가치세법」 제8조에 따라 사업자등록을 한 기업을 말한다.

1의2. "재난"이란 「재난 및 안전관리 기본법」 제3조 제1호에 따른 것을 말한다.

1의3. "재해"란 재난으로 인하여 발생하는 피해를 말한다.

2. "재난관리"란 재난의 예방·대비·대응 및 복구를 위하여 행하는 모든 활동을 말한다.

3. "재해경감활동계획"이란 기업이 재난으로부터 피해를 최소화하기 위하여 수립하는 전략계획, 경감계획, 사업연속성확보계획, 대응계획 및 복구계획을 말한다.

4. "재난관리표준"이란 기업의 재해경감활동계획 수립을 위하여 행정안전부장관이 작성·고시하는 표준을 말한다.

5. 삭제〈2016. 5. 29.〉

6. "재해경감 우수기업"이란 제7조에 따라 우수기업 인증서를 발급받은 기업을 말한다.

19 자연재난과 사회재난〈「재난 및 안전관리 기본법」 제3조(정의) 제1호〉 … "재난"이란 국민의 생명·신체·재산과 국가에 피해를 주거나 줄 수 있는 것으로서 다음 각 목의 것을 말한다.

가. 자연재난·태풍, 홍수, 호우(豪雨), 강풍, 풍랑, 해일(海溢), 대설, 한파, 낙뢰, 가뭄, 폭염, 지진, 황사(黃砂), 조류(藻類) 대발생, 조수(潮水), 화산활동, 소행성·유성체 등 자연우주물체의 추락·충돌, 그 밖에 이에 준하는 자연현상으로 인하여 발생하는 재해

나. 사회재난 : 화재·붕괴·폭발·교통사고(항공사고 및 해상사고를 포함한다)·화생방사고·환경오염사고 등으로 인하여 발생하는 대통령령으로 정하는 규모 이상의 피해와 국가핵심기반의 마비, 「감염병의 예방 및 관리에 관한 법률」에 따른 감염병 또는 「가축전염병예방법」에 따른 가축전염병의 확산, 「미세먼지 저감 및 관리에 관한 특별법」에 따른 미세먼지 등으로 인한 피해

20 「재난 및 안전관리 기본법 시행령」상 재난 및 사고유형별 재난관리주관기관의 연결이 옳지 않은 것은? (기출변형)

① 적조현상 – 환경부

② 금융기관의 화재 – 금융위원회

③ 자연우주물체의 추락·충돌 – 과학기술정보통신부

④ 지진재해 – 행정안전부

ANSWER 20.①

20 ① 적조현상 – 해양수산부

※ 재난 및 그 밖의 각종 사고 유형별 재난관리주관기관〈「재난 및 안전관리 기본법 시행령」[별표 1의3]〉

① 자연재난 유형별 재난관리주관기관

재난관리주관기관	자연재난 유형
과학기술정보통신부 및 우주항공청	1. 자연우주물체의 추락·충돌 등으로 인해 발생하는 재해 2. 우주전파재난
행정안전부	1. 자연재해로서 낙뢰, 가뭄, 폭염 및 한파로 인해 발생하는 재해 2. 풍수해(조수로 인해 발생하는 재해는 제외한다) 3. 지진재해 4. 화산재해
환경부	1. 황사로 인해 발생하는 재해 2. 하천·호소 등의 조류 대발생으로 인해 발생하는 재해
해양수산부	1. 어업재해 중 적조현상 및 해파리의 대량발생으로 인해 발생하는 수산양식물 및 어업용 시설의 피해 2. 풍수해 중 조수로 인해 발생하는 재해
산림청	산사태로 인해 발생하는 재해

② 사회재난 유형별 재난관리주관기관

재난관리주관기관	사회재난 유형
교육부	1. 교육시설(연구실은 제외한다)의 화재·붕괴·폭발·다중운집인파사고 등으로 인해 발생하는 국가 또는 지방자치단체 차원의 대처가 필요한 인명 또는 재산의 피해 2. 어린이집의 화재등으로 인해 발생하는 대규모 피해
과학기술정보통신부	1. 방송통신재난(자연재난은 제외한다) 2. 연구실사고로 인해 발생하는 대규모 피해 3. 전파의 혼신(주파수분배에 따른 위성항법시스템 관련 전파의 혼신으로 한정한다)으로 인해 발생하는 대규모 피해
과학기술정보통신부 및 우주항공청	인공우주물체의 추락·충돌 등으로 인해 발생하는 피해
외교부	1. 주한외국공관 및 이에 준하는 기관의 화재등으로 인해 발생하는 대규모 피해 2. 해외재난
법무부	다음의 어느 하나에 해당하는 시설 및 그 밖에 이와 유사한 시설의 화재등으로 인해 발생하는 대규모 피해 1. 교정시설 2. 보호관찰소 및 갱생보호시설 3. 소년원 및 소년분류심사원 4. 치료감호시설 5. 난민신청자의 주거시설 및 난민지원시설 6. 외국인보호실 및 외국인보호소
국방부	국방·군사시설의 화재등으로 인해 발생하는 대규모 피해
행정안전부 (4및 6의 경우에는 각각 관계 법령에 따라 해당 정보시스템의 구축·운영에 관한 사무 및 해당 청사의 관리에 관한 사무를 관장하는 중앙행정기관을 말한다)	1. 승강기의 사고 또는 고장으로 인해 발생하는 대규모 피해 2. 사고로 인해 발생하는 대규모 피해 3. 정보시스템(행정안전부장관이 구축·운영하는 정보시스템으로 한정한다)의 장애로 인해 발생하는 대규모 피해 4. 정보시스템(행정안전부장관이 구축·운영하는 정보시스템은 제외한다)의 장애로 인해 발생하는 대규모 피해 5. 청사(6에 따른 청사는 제외한다)의 화재등으로 인해 발생하는 대규모 피해 6. 행정안전부장관이 관리하지 않는 청사의 화재등으로 인해 발생하는 대규모 피해
행정안전부 및 경찰청	일반인이 자유로이 모이거나 통행하는 도로, 광장 및 공원의 다중운집인파사고로 인해 발생하는 대규모 피해
행정안전부 및 소방청	1. 소방대상물의 화재로 인해 발생하는 대규모 피해 2. 위험물의 누출·화재·폭발 등으로 인해 발생하는 대규모 피해
문화체육관광부	1. 야영장업의 등록을 한 자가 관리하는 야영장의 화재등으로 인해 발생하는 대규모 피해 2. 유기시설 또는 유기기구의 중대한 사고로 인해 발생하는 대규모 피해 3. 공연장의 화재등으로 인해 발생하는 대규모 피해 4. 전문체육시설 및 생활체육시설의 화재등으로 인해 발생하는 대규모 피해
농림축산식품부	1. 가축전염병의 확산으로 인한 피해 2. 농업생산기반시설 중 저수지의 붕괴·파손 등으로 인해 발생하는 대규모 피해 3. 농수산물도매시장(축산물도매시장은 포함하며, 수산물도매시장은 제외한다) 및 농수산물종합유통센터(수산물종합유통센터는 제외한다)의 화재등으로 인해 발생하는 대규모 피해
산업통상자원부	1. 가스사고로 인해 발생하는 대규모 피해 2. 석유의 정제시설·비축시설 및 주유소의 화재등으로 인해 발생하는 대규모 피해

	3. 에너지의 중대한 수급 차질로 인해 발생하는 대규모 피해 4. 대규모점포의 화재등으로 인해 발생하는 대규모 피해 5. 전기사고로 인해 발생하는 대규모 피해 6. 제품사고(안전관리대상어린이제품 및 안전관리대상제품으로 인한 사고로 한정한다)로 인해 발생하는 대규모 피해
보건복지부	1. 다음의 어느 하나에 해당하는 시설의 화재등으로 인해 발생하는 대규모 피해 　① 노인복지시설 　② 아동복지시설 　③ 장애인복지시설(요양병원에 해당하는 장애인 의료재활시설은 제외한다) 2. 병원급 의료기관의 화재등으로 인해 발생하는 대규모 피해
보건복지부 및 질병관리청	감염병의 확산으로 인한 피해
환경부	1. 댐(산업통상자원부 소관의 발전(發電)용 댐은 제외한다)의 붕괴·파손 등으로 인해 발생하는 대규모 피해 2. 미세먼지로 인한 피해 3. 수도의 화재등으로 발생하는 대규모 피해 4. 먹는물의 수질오염으로 인해 발생하는 대규모 피해 5. 안전확인대상생활화학제품 및 살생물제 관련 사고로 인해 발생하는 대규모 피해 6. 화학사고로 인해 발생하는 대규모 피해 7. 오염물질등으로 인한 환경오염(먹는물의 수질오염은 제외한다)으로 인해 발생하는 대규모 피해
고용노동부	산업재해 및 중대산업사고로 인해 발생하는 대규모 피해
국토교통부 (3의 경우에는 공동구에 공동 수용되는 공급설비 및 통신시설 등으로서 화재등의 원인이 되는 설비·시설 등의 관리에 관한 사무를 관장하는 중앙행정기관을 포함한다)	1. 건축물의 붕괴·전도 등으로 인해 발생하는 대규모 피해 2. 공항의 화재등으로 인해 발생하는 대규모 피해 3. 공동구의 화재등으로 인해 발생하는 대규모 피해 4. 도로의 화재등으로 인해 발생하는 대규모 피해 5. 국토교통부장관에게 등록한 복합물류터미널사업자 및 물류창고업자가 관리하는 물류시설(다른 중앙행정기관 소관의 시설은 제외한다)의 화재등으로 인해 발생하는 대규모 피해 6. 철도사고로 인해 발생하는 대규모 피해 7. 항공기사고, 경량항공기사고 및 초경량비행장치사고로 인해 발생하는 대규모 피해
해양수산부	1. 농수산물도매시장(수산물도매시장으로 한정한다) 및 농수산물종합유통센터(수산물종합유통센터로 한정한다)의 화재등으로 인해 발생하는 대규모 피해 2. 항만의 화재등으로 인해 발생하는 대규모 피해 3. 해수욕장의 안전사고로 인해 발생하는 대규모 피해 4. 해양사고(해양에서 발생한 사고로 한정하며, 해양오염은 제외한다)로 인해 발생하는 대규모 피해
해양수산부 및 해양경찰청	해양오염으로 인해 발생하는 대규모 피해
중소벤처기업부	전통시장의 화재등으로 인해 발생하는 대규모 피해
여성가족부	1. 청소년복지시설의 화재등으로 인해 발생하는 대규모 피해 2. 청소년수련시설의 화재등으로 인해 발생하는 대규모 피해
금융위원회	정보통신기반시설을 관리하는 금융기관의 화재등으로 인해 발생하는 대규모 피해
원자력안전위원회	1. 방사능재난 2. 인접 국가의 방사능 누출로 인해 발생하는 대규모 피해

국가유산청	1. 문화유산·보호구역·보호물과 문화유산 보관시설의 화재등으로 인해 발생하는 대규모 피해 2. 자연유산·보호물 및 보호구역의 화재등으로 인해 발생하는 대규모 피해
산림청	1. 사방시설의 붕괴·파손 등으로 인해 발생하는 대규모 피해 2. 산불로 인해 발생하는 대규모 피해
해당 국가핵심기반을 지정하는 중앙행정기관	국가핵심기반의 마비(쟁의행위 또는 이에 준하는 행위로 인한 마비를 포함한다)로 인한 피해
중앙행정기관 (주최·주관하는 중앙행정기관이 다수인 경우에는 주최·주관의 주된 역할을 담당하는 중앙행정기관을 말한다)	중앙행정기관이 주최·주관하는 각종 행사가 개최되는 시설등에서 발생하는 대규모 피해

③ 그 밖의 각종 사고 유형별 재난관리주관기관

재난관리주관기관	사고 유형
해당 중앙행정기관	사회재난 유형으로 인해 발생하거나 해당 시설등에서 발생하는 인명 또는 재산의 피해로서 사회재난에 해당하지 않는 피해

1 재난을 자연적 재난, 과학적 재난, 비고의성 재난 및 고의성 재난으로 분류한 사람은?

① 존스(David K. C. Jones)

② 커터(Susan L. Cutter)

③ 길버트(Claude Gilbert)

④ 포스너(Richard A. Posner)

2 미국 국토안보부(DHS) 소속으로 재난관리업무를 담당하는 기관은?

① 연방기술지원단(THW)

② 연방국민 보호 · 재난대응청(BBK)

③ 연방재난관리청(FEMA)

④ 민간방위아카데미(AKNZ)

ANSWER 1.④ 2.③

1 포스너의 재난 분류
ㄱ 자연적 재난 : 유행 전염병, 소행성의 충돌 등
ㄴ 과학적 재난 : 실험 사고나 그 밖의 과학 관련 사고
ㄷ 비고의성 재난 : 천연자원의 고갈, 지구온난화, 생물다양성 감소 등
ㄹ 고의성 재난 : 핵겨울, 생물무기류, 테러 등

2 국토안보부(DHS)는 2001년 9 · 11 테러 후 미국의 재난 및 국가위기를 통합적으로 관리하기 위해 설립된 조직이다. 연방재난관리청(FEMA)은 국토안보부 산하조직으로 재난관리업무를 담당한다.

3 「재난 및 안전관리 기본법」상 중앙재난안전대책본부의 본부장 권한을 행사할 수 없는 자는?

① 환경부장관

② 행정안전부장관

③ 외교부장관

④ 중앙방사능방재대책본부의 장

4 지진파에 대한 설명으로 옳지 않은 것은?

① P파는 지진파 중에 가장 느리다.

② P파는 고체, 액체, 기체를 통과할 수 있다.

③ S파는 고체물질을 통해서만 전파될 수 있다.

④ S파는 파가 진행되는 방향에 대해 직각으로 상하운동을 한다.

ANSWER 3.① 4.①

3 중앙재난안전대책본부 등〈「재난 및 안전관리 기본법」제14조〉

① 대통령령으로 정하는 대규모 재난(이하 "대규모재난"이라 한다)의 대응·복구(이하 "수습"이라 한다) 등에 관한 사항을 총괄·조정하고 필요한 조치를 하기 위하여 행정안전부에 중앙재난안전대책본부(이하 "중앙대책본부"라 한다)를 둔다.

② 중앙대책본부에 본부장과 차장을 둔다.

③ 중앙대책본부의 본부장(이하 "중앙대책본부장"이라 한다)은 행정안전부장관이 되며, 중앙대책본부장은 중앙대책본부의 업무를 총괄하고 필요하다고 인정하면 중앙재난안전대책본부회의를 소집할 수 있다. 다만, 해외재난의 경우에는 외교부장관이, 「원자력시설 등의 방호 및 방사능 방재 대책법」제2조 제1항 제8호에 따른 방사능재난의 경우에는 같은 법 제25조에 따른 중앙방사능방재대책본부의 장이 각각 중앙대책본부장의 권한을 행사한다.

④ 제3항에도 불구하고 재난의 효과적인 수습을 위하여 다음 각 호의 어느 하나에 해당하는 경우에는 국무총리가 중앙대책본부장의 권한을 행사할 수 있다. 이 경우 행정안전부장관, 외교부장관(해외재난의 경우에 한정한다) 또는 원자력안전위원회 위원장(방사능 재난의 경우에 한정한다)이 차장이 된다.

1. 국무총리가 범정부적 차원의 통합 대응이 필요하다고 인정하는 경우

2. 행정안전부장관이 국무총리에게 건의하거나 제15조의2 제3항에 따른 수습본부장의 요청을 받아 행정안전부장관이 국무총리에게 건의하는 경우

⑤ 제4항에도 불구하고 국무총리가 필요하다고 인정하여 지명하는 중앙행정기관의 장은 행정안전부장관, 외교부장관(해외재난의 경우에 한정한다) 또는 원자력안전위원회 위원장(방사능 재난의 경우에 한정한다)과 공동으로 차장이 된다.

⑥ 중앙대책본부장은 대규모재난이 발생하거나 발생할 우려가 있는 경우에는 대통령령으로 정하는 바에 따라 실무반을 편성하고, 중앙재난안전대책본부상황실을 설치하는 등 해당 대규모재난에 대하여 효율적으로 대응하기 위한 체계를 갖추어야 한다. 이 경우 제18조 제1항 제1호에 따른 중앙재난안전상황실과 인력, 장비, 시설 등을 통합·운영할 수 있다.

⑦ 제1항에 따른 중앙대책본부, 제3항에 따른 중앙재난안전대책본부회의의 구성과 운영에 필요한 사항은 대통령령으로 정한다.

4 ① 지진파의 속도는 P파가 가장 빠르고 다음이 S파, 가장 느린 것이 표면파이다.

5 재난관리 단계 중 사전훈련, 협조체제의 유지, 대응자원의 확보 및 비축 등을 수행하는 단계는?

① 예방단계

② 대비단계

③ 대응단계

④ 복구단계

6 목초지와 숲이 도로와 주차장으로 전환될 경우 강우 흡수 능력이 손실되어 발생하는 홍수는?

① 하천홍수

② 해안홍수

③ 돌발홍수

④ 도시홍수

....

ANSWER 5.② 6.④

5 대비단계 … 사전에 재난상황에서 수행하여야 할 제반사항을 계획·준비·교육·훈련을 함으로써 재난 능력을 제고시키고, 재난 발생 시 즉각적으로 대응할 수 있도록 태세를 강화시키기 위해 개인·집단·조직·국가에 의해서 취해지는 모든 활동과정 을 말하며, 준비단계라고도 한다.

　　※ 대비단계의 주요 활동

　　　㉠ 대응조직 관리 및 재난관리 우선순위체계 수립

　　　㉡ 재난대응시스템의 가동연습 및 대응요원의 교육훈련

　　　㉢ 경보시스템 및 비상방송시스템 구축·관리

　　　㉣ 긴급대응계획의 수립 및 연습

　　　㉤ 자원관리체계구축, 자원의 수송 및 통제계획 수립

　　　㉥ 표준 운영절차 확립

　　　㉦ 응급복구를 위한 자재비축 및 장비의 가동준비

6 숲이 도로와 주차장으로 전환될 경우 물이 토양으로 흡수되지 않고 도시로 유입되어 홍수가 발생하게 된다.

　　※ **도시홍수** … 강수, 범람, 해일 등과 같은 이유로 도시에서의 물이 토양으로 흡수되거나 배수 시스템을 통해 저수지나 강으로 이동하여 저장될 수 있는 것보다 더 많이 유입되어 발생하는 홍수를 의미한다.

7 「자연재해대책법」상 재난관리책임기관의 자연재해 예방을 위한 소관 업무 중 '재해정보 및 긴급지원'에 해당하는 것만을 모두 고르면?

> ㉠ 우수유출저감시설설치기준 제정·운영
> ㉡ 자연재해위험개선지구 지정·관리
> ㉢ 비상대처계획 수립

① ㉠

② ㉢

③ ㉠, ㉡

④ ㉡, ㉢

8 「긴급구조대응활동 및 현장지휘에 관한 규칙」상 중증도 분류표에서 사상자의 상태와 색상의 연결이 옳은 것은?

① 비응급 – 흑색

② 응급 – 황색

③ 사망 – 적색

④ 긴급 – 녹색

ANSWER 7.② 8.②

7 ㉠ 풍수해 예방 및 대비
㉡ 자연재해 경감 협의 및 자연재해위험개선지구 정비 등
※ 재해정보 및 긴급지원〈「자연재해대책법」 제3조(책무) 제2항 제8호〉
　가. 재해 예방 정보체계 구축
　나. 재해정보 관리·전달 체계 구축
　다. 재해 대비 긴급지원체계 구축
　라. 비상대처계획 수립

8 「긴급구조 대응활동 및 현장지휘에 관한 규칙」 [별표 7] 중증도 분류표 참고

9 「자연재해대책법 시행령」상 재해지도의 종류 중 침수예측정보, 침수사실정보 및 병원 위치 등 각종 방재정보가 수록된 생활지도는?

① 해안침수예상도

② 피난활용형 재해정보지도

③ 방재교육형 재해정보지도

④ 방재정보형 재해정보지도

10 「지진·화산재해대책법」상 화산재해의 대응에 대한 설명으로 옳지 않은 것은?

① 중앙대책본부장은 화산재해에 대한 전문적인 조사·분석 및 평가를 위하여 화산 관련 분야 전문가들을 포함하는 중앙화산재해원인조사단을 구성·운영할 수 있다.

② 행정안전부장관은 국외에서 대규모의 화산재해가 발생하면 화산 관련 분야 전문가들로 구성된 국외화산재해원인조사단을 현지에 파견할 수 있다.

③ 관측기관협의회는 국내외의 화산활동에 대한 예측 및 관측결과를 지역대책본부장에게 제공하여야 하고, 지역대책본부장은 이를 중앙대책본부장에게 제공하여야 한다.

④ 화산재해대응체계의 구축범위·운영절차 및 활용계획 등 세부적인 사항은 행정안전부령으로 정한다.

ANSWER 9.④ 10.③

9 재해지도의 종류〈「자연재해대책법 시행령」제18조〉… 법 제21조 제1항 본문에서 "대통령령으로 정하는 재해지도"란 다음 각 호의 재해지도를 말한다.

1. 침수흔적도 : 태풍, 호우(豪雨), 해일 등으로 인한 침수흔적을 조사하여 표시한 지도
2. 침수예상도 : 현 지형을 기준으로 예상 강우 및 태풍, 호우, 해일 등에 의한 침수범위를 예측하여 표시한 지도로서 다음 각목의 어느 하나에 해당하는 지도
   가. 홍수범람위험도 : 홍수에 의한 범람 및 내수배제(저류된 물을 배출하여 제거하는 것을 말한다) 불량 등에 의한 침수지역을 예측하여 표시한 지도와 「수자원의 조사·계획 및 관리에 관한 법률」제7조 제1항 및 제5항에 따른 홍수위험지도
   나. 해안침수예상도 : 태풍, 호우, 해일 등에 의한 해안침수지역을 예측하여 표시한 지도
3. 재해정보지도 : 침수흔적도와 침수예상도 등을 바탕으로 재해 발생 시 대피 요령, 대피소 및 대피 경로 등의 정보를 표시한 지도로서 다음 각 목의 어느 하나에 해당하는 지도
   가. 피난활용형 재해정보지도 : 재해 발생 시 대피 요령, 대피소 및 대피 경로 등 피난에 관한 정보를 지도에 표시한 도면
   나. <u>방재정보형 재해정보지도 : 침수예측정보, 침수사실정보 및 병원 위치 등 각종 방재정보가 수록된 생활지도</u>
   다. 방재교육형 재해정보지도 : 재해유형별 주민 행동 요령 등을 수록하여 교육용으로 제작한 지도

10 ③ 기상청장은 국내외의 지진·지진해일과 화산활동에 대한 예측 및 관측결과(이하 "관측결과등"이라 한다)를 행정안전부장관에게 통보하여야 한다〈「지진·화산재해대책법」제8조(지진·지진해일 및 화산활동 관측결과 등의 통보) 제1항〉.

※ 동법 제18조(지진·화산재해대응체계의 구축) 제2항 … 관측기관협의회는 지진·화산활동의 관측자료를 실시간으로 공유하기 위한 체계를 구축하여 제1항에 따른 중앙대책본부장과 지역대책본부장에게 제공하여야 한다.

11 「재난 및 안전관리 기본법 시행령」상 중앙안전관리민관협력위원회의 구성 및 운영에 대한 설명으로 옳지 않은 것은?

① 위원회는 공동위원장 2명을 포함하여 35명 이내의 위원으로 구성한다.

② 공동위원장은 위원회의 운영 및 사무에 관한 사항을 총괄한다.

③ 민간위원의 임기는 1년으로 한다.

④ 행정안전부장관은 재난 및 안전관리 분야 유관기관, 단체·협회 또는 기업 등에 소속된 재난 및 안전관리 전문가를 민간위원으로 위촉할 수 있다.

ANSWER 11.③

11 중앙민관협력위원회의 구성·운영〈「재난 및 안전관리 기본법 시행령」제12조의3〉

① 법 제12조의2 제1항에 따른 중앙안전관리민관협력위원회(이하 "중앙민관협력위원회"라 한다)는 공동위원장 2명을 포함하여 35명 이내의 위원으로 구성한다.

② 중앙민관협력위원회의 공동위원장은 행정안전부의 재난안전관리사무를 담당하는 본부장과 제4항에 따라 위촉된 민간위원 중에서 중앙민관협력위원회의 의결을 거쳐 행정안전부장관이 지명하는 사람이 된다.

③ 중앙민관협력위원회의 공동위원장은 중앙민관협력위원회를 대표하고, 중앙민관협력위원회의 운영 및 사무에 관한 사항을 총괄한다.

④ 중앙민관협력위원회의 위원은 다음 각 호의 사람이 된다.

  1. 당연직 위원

    가. 행정안전부 안전예방정책실장

    나. 행정안전부 자연재난실장

    다. 행정안전부 사회재난실장

    라. 행정안전부 재난복구지원국장

  2. 민간위원·다음 각 목의 어느 하나에 해당하는 사람 중에서 성별을 고려하여 행정안전부장관이 위촉하는 사람

    가. 재난 및 안전관리 활동에 적극적으로 참여하고 전국 규모의 회원을 보유하고 있는 협회 등의 민간단체 대표

    나. 재난 및 안전관리 분야 유관기관, 단체·협회 또는 기업 등에 소속된 재난 및 안전관리 전문가

    다. 재난 및 안전관리 분야에 학식과 경험이 풍부한 사람

⑤ 민간위원의 임기는 2년으로 하며, 위원의 사임 등으로 새로 위촉된 위원의 임기는 전임위원 임기의 남은 기간으로 한다.

⑥ 제1항부터 제5항까지에서 규정한 사항 외에 중앙민관협력위원회의 구성·운영에 필요한 세부 사항은 중앙민관협력위원회의 의결을 거쳐 행정안전부장관이 정한다.

12 「재난 및 안전관리 기본법 시행령」상 재난관리주관기관이 다른 하나는? (기출변형)

① 저수지 사고

② 승강기의 사고

③ 정보시스템의 장애

④ 청사의 화재

....

ANSWER 12.①

12 ① 농림축산식품부

②③④ 행정안전부

※ 재난 및 그 밖의 각종 사고 유형별 재난관리주관기관〈「재난 및 안전관리 기본법 시행령」[별표 1의3]〉

① 자연재난 유형별 재난관리주관기관

재난관리주관기관	자연재난 유형
과학기술정보통신부 및 우주항공청	1. 자연우주물체의 추락·충돌 등으로 인해 발생하는 재해 2. 우주전파재난
행정안전부	1. 자연재해로서 낙뢰, 가뭄, 폭염 및 한파로 인해 발생하는 재해 2. 풍수해(조수로 인해 발생하는 재해는 제외한다) 3. 지진재해 4. 화산재해
환경부	1. 황사로 인해 발생하는 재해 2. 하천·호소 등의 조류 대발생으로 인해 발생하는 재해
해양수산부	1. 어업재해 중 적조현상 및 해파리의 대량발생으로 인해 발생하는 수산양식물 및 어업용 시설의 피해 2. 풍수해 중 조수로 인해 발생하는 재해
산림청	산사태로 인해 발생하는 재해

② 사회재난 유형별 재난관리주관기관

재난관리주관기관	사회재난 유형
교육부	1. 교육시설(연구실은 제외한다)의 화재·붕괴·폭발·다중운집인파사고 등으로 인해 발생하는 국가 또는 지방자치단체 차원의 대처가 필요한 인명 또는 재산의 피해 2. 어린이집의 화재등으로 인해 발생하는 대규모 피해
과학기술정보통신부	1. 방송통신재난(자연재난은 제외한다) 2. 연구실사고로 인해 발생하는 대규모 피해 3. 전파의 혼신(주파수분배에 따른 위성항법시스템 관련 전파의 혼신으로 한정한다)으로 인해 발생하는 대규모 피해
과학기술정보통신부 및 우주항공청	인공우주물체의 추락·충돌 등으로 인해 발생하는 피해
외교부	1. 주한외국공관 및 이에 준하는 기관의 화재등으로 인해 발생하는 대규모 피해 2. 해외재난
법무부	다음의 어느 하나에 해당하는 시설 및 그 밖에 이와 유사한 시설의 화재등으로 인해 발생하는 대규모 피해 1. 교정시설 2. 보호관찰소 및 갱생보호시설 3. 소년원 및 소년분류심사원 4. 치료감호시설 5. 난민신청자의 주거시설 및 난민지원시설 6. 외국인보호실 및 외국인보호소
국방부	국방·군사시설의 화재등으로 인해 발생하는 대규모 피해
행정안전부 (4및 6의 경우에는 각각 관계 법령에 따라 해당 정보시스템의 구축·운영에 관한 사무 및 해당 청사의 관리에 관한 사무를 관장하는 중앙행정기관을 말한다)	1. 승강기의 사고 또는 고장으로 인해 발생하는 대규모 피해 2. 사고로 인해 발생하는 대규모 피해 3. 정보시스템(행정안전부장관이 구축·운영하는 정보시스템으로 한정한다)의 장애로 인해 발생하는 대규모 피해 4. 정보시스템(행정안전부장관이 구축·운영하는 정보시스템은 제외한다)의 장애로 인해 발생하는 대규모 피해 5. 청사(6에 따른 청사는 제외한다)의 화재등으로 인해 발생하는 대규모 피해 6. 행정안전부장관이 관리하지 않는 청사의 화재등으로 인해 발생하는 대규모 피해
행정안전부 및 경찰청	일반인이 자유로이 모이거나 통행하는 도로, 광장 및 공원의 다중운집인파사고로 인해 발생하는 대규모 피해
행정안전부 및 소방청	1. 소방대상물의 화재로 인해 발생하는 대규모 피해 2. 위험물의 누출·화재·폭발 등으로 인해 발생하는 대규모 피해
문화체육관광부	1. 야영장업의 등록을 한 자가 관리하는 야영장의 화재등으로 인해 발생하는 대규모 피해 2. 유기시설 또는 유기기구의 중대한 사고로 인해 발생하는 대규모 피해 3. 공연장의 화재등으로 인해 발생하는 대규모 피해 4. 전문체육시설 및 생활체육시설의 화재등으로 인해 발생하는 대규모 피해
농림축산식품부	1. 가축전염병의 확산으로 인한 피해 2. 농업생산기반시설 중 저수지의 붕괴·파손 등으로 인해 발생하는 대규모 피해 3. 농수산물도매시장(축산물도매시장은 포함하며, 수산물도매시장은 제외한다) 및 농수산물종합유통센터(수산물종합유통센터는 제외한다)의 화재등으로 인해 발생하는 대규모 피해
산업통상자원부	1. 가스사고로 인해 발생하는 대규모 피해 2. 석유의 정제시설·비축시설 및 주유소의 화재등으로 인해 발생하는 대규모 피해

	3. 에너지의 중대한 수급 차질로 인해 발생하는 대규모 피해 4. 대규모점포의 화재등으로 인해 발생하는 대규모 피해 5. 전기사고로 인해 발생하는 대규모 피해 6. 제품사고(안전관리대상어린이제품 및 안전관리대상제품으로 인한 사고로 한정한다)로 인해 발생하는 대규모 피해
보건복지부	1. 다음의 어느 하나에 해당하는 시설의 화재등으로 인해 발생하는 대규모 피해 　① 노인복지시설 　② 아동복지시설 　③ 장애인복지시설(요양병원에 해당하는 장애인 의료재활시설은 제외한다) 2. 병원급 의료기관의 화재등으로 인해 발생하는 대규모 피해
보건복지부 및 질병관리청	감염병의 확산으로 인한 피해
환경부	1. 댐(산업통상자원부 소관의 발전(發電)용 댐은 제외한다)의 붕괴·파손 등으로 인해 발생하는 대규모 피해 2. 미세먼지로 인한 피해 3. 수도의 화재등으로 발생하는 대규모 피해 4. 먹는물의 수질오염으로 인해 발생하는 대규모 피해 5. 안전확인대상생활화학제품 및 살생물제 관련 사고로 인해 발생하는 대규모 피해 6. 화학사고로 인해 발생하는 대규모 피해 7. 오염물질등으로 인한 환경오염(먹는물의 수질오염은 제외한다)으로 인해 발생하는 대규모 피해
고용노동부	산업재해 및 중대산업사고로 인해 발생하는 대규모 피해
국토교통부 (3의 경우에는 공동구에 공동 수용되는 공급설비 및 통신시설 등으로서 화재등의 원인이 되는 설비·시설 등의 관리에 관한 사무를 관장하는 중앙행정기관을 포함한다)	1. 건축물의 붕괴·전도 등으로 인해 발생하는 대규모 피해 2. 공항의 화재등으로 인해 발생하는 대규모 피해 3. 공동구의 화재등으로 인해 발생하는 대규모 피해 4. 도로의 화재등으로 인해 발생하는 대규모 피해 5. 국토교통부장관에게 등록한 복합물류터미널사업자 및 물류창고업자가 관리하는 물류시설(다른 중앙행정기관 소관의 시설은 제외한다)의 화재등으로 인해 발생하는 대규모 피해 6. 철도사고로 인해 발생하는 대규모 피해 7. 항공기사고, 경량항공기사고 및 초경량비행장치사고로 인해 발생하는 대규모 피해
해양수산부	1. 농수산물도매시장(수산물도매시장으로 한정한다) 및 농수산물종합유통센터(수산물종합유통센터로 한정한다)의 화재등으로 인해 발생하는 대규모 피해 2. 항만의 화재등으로 인해 발생하는 대규모 피해 3. 해수욕장의 안전사고로 인해 발생하는 대규모 피해 4. 해양사고(해양에서 발생한 사고로 한정하며, 해양오염은 제외한다)로 인해 발생하는 대규모 피해
해양수산부 및 해양경찰청	해양오염으로 인해 발생하는 대규모 피해
중소벤처기업부	전통시장의 화재등으로 인해 발생하는 대규모 피해
여성가족부	1. 청소년복지시설의 화재등으로 인해 발생하는 대규모 피해 2. 청소년수련시설의 화재등으로 인해 발생하는 대규모 피해
금융위원회	정보통신기반시설을 관리하는 금융기관의 화재등으로 인해 발생하는 대규모 피해
원자력안전위원회	1. 방사능재난 2. 인접 국가의 방사능 누출로 인해 발생하는 대규모 피해

국가유산청	1. 문화유산 · 보호구역 · 보호물과 문화유산 보관시설의 화재등으로 인해 발생하는 대규모 피해 2. 자연유산 · 보호물 및 보호구역의 화재등으로 인해 발생하는 대규모 피해
산림청	1. 사방시설의 붕괴 · 파손 등으로 인해 발생하는 대규모 피해 2. 산불로 인해 발생하는 대규모 피해
해당 국가핵심기반을 지정하는 중앙행정기관	국가핵심기반의 마비(쟁의행위 또는 이에 준하는 행위로 인한 마비를 포함한다)로 인한 피해
중앙행정기관 (주최 · 주관하는 중앙행정기관이 다수인 경우에는 주최 · 주관의 주된 역할을 담당하는 중앙행정기관을 말한다)	중앙행정기관이 주최 · 주관하는 각종 행사가 개최되는 시설등에서 발생하는 대규모 피해

③ 그 밖의 각종 사고 유형별 재난관리주관기관

재난관리주관기관	사고 유형
해당 중앙행정기관	사회재난 유형으로 인해 발생하거나 해당 시설등에서 발생하는 인명 또는 재산의 피해로서 사회재난에 해당하지 않는 피해

13 재난은 재난이 일어날 수 있는 모든 조건들이 우연하게 겹치면서 발생한다고 제시한 리즌(James Reason)의 이론은?

① 재난배양이론

② 정상사고이론

③ 고도신뢰이론

④ 스위스치즈이론

14 맑은 여름날에 대기 하부층의 공기가 가열되어 높이 상승할 때 내리는 강수는?

① 대류형 강수

② 산악형 강수

③ 선풍형 강수

④ 열대성저기압

....

ANSWER 13.④ 14.①

13 리즌의 스위스치즈이론 … 에멘탈 치즈의 구멍이 치즈 생성 과정에서 무작위로 생기는 것과 마찬가지로 사고를 유발할 수 있는 잠재적 결함은 항상 같은 위치에 있는 것이 아니라, 조건들이 우연하게 겹치면서 다양한 위치에서 발생할 수 있다는 것을 설명하는 모델이다.

① 재난배양이론 : T. 터너의 저서 『Man Made Disaster』(1978)에서 제기된 것으로, 주로 재난 발생의 사회적, 문화적 측면에 주목한다. 터너의 주된 관심은 재난이 발생하는 해당 사회의 사전 조건들을 규명하는 것이었으며, 재난이 이미 사회 속에 내재되어 있다는 것을 강조한다.

② 정상사건이론 : C. 페로우의 저서 『Normal Accident』(1984)에서 처음 소개된 이론이다. 페로우는 현대사회의 기술적 · 조직적 시스템의 특성을 복잡하고 꽉 짜여진 것으로 규정하며, 이러한 체계는 필연적으로 사고를 발생시킬 수밖에 없다고 주장하였다.

③ 고도신뢰이론 : 정상사건이론의 비관적 측면에 대한 반발로, Berkely 학파가 전략적으로 연구한 이론이다. 사고 예방이 가능하다는 전제 아래, 복잡성과 꽉 짜여진 체계하에서도 사고발생 가능성을 낮추고 조직의 안전에 관한 신뢰성도 높일 수 있다는 것이 고도신뢰이론의 핵심이다.

14 맑은 여름날에 대기 하부층의 공기가 가열되어 높이 상승할 때 내리는 강수는 대류형 강수이다.

② 선풍형 강수 : 저기압을 중심으로 성질이 서로 다른 대규모의 두 공기 기단이 모여들어 상승함으로써 발생하는 강수

③ 산악형(또는 지형형) 강수 : 고온 다습한 공기가 산지를 넘을 때 상승하는 쪽에서 내리는 비

④ 열대성저기압 : 적도 부근의 열대 해상에서 발원하는 열대성저기압으로, 중심부에서 상승 기류가 발생하면서 내리는 비를 저기압성 강우라고 한다.

15 산사태 방지공법 중 안전율 증가법에 해당하는 것은?

① 배수공 　　　　　　　　　　② 블럭공

③ 피복공 　　　　　　　　　　④ 옹벽공

16 「재해경감을 위한 기업의 자율활동 지원에 관한 법률」상 용어의 정의로 (가), (나)에 들어갈 내용을 바르게 나열한 것은?

> • '재해경감활동계획'이란 기업이 재난으로부터 피해를 최소화하기 위하여 수립하는 전략계획, 경감계획, 사업연속성확보계획, ┌ (가) ┐ 및 ┌ (나) ┐ 을 말한다.

	(가)	(나)
①	예방계획	대비계획
②	대비계획	대응계획
③	대비계획	복구계획
④	대응계획	복구계획

······

ANSWER 15.④ 16.④

15 산사태 방지대책공법 분류 기준

16 "재해경감활동계획"이란 기업이 재난으로부터 피해를 최소화하기 위하여 수립하는 전략계획, 경감계획, 사업연속성확보계획, 대응계획 및 복구계획을 말한다〈「재해경감을 위한 기업의 자율활동 지원에 관한 법률」 제2조(정의) 제3호〉.

17 「지진 · 화산재해대책법」상 재난관리책임기관의 장이 지진 · 화산재해를 줄이기 위하여 필요한 조치를 취하여야 하는 소관 업무 중 '내진대책'에 해당하는 것만을 모두 고르면?

> ㉠ 지진해일로 인한 해안지역의 해안침수예상도와 침수흔적도의 제작과 활용
> ㉡ 기존 시설물의 내진성능에 대한 평가 및 보강대책 수립
> ㉢ 내진등급 분류 기준의 제정과 지진위험도를 나타내는 지도의 제작 · 활용

① ㉠, ㉡

② ㉠, ㉢

③ ㉡, ㉢

④ ㉠, ㉡, ㉢

ANSWER 17.③

17 「재난 및 안전관리 기본법」 제3조 제5호에 따른 재난관리책임기관(이하 "재난관리책임기관"이라 한다)의 장은 지진 · 화산재해를 줄이기 위하여 다음 각 호의 업무 중 소관 사항에 대하여 필요한 조치를 취하여야 한다〈「지진 · 화산재해대책법」 제3조(국가와 재난관리책임기관의 책무) 제3항〉.

1. 지진 · 화산재해의 예방 및 대비
   가. 지진 · 화산재해 경감대책의 강구
   나. 소관 시설에 대한 비상대처계획의 수립 · 시행
   다. 지진해일로 인한 해안지역의 해안침수예상도와 침수흔적도 등의 제작과 활용
   라. 지진방재와 화산방재에 관한 교육 · 훈련 및 홍보
2. 내진대책
   가. 국가 내진성능의 목표 및 시설물별 허용피해의 목표 설정
   나. 내진등급 분류 기준의 제정과 지진위험도를 나타내는 지도(이하 "지진위험지도"라 한다)의 제작 · 활용
   다. 내진설계기준 설정 · 운영 및 적용실태 확인
   라. 기존 시설물의 내진성능에 대한 평가 및 보강대책 수립
   마. 공공시설과 저층 건물 등의 내진대책 강구
3. 지진 · 지진해일 및 화산활동의 관측 · 분석 · 통보 · 경보전파 및 대응
   가. 지진 · 지진해일 및 화산활동 관측시설 · 장비의 설치와 관리
   나. 지진 · 지진해일 및 화산활동의 관측 · 통보
   다. 지진 · 화산재해 대응 및 긴급지원체계의 구축
   라. 지진 · 지진해일 및 화산활동 대처요령 작성 · 활용
   마. 지진 · 화산재해를 줄이기 위한 연구와 기술개발
   바. 지진 · 화산재해의 원인 조사 · 분석 및 피해시설물의 위험도 평가
4. 그 밖에 재난관리책임기관의 장이 필요하다고 인정하는 사항

18 「자연재해대책법 시행령」상 재해영향평가심의위원회에 대한 설명으로 옳은 것은?

① 위원회의 위원장은 행정안전부장관으로 한다.

② 위원회의 부위원장은 행정안전부에서 자연재해 업무를 담당하는 부서의 장중에서 위원장이 지명하는 사람으로 한다.

③ 공무원인 위원이 그 소관 업무와 직접적으로 관련되어 위원회에 출석하는 경우에도 수당을 지급한다.

④ 위원회의 회의는 위원장과 위원장이 회의마다 사안별로 지정하는 5명 이상 10명 이하의 위원으로 구성한다.

ANSWER 18.④

18 ④ 심의위원회의 회의는 위원장과 위원장이 회의마다 사안별로 지정하는 5명 이상 10명 이하의 위원으로 구성한다〈「자연재해대책법 시행령」제5조(재해영향평가심의위원회의 구성 및 운영) 제6항〉.

①② 심의위원회의 위원장은 행정안전부에서 재해영향평가 등의 협의 업무를 담당하는 국장급 공무원으로 하고 부위원장은 위원 중에서 호선(互選)하며 위원은 다음 각 호의 사람으로 한다〈동법 동조 제2항〉.

1. 행정안전부에서 자연재해 업무를 담당하는 부서의 장중에서 행정안전부장관이 지명하는 사람
2. 수자원, 토질 및 기초, 토목시공, 산림, 도로 및 교통, 도시계획, 해안항만 등 분야(이하 이 조에서 "해당분야"라 한다)에서 방재에 관한 학식과 경험이 풍부한 사람으로서 다음 각 목의 어느 하나에 해당하는 사람 중에서 행정안전부장관이 위촉하는 사람

가. 「고등교육법」 제2조에 따른 학교에서 해당분야의 부교수 이상으로 재직 중인 사람
나. 해당분야의 박사학위를 취득한 후 2년 이상 해당분야의 연구 또는 실무 경험이 있는 사람
다. 해당분야의 석사학위를 취득한 후 5년 이상 해당분야의 연구 또는 실무 경험이 있는 사람
라. 「국가기술자격법」에 따른 해당분야의 기술사 자격을 취득한 후 2년 이상 해당분야의 실무 경험이 있는 사람
마. 방재 관련 업무를 총 3년 이상 담당하고 5급 이상의 직급으로 퇴직한 공무원

③ 위원에게는 예산의 범위에서 수당과 여비를 지급할 수 있다. 다만, 공무원인 위원이 그 소관 업무와 직접적으로 관련되어 심의위원회에 출석하는 경우에는 그러하지 아니하다〈동법 동조 제7항〉.

19 재난 및 안전관리 기본법령상 다음 각 항목의 수립 주기를 바르게 나열한 것은?

(개) 국가안전관리기본계획
(내) 재난대비훈련 기본계획
(대) 재난 및 안전관리기술개발 종합계획

	(개)	(내)	(대)
①	1년	1년	5년
②	1년	5년	1년
③	5년	1년	5년
④	5년	5년	1년

ANSWER 19.③

19 (개) 국무총리는 법 제22조 제4항에 따라 국가안전관리기본계획을 <u>5년마다</u> 수립해야 한다. 이 경우 관계 기관 및 전문가 등의 의견을 들을 수 있다〈「재난 및 안전관리 기본법 시행령」 제26조(국가안전관리기본계획 수립) 제2항〉.

(내) 행정안전부장관은 <u>매년</u> 재난대비훈련 기본계획을 수립하고 재난관리책임기관의 장에게 통보하여야 한다〈「재난 및 안전관리 기본법」 제34조의9(재난대비훈련 기본계획 수립) 제1항〉.

(대) 행정안전부장관은 제71조 제1항의 재난 및 안전관리에 관한 과학기술의 진흥을 위하여 <u>5년마다</u> 관계 중앙행정기관의 재난 및 안전관리기술개발에 관한 계획을 종합하여 조정위원회의 심의와 「국가과학기술자문회의법」에 따른 국가과학기술자문회 의의 심의를 거쳐 재난 및 안전관리기술개발 종합계획(이하 "개발계획"이라 한다)을 수립하여야 한다〈「재난 및 안전관리 기 본법」 제71조의2(재난 및 안전관리기술개발 종합계획의 수립 등) 제1항〉.

20 「자연재해대책법」상 규정 내용으로 ㈎, ㈏에 들어갈 용어를 바르게 나열한 것은?

> • 행정안전부장관은 홍수, 호우 등으로부터 재해를 예방하기 위한 방재정책 등에 적용하기 위하여 처리 가능한 시간당 강우량 및 연속강우량의 목표를 지역별로 설정·운용할 수 있도록 관계 중앙 행정기관의 장과 협의하여 | ㈎ | 을 마련하여야 한다.
> • 행정안전부장관은 기후변화에 따른 재해에 선제적이고 효과적으로 대응하기 위하여 미래 기간별·지역별로 예측되는 기온, 강우량, 풍속 등을 바탕으로 | ㈏ | 을 정하고, 재난관리책임기관의 장에게 이를 적용하도록 권고할 수 있다.

	㈎	㈏
①	방재기준 가이드라인	수방기준
②	방재성능목표 설정 기준	방재기준 가이드라인
③	지구단위 홍수방어기준	수방기준
④	방재성능목표 설정 기준	지구단위 홍수방어기준

ANSWER 20.②

20 • 행정안전부장관은 홍수, 호우 등으로부터 재해를 예방하기 위한 방재정책 등에 적용하기 위하여 처리 가능한 시간당 강우량 및 연속강우량의 목표(이하 "방재성능목표"라 한다)를 지역별로 설정·운용할 수 있도록 관계 중앙 행정기관의 장과 협의하여 <u>방재성능목표 설정 기준</u>을 마련하고, 이를 특별시장·광역시장·시장 및 군수(광역시에 속한 군의 군수를 포함한다)에게 통보하여야 한다〈「자연재해대책법」제16조의4(지역별 방재성능목표 설정·운용) 제1항〉.
• 행정안전부장관은 기후변화에 따른 재해에 선제적이고 효과적으로 대응하기 위하여 미래 기간별·지역별로 예측되는 기온, 강우량, 풍속 등을 바탕으로 <u>방재기준 가이드라인</u>을 정하고, 재난관리책임기관의 장에게 이를 적용하도록 권고할 수 있다〈동법 제16조의6(방재기준 가이드라인의 설정 및 활용) 제1항〉.

02

안전관리론

1 「화학물질관리법」상 용어에 대한 설명으로 옳지 않은 것은?

① 화학물질 – 원소·화합물 및 그에 인위적인 반응을 일으켜 얻어진 물질과 자연 상태에서 존재하는 물질을 화학적으로 변형시키거나 추출 또는 정제한 것을 말한다.

② 유해성 – 화학물질이 노출되는 경우 사람의 건강이나 환경에 피해를 줄 수 있는 유해한 정도를 말한다.

③ 취급 – 화학물질을 제조, 수입, 판매, 보관·저장, 운반 또는 사용하는 것을 말한다.

④ 취급시설 – 화학물질을 제조, 보관·저장, 운반(항공기·선박·철도를 이용한 운반은 제외한다) 또는 사용하는 시설이나 설비를 말한다.

2 인간과오의 분류시스템과 그 확률을 계산하여 원래 제품의 결함을 감소시키고 사고 원인 중 인간과오에 의한 사고분석 및 대책수립에 사용되는 기법은?

① THERP(Technique for Human Error Rate Prediction)

② FMEA(Failure Mode and Effect Analysis)

③ MORT(Management Oversight and Risk Tree)

④ FHA(Fault Hazard Analysis)

ANSWER 1.② 2.①

1 유해성과 위해성〈「화학물질관리법」 제2조(정의) 제9호, 제10호〉
㉠ 유해성 : 화학물질의 독성 등 사람의 건강이나 환경에 좋지 아니한 영향을 미치는 화학물질 고유의 성질을 말한다.
㉡ 위해성 : 유해성이 있는 화학물질이 노출되는 경우 사람의 건강이나 환경에 피해를 줄 수 있는 정도를 말한다.

2 인정에러율 예측기법(THERP) … 인간과오의 분류시스템과 그 확률을 계산하여 원래 제품의 결함을 감소시키고 사고 원인 중 인간과오에 의한 사고분석 및 대책수립에 사용되는 기법이다.
② 오류유형 및 영향분석
③ 복잡한 관리시스템에 적용할 수 있는 안전해석 시스템
④ 결함 위험위 분석

3 뇌파의 패턴에 따른 의식수준에서 의식이 몽롱하여 졸음이 심하고 실수를 일으키기 쉬운 상태의 뇌파는?

① 알파(α) 파

② 베타(β) 파

③ 세타(θ) 파

④ 델타(δ) 파

4 앨더퍼(C. Alderfer)의 ERG 이론에서 설명하고 있는 인간의 욕구 3가지에 해당하지 않는 것은?

① 존재욕구

② 관계욕구

③ 성장욕구

④ 안전욕구

ANSWER 3.③ 4.④

3 뇌파의 종류와 심신의 상태
- ㉠ 델타파(0.2~4Hz) : 깊은 수면
- ㉡ 세타파(4~7Hz) : 졸음 상태, 얕은 수면
- ㉢ 알파파(8~14Hz)
  - 슬로우알파(8~9Hz) : 명상
  - 미들알파(10~12Hz) : 능률 향상, 기억력과 집중력 최대, 스트레스 해소
  - 페스트알파(12~13Hz) : 주의 집중과 약간의 긴장
- ㉣ 베타파(14~30Hz) : 긴장 상태
- ㉤ 김마파(30Hz 이상) : 불안, 흥분

4 ERG이론 … 매슬로우의 5단계 욕구이론을 수정해서 개인의 욕구를 3단계로 단순화시킨 앨더퍼의 욕구이론으로, 인간의 욕구를 존재욕구, 관계욕구, 성장욕구의 3단계로 구분한다.
- ㉠ 존재욕구 : 생존을 위해 필요한 생리적 · 물리적 욕구
- ㉡ 관계욕구 : 다른 사람과의 주요 관계를 유지하고자 하는 욕구
- ㉢ 성장욕구 : 창조적 개인의 성장을 위한 내적 욕구

5 「국민보호와 공공안전을 위한 테러방지법」상 대테러센터에서 수행하는 것만을 모두 고르면?

> ㉠ 국가 대테러활동 관련 임무분담 및 협조사항 실무 조정
> ㉡ 장단기 국가대테러활동 지침 작성·배포
> ㉢ 테러경보 발령

① ㉠, ㉡   ② ㉠, ㉢
③ ㉡, ㉢   ④ ㉠, ㉡, ㉢

6 「보호구 안전인증 고시」상 추락 및 감전 위험방지용 안전모의 시험성능항목이 아닌 것은?

① 내수성   ② 난연성
③ 턱끈풀림   ④ 내마모성

....

ANSWER 5.④ 6.④

5 대테러활동과 관련하여 다음 각 호의 사항을 수행하기 위하여 국무총리 소속으로 관계기관 공무원으로 구성되는 대테러센터를 둔다〈「국민보호와 공공안전을 위한 테러방지법」 제6조(대테러센터) 제1항〉.
1. 국가 대테러활동 관련 임무분담 및 협조사항 실무 조정
2. 장단기 국가대테러활동 지침 작성·배포
3. 테러경보 발령
4. 국가 중요행사 대테러안전대책 수립
5. 대책위원회의 회의 및 운영에 필요한 사무의 처리
6. 그 밖에 대책위원회에서 심의·의결한 사항

6 안전모의 시험성능기준〈「보호구 안전인증 고시」 [별표 1] 추락 및 감전 위험방지용 안전모의 성능기준 참조〉

항목	시험성능기준
내관통성	AE, ABE종 안전모는 관통거리가 9.5mm 이하이고, AB종 안전모는 관통거리가 11.1mm 이하이어야 한다.
충격흡수성	최고전달충격력이 4,450N을 초과해서는 안되며, 모체와 착장체의 기능이 상실되지 않아야 한다.
내전압성	AE, ABE종 안전모는 교류 20kV에서 1분간 절연파괴 없이 견뎌야 하고, 이때 누설되는 충전전류는 10mA 이하이어야 한다.
내수성	AE, ABE종 안전모는 질량증가율이 1% 미만이어야 한다.
난연성	모체가 불꽃을 내며 5초 이상 연소되지 않아야 한다.
턱끈풀림	150N 이상 250N 이하에서 턱끈이 풀려야 한다.

7 「산업안전보건법 시행령」상 상시 근로자가 50명 일 때 산업안전보건위원회를 설치·운영해야 하는 사업은?

① 정보서비스업

② 금융 및 보험업

③ 소프트웨어 개발 및 공급업

④ 자동차 및 트레일러 제조업

....

ANSWER 7.④

7 산업안전보건위원회를 구성해야 할 사업의 종류 및 사업장의 상시근로자 수〈「산업안전보건법 시행령」 [별표 9]〉

사업의 종류	사업장의 상시근로자 수
1. 토사석 광업 2. 목재 및 나무제품 제조업; 가구제외 3. 화학물질 및 화학제품 제조업; 의약품 제외(세제, 화장품 및 광택제 제조업과 화학섬유 제조업은 제외한다) 4. 비금속 광물제품 제조업 5. 1차 금속 제조업 6. 금속가공제품 제조업: 기계 및 가구 제외 7. 자동차 및 트레일러 제조업 8. 기타 기계 및 장비 제조업(사무용 기계 및 장비 제조업은 제외한다) 9. 기타 운송장비 제조업(전투용 차량 제조업은 제외한다)	상시근로자 50명 이상
10. 농업 11. 어업 12. 소프트웨어 개발 및 공급업 13. 컴퓨터 프로그래밍, 시스템 통합 및 관리업 13의2. 영상·오디오물 제공 서비스업 14. 정보서비스업 15. 금융 및 보험업 16. 임대업; 부동산 제외 17. 전문, 과학 및 기술 서비스업(연구개발업은 제외한다) 18. 사업지원 서비스업 19. 사회복지 서비스업	상시근로자 300명 이상
20. 건설업	공사금액 120억 원 이상(「건설산업기본법 시행령」 별표 1의 종합공사를 시공하는 업종의 건설업종란 제1호에 따른 토목공사업의 경우에는 150억 원 이상)
21. 제1호부터 제13호까지, 제13호의2 및 제14호부터 제20호까지의 사업을 제외한 사업	상시근로자 100명 이상

8 「산업안전보건법 시행규칙」상 안전관리자 등의 증원·교체임명을 명할 수 있는 사유로 ㉠, ㉡에 들어갈 내용은?

- 해당 사업장의 연간재해율이 같은 업종의 평균재해율의 (㉠)배 이상인 경우
- 중대재해가 연간 (㉡)건 이상 발생한 경우

	㉠	㉡
①	2	2
②	2	3
③	3	2
④	3	3

....

ANSWER 8.①

8 안전관리자 등의 증원·교체임명 명령〈「산업안전보건법 시행규칙」 제12조 제1항〉 … 지방고용노동관서의 장은 다음 각 호의 어느 하나에 해당하는 사유가 발생한 경우에는 법 제17조제4항·제18조제4항 또는 제19조 제3항에 따라 사업주에게 안전관리자·보건관리자 또는 안전보건관리담당자를 정수 이상으로 증원하게 하거나 교체하여 임명할 것을 명할 수 있다. 다만, 제4호에 해당하는 경우로서 직업성 질병자 발생 당시 사업장에서 해당 화학적 인자(因子)를 사용하지 않은 경우에는 그렇지 않다.

1. 해당 사업장의 연간재해율이 같은 업종의 평균재해율의 2배 이상인 경우
2. 중대재해가 연간 2건 이상 발생한 경우. 다만, 해당 사업장의 전년도 사망만인율이 같은 업종의 평균 사망만인율 이하인 경우는 제외한다.
3. 관리자가 질병이나 그 밖의 사유로 3개월 이상 직무를 수행할 수 없게 된 경우
4. 별표 22 제1호에 따른 화학적 인자로 인한 직업성 질병자가 연간 3명 이상 발생한 경우. 이 경우 직업성 질병자의 발생일은 「산업재해보상보험법 시행규칙」 제21조 제1항에 따른 요양급여의 결정일로 한다.

9 「산업안전보건기준에 관한 규칙」상 95데시벨 소음이 1일 4시간 발생하는 작업의 분류는?

① 경미한 소음작업

② 일상 소음작업

③ 강렬한 소음작업

④ 충격소음작업

10 물이 주성분인 수계 소화약제에 해당하는 것은?

① 포 소화약제

② 이산화탄소 소화약제

③ 할로겐화합물 소화약제

④ 분말 소화약제

ANSWER 9.③ 10.①

9 소음작업 … 1일 8시간 작업을 기준으로 85데시벨 이상의 소음이 발생하는 작업을 말한다〈「산업안전보건기준에 관한 규칙」 제 512조(정의) 제1호〉.

㉠ **강렬한 소음작업**〈동규칙 동조 제2호〉
- 90데시벨 이상의 소음이 1일 8시간 이상 발생하는 작업
- 95데시벨 이상의 소음이 1일 4시간 이상 발생하는 작업
- 100데시벨 이상의 소음이 1일 2시간 이상 발생하는 작업
- 105데시벨 이상의 소음이 1일 1시간 이상 발생하는 작업
- 110데시벨 이상의 소음이 1일 30분 이상 발생하는 작업
- 115데시벨 이상의 소음이 1일 15분 이상 발생하는 작업

㉡ **충격소음작업**〈동규칙 동조 제3호〉 … 소음이 1초 이상의 간격으로 발생하는 작업으로서 다음의 어느 하나에 해당하는 작업을 말한다.
- 120데시벨을 초과하는 소음이 1일 1만회 이상 발생하는 작업
- 130데시벨을 초과하는 소음이 1일 1천회 이상 발생하는 작업
- 140데시벨을 초과하는 소음이 1일 1백회 이상 발생하는 작업

10 ②③④는 가스계 소화약제에 해당한다.

11 안전·보건 표지의 색채, 용도, 사용례에 대해서 ㉠, ㉡에 들어갈 내용은?

색채	용도	사용례
빨간색	금지	정지신호, 소화설비 및 그 장소, 유해행위의 금지
	경고	화학물질 취급장소에서의 유해·위험 경고
(㉠)	경고	화학물질 취급장소에서의 유해·위험경고 이외의 위험경고, 주의표지 또는 기계방호물
(㉡)	지시	특정 행위의 지시 및 사실의 고지

	㉠	㉡
①	주황색	녹색
②	검은색	녹색
③	노란색	파란색
④	파란색	주황색

....

11 안전보건표지의 색채〈「산업안전보건법 시행규칙」[별표 7] 안전보건표지의 종류별 용도, 설치·부착 장소, 형태 및 색채 참고〉
　㉠ **금지표지** : 바탕은 흰색, 기본모형은 빨간색, 관련 부호 및 그림은 검은색
　㉡ **경고표지** : 바탕은 노란색, 기본모형, 관련 부호 및 그림은 검은색. 다만, 인화성물질 경고, 산화성물질 경고, 폭발성물질 경고, 급성독성물질 경고, 부식성물질 경고 및 발암성·변이원성·생식독성·전신독성·호흡기과민성 물질 경고의 경우 바탕은 무색, 기본모형은 빨간색(검은색도 가능)
　㉢ **지시표지** : 바탕은 파란색, 관련 그림은 흰색
　㉣ **안내표지** : 바탕은 흰색, 기본모형 및 관련 부호는 녹색, 바탕은 녹색, 관련 부호 및 그림은 흰색
　㉤ **출입금지표지** : 글자는 흰색바탕에 흑색. 다음 글자는 적색
　　• ○○○제조/사용/보관 중
　　• 석면취급/해체 중
　　• 발암물질 취급 중

12 지정수량 이상의 위험물을 제조 외의 목적으로 취급하기 위한 장소로서 설치허가를 받은 위험물 취급소에 해당하지 않는 것은?

① 주유취급소

② 판매취급소

③ 간이취급소

④ 이송취급소

....

ANSWER 12.③

12 위험물을 제조외의 목적으로 취급하기 위한 장소와 그에 따른 취급소의 구분〈「위험물안전관리법 시행령」[별표 3]〉

위험물을 제조외의 목적으로 취급하기 위한 장소	취급소의 구분
1. 고정된 주유설비(항공기에 주유하는 경우에는 차량에 설치된 주유설비를 포함한다)에 의하여 자동차·항공기 또는 선박 등의 연료탱크에 직접 주유하기 위하여 위험물(「석유 및 석유대체연료 사업법」 제29조의 규정에 의한 가짜석유제품에 해당하는 물품을 제외한다. 이하 제2호에서 같다)을 취급하는 장소(위험물을 용기에 옮겨 담거나 차량에 고정된 5천리터 이하의 탱크에 주입하기 위하여 고정된 급유설비를 병설한 장소를 포함한다)	주유취급소
2. 점포에서 위험물을 용기에 담아 판매하기 위하여 지정수량의 40배 이하의 위험물을 취급하는 장소	판매취급소
3. 배관 및 이에 부속된 설비에 의하여 위험물을 이송하는 장소. 다만, 다음 각목의 1에 해당하는 경우의 장소를 제외한다. 가. 「송유관 안전관리법」에 의한 송유관에 의하여 위험물을 이송하는 경우 나. 제조소등에 관계된 시설(배관을 제외한다) 및 그 부지가 같은 사업소안에 있고 당해 사업소안에서만 위험물을 이송하는 경우 다. 사업소와 사업소의 사이에 도로(폭 2미터 이상의 일반교통에 이용되는 도로로서 자동차의 통행이 가능한 것을 말한다)만 있고 사업소와 사업소 사이의 이송배관이 그 도로를 횡단하는 경우 라. 사업소와 사업소 사이의 이송배관이 제3자(당해 사업소와 관련이 있거나 유사한 사업을 하는 자에 한한다)의 토지만을 통과하는 경우로서 당해 배관의 길이가 100미터 이하인 경우 마. 해상구조물에 설치된 배관(이송되는 위험물이 별표 1의 제4류 위험물중 제1석유류인 경우에는 배관의 내경이 30센티미터 미만인 것에 한한다)으로서 당해 해상구조물에 설치된 배관이 길이가 30미터 이하인 경우 바. 사업소와 사업소 사이의 이송배관이 다목 내지 마목의 규정에 의한 경우 중 2 이상에 해당하는 경우 사. 「농어촌 전기공급사업 촉진법」에 따라 설치된 자가발전시설에 사용되는 위험물을 이송하는 경우	이송취급소
4. 제1호 내지 제3호외의 장소(「석유 및 석유대체연료 사업법」 제29조의 규정에 의한 가짜석유제품에 해당하는 위험물을 취급하는 경우의 장소를 제외한다)	일반취급소

13 안전·보건표지의 종류와 형태를 바르게 연결한 것은?

① 출입금지 –

② 보행금지 –

③ 사용금지 –

④ 물체이동금지 –

13 ② 사용금지
③ 탑승금지
④ 차량통행금지
※ 금지표지

출입금지	보행금지	차량통행금지	사용금지	탑승금지	금연	화기금지	물체이동금지

14 「건축물의 피난·방화구조 등의 기준에 관한 규칙」상 초고층건물에 설치하는 피난안전구역 설치기준으로 옳지 않은 것은?

① 피난안전구역의 내부마감재료는 불연재료로 설치할 것

② 건축물의 내부에서 피난안전구역으로 통하는 계단은 피난계단의 구조로 설치할 것

③ 비상용 승강기는 피난안전구역에서 승하차 할 수 있는 구조로 설치할 것

④ 피난안전구역의 높이는 2.1미터 이상일 것

ANSWER 14.②

14 피난안전구역의 설치기준〈「건축물의 피난·방화구조 등의 기준에 관한 규칙」 제8조의2 제3항〉 ··· 피난안전구역의 구조 및 설비는 다음 각 호의 기준에 적합하여야 한다.
1. 피난안전구역의 바로 아래층 및 위층은 「녹색건축물 조성 지원법」 제15조제1항에 따라 국토교통부장관이 정하여 고시한 기준에 적합한 단열재를 설치할 것. 이 경우 아래층은 최상층에 있는 거실의 반자 또는 지붕 기준을 준용하고, 위층은 최하층에 있는 거실의 바닥 기준을 준용할 것
2. 피난안전구역의 내부마감재료는 불연재료로 설치할 것
3. 건축물의 내부에서 피난안전구역으로 통하는 계단은 특별피난계단의 구조로 설치할 것
4. 비상용 승강기는 피난안전구역에서 승하차 할 수 있는 구조로 설치할 것
5. 피난안전구역에는 식수공급을 위한 급수전을 1개소 이상 설치하고 예비전원에 의한 조명설비를 설치할 것
6. 관리사무소 또는 방재센터 등과 긴급연락이 가능한 경보 및 통신시설을 설치할 것
7. 별표 1의2에서 정하는 기준에 따라 산정한 면적 이상일 것
8. 피난안전구역의 높이는 2.1미터 이상일 것
9. 「건축물의 설비기준 등에 관한 규칙」 제14조에 따른 배연설비를 설치할 것
10. 그 밖에 소방청장이 정하는 소방 등 재난관리를 위한 설비를 갖출 것

15 「도로교통법 시행규칙」상 다음의 경우 최고속도의 몇 %를 감속운행하여야 하는가? (단, 가변형 속도제한표지 및 그 밖의 안내 표지는 없는 것으로 가정함)

- 폭우·폭설·안개 등으로 가시거리가 100미터 이내인 경우
- 노면이 얼어붙은 경우
- 눈이 20밀리미터 이상 쌓인 경우

---

① 20%

② 30%

③ 40%

④ 50%

15 비·안개·눈 등으로 인한 악천후 시에는 제1항에 불구하고 다음 각 호의 기준에 의하여 감속운행하여야 한다. 다만, 경찰청 장 또는 지방경찰청장이 별표 6 Ⅰ. 제1호 타목에 따른 가변형 속도제한표지로 최고속도를 정한 경우에는 이에 따라야 하며, 가변형 속도제한표지로 정한 최고속도와 그 밖의 안전표지로 정한 최고속도가 다를 때에는 가변형 속도제한표지에 따라야 한 다〈「도로교통법 시행규칙」 제19조(자동차등과 노면전차의 속도) 제2항〉.

  1. 최고속도의 100분의 20을 줄인 속도로 운행하여야 하는 경우
    가. 비가 내려 노면이 젖어있는 경우
    나. 눈이 20밀리미터 미만 쌓인 경우
  2. 최고속도의 100분의 50을 줄인 속도로 운행하여야 하는 경우
    가. 폭우·폭설·안개 등으로 가시거리가 100미터 이내인 경우
    나. 노면이 얼어붙은 경우
    다. 눈이 20밀리미터 이상 쌓인 경우

16 방사능 사고의 정도와 상황에 따른 방사선 비상의 종류에 해당하지 않는 것은?

① 백색비상

② 회색비상

③ 청색비상

④ 적색비상

16 방사선비상의 종류에 대한 기준〈「원자력시설 등의 방호 및 방사능 방재 대책법 시행령」[별표 3]〉

구분	기준
백색비상	방사성물질의 밀봉상태의 손상 또는 원자력시설의 안전상태 유지를 위한 전원공급기능에 손상이 발생하거나 발생할 우려가 있는 등의 사고로서 방사성물질의 누출로 인한 방사선영향이 원자력시설의 건물 내에 국한될 것으로 예상되는 비상사태
청색비상	백색비상에서 안전상태로의 복구기능의 저하로 원자력시설의 주요 안전기능에 손상이 발생하거나 발생할 우려가 있는 등의 사고로서 방사성물질의 누출로 인한 방사선영향이 원자력시설 부지 내에 국한될 것으로 예상되는 비상사태
적색비상	노심의 손상 또는 용융 등으로 원자력시설의 최후방벽에 손상이 발생하거나 발생할 우려가 있는 사고로서 방사성물질의 누출로 인한 방사선영향이 원자력시설 부지 밖으로 미칠 것으로 예상되는 비상사태

17 「건축물의 피난·방화구조 등의 기준에 관한 규칙」에서 방화구획의 설치기준에 대한 규정으로 ㉠, ㉡에 들어갈 내용은?

> • 10층 이하의 층은 바닥면적 (㉠)제곱미터(스프링클러 기타 이와 유사한 자동식 소화설비를 설치한 경우에는 바닥면적 3천제곱미터)이내마다 구획할 것
> • 11층 이상의 층은 바닥면적 (㉡)제곱미터(스프링클러 기타 이와 유사한 자동식 소화설비를 설치한 경우에는 600제곱미터)이내마다 구획할 것 (단, 벽 및 반자의 실내에 접하는 부분의 마감은 불연재료가 아님)

	㉠	㉡		㉠	㉡
①	1,000	200	②	1,500	200
③	1,500	300	④	2,000	500

18 「시설물의 안전 및 유지관리 실시 등에 관한 지침」상 3종 시설물의 범위에 대한 규정으로 ㉠, ㉡에 들어갈 내용은?

구분	대상범위
교량	• 준공 후 (㉠)년이 경과된 교량으로 　– 「도로법」상 도로교량 연장 20 m 이상~100 m 미만 교량 　– 「농어촌도로정비법」상 도로교량 연장 20 m 이상 교량 　– 비법정도로 상 도로교량 연장 20 m 이상 교량
공동주택	• 준공 후 (㉡)년이 경과된 5층 이상~15층 이하 아파트 • 준공 후 (㉡)년이 경과된 연면적 660 m2초과, 4층 이하 연립주택

ANSWER 17.① 18.②

17 방화구획의 설치기준〈「건축물의 피난·방화구조 등의 기준에 관한 규칙」 제14조 제1항〉 … 영 제46조 제1항 본문에 따라 건축물에 설치하는 방화구획은 다음 각 호의 기준에 적합해야 한다.
  1. 10층 이하의 층은 바닥면적 1천제곱미터(스프링클러 기타 이와 유사한 자동식 소화설비를 설치한 경우에는 바닥면적 3천제곱미터)이내마다 구획할 것
  2. 매층마다 구획할 것. 다만, 지하 1층에서 지상으로 직접 연결하는 경사로 부위는 제외한다.
  3. 11층 이상의 층은 바닥면적 200제곱미터(스프링클러 기타 이와 유사한 자동식 소화설비를 설치한 경우에는 600제곱미터)이내마다 구획할 것. 다만, 벽 및 반자의 실내에 접하는 부분의 마감을 불연재료로 한 경우에는 바닥면적 500제곱미터(스프링클러 기타 이와 유사한 자동식 소화설비를 설치한 경우에는 1천500제곱미터)이내마다 구획하여야 한다.
  4. 필로티나 그 밖에 이와 비슷한 구조(벽면적의 2분의 1 이상이 그 층의 바닥면에서 위층 바닥 아래면까지 공간으로 된 것만 해당한다)의 부분을 주차장으로 사용하는 경우 그 부분은 건축물의 다른 부분과 구획할 것

	㉠	㉡
①	10	10
②	10	15
③	10	20
④	15	15

ANSWER 18.②

18 제3종시설물의 범위〈「시설물의 안전 및 유지관리에 관한 특별법 시행령」[별표 1의2]〉

1. 토목분야 : <u>준공 후 10년</u>이 경과된 시설물(다목 및 바목은 제외한다)로서 다음 구분에 따른 시설물

구분	대상범위
가. 교량	1) 「도로법」 제10조에 따른 도로에 설치된 연장 20미터 이상 100미터 미만인 도로교량 2) 「도로법」 제10조에 따른 도로 외의 도로에 설치된 연장 20미터 이상인 교량 3) 연장 100미터 미만인 철도교량
나. 터널	1) 연장 300미터 미만의 지방도, 시도, 군도 및 구도의 터널 2) 「농어촌도로 정비법 시행령」 제2조 제1호에 따른 터널 3) 연장 100미터 미만인 지하차도 4) 제1종시설물에 해당하지 않는 터널로서 특별시 및 광역시 외의 지역에 있는 철도터널
다. 방음시설	「도로법 시행령」 제3조 제7호의 방음시설 중 터널 구조로 된 시설
라. 육교	보도육교
마. 옹벽	1) 지면으로부터 노출된 높이가 5미터 이상인 부분이 포함된 연장 100미터 이상인 옹벽 2) 지면으로부터 노출된 높이가 5미터 이상인 부분이 포함된 연장 40미터 이상인 복합식 옹벽
바. 그 밖의 시설물	그 밖에 중앙행정기관의 장 또는 지방자치단체의 장이 재난예방을 위해 안전관리가 필요한 것으로 인정하는 교량·터널·옹벽·항만·댐·하천·상하수도 등의 구조물(부대시설을 포함한다)과 이와 구조가 유사한 시설물

2. 건축분야 : <u>준공 후 15년</u>이 경과된 시설물(다목은 제외한다)로서 다음 구분에 따른 시설물

구분	대상범위
가. 공동주택	1) 5층 이상 15층 이하인 아파트 2) 연면적이 660제곱미터를 초과하고 4층 이하인 연립주택 3) 연면적 660제곱미터 초과인 기숙사
나. 공동주택 외의 건축물	1) 11층 이상 16층 미만 또는 연면적 5천제곱미터 이상 3만제곱미터 미만인 건축물(동물 및 식물 관련 시설 및 자원순환 관련 시설은 제외한다) 2) 연면적 1천제곱미터 이상 5천제곱미터 미만인 문화 및 집회시설, 종교시설, 판매시설, 운수시설, 의료시설, 교육연구시설(연구소는 제외한다), 노유자시설, 수련시설, 운동시설, 숙박시설, 위락시설, 관광 휴게시설, 장례시설 3) 연면적 500제곱미터 이상 1천제곱미터 미만인 문화 및 집회시설(공연장 및 집회장만 해당한다), 종교시설 및 운동시설 4) 연면적 300제곱미터 이상 1천제곱미터 미만인 위락시설 및 관광휴게시설 5) 연면적 1천제곱미터 이상인 공공업무시설(외국공관은 제외한다) 6) 연면적 5천제곱미터 미만인 지하도상가(지하보도면적을 포함한다)
다. 그 밖의 시설물	그 밖에 중앙행정기관의 장 또는 지방자치단체의 장이 재난예방을 위해 안전관리가 필요한 것으로 인정하는 시설물

19 소방시설의 종류와 내용을 나타낸 규정으로 ㉠, ㉡에 들어갈 내용은? (기출변형)

종류	내용
(㉠)	화재가 발생할 경우 피난하기 위하여 사용하는 기구 또는 설비
(㉡)	화재를 진압하는 데 필요한 물을 공급하거나 저장하는 설비

	㉠	㉡
①	화재피난설비	소화저장설비
②	피난구조설비	소화용수설비
③	화재피난설비	소화공급설비
④	피난구조설비	소화저장설비

....

ANSWER 19.②

19 소방시설(「소방시설 설치 및 관리에 관한 법률 시행령」 [별표1])

1. 소화설비 : 물 또는 그 밖의 소화약제를 사용하여 소화하는 기계 · 기구 또는 설비로서 다음 각 목의 것

　가. 소화기구

　　1) 소화기

　　2) 간이소화용구 : 에어로졸식 소화용구, 투척용 소화용구, 소공간용 소화용구 및 소화약제 외의 것을 이용한 간이소화용구

　　3) 자동확산소화기

　나. 자동소화장치

　　1) 주거용 주방자동소화장치

　　2) 상업용 주방자동소화장치

　　3) 캐비닛형 자동소화장치

　　4) 가스자동소화장치

　　5) 분말자동소화장치

　　6) 고체에어로졸자동소화장치

　다. 옥내소화전설비[호스릴(hose reel) 옥내소화전설비를 포함한다]

　라. 스프링클러설비등

　　1) 스프링클러설비

　　2) 간이스프링클러설비(캐비닛형 간이스프링클러설비를 포함한다)

　　3) 화재조기진압용 스프링클러설비

　마. 물분무등소화설비

　　1) 물분무소화설비

　　2) 미분무소화설비

　　3) 포소화설비

　　4) 이산화탄소소화설비

　　5) 할론소화설비

　　6) 할로겐화합물 및 불활성기체(다른 원소와 화학반응을 일으키기 어려운 기체를 말한다. 이하 같다) 소화설비

　　7) 분말소화설비

        8) 강화액소화설비

        9) 고체에어로졸소화설비

    바. 옥외소화전설비

2. 경보설비 : 화재발생 사실을 통보하는 기계ㆍ기구 또는 설비로서 다음 각 목의 것

    가. 단독경보형 감지기

    나. 비상경보설비

        1) 비상벨설비

        2) 자동식사이렌설비

    다. 자동화재탐지설비

    라. 시각경보기

    마. 화재알림설비

    바. 비상방송설비

    사. 자동화재속보설비

    아. 통합감시시설

    자. 누전경보기

    차. 가스누설경보기

3. 피난구조설비 : 화재가 발생할 경우 피난하기 위하여 사용하는 기구 또는 설비로서 다음 각 목의 것

    가. 피난기구

        1) 피난사다리

        2) 구조대

        3) 완강기

        4) 간이완강기

        5) 그 밖에 화재안전기준으로 정하는 것

    나. 인명구조기구

        1) 방열복, 방화복(안전모, 보호장갑 및 안전화를 포함한다)

        2) 공기호흡기

        3) 인공소생기

    다. 유도등

        1) 피난유도선

        2) 피난구유도등

        3) 통로유도등

        4) 객석유도등

        5) 유도표지

    라. 비상조명등 및 휴대용비상조명등

4. 소화용수설비 : 화재를 진압하는 데 필요한 물을 공급하거나 저장하는 설비로서 다음 각 목의 것

    가. 상수도소화용수설비

    나. 소화수조ㆍ저수조, 그 밖의 소화용수설비

5. 소화활동설비 : 화재를 진압하거나 인명구조활동을 위하여 사용하는 설비로서 다음 각 목의 것

    가. 제연설비

    나. 연결송수관설비

    다. 연결살수설비

    라. 비상콘센트설비

    마. 무선통신보조설비

    바. 연소방지설비

20 「화학물질의 분류·표시 및 물질안전보건자료에 관한 기준」상 물질안전보건자료 작성에 대한 설명으로 옳지 않는 것은?

① 운송에 필요한 정보는 작성항목에 포함되지 않는다.

② 한글로 작성하는 것을 원칙으로 하되 화학물질명, 외국기관명 등의 고유명사는 영어로 표기할 수 있다.

③ 각 항목의 작성 시 시험결과를 반영하고자 하는 경우에는 해당국가의 우수실험실기준(GLP) 및 국제공인시험기관 인정(KOLAS)에 따라 수행한 시험결과를 우선적으로 고려하여야 한다.

④ 작성단위는 「계량에 관한 법률」이 정하는 바에 의한다.

ANSWER 20.①

20 작성원칙〈「화학물질의 분류·표시 및 물질안전보건자료에 관한 기준」 제11조〉

① 물질안전보건자료는 한글로 작성하는 것을 원칙으로 하되 화학물질명, 외국기관명 등의 고유명사는 영어로 표기할 수 있다.

② ①에도 불구하고 실험실에서 시험·연구목적으로 사용하는 시약으로서 물질안전보건자료가 외국어로 작성된 경우에는 한국어로 번역하지 아니할 수 있다.

③ 제10조제1항 각 호의 작성 시 시험결과를 반영하고자 하는 경우에는 해당국가의 우수실험실기준(GLP) 및 국제공인시험기관 인정(KOLAS)에 따라 수행한 시험결과를 우선적으로 고려하여야 한다.

④ 외국어로 되어있는 물질안전보건자료를 번역하는 경우에는 자료의 신뢰성이 확보될 수 있도록 최초 작성기관명 및 시기를 함께 기재하여야 하며, 다른 형태의 관련 자료를 활용하여 물질안전보건자료를 작성하는 경우에는 참고문헌의 출처를 기재하여야 한다.

⑤ 물질안전보건자료 작성에 필요한 용어, 작성에 필요한 기술지침은 한국산업안전보건공단이 정할 수 있다.

⑥ 물질안전보건자료의 작성단위는 「계량에 관한 법률」이 정하는 바에 의한다.

⑦ 각 작성항목은 빠짐없이 작성하여야 한다. 다만, 부득이 어느 항목에 대해 관련 정보를 얻을 수 없는 경우에는 작성란에 "자료 없음"이라고 기재하고, 적용이 불가능하거나 대상이 되지 않는 경우에는 작성란에 "해당 없음"이라고 기재한다.

⑧ 제10조 제1항 제1호에 따른 화학제품에 관한 정보 중 용도는 별표 5에서 정하는 용도분류체계에서 하나 이상을 선택하여 작성할 수 있다. 다만, 법 제110조 제1항 및 제3항에 따라 작성된 물질안전보건자료를 제출할 때에는 별표 5에서 정하는 용도분류체계에서 하나 이상을 선택하여야 한다.

⑨ 혼합물 내 함유된 화학물질 중 규칙 별표 18 제1호 가목에 해당하는 화학물질의 함유량이 한계농도인 1% 미만이거나 동 별표 제1호 나목에 해당하는 화학물질의 함유량이 별표 6에서 정한 한계농도 미만인 경우 제10조 제1항 각호에 따른 항목에 대한 정보를 기재하지 아니할 수 있다. 이 경우 화학물질이 규칙 별표18 제1호 가목과 나목 모두 해당할 때에는 낮은 한계농도를 기준으로 한다.

⑩ 제10조 제1항 제3호에 따른 구성 성분의 함유량을 기재하는 경우에는 함유량의 ±5퍼센트포인트(%P) 내에서 범위(하한 값 ~ 상한 값)로 함유량을 대신하여 표시할 수 있다.

⑪ 물질안전보건자료를 작성할 때에는 취급근로자의 건강보호목적에 맞도록 성실하게 작성하여야 한다.

※ 물질안전보건자료 작성 시 포함되어야 할 항목 및 그 순서〈「화학물질의 분류·표시 및 물질안전보건자료에 관한 기준」 제10조(작성항목) 제1항〉

1. 화학제품과 회사에 관한 정보	2. 유해성·위험성	3. 구성성분의 명칭 및 함유량
4. 응급조치요령	5. 폭발·화재 시 대처방법	6. 누출사고 시 대처방법
7. 취급 및 저장방법	8. 노출방지 및 개인보호구	9. 물리화학적 특성
10. 안정성 및 반응성	11. 독성에 관한 정보	12. 환경에 미치는 영향
13. 폐기 시 주의사항	14. <u>운송에 필요한 정보</u>	15. 법적규제 현황
16. 그 밖의 참고사항		

1 위험물의 성질 중 가연성 고체에 해당하지 않는 물질은?

① 유황

② 황린

③ 금속분

④ 마그네슘

2 「국민 안전교육 진흥 기본법」상 안전교육기본계획을 수립 및 시행하여야 하는 자는?

① 국무총리

② 교육부장관

③ 행정안전부장관

④ 문화체육관광부장관

ANSWER 1.② 2.③

1 가연성 고체는 제2류 위험물로, 황화린, 적린, 유황, 철분, 금속분, 마그네슘 및 이중 하나 이상을 함유한 것, 인화성 고체 등이 있다.
② 황린은 제3류 위험물인 자연발화성 물질 및 금수성 물질에 해당한다.

2 행정안전부장관은 5년마다 안전교육기본계획을 수립하여 「재난 및 안전관리 기본법」 제9조에 따른 중앙안전관리위원회의 심의를 거쳐 확정·시행하여야 한다〈「국민 안전교육 진흥 기본법」 제5조(안전교육기본계획의 수립 및 시행) 제1항〉.

3 데이비스(K. Davis)의 동기부여이론에서 동기유발(motivation)에 해당하는 식은?

① 지식(knowledge) × 기능(skill)

② 능력(ability) × 태도(attitude)

③ 능력(ability) × 상황(situation)

④ 상황(situation) × 태도(attitude)

4 인간의 착오요인 중 조작과정의 착오요인에 해당하는 것은?

① 생리 및 심리적 능력의 한계

② 정보량 저장의 한계

③ 작업 경험의 부족

④ 감각차단현상

ANSWER 3.④ 4.③

3 K. 데이비스의 동기부여이론
ㄱ 경영의 성과 = 인간의 성과 × 물적인 성과
ㄴ 인간의 성과 = 인간의 능력 × 동기유발
ㄷ 인간의 능력 = 지식 × 기능
ㄹ 동기유발 = 상황 × 태도

4 ③ 작업 경험의 부족은 조작과정에서 착오를 일으킬 수 있다.
①②④은 인지과정의 착오요인에 해당한다.

5 「식품안전기본법」상 용어 정의에 대한 설명으로 옳지 않은 것은?

① '소비자'란 사업자가 제공하는 식품등을 섭취하거나 사용하는 자를 말하며, 자기의 영업에 사용하기 위하여 식품등을 제공받는 경우를 포함한다.

② '관계중앙행정기관'이란 기획재정부·교육부·농림축산식품부·산업통상자원부·보건복지부·환경부·해양수산부·식품의약품안전처·관세청 및 농촌진흥청을 말한다.

③ '위해성평가'란 식품등에 존재하는 위해요소가 인체의 건강을 해하거나 해할 우려가 있는지 여부와 그 정도를 과학적으로 평가하는 것을 말한다.

④ '추적조사'란 식품등의 생산·판매등의 과정에 관한 정보를 추적하여 조사하는 것을 말한다.

6 「식품·의약품 등의 안전 및 제품화 지원에 관한 규제과학혁신법」상 '식품·의약품 등'에 해당하지 않는 것은? (기출변형)

① 「농수산물 품질관리법」에 따른 농수산물 및 농수산가공품

② 「축산물 위생관리법」에 따른 축산물

③ 「주세법」에 따른 주류(酒類)

④ 「약사법」에 따른 동물용 의약품

ANSWER 5.① 6.④

5 ① "소비자"란 사업자가 제공하는 제2호 각 목에 해당하는 것(이하 "식품 등"이라 한다)을 섭취하거나 사용하는 자를 말한다. 다만, 자기의 영업에 사용하기 위하여 식품 등을 제공받는 경우를 제외한다〈「식품안전기본법」 제2조(정의) 제3호〉.

6 식품·의약품 등〈「식품·의약품 등의 안전 및 제품화 지원에 관한 규제과학혁신법」 제2조(정의) 제1호〉

가. 「식품위생법」에 따른 식품, 식품첨가물, 기구 또는 용기·포장
나. 「농수산물 품질관리법」에 따른 농수산물 및 농수산가공품
다. 「축산물 위생관리법」에 따른 축산물
라. 「주세법」에 따른 주류(酒類)
마. 「건강기능식품에 관한 법률」에 따른 건강기능식품
바. 「약사법」에 따른 의약품(동물용 의약품은 제외한다), 한약, 한약제제(韓藥製劑) 및 의약외품(醫藥外品)(동물용 의약외품은 제외한다)
사. 「마약류 관리에 관한 법률」에 따른 마약류
아. 「화장품법」에 따른 화장품
자. 「의료기기법」에 따른 의료기기(동물용 의료기기는 제외한다)
차. 「위생용품 관리법」에 따른 위생용품
카. 그 밖에 가목부터 차목까지에서 규정한 것과 유사한 것으로서 대통령령으로 정하는 것

7 「도로교통법」상 용어 정의에 대한 설명으로 옳지 않은 것은?

① '차선'이란 차로와 차로를 구분하기 위하여 그 경계지점을 안전표지로 표시한 선을 말한다.

② '안전표지'란 교통안전에 필요한 주의 · 규제 · 지시 등을 표시하는 표지판이나 도로의 바닥에 표시하는 기호 · 문자 또는 선 등을 말한다.

③ '서행'(徐行)이란 운전자가 차 또는 노면전차를 즉시 정지시킬 수 있는 정도의 느린 속도로 진행하는 것을 말한다.

④ '정차'란 운전자가 10분을 초과하지 아니하고 차를 정지시키는 것으로서 주차 외의 정지 상태를 말한다.

8 「국민보호와 공공안전을 위한 테러방지법 시행령」상 관계기관의 장이 테러 예방 및 대응을 위하여 둘 수 있는 '전담조직'에 해당하지 않는 것은?

① 대테러센터
② 테러정보통합센터
③ 테러사건대책본부
④ 화생방테러대응지원본부

---

7 주차와 정차〈「도로교통법」 제2조(정의) 제24호, 제25호〉
　㉠ 주차 : 운전자가 승객을 기다리거나 화물을 싣거나 차가 고장 나거나 그 밖의 사유로 차를 계속 정지 상태에 두는 것 또는 운전자가 차에서 떠나서 즉시 그 차를 운전할 수 없는 상태에 두는 것을 말한다.
　㉡ 정차 : 운전자가 5분을 초과하지 아니하고 차를 정지시키는 것으로서 주차 외의 정지 상태를 말한다.

8 전담조직〈「국민보호와 공공안전을 위한 테러방지법 시행령」 제11조 제1항〉 … 법 제8조에 따른 전담조직은 제12조부터 제21조까지의 규정에 따라 테러 예방 및 대응을 위하여 관계기관 합동으로 구성하거나 관계기관의 장이 설치하는 다음 각 호의 전문조직(협의체를 포함한다)으로 한다.
　1. 지역 테러대책협의회
　2. 공항 · 항만 테러대책협의회
　3. 테러사건대책본부
　4. 현장지휘본부
　5. 화생방테러대응지원본부
　6. 테러복구지원본부
　7. 대테러특공대
　8. 테러대응구조대
　9. 테러정보통합센터
　10. 대테러합동조사팀

9 「시설물의 안전 및 유지관리에 관한 특별법 시행규칙」상 댐의 구조안전상 주요부위의 중대한 결함에 해당하는 것은?

① 수문의 작동불량

② 관로의 파손, 변형 및 부식

③ 철근콘크리트 부재의 심한 재료 분리

④ 주요 구조부위의 철근량 부족

ANSWER 9.①

9 시설물의 구조안전상 주요부위의 중대한 결함〈「시설물의 안전 및 유지관리에 관한 특별법 시행규칙」[별표 3]〉

시설물 명	구조안전상 주요부위의 중대한 결함
1. 교량	가. 주요 구조부위의 철근량 부족 나. 주형(교량보, 거더 ; girder)의 균열 심화 다. 철근콘크리트 부재의 심한 재료 분리 라. 부재 연결판의 균열 및 심한 변형 마. 철강재 용접부의 용접불량 바. 케이블 부재 또는 긴장재(콘크리트 속의 강재나 강철로 만든 줄)의 손상 사. 교대·교각의 균열 발생
2. 터널	가. 벽체균열의 심화 및 탈락 나. 복공부위의 심한 누수 및 변형
3. 하천	수문의 작동 불량
4. 댐	가. 댐체, 여수로, 기초 및 양쪽 기슭부(양안부)의 누수, 균열 및 변형 나. 수문의 작동불량 다. 삭제 〈2022. 9. 16.〉
5. 상수도	가. 관로의 파손, 변형 및 부식 나. 관로이음부의 불량접합
6. 건축물	가. 주요 구조부재의 과다한 변형 및 균열 심화 나. 지반침하 및 이로 인한 활동적인 균열 다. 누수·부식 등에 의한 구조물의 기능 상실 라. 조립식 구조체의 연결부실로 인한 내력 상실
7. 항만	가. 갑문시설 중 문짝작동시설 부식 노후화 나. 갑문의 물을 채우거나 빼는 송배수로 시설의 부식 노후화 다. 잔교(선박을 매어두거나 부두에 닿도록 구름다리형태로 만든 구조물)·시설 파손 및 결함 라. 케이슨(Caisson : 철근 콘크리트로 만든 상자나 원통 모양 등의 구조물) 구조물의 파손 마. 안벽(부두벽)의 법선(法線 : 계류시설에서 선박이 접안하는 면의 상부 끝단을 연장한 선) 변위 및 침하

10 「산업안전보건법 시행령」상 안전검사 대상기계에 포함되지 않는 것은?(기출변형)

① 전단기 ② 보일러

③ 압력용기 ④ 크레인

11 정기점검을 실시한 후 차기 점검일 이전에 기계, 기구 및 설비에 갑작스런 이상이 발견되었을 때 실시하는 안전점검은?

① 계획점검 ② 임시점검

③ 일상점검 ④ 특별점검

ANSWER 10.② 11.②

10 안전검사대상기계등〈「산업안전보건법 시행령」 제78조〉
1. 프레스
2. 전단기
3. 크레인(정격 하중이 2톤 미만인 것은 제외한다)
4. 리프트
5. 압력용기
6. 곤돌라
7. 국소 배기장치(이동식은 제외한다)
8. 원심기(산업용만 해당한다)
9. 롤러기(밀폐형 구조는 제외한다)
10. 사출성형기[형 체결력(型 締結力) 294킬로뉴턴(KN) 미만은 제외한다]
11. 고소작업대(「자동차관리법」에 따른 화물자동차 또는 특수자동차에 탑재한 고소작업대로 한정한다)
12. 컨베이어
13. 산업용 로봇

11 안전점검의 종류
㉠ **정기점검(계획점검)** : 일정 기간, 정기적 실시하는 점검으로, 법적 기준 또는 사내 안전규정에 따라 책임자가 실시한다.
㉡ **수시점검(일상점검)** : 매일 작업 전, 작업 중 또는 작업 후에 일상적으로 실시하는 점검으로, 작업자, 작업책임자, 관리감독자가 실시한다.
㉢ **특별점검** : 기계·기구 또는 설비의 신설, 변경 또는 고장, 수리 등 비정기적인 특정점검을 말하며 기술책임자가 실시한다.
㉣ **임시점검** : 정기점검 실시 후 다음 점검기일 이전에 임시로 실시하는 점검이나 기계·기구 또는 설비의 이상 발견 시에 임시로 점검하는 것이다.

12 위험물의 종류 중 유기과산화물의 성질에 해당하는 것은?

① 산화성 고체

② 산화성 액체

③ 인화성 액체

④ 자기반응성 물질

12 위험물의 성질 및 종류〈「위험물안전관리법 시행령」[별표 1] 위험물 및 지정수량 참고〉

유별	성질	품명
제1류	산화성고체	아염소산염류, 염소산염류, 과염소산염류, 무기과산화물, 브로민산염류, 질산염류, 아이오딘산염류, 과망가니즈산염류, 다이크로뮴산염류 등
제2류	가연성고체	황화인, 적린, 황, 철분, 금속분, 마그네슘, 인화성고체 등
제3류	자연반화성물질 및 금수성물질	칼륨, 나트륨, 알킬알루미늄, 알킬리튬, 황린, 알칼리금속(칼륨 및 나트륨을 제외한다) 및 알칼리토금속, 유기금속화합물(알킬알루미늄 및 알킬리튬을 제외한다), 금속의 수소화물, 금속의 인화물, 칼슘 또는 알루미늄의 탄화물 등
제4류	인화성액체	특수인화물, 제1석유류, 알코올류, 제2석유류, 제3석유류, 제4석유류, 동식물유류 등
제5류	자기반응성물질	유기과산화물, 질산에스터류, 나이트로화합물, 나이트로소화합물, 아조화합물, 다이아조화합물, 하이드라진 유도체, 하이드록실아민, 하이드록실아민염류 등
제6류	산화성액체	과염소산, 과산화수소, 질산 등

13 '위험예지훈련'의 4라운드 중 위험요인을 찾아내고 가장 위험한 것을 합의하여 결정하는 단계는?

① 현상파악

② 본질추구

③ 대책수립

④ 목표설정

ANSWER 13.②

13 위험예지훈련 4라운드법

구분	내용	진행방법
도입	–	• 정렬, 인사, 건강확인 등
1R	현상파악 "어떤 위험이 잠재하고 있는가?"	• 위험요인과 현상(5~7항목 정도) – ~해서 ~된다, ~때문에 ~된다
2R	본질추구 "이것이 위험의 포인트다."	• 문제라고 생각되는 항목 : 표 • 위험의 포인트 : 표(2항목 정도) 밑줄 • 위험의 포인트 지적확인 – ~해서 ~된다. 좋아!
3R	대책수립 "당신이라면 어떻게 할 것인가?"	• 표 항목에 대한 구체적으로 실행가능한 대책(3항목 정도)
4R	목표설정 "우리들은 이렇게 한다."	• 중점실시, 합의 요약 : 표(1~2항목) 밑줄 • 팀의 목표행동 지적확인 – ~을 ~하여 ~하자, 좋아!(1회)
확인	–	• 원포인트 지적확인 – 좋아!(3회) • 터치 앤 콜 – 무재해로 나가자, 좋아!

14 「연구실 안전환경 조성에 관한 법률」상 연구실 소속 연구활동종사자를 직접 지도·관리·감독하는 연구활동종사자는? **(기출변형)**

① 연구실책임자　　　　　　　　　　② 연구주체의 장

③ 연구실안전환경관리자　　　　　　④ 연구실안전관리담당자

15 전류에 의해 인체가 받는 영향으로 전격의 위험을 결정하는 주요 인자에 해당하는 것만을 모두 고르면?

㉠ 통전전류의 크기	㉡ 통전경로
㉢ 전원의 종류	㉣ 주파수 및 파형

① ㉠, ㉢　　　　　　　　　　　　　② ㉠, ㉡, ㉣

③ ㉡, ㉢, ㉣　　　　　　　　　　　④ ㉠, ㉡, ㉢, ㉣

ANSWER 14.① 15.④

14 ① "연구실책임자"란 연구실 소속 연구활동종사자를 직접 지도·관리·감독하는 연구활동종사자를 말한다〈「연구실 안전환경 조성에 관한 법률」 제2조(정의) 제6호〉.
　② "연구주체의 장"이란 다음의 어느 하나에 해당하는 자를 말한다.
　　㉠ 대학·연구기관등의 대표자
　　㉡ 대학·연구기관등의 연구실의 소유자
　　㉢ 중앙행정기관 및 지방자치단체의 소속 기관 중 직제에 연구활동 기능이 있고, 연구활동을 위한 연구실을 운영하는 기관에 해당하는 소속 기관의 장
　③ "연구실안전환경관리자"란 각 대학·연구기관등에서 연구실 안전과 관련한 기술적인 사항에 대하여 연구주체의 장을 보좌하고 연구실책임자 등 연구활동종사자에게 조언·지도하는 업무를 수행하는 사람을 말한다.
　④ "연구실안전관리담당자"란 각 연구실에서 안전관리 및 연구실사고 예방 업무를 수행하는 연구활동종사자를 말한다.

15 전격의 위험을 결정하는 주요 인자
　㉠ **통전전류의 크기** : 인체에 흐르는 전류의 값
　　• 감지전류(1.1mA) : 전류가 흐르는 것을 느낌
　　• 이탈전류(16mA) : 고통 수반, 근육자유
　　• 마비전류(23mA) : 격렬한 고통, 근육경직
　　• 취사전류(100mA) : 호흡곤란, 신체조직 파괴, 심실세동으로 사망
　㉡ **통전경로** : 왼손으로 전기기구를 취급하면 전류가 심장을 통할 염려가 있으므로 반드시 오른손을 사용
　㉢ **전원의 종류** : 전압이 동일 시 교류가 직류보다 위험
　㉣ **주파수 및 파형** : 교류일 때는 50~60Hz가 가장 위험하고 주파수가 낮으면 자극작용, 높으면 열적작용

16 일반화재(A급), 유류화재(B급), 전기화재(C급)에 적용할 수 있는 제3종 분말소화약제의 주성분은?

① 요소

② 중탄산칼륨

③ 중탄산나트륨

④ 제1인산암모늄

17 인간의 기억과정을 단계별로 바르게 나열한 것은?

㉠ 재생(recall)	㉡ 파지(retention)
㉢ 기명(memorizing)	㉣ 재인(recognition)

① ㉠→㉡→㉢→㉣

② ㉠→㉢→㉣→㉡

③ ㉢→㉡→㉠→㉣

④ ㉢→㉣→㉡→㉠

16 분말소화약제의 종류 및 특성

종별	주성분	분자식	색상	적응화재
제1종 분말	중탄산나트륨 (탄산수소나트륨)	$NaHCO_3$	백색	B급, C급
제2종 분말	중탄산칼륨 (탄산수소칼륨)	$KHCO_3$	담회색	B급, C급
제3종 분말	제1인산암모늄	$NH_4H_2PO_4$	담홍색 또는 황색	A급, B급, C급
제4종 분말	중탄산칼륨과 요소와의 반응물	$KC_2N_2H_3O_3$	회식	B급, C급

17 인간의 기억처리과정은 기명 → 파지 → 재생 → 재인 순으로 진행된다.

㉠ 기명 : 자극을 지각하거나 정보를 받아들여 정리하는 과정이며, 경험내용을 머릿속에 흔적으로 각인하는 과정

㉡ 파지 : 기명된 것을 일정기간 동안 기억흔적으로 간직하는 것

㉢ 재생 : 파지하고 있는 내용을 생각해 내어 의식화하는 과정

㉣ 재인 : 기명된 내용과 재생된 내용이 일치하는지를 의식하는 것

18 「사업장 위험성평가에 관한 지침」에 따른 사업장 위험성평가 실시에 대한 설명으로 옳지 않은 것은?

① 위험성평가는 최초평가 및 수시평가, 정기평가로 구분하여 실시하여야 한다.

② 최초평가는 전체 작업을 대상으로 하지 않는다.

③ 사업장 건설물의 설치·이전·변경 또는 해체 계획이 있는 경우에는 계획의 실행을 착수하기 전에 수시평가를 실시하여야 한다.

④ 정기평가는 최초평가 후 매년 정기적으로 실시한다.

19 「산업안전보건기준에 관한 규칙」상 공기매개 감염병에 해당하는 것은? (기출변형)

① 후천성면역결핍증

② B형간염

③ 결핵

④ 신증후군출혈열

18 ② 위험성평가는 최초평가 및 수시평가, 정기평가로 구분하여 실시하여야 한다. 이 경우 최초평가 및 정기평가는 전체 작업을 대상으로 한다〈「사업장 위험성평가에 관한 지침」 제15조(위험성평가의 실시 시기) 제1항〉.

19 "공기매개 감염병"이란 결핵·수두·홍역 등 공기 또는 비말핵 등을 매개로 호흡기를 통하여 전염되는 감염병을 말한다〈「산업안전보건기준에 관한 규칙」 제592조(정의) 제2호〉.

　　※ 「산업안전보건기준에 관한 규칙」에 따른 감염병
　　　㉠ **혈액매개 감염병** : 후천성면역결핍증(AIDS), B형간염 및 C형간염, 매독 등 혈액 및 체액을 매개로 타인에게 전염되어 질병을 유발하는 감염병을 말한다.
　　　㉡ **공기매개 감염병** : 결핵·수두·홍역 등 공기 또는 비말핵 등을 매개로 호흡기를 통하여 전염되는 감염병을 말한다.
　　　㉢ **곤충 및 동물매개 감염병** : 쯔쯔가무시증, 렙토스피라증, 신증후군출혈열 등 동물의 배설물 등에 의하여 전염되는 감염병과 탄저병, 브루셀라증 등 가축이나 야생동물로부터 사람에게 감염되는 인수공통(人獸共通) 감염병을 말한다.

20 부주의 현상 중 외부의 자극이 모호하거나 필요 이상으로 강하거나 약할 때, 의식이 분산되어 한 곳에 대응할 수 없는 것은?

① 의식의 단절

② 의식의 우회

③ 의식수준의 저하

④ 의식의 혼란

20 부주의 현상

ⓝ 의식의 단절 : 졸거나 각성제 상용 시 의식의 흐름에 단절·공백 상태가 나타난다.

ⓛ 의식의 우회 : 걱정·근심 등으로 잠시 다른 생각을 하거나 멍하니 있는 경우에 해당한다.

ⓒ 의식수준의 저하 : 심신의 피로, 단조로움에 의해 의식수준이 떨어지는 것을 말한다.

ⓔ 의식의 혼란 : 기기의 표시방법, 조작의 방향이 심리적 양립성에 부합하는 경우, 판단의 혼란이나 잘못이 발생한다.

ⓜ 의식의 과잉 : 지나친 의욕의 결과로 주의가 한 곳에 집중되어 발생한다.

1 현재 산업체의 추세가 소품종 다량생산에서 다품종 소량 생산으로 옮겨가고 있으며, 자동화 범용설비가 도입되어 가동되고 있어 어느 한 요인이 갖추어지지 않았더라도 재해가 발생할 수 있고 다른 요인들과 복합되어도 재해가 발생한다는 이론은?

① 버드의 사고발생이론

② 휴의 사고발생이론

③ 미셸 차베타키아의 사고발생이론

④ 아담스의 사고발생이론

2 재난관리 단계별 정의에 대한 설명으로 가장 옳은 것은?

① 예방단계 : 복구작업이 원활하게 이루어지도록 한다.

② 경계단계 : 재난경계계획을 개발하고 관리에 필요한 체제를 준비한다.

③ 대응단계 : 재난발생 가능성을 낮추고 피해를 최소화 하기 위한 활동이다.

④ 복구단계 : 재난으로 발생한 피해를 재난 이전의 상태로 회복시키고 체제의 보완을 통하여 재발방지와 재난관리 능력을 향상시키는 관리활동이다.

ANSWER 1.② 2.④

1 문제의 지문은 휴의 사고발생이론에 대한 설명이다. 휴의 사고발생이론으로 버드의 사고발생이론(= 연쇄반응이론)과 달리, 어떤 특별한 요인이 없더라도 사고가 발생할 수 있으며, 다른 요인들과 복합되어도 사고가 발생할 수 있다고 주장했다.

2 재난관리 4단계

㉠ 예방단계 : 재난대비 재난관리체계 구축, 재난예방대책 수립·시행, 각종 안전점검 및 안전문화운동, 징후 감시, 재난위험 지구관리대책 수립, 피해저감 제도개선 및 연구개발, 재난취약시설 점검·정비, 정보시스템 개선, 시설물 비상대처계획 수립 등

㉡ 대비단계 : 재난대비 재난정보·상황관리체계 확립, 자원 동원계획 및 재난대응 훈련계획 수립·시행, 재난관리정보시스템 구축, 유관기관과의 긴급지원체계 구축, 재난대비 대국민 홍보 및 교육 훈련, 행동매뉴얼 정비 및 국민 행동요령 홍보, 응급대응체계 및 비상연락근무체계 정비, 지자체 및 관련행정기관의 데비대책 조정 및 지원, 재난 예·경보체계구축 등

㉢ 대응단계 : 재난상황보고체계 구축, 초기대응체제 확립, 유관기관 협조·지원 체제구축, 긴급구조, 이재민 대책 및 대책본부 구성·운영, 재난 예·경보신속 전파, 민·관 협력체계 구축, 비상단계 근무, 사고수습기구 운영, 2차 재난방지대책 수립, 긴급수송, 구조구급 의료지원, 청소·방역활동 실시, 비상급수 및 생필품 보급, 시설물 응급복구, 이재민 수용 및 구호물자 공급, 지자체 및 관계행정기관의 대응대책조정 및 지원 등

㉣ 복구단계 : 재난합동조사단 구성 및 운영, 피해배상(보상), 자원봉사단 활용, 항구적 복구 및 재발방지대책 수립, 피해조사, 재난복구비용 지원대책(대상, 기준, 비용산정, 지원절차) 등

3 허즈버그(F. Herzberg)의 욕구충족요인 중 주로 환경적인 요인과 관련이 있으며 직무에 불만족을 느끼게 하는 부정적 요인들을 지칭하며, 동시에 피해야 한다는 차원에서 예방적인 요인으로 불리기도 하는 것은?

① 위생요인

② 동기요인

③ 사회요인

④ 성취요인

4 터너(Turner)가 말한 재난의 개념에 대한 설명으로 가장 옳은 것은?

① 재난은 큰 규모이며, 피해가 많고, 공식적이며 비일상적인 사고

② 재난은 근본적으로는 사회적으로 조성된 것이며, 일부는 물리적 사건이고, 사회적 조성과 물리적 현상의 조합으로 발생

③ 재난은 전쟁과 유사하고, 외부요인의 탓이며, 인간 사회는 이러한 외부요인의 공격에 대해 지구적으로 대응하는 주체들

④ 재난은 통상 사망과 상해, 재산피해를 가져오고 또한 일상적인 절차나 정부의 차원으로 관리할 수 없는 심각하고 규모가 큰 사건

....

ANSWER 3.① 4.①

3 허즈버그의 동기 · 위생이론(2요인이론)
   ㉠ **동기요인**(= 만족요인) : 조직구성원에게 만족을 주고 동기를 유발하는 요인
   ㉡ **위생요인**(= 불만요인) : 욕구 충족이 되지 않을 경우 조직구성원에게 불만족을 초래하지만, 충족된다고 하더라도 동기를 적극적으로 유발하지 않는 요인

4 학자별 재난의 정의
   ㉠ **터너**(Turner, 1978) : 재난은 큰 규모의 사고, 피해가 많은 사고, 공식적인 사고, 비일상적이며, 예기치 못한 사고와 같은 특징을 갖는다.
   ㉡ **콰란텔리**(Quarantelli, 1998) 등 : 저서 「What is a Disaster?」에서 재난의 사회적 특성을 강조했다. 재난은 근본적으로 사회적으로 조성된 것이며, 일부는 물리적인 사건고, 사회적 조성과 물리적 현상의 조합으로 발생된다고 보았다.
   ㉢ **길버트**(Gilbert, 1998) : 재난에 대한 수많은 이론적 접근을 유사 전쟁모형, 사회적 취약성 모형, 불확실성 모형의 세 가지 주요 패러다임으로 분류하였다.

5 알란 스와인(Alan Swain)이 제안한 휴먼에러 유형 중, 작업 완수에 필요한 행동을 하는 과정에서 나타나는 4가지의 에러에 해당하지 않는 것은?

① 누락오류(omission error)

② 작위오류(commission error)

③ 시간오류(time error)

④ 환경오류(environment error)

6 「산업안전보건법」상 안전보건관리책임자의 직무사항으로 가장 옳지 않은 것은?

① 근로자의 안전 · 보건교육에 관한 사항

② 안전보건관리규정의 작성에 관한 사항

③ 근로자의 건강진단 등 건강관리에 관한 사항

④ 안전 · 보건에 관한 협의체의 구성 및 운영

ANSWER 5.④ 6.④

5 스웨인(Swain)의 휴먼에러 분류(행위적 분류)

ⓘ 생략 에러(omission error) : 수행해야 할 작업을 빠트리는 에러

ⓛ 작위 에러(commission error) : 수행해야 할 작업을 부정확하게 수행하는 에러

ⓒ 순서 에러(sequence error) : 수행해야 하는 작업의 순서를 틀리게 수행하는 에러

ⓔ 시간 에러(timing error) : 수행해야 할 작업을 정해진 시간동안 완수하지 못하는 에러

ⓜ 불필요한 수행 에러(extraneous error) : 작업 완수에 불필요한 작업을 수행하는 에러

6 안전보건관리책임자의 직무사항〈「산업안전보건법」 제15조(안전보건관리책임자) 제1항〉 … 사업주는 사업장을 실질적으로 총괄하여 관리하는 사람에게 해당 사업장의 다음 각 호의 업무를 총괄하여 관리하도록 하여야 한다.

1. 사업장의 산업재해 예방계획의 수립에 관한 사항

2. 제25조 및 제26조에 따른 안전보건관리규정의 작성 및 변경에 관한 사항

3. 제29조에 따른 안전보건교육에 관한 사항

4. 작업환경측정 등 작업환경의 점검 및 개선에 관한 사항

5. 제129조부터 제132조까지에 따른 근로자의 건강진단 등 건강관리에 관한 사항

6. 산업재해의 원인 조사 및 재발 방지대책 수립에 관한 사항

7. 산업재해에 관한 통계의 기록 및 유지에 관한 사항

8. 안전장치 및 보호구 구입 시 적격품 여부 확인에 관한 사항

9. 그 밖에 근로자의 유해 · 위험 방지조치에 관한 사항으로서 고용노동부령으로 정하는 사항

7 「교통안전법」상 교통수단에 대한 설명으로 가장 옳지 않은 것은?

① 「도로교통법」에 의한 차마

② 「철도산업발전 기본법」에 의한 철도차량

③ 「철도안전법」에 따른 궤도에 의하여 교통용으로 사용되는 용구

④ 「해사안전법」에 의한 선박 등 수상 또는 수중의 항행에 사용되는 모든 운송수단

8 하인리히(H. W. Heinrich)의 사고예방대책의 기본원리 5단계에 대한 설명으로 가장 옳은 것은?

① 안전관리 조직 : 작업분석, 사고조사, 점검 및 검사

② 평가 · 분석 : 기술적 대책의 실시, 안전관리자의 선임, 작업분석

③ 시정책의 적용 : 교육적 대책의 실시, 기술적 대책의 실시, 규제적 대책의 실시

④ 사실의 발견 : 사고원인 및 경향분석, 작업공정 분석, 안전수칙 및 보호장비의 적부

......

ANSWER 7.③ 8.③

7 "교통수단"이라 함은 사람이 이동하거나 화물을 운송하는데 이용되는 것으로서 다음 각 목의 어느 하나에 해당하는 운송수단을 말한다〈「교통안전법」 제2조(정의) 제1호〉.

　　가. 「도로교통법」에 의한 차마 또는 노면전차, 「철도산업발전 기본법」에 의한 철도차량(도시철도를 포함한다) 또는 「궤도운송법」에 따른 궤도에 의하여 교통용으로 사용되는 용구 등 육상교통용으로 사용되는 모든 운송수단 → 차량

　　나. 「해사안전법」에 의한 선박 등 수상 또는 수중의 항행에 사용되는 모든 운송수단 → 선박

　　다. 「항공안전법」에 의한 항공기 등 항공교통에 사용되는 모든 운송수단 → 항공기

8 하인리히(Heinrich)의 재해예방 기본원리 5단계

　　㉠ 1단계 안전조직(Organization) : 재해예방을 위한 안전관리를 함에 있어 가장 먼저 안전관리조직을 구성하여 안전활동 방침 및 계획을 수립하고 전문적인 기술을 가진 조직을 통한 안전활동을 전개한다.

　　㉡ 2단계 현상파악(Fact Finding) : 각종 안전사고 및 안전활동에 대한 기록을 검토하고 작업을 분석하여 불안전 요소를 발견한다.

　　㉢ 3단계 원인분석(Analysis) : 발견된 사실을 토대로 사고를 발생시킬 수 있는 직접 및 간접적 원인을 찾아낸다.

　　㉣ 4단계 대책수립(Selection of Remedy) : 분석을 통하여 색출된 원인을 토대로 효과적인 개선방법을 선정하고 대책을 수립한다.

　　㉤ 5단계 대책실시(Application of Remedy) : 수립된 대책을 적용하여 안전관리를 위한 활동을 수행하고 결과를 재평가하여 불합리한 점을 재조정한다.

9 건축물 화재 시 발생하는 특수한 화재현상으로 가장 옳지 않은 것은?

① 플래시백(Flash Back) ② 보일오버(Boil Over)

③ 플래시오버(Flash-Over) ④ 롤 오버(Roll-Over)

10 「산업안전보건기준에 관한 규칙」상 사전조사 및 작업 계획서를 작성하고 그 계획에 따라 해야 할 작업으로 가장 옳지 않은 것은?

① 해당 전압이 50볼트를 넘는 전기작업

② 굴착면의 높이가 2미터 이상이 되는 지반의 굴착작업

③ 상부구조가 금속 또는 콘크리트로 구성되는 교량으로서 그 높이가 5미터 이상인 교량의 설치작업

④ 교량의 최대 지간 길이가 20미터 이상인 교량의 해체 작업

ANSWER 9.② 10.④

9 보일오버(Boil Over)는 석유류가 혼합된 원유를 저장하는 탱크내부에 물이 외부 또는 자체적으로 발생한 상태에서 탱크표면에 화재가 발생하여 원유와 물이 함께 저장탱크 밖으로 흘러넘치는 현상이다.

① 플래시백(Flash Back) : 가스의 연소가 염공의 가스 유출속도보다 더 클 때, 또는 연소속도는 일정해도 가스의 유출속도가 더 작게 되었을 때 불꽃은 염공에서 버너 내부로 침입하여 관창의 선단에서 연소하여 플래시백을 일으킨다.

③ 플래시오버(Flash-Over) : 화재의 초기 단계에서 연소물로부터 가연성 가스가 천장 부근에 모이고 그것이 일시에 인화하여 폭발적으로 실내 전체에 불꽃이 도는 현상이다.

④ 롤 오버(Roll-Over) : 연소과정에서 발생된 가연성가스가 공기 중 산소와 혼합되어 천장부분에 집적된 상태에서 발화온도에 도달하여 발화함으로서 화재의 선단부분이 매우 빠르게 확대되어 가는 현상이다.

10 사업주는 다음 각 호의 작업을 하는 경우 근로자의 위험을 방지하기 위하여 별표 4에 따라 해당 작업, 작업장의 지형·지반 및 지중 상태 등에 대한 사전조사를 하고 그 결과를 기록·보존하여야 하며, 조사결과를 고려하여 별표 4의 구분에 따른 사항을 포함한 작업계획서를 작성하고 그 계획에 따라 작업을 하도록 하여야 한다〈「산업안전보건기준에 관한 규칙」 제38조(사전조사 및 작업계획서의 작성 등) 제1항〉.

1. 타워크레인을 설치·조립·해체하는 작업

2. 차량계 하역운반기계등을 사용하는 작업(화물자동차를 사용하는 도로상의 주행작업은 제외한다)

3. 차량계 건설기계를 사용하는 작업

4. 화학설비와 그 부속설비를 사용하는 작업

5. 제318조에 따른 전기작업(해당 전압이 50볼트를 넘거나 전기에너지가 250볼트암페어를 넘는 경우로 한정한다)

6. 굴착면의 높이가 2미터 이상이 되는 지반의 굴착작업

7. 터널굴착작업

8. 교량(상부구조가 금속 또는 콘크리트로 구성되는 교량으로서 그 높이가 5미터 이상이거나 <u>교량의 최대 지간 길이가 30미터 이상인 교량으로 한정한다</u>)의 설치·해체 또는 변경 작업

9. 채석작업

10. 구축물, 건축물, 그 밖의 시설물 등의 해체작업

11. 중량물의 취급작업

12. 궤도나 그 밖의 관련 설비의 보수·점검작업

13. 열차의 교환·연결 또는 분리 작업(입환작업)

11 「산업안전보건법 시행령」상 기관석면조사의 대상에 해당하지 않는 것은?

① 건축물의 연면적 합계가 50제곱미터 이상이면서, 그 건축물의 철거·해체하려는 부분의 면적 합계가 50제곱미터 이상인 경우

② 주택의 연면적 합계가 200제곱미터 이상이면서, 그 주택의 철거·해체하려는 부분의 면적 합계가 200제곱미터 이상인 경우

③ 설비의 철거·해체하려는 부분에 단열재를 사용한 면적의 합이 15제곱미터 이상 또는 그 부피의 합이 1세제곱미터 이상인 경우

④ 파이프 길이의 합이 50미터 이상이면서, 그 파이프의 철거·해체하려는 부분의 보온재로 사용된 길이의 합이 50미터 이상인 경우

ANSWER 11.④

11 기관석면조사 대상〈「산업안전보건법 시행령」 제89조 제1항〉

1. 건축물(제2호에 따른 주택은 제외한다)의 연면적 합계가 50제곱미터 이상이면서, 그 건축물의 철거·해체하려는 부분의 면적 합계가 50제곱미터 이상인 경우

2. 주택(「건축법 시행령」 제2조 제12호에 따른 부속건축물을 포함한다)의 연면적 합계가 200제곱미터 이상이면서, 그 주택의 철거·해체하려는 부분의 면적 합계가 200제곱미터 이상인 경우

3. 설비의 철거·해체하려는 부분에 다음 각 목의 어느 하나에 해당하는 자재(물질을 포함한다)를 사용한 면적의 합이 15제곱미터 이상 또는 그 부피의 합이 1세제곱미터 이상인 경우

   가. 단열재

   나. 보온재

   다. 분무재

   라. 내화피복재(耐火被覆材)

   마. 개스킷(Gasket : 누설방지재)

   바. 패킹재(Packing material : 틈박이재)

   사. 실링재(Sealing material : 액상 메움재)

   아. 그 밖에 가목부터 사목까지의 자재와 유사한 용도로 사용되는 자재로서 고용노동부장관이 정하여 고시하는 자재

4. 파이프 길이의 합이 80미터 이상이면서, 그 파이프의 철거·해체하려는 부분의 보온재로 사용된 길이의 합이 80미터 이상인 경우

12 〈보기〉는 「산업안전보건기준에 관한 규칙」상 사업주가 사다리식 통로 등을 설치하는 경우 준수해야 하는 사항이다. ㉠, ㉡에 들어갈 내용으로 가장 옳은 것은?

〈보기〉

1. 견고한 구조로 할 것
2. 심한 손상·부식 등이 없는 재료를 사용할 것
3. 발판의 간격은 일정하게 할 것
4. 발판과 벽과의 사이는 (㉠)센티미터 이상의 간격을 유지할 것
5. 폭은 (㉡)센티미터 이상으로 할 것

	㉠	㉡
①	10	20
②	15	20
③	15	30
④	20	30

12 사다리식 통로 등의 구조〈「산업안전보건기준에 관한 규칙」 제24조 제1항〉 ··· 사업주는 사다리식 통로 등을 설치하는 경우 다음 각 호의 사항을 준수하여야 한다.
1. 견고한 구조로 할 것
2. 심한 손상·부식 등이 없는 재료를 사용할 것
3. 발판의 간격은 일정하게 할 것
4. 발판과 벽과의 사이는 <u>15센티미터</u> 이상의 간격을 유지할 것
5. 폭은 <u>30센티미터</u> 이상으로 할 것
6. 사다리가 넘어지거나 미끄러지는 것을 방지하기 위한 조치를 할 것
7. 사다리의 상단은 걸쳐놓은 지점으로부터 60센티미터 이상 올라가도록 할 것
8. 사다리식 통로의 길이가 10미터 이상인 경우에는 5미터 이내마다 계단참을 설치할 것
9. 사다리식 통로의 기울기는 75도 이하로 할 것. 다만, 고정식 사다리식 통로의 기울기는 90도 이하로 하고, 그 높이가 7미터 이상인 경우에는 다음 각 목의 구분에 따른 조치를 할 것
   가. 등받이울이 있어도 근로자 이동에 지장이 없는 경우 : 바닥으로부터 높이가 2.5미터 되는 지점부터 등받이울을 설치할 것
   나. 등받이울이 있으면 근로자가 이동이 곤란한 경우 : 한국산업표준에서 정하는 기준에 적합한 개인용 추락 방지 시스템을 설치하고 근로자로 하여금 한국산업표준에서 정하는 기준에 적합한 전신안전대를 사용하도록 할 것
10. 접이식 사다리 기둥은 사용 시 접혀지거나 펼쳐지지 않도록 철물 등을 사용하여 견고하게 조치할 것

13 「위험물안전관리법 시행령」상 고형알코올 그 밖에 1기압에서 인화점이 섭씨 40도 미만인 고체는?

① 산화성고체
② 가연성고체
③ 인화성고체
④ 자연발화성물질

14 「산업안전보건법 시행규칙」에 따라 설치 또는 이전하는 경우 안전인증을 받아야 하는 기계·기구로 가장 옳지 않은 것은?

① 크레인
② 리프트
③ 프레스
④ 곤돌라

ANSWER 13.③ 14.③

13 ③ **인화성고체**: 고형알코올 그 밖에 1기압에서 인화점이 섭씨 40도 미만인 고체를 말한다.
① **산화성고체**: 고체[액체(1기압 및 섭씨 20도에서 액상인 것 또는 섭씨 20도 초과 섭씨 40도 이하에서 액상인 것을 말한다) 또는 기체(1기압 및 섭씨 20도에서 기상인 것을 말한다)외의 것을 말한다]로서 산화력의 잠재적인 위험성 또는 충격에 대한 민감성을 판단하기 위하여 소방청장이 정하여 고시하는 시험에서 고시로 정하는 성질과 상태를 나타내는 것을 말한다.
② **가연성고체**: 고체로서 화염에 의한 발화의 위험성 또는 인화의 위험성을 판단하기 위하여 고시로 정하는 시험에서 고시로 정하는 성질과 상태를 나타내는 것을 말한다.
④ **자연발화성물질**: 고체 또는 액체로서 공기 중에서 발화의 위험성이 있는 물질을 말한다.

14 안전인증대상기계등〈「산업안전보건법 시행규칙」 제107조〉
1. 설치·이전하는 경우 안전인증을 받아야 하는 기계
  가. 크레인
  나. 리프트
  다. 곤돌라
2. 주요 구조 부분을 변경하는 경우 안전인증을 받아야 하는 기계 및 설비
  가. 프레스
  나. 전단기 및 절곡기(折曲機)
  다. 크레인
  라. 리프트
  마. 압력용기
  바. 롤러기
  사. 사출성형기(射出成形機)
  아. 고소(高所)작업대
  자. 곤돌라

15 「시설물의 안전 및 유지관리에 관한 특별법」에서 정한 시설물의 종류 중 제1종 시설물에 포함되지 않는 것은?

① 고속철도 교량, 연장 500미터 이상의 도로 및 철도 교량

② 갑문시설 및 연장 1000미터 이상의 방파제

③ 21층 이상 또는 연면적 5만제곱미터 이상의 건축물

④ 포용저수량 1천만톤 이상의 방조제

16 「화학물질관리법 시행규칙」에 따라 유해화학물질의 진열량 및 보관량을 제한하고 있다. 유독물질의 제한량으로 가장 옳은 것은?

① 500킬로그램

② 1000킬로그램

③ 1500킬로그램

④ 3000킬로그램

ANSWER 15.④ 16.①

15 제1종시설물〈「시설물의 안전 및 유지관리에 관한 특별법」 제7조(시설물의 종류) 제1호〉 … 공중의 이용편의와 안전을 도모하기 위하여 특별히 관리할 필요가 있거나 구조상 안전 및 유지관리에 고도의 기술이 필요한 대규모 시설물로서 다음 각 목의 어느 하나에 해당하는 시설물 등 대통령령으로 정하는 시설물
가. 고속철도 교량, 연장 500미터 이상의 도로 및 철도 교량
나. 고속철도 및 도시철도 터널, 연장 1000미터 이상의 도로 및 철도 터널
다. 갑문시설 및 연장 1000미터 이상의 방파제
라. 다목적댐, 발전용댐, 홍수전용댐 및 총저수용량 1천만톤 이상의 용수전용댐
마. 21층 이상 또는 연면적 5만제곱미터 이상의 건축물
바. 하구둑, 포용저수량 8천만톤 이상의 방조제
사. 광역상수도, 공업용수도, 1일 공급능력 3만톤 이상의 지방상수도

16 유해화학물질의 진열량·보관량 제한 등〈「화학물질관리법 시행규칙」 제10조 제1항〉
1. 유독물질 : 500킬로그램
2. 허가물질, 제한물질, 금지물질 또는 사고대비물질 : 100킬로그램

17 〈보기〉에서 설명하는 방폭기기는?

> 〈보기〉
> • 폭발 화염이 외부로 노출되지 않아야 함
> • 폭발 시 외함의 표면온도의 상승으로 인해 주변의 가연성 가스가 점화되지 않아야 함
> • 내부에서 폭발할 경우 그 압력을 견뎌야 함

① 내압 방폭
② 유입 방폭
③ 충전 방폭
④ 보통방진 방폭

....

ANSWER 17.①

17 〈보기〉의 내용은 내압 방폭에 대한 설명이다. 내압 방폭는 내부에서 폭발성가스 또는 증기가 폭발하였을 때 그 압력에 견디며 또한 접합면, 개구부 등을 통해서 외부의 폭발성 가스·증기에 인화되지 않아야 한다.

② **유입 방폭**: 전기불꽃, 아크 또는 고온이 발생하는 부분을 기름속에 넣고, 기름면 위에 존재하는 폭발성가스 또는 증기에 인화되지 않아야 한다.

③ **충전 방폭**: 점화원이 될수 있는 전기불꽃, 아크 또는 고온부분을 용기 내부의 적절한 위치에 고정시키고 그 주위를 충전물질로 충전하여 폭발성 가스 및 증기의 유입 또는 점화를 어렵게 하고 화염의 전파를 방지하여 외부의 폭발성 가스 또는 증기에 인화되지 않아야 한다.

④ **보통방진 방폭**: 전폐구조로서 틈새깊이를 일정치 이상으로 하거나 또는 접합면에 패킹을 사용하여 분진이 내부로 침입하지 않아야 한다.

18 「위험물안전관리법 시행령」에서 제시하고 있는 위험물에 대한 분류로 가장 옳지 않은 것은?

① 과염소산염류는 제1류 위험물이다.

② 황린은 제2류 위험물이다.

③ 알킬알루미늄은 제3류 위험물이다.

④ 아조화합물은 제5류 위험물이다.

18 위험물의 성질 및 종류〈「위험물안전관리법 시행령」[별표 1] 위험물 및 지정수량 참고〉

유별	성질	품명
제1류	산화성고체	아염소산염류, 염소산염류, 과염소산염류, 무기과산화물, 브로민산염류, 질산염류, 아이오딘산염류, 과망가니즈산염류, 다이크로뮴산염류 등
제2류	가연성고체	황화인, 적린, 황, 철분, 금속분, 마그네슘, 인화성고체 등
제3류	자연발화성물질 및 금수성물질	칼륨, 나트륨, 알킬알루미늄, 알킬리튬, 황린, 알칼리금속(칼륨 및 나트륨을 제외한다) 및 알칼리토금속, 유기금속화합물(알킬알루미늄 및 알킬리튬을 제외한다), 금속의 수소화물, 금속의 인화물, 칼슘 또는 알루미늄의 탄화물 등
제4류	인화성액체	특수인화물, 제1석유류, 알코올류, 제2석유류, 제3석유류, 제4석유류, 동식물유류 등
제5류	자기반응성물질	유기과산화물, 질산에스터류, 나이트로화합물, 나이트로소화합물, 아조화합물, 다이아조화합물, 하이드라진 유도체, 하이드록실아민, 하이드록실아민염류 등
제6류	산화성액체	과염소산, 과산화수소, 질산 등

19 블레이크(Blake)와 모튼(Mouton)의 관리그리드 모형에서 제시하고 있는 리더의 행동유형과 경향을 옳게 짝지은 것은? [단, (x, y)=(성과에 대한 관심, 사람에 대한 관심)]

① A(1, 1)형 - 무관심형
② B(1, 9)형 - 권력형
③ C(5, 5)형 - 단합형
④ D(9, 1)형 - 친목형

....

ANSWER 19.①

19 A는 무관심형, B는 컨트리클럽형(친목형), C는 중도형, D는 과업형(권위형)에 해당한다.

※ 블레이크(Blake)와 모튼(Mouton)의 관리그리드 모형

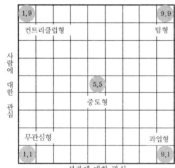

㉠ **무관심형(1,1)** : 리더자신의 직분을 유지하는 데 최소의 노력을 투입하는 무관심한 리더형
㉡ **컨트리클럽형(1,9)** : 인간관계를 과업보다 우선시하고 친밀한 분위기 조성하는 데 주력하는 리더형
㉢ **중도형(5,5)** : 모험적 시도나 개혁적 제도는 도입하지 않고 현상유지를 최선의 목표 설정하는 보수적 리더형
㉣ **과업형(9,1)** : 성과달성 중심으로 인간을 과업의 도구로 생각하는 권위적 리더형
㉤ **팀형(9,9)** : 과업과 관계 양쪽에 높은 관심을 가짐으로써 구성원의 자아실현 욕구를 만족시키고 신뢰와 지원의 분위기를 이루는 동시에 과업달성을 강조하는 가장 이상적인 리더형

20 「위험물안전관리법 시행령」에서 정한 제5류 위험물(자기반응성 물질)로 가장 옳지 않은 것은? (기출변형)

① 오산화인

② 하이드록실아민

③ 유기과산화물

④ 나이트로화합물

ANSWER 20.①

20 위험물의 성질 및 종류〈「위험물안전관리법 시행령」[별표 1] 위험물 및 지정수량 참고〉

유별	성질	품명
제1류	산화성고체	아염소산염류, 염소산염류, 과염소산염류, 무기과산화물, 브로민산염류, 질산염류, 아이오딘산염류, 과망가니즈산염류, 다이크로뮴산염류 등
제2류	가연성고체	황화인, 적린, 황, 철분, 금속분, 마그네슘, 인화성고체 등
제3류	자연발화성물질 및 금수성물질	칼륨, 나트륨, 알킬알루미늄, 알킬리튬, 황린, 알칼리금속(칼륨 및 나트륨을 제외한다) 및 알칼리토금속, 유기금속화합물(알킬알루미늄 및 알킬리튬을 제외한다), 금속의 수소화물, 금속의 인화물, 칼슘 또는 알루미늄의 탄화물 등
제4류	인화성액체	특수인화물, 제1석유류, 알코올류, 제2석유류, 제3석유류, 제4석유류, 동식물유류 등
제5류	자기반응성물질	유기과산화물, 질산에스터류, 나이트로화합물, 나이트로소화합물, 아조화합물, 다이아조화합물, 하이드라진 유도체, 하이드록실아민, 하이드록실아민염류 등
제6류	산화성액체	과염소산, 과산화수소, 질산 등

1 「도로교통법」상 시장 등은 교통사고의 위험으로부터 어린이를 보호하기 위하여 필요하다고 인정하는 경우에는 초등학교 등의 주변도로 가운데 일정 구간을 어린이 보호구역으로 지정하여 자동차 등의 통행속도를 제한할 수 있다. 이때 제한할 수 있는 최대 속도 기준은?

① 시속 20킬로미터

② 시속 30킬로미터

③ 시속 40킬로미터

④ 시속 50킬로미터

ANSWER 1.②

1 어린이 보호구역의 지정 및 관리〈「도로교통법」 제12조 제1항〉 … 시장 등은 교통사고의 위험으로부터 어린이를 보호하기 위하여 필요하다고 인정하는 경우에는 다음 각 호의 어느 하나에 해당하는 시설의 주변도로 가운데 일정 구간을 어린이 보호구역으로 지정하여 자동차등과 노면전차의 통행속도를 시속 30킬로미터 이내로 제한할 수 있다.

1. 「유아교육법」 제2조에 따른 유치원, 「초·중등교육법」 제38조 및 제55조에 따른 초등학교 또는 특수학교

2. 「영유아보육법」 제10조에 따른 어린이집 가운데 행정안전부령으로 정하는 어린이집

3. 「학원의 설립·운영 및 과외교습에 관한 법률」 제2조에 따른 학원 가운데 행정안전부령으로 정하는 학원

4. 「초·중등교육법」 제60조의2 또는 제60조의3에 따른 외국인학교 또는 대안학교, 「대안교육기관에 관한 법률」 제2조제2호에 따른 대안교육기관, 「제주특별자치도 설치 및 국제자유도시 조성을 위한 특별법」 제223조에 따른 국제학교 및 「경제자유구역 및 제주국제자유도시의 외국교육기관 설립·운영에 관한 특별법」 제2조제2호에 따른 외국교육기관 중 유치원·초등학교 교과과정이 있는 학교

5. 그 밖에 어린이가 자주 왕래하는 곳으로서 조례로 정하는 시설 또는 장소

2 하인리히(H. W. Heinrich)의 재해 코스트 산정방식에 대한 설명으로 옳지 않은 것은?

① 직접코스트는 법령이 정하여 지급되는 산재보상비, 치료비, 입원비, 간호비, 보상금을 말한다.

② 제3자의 시간적 손실은 비보험 코스트에 해당한다.

③ 관리감독자의 시간손실은 간접코스트에 해당한다.

④ 직접코스트와 간접코스트의 비는 1 : 4로 산출한다.

ANSWER 2.②

2 하인리히의 재해코스트 산정방식

재해손실비(5) = 직접손실(1) +간접손실(4)

• 직접손실 : 재해자에게 지급되는 법에 의한 산업재해 보상비(휴업, 장해, 요양, 유족보상비, 장의비, 특별보상비 등)
• 간접손실 : 재해손실, 생산중단 등으로 기업이 입는 손실
※ 시몬즈(Simonds)의 재해코스트 산정방식

총재해 손실비 = 산재보험 코스트 + 비보험 코스트

• 산재보험 코스트 : 법에 의한 산업재해 보상비, 보험회사의 보상에 관련된 경비와 이익금
• 비보험 코스트 = (휴업상해 건수 × A) + (통원상해 건수 × B) + (응급조치 건수 × C) + (무상해 사고건수 × D), 이때 A, B, C, D는 장해 정도별 비보험 코스트의 평균치

3 매슬로우(A. H. Maslow)의 욕구단계이론에 대한 설명으로 옳지 않은 것은?

① 생리적 욕구는 의식주와 같이 기본적이고 본능적인 욕구이다.

② 안전 욕구는 위험과 불안으로부터 자신을 지키고자 하는 자기보호의 욕구이다.

③ 애정적 · 사회적 욕구는 명예, 위신, 지위와 관계되는 것으로 타인으로부터 존경받고자 하는 욕구이다.

④ 자아실현의 욕구는 자기의 잠재력을 최대한 살리고 자기가 하고 싶은 일을 실현하는 최상위의 욕구이다.

ANSWER 3.③

3 ③ 애정적 · 사회적 욕구는 친근감 · 소속감과 관계되는 것으로, 집단에 소속되고 싶은 욕구, 타인과 교제하고 싶은 욕구, 사랑을 하고 가족을 이루고 싶은 욕구 등이 이에 해당한다. 명예, 위신, 지위와 관계되는 것으로 타인으로부터 존경받고자 하는 욕구는 존경의 욕구이다.

※ 매슬로우의 욕구단계이론

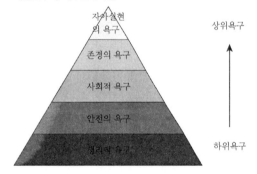

4 다음 설명에 해당하는 고체 가연물의 일반적인 연소 형태는?

> 고체 가연물의 표면에서 산소와 결합하여 발생하는 연소 현상으로 숯, 코크스, 목탄 등의 연소가 대표적이다.

① 표면연소　　　　　　　　　　　② 증발연소
③ 분해연소　　　　　　　　　　　④ 자기연소

....

ANSWER 4.①

4 고체 연료의 연소의 형태
　　㉠ 표면연소
　　• 고체 가연물의 표면에서 산소와 반응하여 발생하는 연소 현상으로 휘발성분이 없어 가연성 증기증발도 없고 열분해 반응도 없기에 불꽃이 없는 것이 특징이다.
　　• 숯, 코크스, 목탄, 금속분 등
　　㉡ 증발연소
　　• 고체 가연물이 점화에너지를 공급받아 발생한 가연성 증기와 공기의 혼합상태에서 연소하는 형태로 불꽃이 없는 것이 특징이다
　　• 황, 나프탈렌, 파라핀, 왁스 등
　　㉢ 분해연소
　　• 고체를 가열하면 열분해 반응을 일으켜 여러 가스가 발생하는데 이 가연성 가스와 공기 중의 산소가 혼합되어 연소하는 형태
　　• 목재, 석탄, 종이, 플라스틱, 고무, 중유 등
　　㉣ 자기연소
　　• 제5류 위험물과 같이 가연성이면서 자체 내에 산소를 함유하고 있어 공기중의 산소를 필요로 하지 않는 연소형태로 내부연소라고도 한다.
　　• 니트로글리세린, 니트로셀룰로오스, 히드라진 유도체류, TNT 등

5 위험과 운전분석 기법(HAZOP) 수행 시 사용되는 가이드워드(guide word)의 의미가 바르게 짝지어진 것만을 모두 고르면?

> ㉠ More - 변수가 양적으로 증가하는 상태
> ㉡ As well as - 설계 의도 외에 다른 변수가 부가되는 상태
> ㉢ Part of - 설계 의도대로 완전히 이루어지지 않은 상태
> ㉣ Other than - 설계 의도와 정반대로 나타나는 상태

① ㉠, ㉡
② ㉢, ㉣
③ ㉠, ㉡, ㉢
④ ㉠, ㉡, ㉢, ㉣

ANSWER 5.③

5 위험과 운전분석 기법에서 가이드워드는 공정변수의 질, 양 또는 상황을 표현하는 간단한 용어이다. 가이드워드의 종류는 다음과 같다.

가이드워드	정의
없음(No, Not, or None)	설계의도에 완전히 반하여 공정변수의 양이 없는 상태
증가(More)	공정변수가 양적으로 증가되는 상태
감소(Less)	공정변수가 양적으로 감소되는 상태
반대(Reverse)	설계의도와 정반대로 나타나는 상태
부가(As well as)	설계의도 외에 다른 공정변수가 부가되는 상태, 질적 증가
부분(Parts of)	설계의도대로 완전히 이루어지지 않는 상태, 질적 감소
기타(Other than)	설계의도가 완전히 바뀜

※ 위험과 운전분석(HAZOP : Hazard and Operability) … 공정에 존재하는 위험요인과 공정의 효율을 떨어뜨릴 수 있는 운전상의 문제점을 찾아내어 그 원인을 제거하는 방법을 말한다.
  ㉠ 위험요인(Hazard) : 인적·물적손실 및 환경피해를 일으키는 요인 또는 이들 요인이 혼재된 잠재적 위험요인
  ㉡ 운전성(Operability) : 운전자가 공장을 안전하게 운전할 수 있는 상태

6 스웨인(A. D. Swain)의 휴먼에러에 대한 설명으로 옳지 않은 것은?

① 생략 에러(Omission Error) − 필요한 작업·절차를 수행하지 않는 것에 의한 실수

② 시간 에러(Time Error) − 필요한 작업·절차의 수행 지체에 의한 실수

③ 순서 에러(Sequence Error) − 필요한 작업·절차의 순서의 잘못으로 인한 실수

④ 불필요 수행 에러(Extraneous Error) − 필요한 작업·절차의 불확실한 수행(잘못된 방법)에 의한 실수

7 「소방기본법」상 화재 등의 통지에서, 화재로 오인할 만한 우려가 있는 불을 피우거나 연막(煙幕) 소독을 하려는 자가 시·도의 조례로 정하는 바에 따라 관할 소방본부장 또는 소방서장에게 신고하여야 하는 지역이 아닌 곳은?

① 시장지역

② 목조건물이 밀집한 지역

③ 소방시설·소방용수시설 또는 소방출동로가 없는 지역

④ 위험물의 저장 및 처리시설이 밀집한 지역

....

ANSWER 6.④ 7.③

6 스웨인(Swain)의 휴먼에러 분류(행위적 분류)

㉠ 생략 에러(omission error) : 수행해야 할 작업을 빠트리는 에러

㉡ 작위 에러(commission error) : 수행해야 할 작업을 부정확하게 수행하는 에러

㉢ 순서 에러(sequence error) : 수행해야 하는 작업의 순서를 틀리게 수행하는 에러

㉣ 시간 에러(timing error) : 수행해야 할 작업을 정해진 시간동안 완수하지 못하는 에러

㉤ 불필요한 수행 에러(extraneous error) : 작업 완수에 불필요한 작업을 수행하는 에러

※ 휴먼에러 … 주어진 작업을 완수하는 데 있어서 필요한 행동을 시간과 정확도 등의 기준에 못 미치게 하거나, 작업 완수에 불필요하거나 장애가 되도록 한 행동

7 화재 등의 통지〈「소방기본법」 제19조 제2항〉 … 다음 각 호의 어느 하나에 해당하는 지역 또는 장소에서 화재로 오인할 만한 우려가 있는 불을 피우거나 연막(煙幕) 소독을 하려는 자는 시·도의 조례로 정하는 바에 따라 관할 소방본부장 또는 소방서장에게 신고하여야 한다.

1. 시장지역

2. 공장·창고가 밀집한 지역

3. 목조건물이 밀집한 지역

4. 위험물의 저장 및 처리시설이 밀집한 지역

5. 석유화학제품을 생산하는 공장이 있는 지역

6. 그 밖에 시·도의 조례로 정하는 지역 또는 장소

8 「산업안전보건법 시행규칙」상 사업주가 근로자에게 실시해야 하는 안전보건교육의 교육시간에 대한 설명으로 옳지 않은 것은? (기출변형)

① 사무직 종사 근로자의 정기교육은 매반기 6시간 이상 실시하여야 한다.

② 관리감독자의 지위에 있는 사람의 정기교육은 연간 16시간 이상 실시하여야 한다.

③ 일용근로자를 채용할 경우 1시간 이상 교육을 실시하여야 한다.

④ 건설 일용근로자의 건설업 기초안전 · 보건교육은 2시간 이상 실시하여야 한다.

ANSWER 8.④

8 ④ 건설 일용근로자의 건설업 기초안전보건교육은 4시간 이상 실시하여야 한다.

※ 안전보건교육 교육과정별 교육시간〈「산업안전보건법 시행규칙」[별표 4]〉

• 근로자 안전보건교육

교육과정	교육대상		교육시간
가. 정기교육	사무직 종사 근로자		매반기 6시간 이상
	그 밖의 근로자	판매업무에 직접 종사하는 근로자	매반기 6시간 이상
		판매업무에 직접 종사하는 근로자 외의 근로자	매반기 12시간 이상
나. 채용 시 교육	일용근로자 및 근로계약기간이 1주일 이하인 기간제근로자		1시간 이상
	근로계약기간이 1주일 초과 1개월 이하인 기간제근로자		4시간 이상
	그 밖의 근로자		8시간 이상
다. 작업내용 변경 시 교육	일용근로자 및 근로계약기간이 1주일 이하인 기간제근로자		1시간 이상
	그 밖의 근로자		2시간 이상
라. 특별교육	일용근로자 및 근로계약기간이 1주일 이하인 기간제근로자 : 별표 5 제1호라목(제39호는 제외한다)에 해당하는 작업에 종사하는 근로자에 한정한다.		2시간 이상
	일용근로자 및 근로계약기간이 1주일 이하인 기간제근로자 별표 5 제1호라목제39호(타워크레인을 사용하는 작업시 신호업무를 하는 작업)에 해당하는 작업에 종사하는 근로자에 한정한다.		8시간 이상
	일용근로자 및 근로계약기간이 1주일 이하인 기간제근로자를 제외한 근로자 : 별표 5 제1호라목에 해당하는 작업에 종사하는 근로자에 한정한다.		• 16시간 이상(최초 작업에 종사하기 전 4시간 이상 실시하고 12시간은 3개월 이내에서 분할하여 실시 가능) • 단기간 작업 또는 간헐적 작업인 경우에는 2시간 이상
마. 건설업 기초안전 · 보건교육	건설 일용근로자		4시간 이상

비고

1. 위 표의 적용을 받는 "일용근로자"란 근로계약을 1일 단위로 체결하고 그 날의 근로가 끝나면 근로관계가 종료되어 계속 고용이 보장되지 않는 근로자를 말한다.

2. 일용근로자가 위 표의 나목 또는 라목에 따른 교육을 받은 날 이후 1주일 동안 같은 사업장에서 같은 업무의 일용근로자로 다시 종사하는 경우에는 이미 받은 위 표의 나목 또는 라목에 따른 교육을 면제한다.

3. 다음 각 목의 어느 하나에 해당하는 경우는 위 표의 가목부터 라목까지의 규정에도 불구하고 해당 교육과정별 교육시간의 2분의 1 이상을 그 교육시간으로 한다.

   가. 영 별표 1 제1호에 따른 사업

   나. 상시근로자 50명 미만의 도매업, 숙박 및 음식점업

4. 근로자가 다음 각 목의 어느 하나에 해당하는 안전교육을 받은 경우에는 그 시간만큼 위 표의 가목에 따른 해당 반기의 정기교육을 받은 것으로 본다.

   가. 「원자력안전법 시행령」 제148조제1항에 따른 방사선작업종사자 정기교육

   나. 「항만안전특별법 시행령」 제5조제1항제2호에 따른 정기안전교육

   다. 「화학물질관리법 시행규칙」 제37조제4항에 따른 유해화학물질 안전교육

5. 근로자가 「항만안전특별법 시행령」 제5조제1항제1호에 따른 신규안전교육을 받은 때에는 그 시간만큼 위 표의 나목에 따른 채용 시 교육을 받은 것으로 본다.

6. 방사선 업무에 관계되는 작업에 종사하는 근로자가 「원자력안전법 시행규칙」 제138조제1항제2호에 따른 방사선작업종사자 신규교육 중 직장교육을 받은 때에는 그 시간만큼 위 표의 라목에 따른 특별교육 중 별표 5 제1호라목의 33.란에 따른 특별교육을 받은 것으로 본다.

• 관리감독자 안전보건교육

교육과정	교육시간
가. 정기교육	연간 16시간 이상
나. 채용 시 교육	8시간 이상
다. 작업내용 변경 시 교육	2시간 이상
라. 특별교육	16시간 이상(최초 작업에 종사하기 전 4시간 이상 실시하고, 12시간은 3개월 이내에서 분할하여 실시 가능)
	단기간 작업 또는 간헐적 작업인 경우에는 2시간 이상

9 OJT(On the Job Training)에 대한 설명으로 옳은 것은?

① 다수의 근로자에게 조직적인 훈련이 가능하다.

② 전문강사를 초빙하여 사업장 내에서 스스로 하기 어려운 전문교육이 가능하다.

③ 여러 직장의 근로자가 다양한 지식과 경험을 교류할 수 있다.

④ 개인에게 적합한 지도 · 훈련이 가능하다.

10 불안전 행동의 배후 원인 중 인적 원인은 크게 생리적 요인과 심리적 요인으로 구분된다. 생리적 요인에 해당하는 것은?

① 피로

② 성격

③ 위험 감각

④ 착오

9 OJT(On the Job Training)는 기업 내에서의 종업원 교육 훈련방법의 하나로, 피교육자인 종업원은 직무에 종사하면서 지도교육을 받게 된다.

④ OJT는 직무에 종사하면서 지도교육을 받기 때문에 업무수행이 중단되는 일이 없으며, 수행자 개인에게 적합한 지도 · 훈련이 가능하다.

10 레윈(Lewin)이 제시한 불안전행동의 배후요인

㉠ 인적 요인

• 심리적 요인 : 망각, 소질적 결함이 있을 때, 주변적 동작, 의식의 우회, 걱정거리, 무의식동작, 위험감각, 지름길 반응, 생략행위, 억측판단, 착오, 성격

• 생리적 요인 : 피로(작업내용, 작업환경조건, 근로에 대한 적응능력습득), 영양과 에너지 대사, 적성과 작업의 종류

㉡ 외적(환경적) 요인

• 인간관계 요인

• 물적 요인

• 작업적 요인 : 작업 자세, 작업강도 및 속도, 근로 및 휴식시간, 작업공간, 조명, 색채, 소음, 온열조건

• 관리적 요인 : 교육훈련의 부족, 감독지도 불충분, 작성배치 불충분

11 「산업안전보건법」상 물질안전보건자료대상물질을 제조하거나 수입하려는 자는 물질안전보건자료를 작성하여 고용노동부장관에게 제출하여야 한다. 물질안전보건자료의 기재 사항에 해당하지 않는 것은?

① 안전 및 보건상의 취급 주의 사항
② 취급자격자
③ 환경에 대한 유해성
④ 유해인자의 분류기준에 해당하는 화학물질의 명칭 및 함유량

12 「식품안전기본법」상 식품안전정책의 수립 및 추진체계에서 식품안전관리기본계획의 수립 주기는?

① 매년
② 3년
③ 5년
④ 10년

ANSWER 11.② 12.③

11 물질안전보건자료의 작성 및 제출〈「산업안전보건법」 제110조 제1항〉 ··· 화학물질 또는 이를 포함한 혼합물로서 제104조에 따른 분류기준에 해당하는 것(대통령령으로 정하는 것은 제외한다. 이하 "물질안전보건자료대상물질"이라 한다)을 제조하거나 수입하려는 자는 다음 각 호의 사항을 적은 자료(이하 "물질안전보건자료"라 한다)를 고용노동부령으로 정하는 바에 따라 작성하여 고용노동부장관에게 제출하여야 한다. 이 경우 고용노동부장관은 고용노동부령으로 물질안전보건자료의 기재 사항이나 작성 방법을 정할 때 「화학물질관리법」 및 「화학물질의 등록 및 평가 등에 관한 법률」과 관련된 사항에 대해서는 환경부장관과 협의하여야 한다.
 1. 제품명
 2. 물질안전보건자료대상물질을 구성하는 화학물질 중 제104조에 따른 분류기준에 해당하는 화학물질의 명칭 및 함유량
 3. 안전 및 보건상의 취급 주의 사항
 4. 건강 및 환경에 대한 유해성, 물리적 위험성
 5. 물리·화학적 특성 등 고용노동부령으로 정하는 사항

12 관계중앙행정기관의 장은 5년마다 소관 식품 등에 관한 안전관리계획을 수립하여 국무총리에게 제출하여야 한다〈「식품안전기본법」 제6조(식품안전관리기본계획 등) 제1항〉.

13 가연성 물질이 되기 위한 조건으로 옳은 것은?

① 화학반응을 일으킬 때 필요한 활성화 에너지 값이 커야 한다.

② 일반적으로 산소와 결합할 때 발열량이 적어야 한다.

③ 산소와 접촉할 수 있는 표면적이 작은 물질이어야 한다.

④ 열 축적이 용이하도록 열전도의 값이 작아야 한다.

14 유해물질의 종류별 성상에 대한 설명으로 옳지 않은 것은?

① 스모크(smoke) – 무기물의 불안전한 연소에 의해서 생긴 미립자

② 흄(fume) – 화학반응에 의한 금속증기가 변하여 생긴 미립자 모양의 화합물

③ 미스트(mist) – 공기 중에 분산된 액체의 미립자

④ 분진(dust) – 공기 중에 분산된 고체의 미립자

ANSWER 13.④ 14.①

13 ① 화학반응을 일으킬 때 필요한 활성화 에너지 값이 작아야 한다. 화학반응을 일으킬 때 필요한 활성화 에너지 값이 클 경우, 연소가 일어나기 어렵다.
② 일반적으로 산소와 결합할 때 발열양이 많아야 한다.
③ 산소와 접촉할 수 있는 표면적이 큰 물질이어야 한다.

14 ① 스모크는 유기물의 불완전한 연소에 의해서 생긴 미립자이다.
※ 입자상의 오염물질
　㉠ 분진(dust) : 대부분 콜로이드(colloid)보다는 크고, 공기나 다른 가스에 의해 단시간 동안 부유할 수 있는 고체입자
　㉡ 흄(fume) : 금속이 용해되어 액상물질로 되고 이것이 가스상 물질로 기화된 후 다시 응축되어 발생하는 고체미립자
　㉢ 미스트(mist) : 분산되어 있는 액체입자로서 통상 현미경적 크기에서 육안으로 볼 수 있는 크기까지를 포함
　㉣ 스모크(smoke) : 불완전 연소에 의하여 발생하는 에어로졸로서, 주로 고체 상태이고 탄소와 기타 가연성물질로 구성
　㉤ 스모그(smog) : 'smoke'와 'fog'의 합성어로 자연오염이나 인공오염에 의하여 발생한 대기오염물질인 에어로졸에 대하여 광범위하게 적용
　㉥ 미생물(bioaerosol) : 단세포 또는 세포집단으로서 육안으로 인식할 수 없는 작은 생물과 그 활성물질

15 산업안전보건법령상 안전보건표지와 바탕색의 연결로 옳은 것은?

① 금지표지 - 빨간색

② 지시표지 - 파란색

③ 경고표지 - 주황색

④ 안내표지 - 노란색

16 기계 · 설비의 안전을 추구하기 위한 본질적인 안전화에 대한 설명으로 옳지 않은 것은?

① 작업자가 실수로 기계 · 설비를 오작동하더라도 사고를 방지할 수 있는 능력을 갖추는 것

② 안전기능이 기계 · 설비에 내장되어 있을 것

③ 풀프루프(fool proof)의 기능보다는 페일세이프(fail safe)의 기능을 갖추는 것

④ 기계 · 설비의 재해 위험성은 다양하므로 위험한 상태를 초래하는 일이 없도록 할 것

ANSWER 15.② 16.③

15 안전보건표지의 색채〈「산업안전보건법 시행규칙」[별표 7] 안전보건표지의 종류별 용도, 설치 · 부착 장소, 형태 및 색채 참고〉

㉠ 금지표지 : 바탕은 흰색, 기본모형은 빨간색, 관련 부호 및 그림은 검은색

㉡ 경고표지 : 바탕은 노란색, 기본모형, 관련 부호 및 그림은 검은색. 다만, 인화성물질 경고, 산화성물질 경고, 폭발성물질 경고, 급성독성물질 경고, 부식성물질 경고 및 발암성 · 변이원성 · 생식독성 · 전신독성 · 호흡기과민성 물질 경고의 경우 바탕은 무색, 기본모형은 빨간색(검은색도 가능)

㉢ 지시표지 : 바탕은 파란색, 관련 그림은 흰색

㉣ 안내표지 : 바탕은 흰색, 기본모형 및 관련 부호는 녹색, 바탕은 녹색, 관련 부호 및 그림은 흰색

㉤ 출입금지표지 : 글자는 흰색바탕에 흑색. 다음 글자는 적색

• ○○○제조/사용/보관 중

• 석면취급/해체 중

빌심물길 취급 중

16 ③ 본질적인 안전을 위해서는 페일세이프(fail safe) 기능보다 풀프루프(fool proof) 기능을 갖춰야 한다.

• 풀프루프 : 숙련도가 낮은 작업자라도 조작에 있어 실수하지 않도록 잘못이 자동으로 방지되어 품질 · 능률의 향상, 안전도 제고가 가능한 시스템

• 페일세이프 : 시스템의 일부에 고장이나 오조작이 발생해도 사고로 이어지지 않도록 안전한 가동이 자동적으로 취해지는 시스템

17 「식품안전기본법」상 관계중앙행정기관으로 명시되어 있는 부처가 아닌 것은?

① 관세청

② 농림축산식품부

③ 행정안전부

④ 해양수산부

18 「국민보호와 공공안전을 위한 테러방지법」상 ㉠, ㉡에 들어갈 기구를 바르게 연결한 것은?

> • '테러단체'란 (㉠)이(가) 지정한 테러단체를 말한다.
> • 대테러활동과 관련하여 국가 대테러활동 관련 임무분담 및 협조사항 실무 조정, 장단기 국가대테러활동
> 지침 작성·배포 등을 수행하기 위하여 국무총리 소속으로 관계기관 공무원으로 구성되는 (㉡)을(를)
> 둔다.

	㉠	㉡
①	세계대테러기구	국가테러대책위원회
②	국제연합(UN)	국가테러대책위원회
③	세계대테러기구	대테러센터
④	국제연합(UN)	대테러센터

ANSWER 17.③ 18.④

17 "관계중앙행정기관"이란 기획재정부·교육부·농림축산식품부·산업통상자원부·보건복지부·환경부·해양수산부·식품의약
품안전처·관세청·농촌진흥청 및 질병관리청을 말하고, "관계행정기관"이란 식품 등에 관한 행정권한을 가지는 행정기관을
말한다〈「식품안전기본법」 제2조(정의) 제4호〉.

18 • "테러단체"란 국제연합(UN)이 지정한 테러단체를 말한다〈「국민보호와 공공안전을 위한 테러방지법」 제2조(정의) 제2호〉.
 • 대테러활동과 관련하여 다음 각 호의 사항을 수행하기 위하여 국무총리 소속으로 관계기관 공무원으로 구성되는 대테러센
터를 둔다〈동법 제6조(대테러센터) 제1항〉.
  1. 국가 대테러활동 관련 임무분담 및 협조사항 실무 조정
  2. 장단기 국가대테러활동 지침 작성·배포
  3. 테러경보 발령
  4. 국가 중요행사 대테러안전대책 수립
  5. 대책위원회의 회의 및 운영에 필요한 사무의 처리
  6. 그 밖에 대책위원회에서 심의·의결한 사항

19 재해율에 대한 설명으로 옳지 않은 것은?

① 연천인율은 1년간 평균 1,000명당 몇 명의 사상자가 발생했는가를 나타낸다.

② 도수율은 산업재해의 발생빈도로 연근로시간 합계 100만 시간당 몇 건의 재해가 발생했는가를 나타낸다.

③ 강도율은 연근로시간 1,000시간당 발생한 근로손실일수를 말하는 것으로 재해의 경중을 알 수 있다.

④ 평균강도율은 강도율을 연천인율로 나눈 값으로 연간 발생한 재해 1건당 평균손실일수를 나타낸다.

20 「다중이용업소의 안전관리에 관한 특별법 시행령」상 다중이용업에 해당하는 것만을 모두 고르면?

ㄱ. 「의료법」에 따른 안마시술소
ㄴ. 「음악산업진흥에 관한 법률」에 따른 노래연습장업
ㄷ. 「모자보건법」에 따른 산후조리업
ㄹ. 「식품위생법 시행령」에 따른 식품접객업 중 바닥면적의 합계가 50제곱미터인 지하 일반음식점영업

---

① ㄱ, ㄴ, ㄷ
② ㄱ, ㄴ, ㄹ
③ ㄱ, ㄷ, ㄹ
④ ㄴ, ㄷ, ㄹ

ANSWER 20.①

20 다중이용업〈「다중이용업소의 안전관리에 관한 특별법 시행령」 제2조〉

1. 「식품위생법 시행령」 제21조 제8호에 따른 식품접객업 중 다음 각 목의 어느 하나에 해당하는 것

   가. <u>휴게음식점영업·제과점영업 또는 일반음식점영업으로서 영업장으로 사용하는 바닥면적의 합계가 100제곱미터(영업장이 지하층에 설치된 경우에는 그 영업장의 바닥면적 합계가 66제곱미터) 이상인 것. 다만, 영업장(내부계단으로 연결된 복층구조의 영업장을 제외한다)이 다음의 어느 하나에 해당하는 층에 설치되고 그 영업장의 주된 출입구가 건축물 외부의 지면과 직접 연결되는 곳에서 하는 영업을 제외한다.</u>

      1) 지상 1층

      2) 지상과 직접 접하는 층

   나. 단란주점영업과 유흥주점영업

2. 「영화 및 비디오물의 진흥에 관한 법률」 제2조 제10호, 같은 조 제16호 가목·나목 및 라목에 따른 영화상영관·비디오물감상실업·비디오물소극장업 및 복합영상물제공업

3. 「학원의 설립·운영 및 과외교습에 관한 법률」 제2조 제1호에 따른 학원으로서 다음 각 목의 어느 하나에 해당하는 것

   가. 「소방시설 설치 및 관리에 관한 법률 시행령」 별표 4에 따라 산정된 수용인원이 300명 이상인 것

   나. 수용인원 100명 이상 300명 미만으로서 다음의 어느 하나에 해당하는 것. 다만, 학원으로 사용하는 부분과 다른 용도로 사용하는 부분(학원의 운영권자를 달리하는 학원과 학원을 포함한다)이 「건축법 시행령」 제46조에 따른 방화구획으로 나누어진 경우는 제외한다.

      1) 하나의 건축물에 학원과 기숙사가 함께 있는 학원

      2) 하나의 건축물에 학원이 둘 이상 있는 경우로서 학원의 수용인원이 300명 이상인 학원

      3) 하나의 건축물에 제1호, 제2호, 제4호부터 제7호까지, 제7호의2부터 제7호의5까지 및 제8호의 다중이용업 중 어느 하나 이상의 다중이용업과 학원이 함께 있는 경우

4. 목욕장업으로서 다음 각 목에 해당하는 것

   가. 하나의 영업장에서 「공중위생관리법」 제2조 제1항 제3호 가목에 따른 목욕장업 중 맥반석·황토·옥 등을 직접 또는 간접 가열하여 발생하는 열기나 원적외선 등을 이용하여 땀을 배출하게 할 수 있는 시설 및 설비를 갖춘 것으로서 수용인원(물로 목욕을 할 수 있는 시설부분의 수용인원은 제외한다)이 100명 이상인 것

   나. 「공중위생관리법」 제2조 제1항 제3호 나목의 시설 및 설비를 갖춘 목욕장업

5. 「게임산업진흥에 관한 법률」 제2조 제6호·제6호의2·제7호 및 제8호의 게임제공업·인터넷컴퓨터게임시설제공업 및 복합유통게임제공업. 다만, 게임제공업 및 인터넷컴퓨터게임시설제공업의 경우에는 영업장(내부계단으로 연결된 복층구조의 영업장은 제외한다)이 다음 각 목의 어느 하나에 해당하는 층에 설치되고 그 영업장의 주된 출입구가 건축물 외부의 지면과 직접 연결된 구조에 해당하는 경우는 제외한다.

   가. 지상 1층

   나. 지상과 직접 접하는 층

6. <u>「음악산업진흥에 관한 법률」 제2조 제13호에 따른 노래연습장업</u>

7. <u>「모자보건법」 제2조 제10호에 따른 산후조리업</u>

7의2. 고시원업[구획된 실(室) 안에 학습자가 공부할 수 있는 시설을 갖추고 숙박 또는 숙식을 제공하는 형태의 영업]

7의3. 「사격 및 사격장 안전관리에 관한 법률 시행령」 제2조 제1항 및 별표 1에 따른 권총사격장(실내사격장에 한정하며, 같은 조 제1항에 따른 종합사격장에 설치된 경우를 포함한다)

7의4. 「체육시설의 설치·이용에 관한 법률」 제10조 제1항 제2호에 따른 가상체험 체육시설업(실내에 1개 이상의 별도의 구획된 실을 만들어 골프 종목의 운동이 가능한 시설을 경영하는 영업으로 한정한다)

7의5. <u>「의료법」 제82조 제4항에 따른 안마시술소</u>

8. 법 제15조 제2항에 따른 화재안전등급이 제11조 제1항에 해당하거나 화재발생시 인명피해가 발생할 우려가 높은 불특정다수인이 출입하는 영업으로서 행정안전부령으로 정하는 영업. 이 경우 소방청장은 관계 중앙행정기관의 장과 미리 협의하여야 한다.

1 방진마스크의 선정기준에 대한 설명으로 옳지 않은 것은?

① 분진 포집효율(여과효율)이 낮을 것　　② 흡·배기 저항이 낮을 것

③ 중량이 가벼울 것　　④ 시야가 넓을 것

2 재해의 발생원인을 불안전한 행동과 불안전한 상태로 분류하였을 때, 불안전한 행동에 해당하지 않는 것은?

① 안전장치의 기능제거　　② 위험한 장소 접근

③ 안전방호장치의 결함　　④ 불안전한 상태 방치

ANSWER 1.①　2.③

1　① 방진마스크는 분진 포집효율(여과효율)이 높아야 한다.

※ **방진마스크 선정기준**

　　㉠ 분진 포집효율은 높고 흡기·배기 저항이 낮은 것

　　㉡ 중량이 가볍고 시야가 넓은 것

　　㉢ 안면 밀착성이 좋아 기밀이 잘 유지되는 것

　　㉣ 마스크 내부에 호흡에 의한 습기가 발생하지 않는 것

　　㉤ 안면 접촉부위가 땀을 흡수할 수 있는 재질을 사용한 것

2　재해의 발생원인이 되는 불안전한 행동 및 불안전한 상태의 예

불안전한 행동	불안전한 상태
• 위험한 장소접근	• 기계·기구 자체의 결함
• 안전장치의 기능제거	• 방호조치의 결함
• 복장·보호구의 잘못 사용	• 기계·기구의 배치 및 작업장소 불량
• 기계·기구의 잘못 사용	• 보호구 등의 결함
• 운전 중인 기계장치의 손실	• 작업환경 결함
• 불안전 속도 조작	• 작업방법의 결함
• 위험물 취급 부주의	
• 불안전한 상태 방치	
• 불안전한 자세 및 동작	
• 감독 및 연락 불충분	

3 다음의 원리가 모두 적용되는 학습이론은?

- 일관성의 원리
- 계속성의 원리
- 강도의 원리

---

① 파블로프(Pavlov)의 조건반사설
② 손다이크(Thorndike)의 시행착오설
③ 스키너(Skinner)의 조작적 조건화설
④ 구스리(Guthrie)의 접근적 조건화설

4 「재난 및 안전관리 기본법」상 행정안전부장관이 긴급안전점검 결과 재난 발생의 위험이 높다고 인정되는 시설 또는 지역에 대하여 그 소유자·관리자 또는 점유자에게 명할 수 있는 안전조치 항목에 해당하지 않는 것은?

① 정밀안전진단(시설만 해당)
② 재난을 발생시킬 위험요인의 제거
③ 보수 또는 보강 등 정비
④ 긴급 대피를 위한 비용지원

ANSWER 3.① 4.④

3 파블로프(Pavlov)의 조건반사설의 학습원리
　㉠ 시간의 원리 : 조건자극은 무조건자극보다 시간적으로 먼저 제시되거나 동시에 제시되어야 한다.
　㉡ 강도의 원리 : 무조건자극에 대한 반응은 조건자극에 대한 반응보다 강하거나 완전한 것이어야 한다.
　㉢ 일관성의 원리 : 조건자극은 조건반사가 확립할 때까지 일관된 자극물을 제공해야 한다.
　㉣ 계속성의 원리 : 자극과 반응의 연합은 시행횟수가 반복될수록 잘 이루어진다.

4 재난예방을 위한 안전조치(「재난 및 안전관리 기본법」 제31조 제1항) … 행정안전부장관 또는 재난관리책임기관의 장은 제30조에 따른 긴급안전점검 결과 재난 발생의 위험이 높다고 인정되는 시설 또는 지역에 대하여는 대통령령으로 정하는 바에 따라 그 소유자·관리자 또는 점유자에게 다음 각 호의 안전조치를 할 것을 명할 수 있다.
　1. 정밀안전진단(시설만 해당한다). 이 경우 다른 법령에 시설의 정밀안전진단에 관한 기준이 있는 경우에는 그 기준에 따르고, 다른 법령의 적용을 받지 아니하는 시설에 대하여는 행정안전부령으로 정하는 기준에 따른다.
　2. 보수(補修) 또는 보강 등 정비
　3. 재난을 발생시킬 위험요인의 제거

5 다음은 「재난 및 안전관리 기본법」상 안전문화 진흥에 대한 규정이다. ㉠~㉣에 들어갈 주체가 나머지 셋과 다른 하나는?

> • (㉠)은/는 지역별 안전수준과 안전의식을 객관적으로 나타내는 지수를 개발·조사하여 그 결과를 공표할 수 있다.
> • (㉡)은/는 안전지수의 조사를 위하여 관계 행정기관의 장에게 필요한 자료를 요청할 수 있다.
> • (㉢)은/는 안전정보통합관리시스템을 관계 행정기관 및 국민이 안전수준을 진단하고 개선하는 데 활용할 수 있도록 하여야 한다.
> • (㉣)은/는 지역 내 안전문화활동에 주민이 참여할 수 있는 제도를 마련하여 시행할 수 있다.

① ㉠   ② ㉡
③ ㉢   ④ ㉣

6 「국민보호와 공공안전을 위한 테러방지법 시행령」상 관계기관장이 테러대상시설에 대한 테러예방대책과 테러이용수단의 제조·취급·저장 시설에 대한 안전관리대책 수립 시 포함하여야 할 사항에 해당하지 않는 것은?

① 인원·차량에 대한 출입 통제 및 자체 방호계획
② 소관 분야 테러이용수단의 종류 지정 및 해당 테러이용수단의 생산·유통·판매에 관한 정보 통합관리
③ 테러 첩보의 입수·전파 및 긴급대응 체계 구축 방안
④ 테러사건 발생 시 비상대피 및 사후처리 대책

ANSWER 5.④ 6.②

5 ㉠ <u>행정안전부장관</u>은 지역별 안전수준과 안전의식을 객관적으로 나타내는 지수를 개발·조사하여 그 결과를 공표할 수 있다 〈「재난 및 안전관리 기본법」제66조의10(안전지수의 공표) 제1항〉.
㉡ <u>행정안전부장관</u>은 안전지수의 조사 및 안전진단의 실시를 위하여 관계 행정기관의 장에게 필요한 자료를 요청할 수 있다 〈동법 동조 제3항 전단〉.
㉢ <u>행정안전부장관</u>은 안전정보통합관리시스템을 관계 행정기관 및 국민이 안전수준을 진단하고 개선하는 데 활용할 수 있도록 하여야 한다〈동법 제66조의9(안전정보의 구축·활용) 제3항〉.
㉣ <u>지방자치단체의 장</u>은 지역 내 안전문화활동에 주민과 관련 기관·단체가 참여할 수 있는 제도를 마련하여 시행할 수 있다 〈동법 제66조의4(안전문화 진흥을 위한 시책의 추진) 제3항〉.

6 관계기관의 장은 법 제10조 제1항에 따른 테러대상시설에 대한 테러예방대책과 법 제10조 제1항에 따른 테러이용수단의 제조·취급·저장 시설에 대한 안전관리대책 수립 시 다음 각 호의 사항을 포함하여야 한다〈「국민보호와 공공안전을 위한 테러방지법 시행령」제25조(테러대상시설 및 테러이용수단 안전대책 수립) 제2항〉.
1. 인원·차량에 대한 출입 통제 및 자체 방호계획
2. 테러 첩보의 입수·전파 및 긴급대응 체계 구축 방안
3. 테러사건 발생 시 비상대피 및 사후처리 대책

7 「산업안전보건기준에 관한 규칙」상 폭발성 물질 및 유기과산화물에 해당하는 위험물질만을 모두 고르면?

㉠ 니트로화합물	㉡ 과망간산 및 그 염류
㉢ 이소아밀알코올	㉣ 마그네슘 분말
㉤ 아조화합물	㉥ 하이드라진 유도체

① ㉠, ㉢, ㉣

② ㉠, ㉤, ㉥

③ ㉡, ㉢, ㉥

④ ㉡, ㉣, ㉤

8 안전관찰훈련과정(STOP, Safety Training Observation Program)의 안전관찰사이클을 순서대로 바르게 나열한 것은?

① 관찰 → 보고 → 결심 → 조치 → 정지

② 보고 → 결심 → 정지 → 조치 → 관찰

③ 정지 → 관찰 → 보고 → 조치 → 결심

④ 결심 → 정지 → 관찰 → 조치 → 보고

<hr>

ANSWER 7.② 8.④

7 ㉡ 과망간산 및 그 염류 : 산화성 액체 및 산화성 고체
㉢ 이소아밀알코올 : 인화성 액체
㉣ 마그네슘 분말 : 물반응성 물질 및 인화성 고체
※ 폭발성 물질 및 유기과산화물〈「산업안전보건기준에 관한 규칙」[별표 1] 위험물질의 종류 참고〉
　가. 질산에스테르류
　나. 니트로화합물
　다. 니트로소화합물
　라. 아조화합물
　마. 디아조화합물
　바. 하이드라진 유도체
　사. 유기과산화물
　아. 그 밖에 가목부터 사목까지의 물질과 같은 정도의 폭발 위험이 있는 물질
　자. 가목부터 아목까지의 물질을 함유한 물질

8 안전관찰훈련과정(STOP)은 세계적인 다국적기업인 다우(DOW)사와 (Du-pont)사를 중심으로 시행하고 있는 전형적인 안전관찰 프로그램으로, 결심 → 정지 → 관찰 → 조치 → 보고의 순서로 안전관찰사이클이 돌아간다.
㉠ 결심 : 안전감사(관찰)을 시행하고자 결심
㉡ 정지 : 감사자가 작업장에 들어선 상태에서 약 30초의 짧은 시간에 순간적으로 전 작업장을 둘러보는 과정(작업자가 불안전한 행위를 정지하게 된다)
㉢ 관찰 : 작업자에 대한 순간적인 행동을 주의 깊게 살펴보고, 불안전한 행동과 안전한 행동을 구분
㉣ 조치 : 작업자로 하여금 안전한 작업태도를 갖게 하고 위험한 행동을 시정하도록 하는 조치
㉤ 보고 : 작업장에서의 관찰을 완료 후 보고서 작성

9 소화약제에 대한 설명으로 옳지 않은 것은?

① 이산화탄소 소화약제는 사용 후에 오염의 영향이 없다는 큰 장점이 있고, 5류 위험물 화재에 효과적이다.

② 포(foam) 소화약제는 포가 유류의 표면을 덮어서 질식시키기 때문에 유류화재의 소화에 효과적이고, 일반화재에도 사용할 수 있다.

③ 제3종 분말 소화약제는 A, B, C급 화재진압에 효과적이고, 주성분은 제1인산암모늄($NH_4H_2PO_4$)이다.

④ 금속화재용 분말소화약제는 금속표면을 덮어서 산소의 공급을 차단하거나 온도를 낮추는 것이 주된 소화원리이다.

10 A 사업장의 상시근로자 수는 50명이다. A 사업장의 위험성평가 절차를 순서대로 바르게 나열한 것은?

> ㉠ 위험성 결정
> ㉡ 기록 및 보존
> ㉢ 위험성 추정
> ㉣ 위험성 감소 대책수립 및 실행
> ㉤ 사전준비
> ㉥ 유해·위험요인 파악

① ㉤→㉢→㉡→㉠→㉥→㉣

② ㉤→㉢→㉣→㉥→㉠→㉡

③ ㉤→㉥→㉠→㉢→㉡→㉣

④ ㉤→㉥→㉢→㉠→㉣→㉡

....

ANSWER 9.① 10.④

9 ① 이산화탄소는 연소물 주변의 산소 농도를 저하시켜 소화하기 때문에 자체적으로 산소를 가지고 있거나, 연소 시에 공기 중의 산소를 필요로 하지 않는 가연물 이외에는 전부 사용이 가능하다. 제5류 위험물은 자기반응성 물질로 이산화탄소 소화약제의 사용이 불가능하다.

10 사업장 위험성평가 절차

11 「재난 및 안전관리 기본법」상 '안전관리'의 정의로 옳은 것은?

① 각종 시설 및 물질 등의 제작, 유지관리 과정에서 안전을 확보할 수 있도록 적용하여야 할 기술적 기준을 체계화한 것

② 재난이나 그 밖의 각종 사고로부터 사람의 생명·신체 및 재산의 안전을 확보하기 위하여 하는 모든 활동

③ 재난이 발생할 우려가 현저하거나 재난이 발생하였을 때에 국민의 생명·신체 및 재산을 보호하기 위하여 필요한 긴급한 조치

④ 모든 유형의 재난에 공통적으로 활용할 수 있도록 재난관리의 전 과정을 통일적으로 단순화·체계화한 것

12 「실내공기질 관리법 시행규칙」상 다중이용시설의 실내공기질 유지기준 중 오염물질 항목에 해당하지 않는 것은?

① 미세먼지(PM-10)　　　　　　　② 폼알데하이드

③ 석면　　　　　　　　　　　　④ 일산화탄소

13 인간의 욕구와 동기부여에 대한 설명으로 옳지 않은 것은?

① 매슬로우(Maslow)는 인간의 욕구단계를 5단계로 분류하였다.

② 알더퍼(Alderfer)는 인간의 욕구를 존재욕구, 관계욕구, 성장욕구의 세 가지 범주로 분류하였다.

③ 허즈버그(Herzberg)는 위생요인과 동기요인으로 분류하고 동기요인의 중요성을 강조하며, 위생요인이 충족되지 않더라도 동기요인이 충족된다면 잠재능력을 100 % 발휘할 수 있다고 하였다.

④ 맥그리거(McGregor)는 인간을 부정적인 측면으로 보는 X이론과 인간을 긍정적인 측면으로 보는 Y이론으로 분류하였다.

ANSWER 11.② 12.③ 13.③

11 "안전관리"란 재난이나 그 밖의 각종 사고로부터 사람의 생명·신체 및 재산의 안전을 확보하기 위하여 하는 모든 활동을 말한다〈「재난 및 안전관리 기본법」 제3조(정의) 제4호〉.

12 다중이용시설의 실내공기질 유지기준 오염물질 항목으로는 미세먼지(PM-10), 미세먼지(PM-2.5), 이산화탄소, 폼알데하이드, 총부유세균, 일산화탄소가 있다〈「실내공기질 관리법 시행규칙」 [별표 2] 실내공기질 유지기준 참고〉.

13 ③ 허즈버그에 따르면 위생요인은 불만족 요인으로, 위생요인이 충족되지 않는다면 구성원들은 불만족을 지각하고 조직에 부정적 태도와 행동을 보인다. 따라서 동기요인이 충족되더라도 잠재능력을 100% 발휘할 수 있다고 볼 수 없다. 위생요인의 예로는 급여, 업무량, 제도, 복지시설 등이 있다.

14 「재난 및 안전관리 기본법」상 사회재난 중 특별재난지역으로 선포된 경우, 국가와 지방자치단체가 지원할 수 있는 것만을 모두 고르면 몇 개인가?

- 세입자 보조 등 생계안정 지원
- 주거용 건축물의 복구비 지원
- 공공시설 피해에 대한 복구사업비 지원
- 사망자 · 실종자 · 부상자 등 피해주민에 대한 구호

---

① 1개　　　　　　　　　　　② 2개
③ 3개　　　　　　　　　　　④ 4개

14 국가와 지방자치단체는 재난으로 피해를 입은 시설의 복구와 피해주민의 생계 안정 및 피해기업의 경영 안정을 위하여 다음 각 호의 지원을 할 수 있다. 다만, 다른 법령에 따라 국가 또는 지방자치단체가 같은 종류의 보상금 또는 지원금을 지급하거나, 제3조 제1호 나목에 해당하는 재난으로 피해를 유발한 원인자가 보험금 등을 지급하는 경우에는 그 보상금, 지원금 또는 보험금 등에 상당하는 금액은 지급하지 아니한다〈「재난 및 안전관리 기본법」 제66조(재난지역에 대한 국고보조 등의 지원) 제3항〉.

1. 사망자 · 실종자 · 부상자 등 피해주민에 대한 구호
2. 주거용 건축물의 복구비 지원
3. 고등학생의 학자금 면제
4. 자금의 융자, 보증, 상환기한의 연기, 그 이자의 감면 등 관계 법령에서 정하는 금융지원
5. 세입자 보조 등 생계안정 지원
5의2. 「소상공인기본법」 제2조에 다른 소상공인에 대한 지원
6. 관계 법령에서 정하는 바에 따라 국세 · 지방세, 건강보험료 · 연금보험료, 통신요금, 전기요금 등의 경감 또는 납부유예 등의 간접지원
7. 주 생계수단인 농업 · 어업 · 임업 · 염생산업(鹽生産業)에 피해를 입은 경우에 해당 시설의 복구를 위한 지원
8. 공공시설 피해에 대한 복구사업비 지원
9. 그 밖에 제14조 제3항 본문에 따른 중앙재난안전대책본부회의에서 결정한 지원 또는 제16조 제2항에 따른 지역재난안전대책본부회의에서 결정한 지원

15 「소방시설 설치 및 관리에 관한 법률 시행령」상 소화활동설비에 해당하는 것만을 모두 고르면? (기출변형)

㉠ 상수도소화용수설비	㉡ 소화수조·저수조
㉢ 제연설비	㉣ 연결송수관설비
㉤ 비상콘센트설비	

① ㉠, ㉡, ㉢　　　　　　　　　② ㉡, ㉢, ㉣

③ ㉡, ㉢, ㉤　　　　　　　　　④ ㉢, ㉣, ㉤

16 「전기용품 및 생활용품 안전관리법」상 용어의 정의로 옳지 않은 것은? (기출변형)

① '생활용품'이란 공업적으로 생산된 물품으로서 별도의 가공(단순한 조립은 제외) 없이 소비자의 생활에 사용할 수 있는 제품이나 그 부분품 또는 부속품(전기용품은 제외)을 말한다.

② '제품안전관리'란 제품의 취급 및 사용으로 인하여 발생하는 소비자의 생명·신체에 대한 위해(危害), 재산상 피해나 자연환경의 훼손을 방지하기 위하여 제품의 제조·수입·판매 등을 관리하는 활동을 말한다.

③ '안전확인'이란 제품시험 및 공장심사를 거쳐 제품의 안전성을 증명하는 것을 말한다.

④ '제품시험'이란 제품 자체의 안전성을 확인하기 위하여 시험하는 것을 말한다.

ANSWER 15.④ 16.③

15 소화활동설비〈「소방시설 설치 및 관리에 관한 법률 시행령」[별표 1] 소방시설 참고〉 … 화재를 진압하거나 인명구조활동을 위하여 사용하는 설비로서 다음 각 목의 것

가. 제연설비

나. 연결송수관설비

다. 연결살수설비

라. 비상콘센트설비

마. 무선통신보조설비

바. 연소방지설비

16 ③ 안전인증에 대한 설명이다. "안전확인"이란 안전확인시험기관으로부터 안전확인시험을 받아 안전기준에 적합한 것임을 확인하는 것을 말한다〈「전기용품 및 생활용품 안전관리법」제2조(정의) 제6호〉.

17 「산업안전보건법 시행령」상 농업의 경우 안전보건관리책임자를 두어야 하는 사업장의 기준은?

① 상시 근로자 50명 이상

② 상시 근로자 100명 이상

③ 상시 근로자 200명 이상

④ 상시 근로자 300명 이상

ANSWER 17.④

17 안전보건관리책임자를 두어야 하는 사업의 종류 및 사업장의 상시근로자 수〈「산업안전보건법 시행령」[별표 2]〉

사업의 종류	사업장의 상시근로자 수
1. 토사석 광업 2. 식료품 제조업, 음료 제조업 3. 목재 및 나무제품 제조업; 가구 제외 4. 펄프, 종이 및 종이제품 제조업 5. 코크스, 연탄 및 석유정제품 제조업 6. 화학물질 및 화학제품 제조업; 의약품 제외 7. 의료용 물질 및 의약품 제조업 8. 고무 및 플라스틱제품 제조업 9. 비금속 광물제품 제조업 10. 1차 금속 제조업 11. 금속가공제품 제조업; 기계 및 가구 제외 12. 전자부품, 컴퓨터, 영상, 음향 및 통신장비 제조업 13. 의료, 정밀, 광학기기 및 시계 제조업 14. 전기장비 제조업 15. 기타 기계 및 장비 제조업 16. 자동차 및 트레일러 제조업 17. 기타 운송장비 제조업 18. 가구 제조업 19. 기타 제품 제조업 20. 서적, 잡지 및 기타 인쇄물 출판업 21. 해체, 선별 및 원료 재생업 22. 자동차 종합 수리업, 자동차 전문 수리업	상시 근로자 50명 이상
23. 농업 24. 어업 25. 소프트웨어 개발 및 공급업 26. 컴퓨터 프로그래밍, 시스템 통합 및 관리업 26의2. 영상·오디오물 제공 서비스업 27. 정보서비스업 28. 금융 및 보험업 29. 임대업; 부동산 제외 30. 전문, 과학 및 기술 서비스업(연구개발업은 제외한다) 31. 사업지원 서비스업 32. 사회복지 서비스업	상시 근로자 300명 이상
33. 건설업	공사금액 20억원 이상
34. 제1호부터 제26호까지, 제26호의2 및 제27호부터 제33호까지의 사업을 제외한 사업	상시 근로자 100명 이상

18 「식품안전기본법」상의 내용으로 옳지 않은 것은?

① 식품안전정책을 종합·조정하기 위하여 국무총리 소속으로 식품안전정책위원회를 둔다.

② 관계중앙행정기관의 장은 3년마다 소관 식품등에 관한 안전관리계획을 수립하여 국무총리에게 제출하여야 한다.

③ 식품이란 모든 음식물을 말한다. 다만, 의약으로서 섭취하는 것을 제외한다.

④ 식품안전에 대한 국민의 이해와 관심을 높이기 위하여 매년 5월 14일을 식품안전의 날로 하며, 매년 5월 7일부터 5월 21일까지를 식품안전주간으로 한다.

19 재해손실비용(accident cost)의 평가방식에 대한 설명으로 옳은 것은?

① 시몬즈(Simonds)의 산재보험 코스트에는 보험회사의 보상에 관련된 경비와 이익금이 포함되어 있다.

② 하인리히(Heinrich)가 제시한 간접비에는 시설보수비용, 생산중단 손실비용, 휴업보상비용, 교육훈련비용 등이 포함되어 있다.

③ 하인리히(Heinrich)의 직접비는 피해자에게 지급되는 산재보상비로서 여기에는 산재보험료와 보상비의 차액이 포함되어 있다.

④ 시몬즈(Simonds)의 비보험 코스트에는 재해보상이 이루어지지 않은 부상자의 작업 시간에 지불한 임금 코스트가 포함되어 있다.

....

ANSWER 18.② 19.①

18 ② 관계중앙행정기관의 장은 5년마다 소관 식품등에 관한 안전관리계획을 수립하여 국무총리에게 제출하여야 한다〈「식품안전기본법」 제6조(식품안전관리기본계획 등) 제1항〉.
① 동법 제7조(식품안전정책위원회) 제1항
③ 동법 제2조(정의) 제1호
④ 동법 제5조의2(식품안전의 날 및 식품안전주간) 제1항

19 재해손실비용 평가방식
㉠ 하인리히의 재해코스트 산정방식

> 재해손실비(5) = 직접손실(1) + 간접손실(4)

• 직접손실 : 재해자에게 지급되는 법에 의한 산업재해 보상비(휴업, 장해, 요양, 유족보상비, 장의비, 특별보상비 등)
• 간접손실 : 재해손실, 생산중단 등으로 기업이 입는 손실
㉡ 시몬즈(Simonds)의 재해코스트 산정방식

> 총재해 손실비 = 산재보험 코스트 + 비보험 코스트

• 산재보험 코스트 : 법에 의한 산업재해 보상비, 보험회사의 보상에 관련된 경비와 이익금
• 비보험 코스트 = (휴업상해 건수 × A) + (통원상해 건수 × B) + (응급조치 건수 × C) + (무상해 사고건수 × D), 이때 A, B, C, D는 장해 정도별 비보험 코스트의 평균치

20 다음은 「도로교통법」상 정차 및 주차가 금지되는 장소이다. ㉠~㉢의 숫자 합은?

> • 교차로의 가장자리나 도로의 모퉁이로부터 (㉠)미터 이내인 곳
> • 건널목의 가장자리 또는 횡단보도로부터 (㉡)미터 이내인 곳
> • 안전지대가 설치된 도로에서는 그 안전지대의 사방으로부터 각각 (㉢)미터 이내인 곳

① 15
② 20
③ 25
④ 30

....

ANSWER 20.③

20 ㉠ 5, ㉡ 10, ㉢ 10으로 합은 25이다.

※ 정차 및 주차의 금지〈「도로교통법」 제32조〉… 모든 차의 운전자는 다음 각 호의 어느 하나에 해당하는 곳에서는 차를 정차하거나 주차하여서는 아니 된다. 다만, 이 법이나 이 법에 따른 명령 또는 경찰공무원의 지시를 따르는 경우와 위험방지를 위하여 일시정지하는 경우에는 그러하지 아니하다.

1. 교차로·횡단보도·건널목이나 보도와 차도가 구분된 도로의 보도(「주차장법」에 따라 차도와 보도에 걸쳐서 설치된 노상주차장은 제외한다)
2. 교차로의 가장자리나 도로의 모퉁이로부터 <u>5미터</u> 이내인 곳
3. 안전지대가 설치된 도로에서는 그 안전지대의 사방으로부터 각각 <u>10미터</u> 이내인 곳
4. 버스여객자동차의 정류지(停留地)임을 표시하는 기둥이나 표지판 또는 선이 설치된 곳으로부터 10미터 이내인 곳. 다만, 버스여객자동차의 운전자가 그 버스여객자동차의 운행시간 중에 운행노선에 따르는 정류장에서 승객을 태우거나 내리기 위하여 차를 정차하거나 주차하는 경우에는 그러하지 아니하다.
5. 건널목의 가장자리 또는 횡단보도로부터 <u>10미터</u> 이내인 곳
6. 다음 각 목의 곳으로부터 5미터 이내인 곳
   가. 「소방기본법」 제10조에 따른 소방용수시설 또는 비상소화장치가 설치된 곳
   나. 「소방시설 설치 및 관리에 관한 법률」 제2조 제1항 제1호에 따른 소방시설로서 대통령령으로 정하는 시설이 설치된 곳
7. 시·도경찰청장이 도로에서의 위험을 방지하고 교통의 안전과 원활한 소통을 확보하기 위하여 필요하다고 인정하여 지정한 곳
8. 시장등이 제12조 제1항에 따라 지정한 어린이 보호구역

1 「산업안전보건법 시행규칙」상 중대재해의 범위에 대한 설명에서 ㉠, ㉡에 들어갈 숫자를 바르게 연결한 것은?

- 사망자가 1명 이상 발생한 재해
- 3개월 이상의 요양이 필요한 부상자가 동시에 (㉠)명 이상 발생한 재해
- 부상자 또는 직업성 질병자가 동시에 (㉡)명 이상 발생한 재해

㉠	㉡
① 2	5
② 2	10
③ 3	5
④ 3	10

ANSWER 1.②

1 중대재해의 범위〈「산업안전보건법 시행규칙」 제3조〉… 법 제2조 제2호에서 "고용노동부령으로 정하는 재해"란 다음 각 호의 어느 하나에 해당하는 재해를 말한다.
  1. 사망자가 1명 이상 발생한 재해
  2. 3개월 이상의 요양이 필요한 부상자가 동시에 2명 이상 발생한 재해
  3. 부상자 또는 직업성 질병자가 동시에 10명 이상 발생한 재해

2 맥그리거(D. M. McGregor)의 Y 이론에 따른 관리처방에 해당하는 것은?

① 상부 책임 제도의 강화

② 경제적 보상 체계의 강화

③ 권위주의적 리더십의 확립

④ 분권화와 권한의 위임

3 혼미한 정신상태에서 심신이 피로하거나 단조로운 반복 작업 시 나타나는 부주의 현상은?

① 의식의 과잉

② 의식의 단절

③ 의식의 우회

④ 의식수준의 저하

....

ANSWER 2.④ 3.④

2 ①②③은 X이론에 따른 관리처방에 해당한다.

※ D. M. 맥그리거의 XY이론 … 맥그리거는 상반되는 인간본질에 대한 가정을 중심으로 XY이론을 제기하였다.

　㉠ X이론 : 권위적 통제에 입각한 관리전략을 처방하는 전통적 관점

　　• 사람은 본래 일하기를 싫어하고 야망이 없다.

　　• 책임지기를 싫어하며 명령에 따라가는 것을 좋아한다.

　　• 변화에 저항적이고 안전을 원한다.

　　• 자기중심적이다.

　　• 금전적 보상이나 제재 등 외재적 유인에 반응한다.

　㉡ Y이론 : 인간의 고급 욕구 · 성장적 측면에 착안한 새로운 관리 체제

　　• 사람은 본래 일을 즐기고 책임 있는 일을 맡기를 원한다.

　　• 문제해결에 창의력을 발휘하고, 자율적 규제를 할 수 있다.

　　• 자아실현 욕구 등 고급 욕구의 충족에 의해 동기가 유발된다.

3 ④ 혼미한 정신상태에서 심신이 피로하거나 단조로운 반복 작업 시 나타나는 부주의 현상은 의식수준의 저하이다.

※ 부주의 현상

　㉠ 의식의 단절 : 졸거나 각성제 상용 시 의식의 흐름에 단절 · 공백 상태가 나타난다.

　㉡ 의식의 우회 : 걱정 · 근심 등으로 잠시 다른 생각을 하거나 멍하니 있는 경우에 해당한다.

　㉢ 의식수준의 저하 : 심신의 피로, 단조로움에 의해 의식수준이 떨어지는 것을 말한다.

　㉣ 의식의 혼란 : 기기의 표시방법, 조작의 방향이 심리적 양립성에 부합하는 경우, 판단의 혼란이나 잘못이 발생한다.

　㉤ 의식의 과잉 : 지나친 의욕의 결과로 주의가 한 곳에 집중되어 발생한다.

4 「도로교통법 시행규칙」상 안전표지의 구분에 해당하지 않는 것은?

① 보조표지

② 지시표지

③ 노면표시

④ 경계표지

5 감각기에서 자극의 변화를 느끼기 위해서는 처음 받은 자극보다 일정 비율 이상으로 큰 자극을 받아야 된다는 이론은?

① 베버의 법칙(Weber's Law)

② 피츠의 법칙(Fitts' Law)

③ 신호검출이론(Signal Detection Theory)

④ 힉-하이만의 법칙(Hick-Hyman Law)

ANSWER 4.④ 5.①

4 안전표지〈「도로교통법 시행규칙」 제8조 제1항〉
1. **주의표지** : 도로상태가 위험하거나 도로 또는 그 부근에 위험물이 있는 경우에 필요한 안전조치를 할 수 있도록 이를 도로사용자에게 알리는 표지
2. **규제표지** : 도로교통의 안전을 위하여 각종 제한·금지 등의 규제를 하는 경우에 이를 도로사용자에게 알리는 표지
3. **지시표지** : 도로의 통행방법·통행구분 등 도로교통의 안전을 위하여 필요한 지시를 하는 경우에 도로사용자가 이에 따르도록 알리는 표지
4. **보조표지** : 주의표지·규제표지 또는 지시표지의 주기능을 보충하여 도로사용자에게 알리는 표지
5. **노면표시** : 도로교통의 안전을 위하여 각종 주의·규제·지시 등의 내용을 노면에 기호·문자 또는 선으로 도로사용자에게 알리는 표지

5 베버의 법칙 … 자극을 받고 있는 감각기에서 자극의 변화를 느끼기 위해서는 처음에 받은 자극보다 일정 비율 이상으로 큰 자극을 받아야 한다는 이론으로, 처음에 약한 자극을 주면 자극의 변화가 적어도 그 변화를 쉽게 감지할 수 있지만 처음에 강한 자극을 주면 자극의 변화를 감지하는 능력이 떨어져서 작은 자극에는 변화를 느낄 수 없다는 법칙이다.

6 「산업안전보건법 시행령」상 안전관리자의 업무에 해당하지 않는 것은?

① 업무 수행 내용의 기록·유지

② 사업장 순회점검, 지도 및 조치 건의

③ 해당작업에서 발생한 산업재해에 관한 보고 및 이에 대한 응급조치

④ 해당 사업장 안전교육계획의 수립 및 안전교육 실시에 관한 보좌 및 지도·조언

7 레빈(K. Lewin)의 인간의 행동에 대한 함수 B = f(P, E)에서 E에 해당하는 것만을 모두 고른 것은?

㉠ 연령	㉡ 경험
㉢ 인간관계	㉣ 작업환경

① ㉠, ㉡

③ ㉡, ㉢

② ㉠, ㉣

④ ㉢, ㉣

---

6 안전관리자의 업무 등〈「산업안전보건법 시행령」제18조 제1항〉

1. 법 제24조 제1항에 따른 산업안전보건위원회(이하 "산업안전보건위원회"라 한다) 또는 법 제75조 제1항에 따른 안전 및 보건에 관한 노사협의체(이하 "노사협의체"라 한다)에서 심의·의결한 업무와 해당 사업장의 법 제25조 제1항에 따른 안전보건관리규정(이하 "안전보건관리규정"이라 한다) 및 취업규칙에서 정한 업무

2. 법 제36조에 따른 위험성평가에 관한 보좌 및 지도·조언

3. 법 제84조 제1항에 따른 안전인증대상기계등(이하 "안전인증대상기계등"이라 한다)과 법 제89조 제1항 각 호 외의 부분 본문에 따른 자율안전확인대상기계등(이하 "자율안전확인대상기계등"이라 한다) 구입 시 적격품의 선정에 관한 보좌 및 지도·조언

4. 해당 사업장 안전교육계획의 수립 및 안전교육 실시에 관한 보좌 및 지도·조언

5. 사업장 순회점검, 지도 및 조치 건의

6. 산업재해 발생의 원인 조사·분석 및 재발 방지를 위한 기술적 보좌 및 지도·조언

7. 산업재해에 관한 통계의 유지·관리·분석을 위한 보좌 및 지도·조언

8. 법 또는 법에 따른 명령으로 정한 안전에 관한 사항의 이행에 관한 보좌 및 지도·조언

9. 업무 수행 내용의 기록·유지

10. 그 밖에 안전에 관한 사항으로서 고용노동부장관이 정하는 사항

7 K. 레빈의 인간의 행동에 대한 함수는 행동(B)을 생활공간(L)의 함수관계로 보아 B = f(L)로 표시하고, 생활공간은 크게 사람(P)과 환경(E)으로 나누어 B = f(P × E)로 표시하였다.

8 이산화탄소 소화약제의 특성으로 옳지 않은 것은?

① 전기 절연성이 없다.

② 질식 소화 효과가 있다.

③ 기체 상태의 비중은 공기보다 무겁다.

④ 대기압, 상온에서 무색, 무취의 기체이다.

9 폭발의 원인에 따른 분류 중 물리적 폭발에 해당하는 것은?

① 산화폭발   ② 분해폭발

③ 증기폭발   ④ 중합폭발

10 「산업안전보건기준에 관한 규칙」상 가축이나 야생동물로부터 사람에게 감염되는 인수공통(人獸共通)감염병에 해당하는 것은? (기출변형)

① 후천성면역결핍증   ② 수두

③ 홍역   ④ 탄저병

ANSWER 8.①   9.③   10.④

8 ① 이산화탄소 소화약제는 전기 절연성이 있다. 이산화탄소는 연소물 주변의 산소농도를 저하시켜 소화하기 때문에 자체적으로 산소를 가지고 있거나, 연소 시에 공기 중의 산소를 필요로 하지 않는 가연물 이외에는 전부 사용이 가능하다. 따라서 일반화재(A급화재), 유류화재(B급화재), 전기화재(C급화재)에 모두 적응성이 있다.

9 물리적 폭발과 화학적 폭발
　㉠ 물리적 폭발 : 수증기폭발, 증기폭발, 전선폭발, 보일러폭발 등
　㉡ 화학적 폭발 : 산화폭발, 분해폭발, 중합폭발 등

10 "곤충 및 동물매개 감염병"이란 쯔쯔가무시증, 렙토스피라증, 신증후군출혈열 등 동물의 배설물 등에 의하여 전염되는 감염병과 탄저병, 브루셀라증 등 가축이나 야생동물로부터 사람에게 감염되는 인수공통(人獸共通) 감염병을 말한다〈「산업안전보건기준에 관한 규칙」 제592조(정의) 제3호〉.

11 작업을 안전하게 실시하기 위하여 작업공정의 요소 중 행동의 대상을 지적하고 큰 소리로 확인하는 방법은?

① 툴박스미팅(Tool Box Meeting)

② 안전교육관찰프로그램(Safety Training Observation Program)

③ 지적확인(Pointing and Calling)

④ 과오원인제거(Error Cause Removal)

12 「산업안전보건법 시행규칙」상 안전보건교육 중 근로자 정기교육의 내용에 포함되지 않는 것은?

① 표준안전 작업방법 및 지도 요령에 관한 사항

② 유해 · 위험 작업환경 관리에 관한 사항

③ 산업안전보건법령 및 산업재해보상보험 제도에 관한 사항

④ 직장 내 괴롭힘, 고객의 폭언 등으로 인한 건강장해 예방 및 관리에 관한 사항

ANSWER 11.③ 12.①

11 지적확인(Pointing and calling) … 시각을 통해 지각된 행동의 대상을 손으로 지적하고 큰 소리로 청각을 통해 지각된 대상에 대한 의식을 다시 강화시켜 상황을 정확히 인지하고 판단하는 방법

12 ① 관리감독자 정기교육 내용에 포함되는 사항이다.
 ※ 근로자 정기교육〈「산업안전보건법 시행규칙」 [별표 5] 안전보건교육 교육대상별 교육내용 참고〉
   ㉠ 산업안전 및 사고 예방에 관한 사항
   ㉡ 산업보건 및 직업병 예방에 관한 사항
   ㉢ 위험성 평가에 관한 사항
   ㉣ 건강증진 및 질병 예방에 관한 사항
   ㉤ 유해 · 위험 작업환경 관리에 관한 사항
   ㉥ 산업안전보건법령 및 산업재해보상보험 제도에 관한 사항
   ㉦ 직무스트레스 예방 및 관리에 관한 사항
   ㉧ 직장 내 괴롭힘, 고객의 폭언 등으로 인한 건강장해 예방 및 관리에 관한 사항

13 안전교육에서 주제를 학습시킬 범위와 내용의 수준을 의미하는 '학습의 정도'를 순서대로 바르게 나열한 것은?

① 인지 → 지각 → 이해 → 적용

② 지각 → 인지 → 이해 → 적용

③ 이해 → 인지 → 지각 → 적용

④ 이해 → 지각 → 인지 → 적용

14 「식품안전기본법」상 식품 등에 존재하는 위해요소가 인체의 건강을 해하거나 해할 우려가 있는지 여부와 그 정도를 과학적으로 평가하는 것을 뜻하는 용어는?

① 위험성평가　　　　　　　　　　② 위해성평가

③ 유해성평가　　　　　　　　　　④ 유독성평가

15 「국민보호와 공공안전을 위한 테러방지법 시행령」상 대테러특공대를 설치·운영할 수 있는 자에 해당하지 않는 것은?

① 국방부장관　　　　　　　　　　② 경찰청장

③ 소방청장　　　　　　　　　　　④ 해양경찰청장

ANSWER 13.① 14.② 15.③

13 학습 정도의 4단계
ㄱ 인지(to acquaint)
ㄴ 지각(to know)
ㄷ 이해(to understand)
ㄹ 적용(to apply)

14 "위해성평가"란 식품등에 존재하는 위해요소가 인체의 건강을 해하거나 해할 우려가 있는지 여부와 그 정도를 과학적으로 평가하는 것을 말한다〈「식품안전기본법」 제2조(정의) 제6호〉.

15 국방부장관, 경찰청장 및 해양경찰청장은 테러사건에 신속히 대응하기 위하여 대테러특공대를 설치·운영한다〈「국민보호와 공공안전을 위한 테러방지법 시행령」 제18조(대테러특공대 등) 제1항〉.

16 마주 보는 두 외벽 중 하나에 결함이 있어, 그 외벽이 지탱하는 건물 지붕의 측면 부분이 무너져 내려 삼각형의 공간이 발생하는 건축물 붕괴 유형은?

① 경사형 붕괴

② 팬케이크형 붕괴

③ V자형 붕괴

④ 캔틸레버형 붕괴

17 「시설물의 안전 및 유지관리 실시 등에 관한 지침」상 성능평가에서 시설물을 사용한 연수 및 외부 환경 조건에 따른 영향으로 인해 재료적 성질 변화로 발생할 수 있는 손상에 저항하는 시설물의 성능을 평가 하는 것은?

① 안전성능 평가

② 내구성능 평가

③ 사용성능 평가

④ 종합평가

ANSWER 16.① 17.②

16 붕괴의 유형

ㄱ 경사형 붕외 : 마주 보는 두 외벽 중 하나가 결함이 있을 때 발생한다. 결함이 있는 외벽이 지탱하는 건물 지붕의 측면 부분이 무너져 내리면 삼각형의 공간이 발생하며 이렇게 형성된 빈 공간에 요구조자들이 갇히는 경우가 많다.

ㄴ 팬테이크형 붕괴 : 마주 보는 두 외벽에 모두 결함이 발생하여 바닥이나 지붕이 아래로 무너져 내리는 경우에 발생한다. 팬케이크 붕괴에 의해 형성되는 공간은 다른 경우에 비해 협소하며 어디에 형성될는지 파악하기가 곤란하다.

ㄷ V자형 붕괴 : 가구나 장비, 기타 잔해 같은 무거운 물건들이 바닥 중심부에 집중되었을 때 일어날 수 있는 유형이다. V자형 붕괴에서는 양 측면에 생존공간이 만들어질 가능성이 높다.

ㄹ 캔틸레버형 붕괴 : 건물에 가해지는 충격에 의하여 한쪽 벽판이나 지붕 조립 부분이 무너져 내리고 다른 한쪽은 원형을 그대로 유지하고 있는 형태의 붕괴를 말한다. 붕괴의 유형 중에서 가장 안전하지 못하고 2차 붕괴에 가장 취약한 유형이다.

17 ② 내구성능 평가 : 성능평가에서 시설물을 사용한 연수 및 외부 환경조건에 따른 영향으로 인해 재료적 성질 변화로 발생할 수 있는 손상에 저항하는 시설물의 성능을 평가하는 것

① 안전성능 평가 : 조사 시점의 외관상 결함정도 및 시설물에 작용하는 내·외적하중(고정하중, 활하중 등)으로 인해 시설물에 발생할 수 있는 손상 및 붕괴에 저항하는 시설물의 성능을 평가하는 것

③ 사용성능 평가 : 성능평가에서 시설물의 예상 수요를 고려하여 사용하고자 하는 시설물의 사용 가능한 연수 동안 확보해야할 사용자 편의성 및 계획 당시의 설계기준에 근거한 사용 목적을 만족하기 위해 시설물의 성능을 평가하는 것

④ 종합평가 : 안전점검등 및 성능평가에서 상태평가와 안전성평가 또는 안전성능·내구성능·사용성능 평가 결과에 의하여 안전 및 성능수준을 종합적으로 평가하는 것

18 연간 총근로시간수가 반영되지 않는 산업재해지표는?

① 도수율

② 강도율

③ 연천인율

④ 환산도수율

19 위험물의 성질 중 자기반응성 물질에 해당하는 것은? (기출변형)

① 아염소산염류

② 하이드록실아민염류

③ 질산염류

④ 브로민산염류

18 ③ 연천인율 : 근로자 1,000명당 1년간 발생하는 사상자수로, (1년간의 사상자수 / 1년간의 평균근로자수) × 1,000으로 구한다.

① 도수율 : (총재해건수 / 연근로시간수) × 1,000,000으로 구한다.

② 강도율 : 근로시간 1,000시간당 재해에 의해 상실된 근로 손실일수로, (근로손실일수 / 연근로시간수) × 1,000으로 구한다.

④ 환산도수율 : 100,000시간 중 1인당 재해건수로, 도수율 × (100,000시간 / 1,000,000시간)으로 구한다.

19 위험물의 성질 및 종류〈「위험물안전관리법 시행령」[별표 1] 위험물 및 지정수량 참고〉

유별	성질	품명
제1류	산화성고체	아염소산염류, 염소산염류, 과염소산염류, 무기과산화물, 브로민산염류, 질산염류, 아이오딘산염류, 과망가니즈산염류, 다이크로뮴산염류 등
제2류	가연성고체	황화인, 적린, 황, 철분, 금속분, 마그네슘, 인화성고체 등
제3류	자연발화성물질 및 금수성물질	칼륨, 나트륨, 알킬알루미늄, 알킬리튬, 황린, 알칼리금속(칼륨 및 나트륨을 제외한다) 및 알칼리토금속, 유기금속화합물(알킬알루미늄 및 알킬리튬을 제외한다), 금속의 수소화물, 금속의 인화물, 칼슘 또는 알루미늄의 탄화물 등
제4류	인화성액체	특수인화물, 제1석유류, 알코올류, 제2석유류, 제3석유류, 제4석유류, 동식물유류 등
제5류	자기반응성물질	유기과산화물, 질산에스터류, 나이트로화합물, 나이트로소화합물, 아조화합물, 다이아조화합물, 하이드라진 유도체, 하이드록실아민, 하이드록실아민염류 등
제6류	산화성액체	과염소산, 과산화수소, 질산 등

20 「산업안전보건법」상 용어에 대한 정의로 옳지 않은 것은?

① "사업주"란 근로자를 사용하여 사업을 하는 자를 말한다.

② "근로자대표"란 근로자의 과반수로 조직된 노동조합이 있는 경우에는 그 노동조합을, 근로자의 과반수로 조직된 노동조합이 없는 경우에는 근로자의 과반수를 대표하는 자를 말한다.

③ "수급"이란 명칭에 관계없이 물건의 제조 · 건설 · 수리 또는 서비스의 제공, 그 밖의 업무를 타인에게 맡기는 계약을 말한다.

④ "안전보건진단"이란 산업재해를 예방하기 위하여 잠재적 위험성을 발견하고 그 개선대책을 수립할 목적으로 조사 · 평가하는 것을 말한다.

ANSWER 20.③

20 ③ "도급"이란 명칭에 관계없이 물건의 제조 · 건설 · 수리 또는 서비스의 제공, 그 밖의 업무를 타인에게 맡기는 계약을 말한다〈「산업안전보건법」 제2조(정의) 제6호〉.

1 라인-스탭(Line-Staff)형 안전관리 조직에 대한 설명으로 옳지 않은 것은?

① 근로자에게 혼란 발생이 없다.

② 안전지시나 안전대책이 신속하고 정확하게 전달된다.

③ 라인형 조직과 스탭형 조직의 장점을 취한 혼합형 조직형태이다.

④ 라인형 조직과 스탭형 조직에 비해 대규모 사업장에 효율적이다.

ANSWER 1.①

1 ① 안전참모조직이 라인 조직에 개입하여 명령체계의 혼란을 야기할 수 있다.

※ 라인-스탭(Line-Staff)형 안전관리 조직의 특징

㉠ 라인조직은 의사 결정과 명령을 실시하고, 스텝조직은 라인조직에 대해 조언을 하는 체계이다.

㉡ 명령의 통일성이 보장되고, 안전참모조직의 전문가를 활용함으로써 일의 질과 능률을 향상시킬 수 있다.

㉢ 안전참모조직이 라인 조직에 개입하여 명령체계의 혼란을 야기할 수 있다.

㉣ 수익을 내지 못하는 안전참모조직이 라인조직에 경시되어 안전에 대한 조언이 활용되지 못하는 결과를 가져온다.

㉤ 근로자 1,000명 이상의 대규모 사업장에 적합하다.

㉥ 우리나라 산업안전보건법을 이행하기 적합한 조직의 형태이다.

2 버드(Bird)의 이론에 따라 재해발생비율을 구분할 때, 물적손실만 있는 무상해 사고가 1,800건 발생하였다면, 중상해 또는 폐질의 발생건수는?

① 3건   ② 6건

③ 30건   ④ 60건

3 맥그리거(McGregor)의 이론에 따라 구분되는 인간의 두 가지 성향 중 Y이론에 해당하는 것은?

① 인간은 천성적으로 게으르고 일을 하기 싫어한다.

② 인간은 자기중심적이며 철저하게 이기주의적이다.

③ 인간은 보통 변화에 대해 저항하려 하고 안전을 추구한다.

④ 인간은 적절한 조건만 갖추어지면 책임을 받아들일 뿐만 아니라 그것을 갈구한다.

ANSWER 2.④   3.④

2 $1 : 30 = x : 1,800$

$30x = 1,800$

$\therefore x = 60$

※ 버드의 재해 구성 비율 : $1 : 10 : 30 : 600$의 법칙

중상 또는 폐질	1
경상(물적, 인적 상해)	10
무상해 사고(물적 손실)	30
무상해, 무사고 고장(위험한 순간)	600

3   맥그리거의 이론

  ㉠ X이론

    • 일을 싫어함

    • 조직에 무관심

    • 책임 회피

    • 강제통제 필요

    • 선천적 약한 마음

  ㉡ Y이론

    • 일을 좋아함

    • 자기관리 중심

    • 책임감이 강함

    • 자아실현욕구 중시

    • 창조적 인간

4 재해발생 원인을 불안전한 행동과 불안전한 상태로 구분할 때, 불안전한 상태에 해당하는 것은?

① 조명, 환기 등 작업환경의 결함
② 작업 태도 및 작업 자세의 불량
③ 전문적 지식의 결여 및 기술 숙련도의 부족
④ 운전 중인 기계장치 등의 수리, 점검, 청소, 주유

5 「화재의 예방 및 안전관리에 관한 법률」상 소방안전 특별관리시설물에 해당하지 않는 것은?

① 「항만법」에 따른 항만시설
② 「철도산업발전기본법」에 따른 철도시설
③ 「한국석유공사법」에 따른 석유비축시설
④ 「영화 및 비디오물의 진흥에 관한 법률」에 따른 영화상영관 중 수용인원 500명 이상인 영화상영관

......

ANSWER 4.① 5.④

4 재해발생 원인
 ㉠ 불안전한 행동 : 휴먼에러에 의하여 발생하며 인간의 근본적 불완전함에 의해 불안전한 행동이 발생한다(인적요인).
 ㉡ 불안전한 상태 : 부적합한 환경조건, 기계, 설비의 결함, 방호구의 결함 등에 의해 불안전한 상태가 발생한다(물적요인).

5 소방안전 특별관리시설물의 안전관리〈「화재의 예방 및 안전관리에 관한 법률」 제40조〉
 1. 「공항시설법」 제2조 제7호의 공항시설
 2. 「철도산업발전기본법」 제3조 제2호의 철도시설
 3. 「도시철도법」 제2조 제3호의 도시철도시설
 4. 「항만법」 제2조 제5호의 항만시설
 5. 「문화유산의 보존 및 활용에 관한 법률」 제2조 제3항의 지정문화유산 및 「자연유산의 보존 및 활용에 관한 법률」 제2조 제5호에 따른 천연기념물등인 시설(시설이 아닌 지정문화유산 및 천연기념물등을 보호하거나 소장하고 있는 시설을 포함한다)
 6. 「산업기술단지 지원에 관한 특례법」 제2조 제1호의 산업기술단지
 7. 「산업입지 및 개발에 관한 법률」 제2조 제8호의 산업단지
 8. 「초고층 및 지하연계 복합건축물 재난관리에 관한 특별법」 제2조 제1호 · 제2호의 초고층 건축물 및 지하연계 복합건축물
 9. 「영화 및 비디오물의 진흥에 관한 법률」 제2조 제10호의 영화상영관 중 수용인원 1천명 이상인 영화상영관
 10. 전력용 및 통신용 지하구
 11. 「한국석유공사법」 제10조 제1항 제3호의 석유비축시설
 12. 「한국가스공사법」 제11조 제1항 제2호의 천연가스 인수기지 및 공급망
 13. 「전통시장 및 상점가 육성을 위한 특별법」 제2조 제1호의 전통시장으로서 대통령령으로 정하는 전통시장
 14. 그 밖에 대통령령으로 정하는 시설물

6 위험물 중 무기과산화물류의 일반적 성질에 대한 설명으로 옳은 것은?

① 산화성 액체이다.

② 자연발화성 물질이다.

③ 자기반응성 물질이다.

④ 물과 반응하는 물질이다.

7 「도로교통법 시행규칙」상 자동차 운전자가 좌석안전띠를 매지 않아도 되는 경우에 해당하는 것만을 모두 고른 것은?

> ㉠ 자동차를 후진시키기 위하여 운전하는 때
> ㉡ 긴급자동차가 그 본래의 용도로 운행되고 있는 때
> ㉢ 경호 등을 위한 경찰용 자동차에 의하여 호위되거나 유도되고 있는 자동차를 운전하거나 승차하는 때

① ㉠, ㉡

② ㉠, ㉢

③ ㉡, ㉢

④ ㉠, ㉡, ㉢

......

ANSWER 6.④ 7.④

6 제1류 위험물(산화성 고체)의 일반적인 성질
㉠ 대부분 무색 결정 또는 백색 분말로서 비중이 1보다 크다.
㉡ 대부분 물에 잘 녹으며, 분해하여 산소 방출한다.
㉢ 일반적으로 다른 가연물의 연소를 돕는 지연성 물질(자신은 불연성)이며 강산화제이다.
㉣ 조연성 물질로 반응성이 풍부하여 열, 충격, 마찰 또는 분해를 촉진하는 약품과의 접촉으로 인해 폭발할 위험이 있다.
㉤ 착화온도(발화점)가 낮으며 폭발 위험성이 있다.
㉥ 모두 무기 화합물이다.
㉦ 유독성과 부식성이 있다.

7 좌석안전띠 미착용 사유〈도로교통법 시행규칙 제31조〉
㉠ 부상·질병·장애 또는 임신 등으로 인하여 좌석안전띠의 착용이 적당하지 아니하다고 인정되는 자가 자동차를 운전하거나 승차하는 때
㉡ 자동차를 후진시키기 위하여 운전하는 때
㉢ 신장·비만, 그 밖의 신체의 상태에 의하여 좌석안전띠의 착용이 적당하지 아니하다고 인정되는 자가 자동차를 운전하거나 승차하는 때
㉣ 긴급자동차가 그 본래의 용도로 운행되고 있는 때
㉤ 경호 등을 위한 경찰용 자동차에 의하여 호위되거나 유도되고 있는 자동차를 운전하거나 승차하는 때
㉥ 「국민투표법」 및 공직선거관계법령에 의하여 국민투표운동·선거운동 및 국민투표·선거관리업무에 사용되는 자동차를 운전하거나 승차하는 때
㉦ 우편물의 집배, 폐기물의 수집 그 밖에 빈번히 승강하는 것을 필요로 하는 업무에 종사하는 자가 해당업무를 위하여 자동차를 운전하거나 승차하는 때
㉧ 「여객자동차 운수사업법」에 의한 여객자동차운송사업용 자동차의 운전자가 승객의 주취·약물복용 등으로 좌석안전띠를 매도록 할 수 없거나 승객에게 좌석안전띠 착용을 안내하였음에도 불구하고 승객이 착용하지 않는 때

8 「고압가스 안전관리법 시행령」상 고압가스의 종류 및 범위로 옳지 않은 것은? (단, 별표1에 정하는 고압가스는 제외한다)

① 섭씨 15도의 온도에서 게이지압력이 0파스칼을 초과하는 아세틸렌가스

② 섭씨 35도의 온도에서 게이지압력이 0파스칼을 초과하는 액화가스 중 액화시안화수소

③ 상용(常用)의 온도에서 게이지압력이 0.1메가파스칼 이상이 되는 압축가스로서 실제로 그 게이지압력이 0.1메가파스칼 이상이 되는 것

④ 상용(常用)의 온도에서 게이지압력이 0.2메가파스칼 이상이 되는 액화가스로서 실제로 그 게이지압력이 0.2메가파스칼 이상이 되는 것

9 재난 및 안전관리 기본법령상 안전문화 진흥에 대한 설명으로 옳지 않은 것은?

① 안전점검의 날은 매월 4일로 하고, 방재의 날은 매년 5월 25일로 한다.

② 국가는 국민의 안전의식 수준을 높이기 위하여 매년 4월 16일을 국민안전의 날로 정하여 필요한 행사 등을 한다.

③ 행정안전부장관은 재난 및 안전관리업무에 종사하는 자가 지켜야 할 사항 등을 정한 안전관리헌장을 제정·고시하여야 한다.

④ 행정안전부장관은 재난 및 각종 사고로부터 국민의 생명과 신체 및 재산을 보호하기 위하여 안전정보를 수집하여 체계적으로 관리하여야 한다.

ANSWER 8.③ 9.③

8 ③ 상용(常用)의 온도에서 게이지압력이 <u>1메가파스칼</u> 이상이 되는 압축가스로서 실제로 그 압력이 <u>1메가파스칼</u> 이상이 되는 것

※ 고압가스의 종류 및 범위〈고압가스 안전관리법 시행령 제2조〉

㉠ 상용(常用)의 온도에서 압력(게이지압력을 말한다)이 1메가파스칼 이상이 되는 압축가스로서 실제로 그 압력이 1메가파스칼 이상이 되는 것 또는 섭씨 35도의 온도에서 압력이 1메가파스칼 이상이 되는 압축가스(아세틸렌가스는 제외)

㉡ 섭씨 15도의 온도에서 압력이 0파스칼을 초과하는 아세틸렌가스

㉢ 상용의 온도에서 압력이 0.2메가파스칼 이상이 되는 액화가스로서 실제로 그 압력이 0.2메가파스칼 이상이 되는 것 또는 압력이 0.2메가파스칼이 되는 경우의 온도가 섭씨 35도 이하인 액화가스

㉣ 섭씨 35도의 온도에서 압력이 0파스칼을 초과하는 액화가스 중 액화시안화수소·액화브롬화메탄 및 액화산화에틸렌가스

9 ③ 국무총리는 재난을 예방하고, 재난이 발생할 경우 그 피해를 최소화하기 위하여 재난 및 안전관리업무에 종사하는 자가 지켜야 할 사항 등을 정한 안전관리헌장을 제정·고시하여야 한다〈재난 및 안전관리 기본법 제66조의8〉.

10 「화학물질관리법」상 화학사고 대응을 위해 환경부장관이 사고 발생현장에 파견하는 현장수습조정관의 역할에 해당되지 않는 것은?

① 화학사고예방관리계획서의 작성

② 화학사고의 대응 관련 조정 · 지원

③ 화학사고 대응, 복구 관련 기관과의 협조

④ 화학사고 원인, 피해규모, 조치 사항 등에 대한 대국민 홍보

11 인화점, 발화점, 연소점에 대한 설명으로 옳지 않은 것은?

① 인화점은 액체의 위험성 판정에 사용될 수 있다.

② 연소점은 공기 중에서 가연물 가까이에 점화원을 제공하였을 때 불이 붙는 최저온도이다.

③ 인화점에 도달하여도 연소점에 도달하지 못하면 점화원을 제거하였을 때 연소를 유지할 수 없다.

④ 발화점은 가연성 물질이 공기 중에서 점화원 없이 스스로 연소할 수 있는 최저온도이다.

....

ANSWER 10.① 11.②

10 ① 환경부장관은 중소기업의 화학물질 안전관리를 위하여 관계 중앙행정기관의 장과 협의를 거쳐 다음의 사항에 대한 행정적 · 기술적 · 재정적 지원방안을 마련하여 시행할 수 있다.
ㄱ 화학사고예방관리계획서의 작성
ㄴ 유해화학물질 취급시설의 설치, 안전진단 및 개선
ㄷ 그 밖에 중소기업의 화학물질 안전관리를 위하여 대통령령으로 정하는 사항
※ 현장수습조정관의 역할〈화학물질관리법 제44조 제2항〉
ㄱ 화학사고의 대응 관련 조정 · 지원
ㄴ 화학사고 대응, 영향조사, 피해의 최소화 · 제거, 복구 등에 필요한 조치
ㄷ 화학사고 대응, 복구 관련 기관과의 협조 및 연락 유지
ㄹ 화학사고 원인, 피해규모, 조치 사항 등에 대한 대국민 홍보 및 브리핑
ㅁ 그 밖에 화학사고 수습에 필요한 조치

11 ② 인화점은 공기 중에서 가연물 가까이에 점화원을 제공하였을 때 불이 붙는 최저온도이다.
※ 인화점 연소점 발화점 정의
ㄱ 인화점 외부에너지 점화원 에 의해 발화하기 시작하는 최저온도
ㄴ 연소점 외부에너지를 제거해도 자력으로 연소를 지속할 수 있는 최저온도
ㄷ 발화점 스스로 점화할 수 있는 최저온도

12 「사업장 위험성평가에 관한 지침」상 위험성을 다음과 같이 정의할 때, ⑦와 ⑭에 해당하는 용어를 바르게 연결한 것은?

> 위험성이란 유해·위험요인이 부상 또는 질병으로 이어질 수 있는 ⃞⑦⃞과 ⃞⑭⃞을 조합한 것을 의미한다.

	⑦	⑭
①	가능성	검출가능성
②	가능성	중대성
③	영향성	중대성
④	중대성	검출가능성

13 개인별 위험일을 파악하기 위해 활용가능한 바이오리듬(Biorhythm)의 종류에 해당하지 않는 것은?

① 육체적(Physical) 리듬
② 지속적(Sustainable) 리듬
③ 지성적(Intellectual) 리듬
④ 감성적(Sensitivity) 리듬

ANSWER 12.② 13.②

12 ② "위험성"이란 유해·위험요인이 부상 또는 질병으로 이어질 수 있는 <u>가능성(빈도)</u>과 <u>중대성(강도)</u>을 조합한 것을 의미한다 〈사업장 위험성평가에 관한 지침 제3조〉.

13 바이오리듬의 종류
　㉠ **육체적 리듬**(P : Physical Cycle)
　　• 23일 주기로 반복, 청색 표기, 실선 (−)으로 표기
　　• 11.5일 : 활동기, 11.5일 : 휴식기
　　• 활동력, 지구력, 스테미너 건강관리에 응용
　㉡ **감성적 리듬**(S : Sensitivity Cycle)
　　• 28일 주기로 반복 적색 표기, 점선(⋯)으로 표기
　　• 14일 둔한 기간, 14일 예민한 기간
　　• 정서적 희노애락, 주의심, 창조력, 예감, 통찰력 등 안전관리에 응용
　㉢ **지성적 리듬**(I : Intellectual Cycle)
　　• 33일 주기로 반복, 녹색 표기, 실선과 점선 (− · − · − ·)으로 표기
　　• 16.5일 : 지적사고 활동기, 16.5일 : 지적사고 저하기
　　• 상상력, 사고력, 기억력, 의지, 판단력, 비판력 등 확습관리에 응용

14 시설물의 안전 및 유지관리에 관한 특별법령상 정기적으로 실시하여야 하는 안전점검의 수준을 시설물의 종류에 따라 구분한 것으로 옳은 것은?

① 제1종시설물 : 특별안전점검 및 정밀안전점검

② 제2종시설물 : 정기안전점검 및 정밀안전점검

③ 제3종시설물 : 정밀안전점검

④ 제4종시설물 : 정기안전점검

15 무재해운동을 추진하기 위한 세 개의 기둥에 해당하지 않는 것은?

① 직장(소집단) 자주안전활동의 활성화

② 관리감독자(Line)의 적극적 안전활동 추진

③ 잠재위험요소 발굴을 통한 무결점의 활성화

④ 최고경영자의 무재해, 무질병에 대한 확고한 경영자세

ANSWER 14.② 15.③

14 법에 따라 관리주체 또는 시장·군수·구청장은 소관 시설물의 안전과 기능을 유지하기 위하여 정기안전점검 및 정밀안전점검을 실시해야 한다. 다만, 제3종시설물에 대한 정밀안전점검은 정기안전점검 결과 해당 시설물의 안전등급이 D등급(미흡) 또는 E등급(불량)인 경우에 한정하여 실시한다〈「시설물의 안전 및 유지관리에 관한 특별법 시행령」 제8조 제1항〉.

15 무재해운동을 추진하기 위한 세 개의 기둥

㉠ 최고경영자의 경영자세 : 무재해운동을 추진하고 정착하기 위해서 가장 우선되어야 하는 것은 최고경영자의 무재해, 무질병 추구의 경영자세 확립이다. 일하는 한 사람 한 사람이 소중하고, 한 사람이라도 다치게 하지 않겠다라는 인간존중의 철학에서 출발하여야 한다.

㉡ 관리감독자(Line)의 적극적 추진 : 무재해운동을 추진하는 데는 관리감독자(Line)들이 생산활동 속에서 안전보건을 병행하여 실천하는 것이 꼭 필요하다. 즉 라인에 의한 안전보건의 철저가 제2의 기둥이 되는 것이다. 부하의 안전보건 확보는 라인의 본질적 임무로서 '내 부하는 누구 하나 부상당하게 하지 않는다'라는 라인의 강한 결의와 실천이 없으면 무재해운동을 시작할 수 없으며 무의미하게 된다. 부하 한 사람 한 사람을 철저하게 지도하고 지원하는 것은 라인이 아니면 불가능하기 때문이다.

㉢ 소집단 자주활동의 활성화 : 일하는 한 사람 한 사람이 안전보건을 자신의 문제이며 동시에 같은 동료의 문제로서 진지하게 받아들여 직장의 팀멤버와의 협동노력으로 자주적으로 추진해 가는 것이 필요하다. 작업자 한 사람 한 사람이 '나는 부상당하지 않겠다. 동료 중에서 부상자를 내지 않겠다. 그러기 위해서는 이렇게 해 보자'라는 실천의지가 없으면 직장의 무재해는 달성될 수 없다.

16 「국민보호와 공공안전을 위한 테러방지법 시행령」상 전담조직과 설치·운영 주체를 옳게 짝지은 것은?

① 테러대응구조대 — 경찰청장

② 테러복구지원본부 — 국가정보원장

③ 테러정보통합센터 — 행정안전부장관

④ 항공테러사건대책본부 — 국토교통부장관

17 근로자의 안전의식 고취를 위한 데이비스(Davis)의 동기부여 이론에 대한 설명으로 옳은 것은?

① 능력 = 지능 × 태도

② 동기유발 = 상황 × 조건

③ 인간의 성과 = 능력 × 동기유발

④ 경영의 성과 = 인간의 성과 × 동기유발

ANSWER 16.④ 17.③

16 ① 테러대응구조대 – 소방청장과 시·도지사

② 테러복구지원본부 – 행정안전부장관

③ 테러정보통합센터 – 국가정보원장

17 데이비스의 동기부여 공식

㉠ 경영의 성과 = 근로자의 성과 × 사물의 성과

㉡ 근로자의 성과 = 능력 × 동기유발

㉢ 능력 = 지식 × 기능

㉣ 동기유발 = 상황 × 태도

18 「어린이 식생활안전관리 특별법」상 ㈎에 들어갈 내용으로 옳은 것은?

> 시장 · 군수 또는 구청장은 안전하고 위생적인 식품판매 환경의 조성으로 어린이를 보호하기 위하여 학교
> 와 해당 학교의 경계선으로부터 직선거리 ⎣ ㈎ ⎦ 미터의 범위 안의 구역을 어린이 식품안전보호구역으
> 로 지정 · 관리할 수 있다.

① 200

② 300

③ 500

④ 1,000

19 A 사업장의 종합재해지수(Frequency Severity Indicator, FSI)를 구하면?

> A 사업장의 연간 재해발생 건수는 5건이며, 연간 총 근로시간은 50만 시간이고, 이 사업장의 강도율
> (Severity Rate of Injury)은 2.5이다.

① 0.5   ② 1

③ 5   ④ 10

ANSWER 18.① 19.③

18 ① 특별자치시장 · 특별자치도지사 · 시장 · 군수 · 구청장은 안전하고 위생적인 식품판매 환경의 조성으로 어린이를 보호하기
위하여 학교와 해당 학교의 경계선으로부터 직선거리 200미터의 범위 안의 구역을 어린이 식품안전보호구역으로 지정 ·
관리할 수 있다〈동법 제5조 제1항〉.

19
$$도수율 = \frac{5}{500,000} \times 1,000,000 = 10$$

$$종합재해지수 = \sqrt{10 \times 2.5} = 5$$

※ 종합재해지수

　㉠ 종합재해지수 $= \sqrt{도수율 \times 강도율}$

　㉡ 도수율 $= \dfrac{재해발생건수}{연근로시간수} \times 1,000,000$

　㉢ 강도율 $= \dfrac{근로손실일수}{연근로시간수} \times 1,000$

　㉣ 근로손실일수 = (재해의)장해등급별 근로손실일수 + 비장해 등급손실 $\times (300/365)$

20 「환경정책기본법 시행령」상 오존(O_3)의 환경기준으로 ㈎, ㈏에 들어갈 내용을 바르게 연결한 것은?

> • 8시간 평균치 [㈎] ppm 이하
> • 1시간 평균치 [㈏] ppm 이하

	㈎	㈏
①	0.03	0.1
②	0.03	0.3
③	0.06	0.1
④	0.06	0.3

ANSWER 20.③

20 대기 환경기준〈환경정책기본법 시행령 별표 1〉

항목	기준
아황산가스(SO_2)	연간 평균치 0.02ppm 이하 24시간 평균치 0.05ppm 이하 1시간 평균치 0.15ppm 이하
일산화탄소(CO)	8시간 평균치 9ppm 이하 1시간 평균치 25ppm 이하
이산화질소(NO_2)	연간 평균치 0.03ppm 이하 24시간 평균치 0.06ppm 이하 1시간 평균치 0.10ppm 이하
미세먼지(PM-10)	연간 평균치 50$\mu g/m^3$ 이하 24시간 평균치 100$\mu g/m^3$ 이하
초미세먼지(PM-2.5)	연간 평균치 15$\mu g/m^3$ 이하 24시간 평균치 35$\mu g/m^3$ 이하
오존(O_3)	8시간 평균치 0.06ppm 이하 1시간 평균치 0.1ppm 이하
납(Pb)	연간 평균치 0.5$\mu g/m^3$ 이하
벤젠	연간 평균치 5$\mu g/m^3$ 이하

비고

1. 1시간 평균치는 999천분위수(千分位數)의 값이 그 기준을 초과해서는 안 되고, 8시간 및 24시간 평균치는 99백분위수의 값이 그 기준을 초과해서는 안 된다.
2. 미세먼지(PM-10)는 입자의 크기가 10μm 이하인 먼지를 말한다.
3. 초미세먼지(PM-2.5)는 입자의 크기가 2.5μm 이하인 먼지를 말한다.

1 「사업장 위험성평가에 관한 지침」상 ⑺, ⑷에 해당하는 용어를 바르게 연결한 것은?

> ⑺ 유해·위험요인이 부상 또는 질병으로 이어질 수 있는 가능성(빈도)과 중대성(강도)을 조합한 것
> ⑷ 유해·위험요인별로 추정한 위험성의 크기가 허용 가능한 범위인지 여부를 판단하는 것

	⑺	⑷
①	위험성	위험성 결정
②	위험성	위험성 추정
③	위험성평가	위험성 결정
④	위험성평가	위험성 추정

2 다음 설명에 해당하는 부주의 현상은?

> 작업을 하고 있을 때 걱정, 고민, 욕구불만 등에 의해 작업에 집중하지 못하고 다른 생각을 한다.

① 의식의 우회   ② 의식의 중단
③ 의식의 혼란   ④ 의식수준의 저하

ANSWER 1.① 2.①

1 ⑺ "위험성"이란 유해·위험요인이 부상 또는 질병으로 이어질 수 있는 가능성(빈도)과 중대성(강도)을 조합한 것을 의미한다.
⑷ "위험성 결정"이란 유해·위험요인별로 추정한 위험성의 크기가 허용 가능한 범위인지 여부를 판단하는 것을 말한다.

2 ① 작업도중에 걱정거리, 고민거리, 욕구불만 등으로 의식의 흐름이 옆으로 빗나가는 현상이다.
② 의식의 지속적인 흐름에 공백이 발생하는 경우에 질병이 있는 경우에 발생하기 쉽다.
③ 주변환경의 복잡하여 인지에 지장을 초래하고 판단에 혼란이 생기는 현상이다.
④ 피로한 경우나 단조로운 반복작업을 하는 경우 정신이 혼미해지는 현상이다.

3 「소방시설 설치 및 관리에 관한 법률 시행령」상 소화설비에 해당하지 않는 것은?

① 연소방지설비   ② 자동확산소화기

③ 스프링클러설비   ④ 옥외소화전설비

ANSWER 3.①

3 소화설비 : 물 또는 그 밖의 소화약제를 사용하여 소화하는 기계 · 기구 또는 설비로서 다음 각 목의 것

㉠ 소화기구
- 소화기
- 간이소화용구 : 에어로졸식 소화용구, 투척용 소화용구, 소공간용 소화용구 및 소화약제 외의 것을 이용한 간이소화용구
- 자동확산소화기

㉡ 자동소화장치
- 주거용 주방자동소화장치
- 상업용 주방자동소화장치
- 캐비닛형 자동소화장치
- 가스자동소화장치
- 분말자동소화장치
- 고체에어로졸자동소화장치

㉢ 옥내소화전설비(호스릴옥내소화전설비를 포함한다)

㉣ 스프링클러설비등
- 스프링클러설비
- 간이스프링클러설비(캐비닛형 간이스프링클러설비를 포함한다)
- 화재조기진압용 스프링클러설비

㉤ 물분무등소화설비
- 물 분무 소화설비
- 미분무소화설비
- 포소화설비
- 이산화탄소소화설비
- 할론소화설비
- 할로겐화합물 및 불활성기체(다른 원소와 화학 반응을 일으키기 어려운 기체를 말한다. 이하 같다) 소화설비
- 분말소화설비
- 강화액소화설비
- 고체에어로졸소화설비

㉥ 옥외소화전설비

4 동기부여이론과 이를 주장한 학자의 연결로 옳지 않은 것은?

① ERG 이론 - 앨더퍼(C. P. Alderfer)

② X, Y 이론 - 맥그리거(D. M. McGregor)

③ 욕구 5단계 이론 - 매슬로우(A. H. Maslow)

④ 2요인(위생요인과 동기요인) 이론 - 맥클러랜드(D. C. McClelland)

5 「중대재해 처벌 등에 관한 법률」상 중대시민재해에 대한 정의에서 ㈎, ㈏에 들어갈 숫자를 바르게 연결한 것은?

---

3. "중대시민재해"란 특정 원료 또는 제조물, 공중이용시설 또는 공중교통수단의 설계, 제조, 설치, 관리상의 결함을 원인으로 하여 발생한 재해로서 다음 각 목의 어느 하나에 해당하는 결과를 야기한 재해를 말한다. 다만, 중대산업재해에 해당하는 재해는 제외한다.

가. 사망자가 1명 이상 발생

나. 동일한 사고로 2개월 이상 치료가 필요한 부상자가 [㈎] 명 이상 발생

다. 동일한 원인으로 [㈏] 개월 이상 치료가 필요한 질병자가 10명 이상 발생

	㈎		㈏
①	5		3
②	5		6
③	10		3
④	10		6

4 2요인(위생요인과 동기요인) 이론 - 허즈버그(Herzberg)

5 "중대시민재해"란 특정 원료 또는 제조물, 공중이용시설 또는 공중교통수단의 설계, 제조, 설치, 관리상의 결함을 원인으로 하여 발생한 재해로서 다음 각 목의 어느 하나에 해당하는 결과를 야기한 재해를 말한다. 다만, 중대산업재해에 해당하는 재해는 제외한다.

㉠ 사망자가 1명 이상 발생

㉡ 동일한 사고로 2개월 이상 치료가 필요한 부상자가 10명 이상 발생

㉢ 동일한 원인으로 3개월 이상 치료가 필요한 질병자가 10명 이상 발생

6 다음은 시몬즈(R. H. Simonds) 방식의 재해손실비용 계산식이다. (가), (나)에 들어갈 내용을 바르게 연결한 것은?

> 총 재해손실비용 = 보험비용 + {(A × (가)) + (B × 통원상해건수) + (C × 응급조치건수) + (D × (나))}
> (단, A ~ D는 각 재해에 대한 평균 비보험비용이다)

	(가)	(나)
①	사망사고건수	휴업상해건수
②	사망사고건수	무상해사고건수
③	휴업상해건수	중대재해건수
④	휴업상해건수	무상해사고건수

7 가스 연소 시 발생되는 이상현상인 역화(Backfire)의 원인으로 옳지 않은 것은?

① 버너 부분이 과열되었을 때
② 노즐의 부식 등으로 분출 구멍이 작아졌을 때
③ 연소속도보다 연료와 공기 혼합가스의 분출속도가 느릴 때
④ 연료와 공기 혼합가스의 공급 압력이 비정상적으로 낮을 때

ANSWER 6.④ 7.②

6 Simonds and Grimaldi 방식
총 재해 비영 산출방식 = 보험 Cost + 비 보험 Cost
= 산재보험료 + A × (휴업상해건수) + B × (통원상해건수) + C × (응급처치건수) + D × (무상해사 고건수)
* A, B, C, D (상수)는 상해정도별 재해에 대한 비보험 코스트의 평균액 (산재 보험금을 제외한 비용)
* 사망과 영구전노동불능상해는 재해범주에서 제외됨

7 역화의 원인
㉠ 가스의 압력이 너무 비정상적으로 낮게 되거나 노즐이나 또는 콕 등이 막히게 되어 가스량이 정상 때보다도 적게 나타나게 될 때에 원인이 된다.
㉡ 혼합기체의 양이 너무 작을 때도 원인이 된다.
㉢ 버너가 오래되어 노후가 되어, 노즐의 부식 등으로 인해서 분출구멍이 커지게 되는 경우에도 원인이 된다.
㉣ 연소의 속도보다도 가스의 분출속도(공급속도)가 작게 나타날 때에도 원인이 된다.
㉤ 버너부분이 고온으로 되어져 그것을 통과를 하게 되는 가스의 온도가 상승을 하게 되어 연소의 속도가 빨라지게 되는 경우에도 원인이 된다.

8 「식품안전기본법」상 사업자에 대한 설명에서 ㈎에 해당하는 것만을 모두 고르면?

"사업자"란 [㈎]에 해당하는 것의 생산·채취·제조·가공·수입·운반·저장·조리 또는 판매를 업으로 하는 자를 말한다.

ㄱ 「농약관리법」에 따른 농약
ㄴ 「비료관리법」에 따른 비료
ㄷ 「약사법」 제85조에 따른 동물용 의약품

① ㄱ, ㄴ ② ㄱ, ㄷ
③ ㄴ, ㄷ ④ ㄱ, ㄴ, ㄷ

ANSWER 8.④

8 "사업자"란 다음 각 목의 어느 하나에 해당하는 것의 생산·채취·제조·가공·수입·운반·저장·조리 또는 판매(이하 "생산·판매등"이라 한다)를 업으로 하는 자를 말한다〈「식품안전기본법」제2조(정의) 제2호〉.
ㄱ 「식품위생법」에 따른 식품·식품첨가물·기구·용기 또는 포장
ㄴ 「농수산물 품질관리법」에 따른 농수산물
ㄷ 「축산법」에 따른 축산물
ㄹ 「비료관리법」에 따른 비료
ㅁ 「농약관리법」에 따른 농약
ㅂ 「사료관리법」에 따른 사료
ㅅ 「약사법」 제85조에 따른 동물용 의약품
ㅇ 식품의 안전성에 영향을 미칠 우려가 있는 농·수·축산업의 생산자재
ㅈ 그 밖에 식품과 관련된 것으로서 대통령령으로 정하는 것

9 「시설물의 안전 및 유지관리에 관한 특별법」상 제3종시설물의 지정·고시에 대한 설명에서 (가)에 해당하는 자만을 모두 고르면?

> 　(가)　은/는 다중이용시설 등 재난이 발생할 위험이 높거나 재난을 예방하기 위하여 계속적으로 관리할 필요가 있다고 인정되는 제1종시설물 및 제2종시설물 외의 시설물을 대통령령으로 정하는 바에 따라 제3종시설물로 지정·고시하여야 한다.

> ㉠ 중앙행정기관의 장
> ㉡ 지방자치단체의 장
> ㉢ 민간관리주체

① ㉠
② ㉡
③ ㉠, ㉡
④ ㉠, ㉡, ㉢

10 불안전한 행동의 인적원인 중 하나인 크기 판단의 착오에 대한 설명에서 (가), (나)에 들어갈 내용을 바르게 연결한 것은?

> • 배경공간이 좁은 경우에는 배경공간이 넓은 경우보다 　(가)　 보인다.
> • 주위에 작은 것이 있는 경우에는 주위에 큰 것이 있는 경우보다 　(나)　 보인다.

	(가)	(나)
①	크게	크게
②	크게	작게
③	작게	크게
④	작게	작게

ANSWER 9.③　10.①

9 ③ 중앙행정기관의 장 또는 지방자치단체의 장은 다중이용시설 등 재난이 발생할 위험이 높거나 재난을 예방하기 위하여 계속적으로 관리할 필요가 있다고 인정되는 제1종시설물 및 제2종시설물 외의 시설물을 대통령령으로 정하는 바에 따라 제3종시설물로 지정·고시하여야 한다〈「시설물의 안전 및 유지관리에 관한 특별법」 제8조(제3종시설물의 지정 등) 제1항〉.

10 (가) 배경공간이 좁은 경우에는 배경공간이 넓은 경우보다 크게 보인다.
(나) 주위에 작은 것이 있는 경우에는 주위에 큰 것이 있는 경우보다 크게 보인다.

11 PVC 등 염소가 함유된 물질이 탈 때 생성되는 무색 기체로 금속에 대한 강한 부식성이 있는 연소가스는?

① 염화수소(HCl)
② 이산화황(SO2)
③ 이산화탄소(CO2)
④ 시안화수소(HCN)

12 하인리히(H. W. Heinrich)의 이론에 따라 재해발생비율을 구분할 때 사망 또는 중상이 2건 발생하였다면, 경상의 발생 건수는?

① 10
② 29
③ 58
④ 600

13 「위험물안전관리법 시행령」상 제2류 위험물의 종류와 지정 수량의 연결로 옳지 않은 것은? (기출변형)

① 적린 – 100킬로그램
② 황 – 100킬로그램
③ 철분 – 100킬로그램
④ 마그네슘 – 500킬로그램

....

ANSWER 11.① 12.③ 13.③

11 ① 염화수소(HCl)는 금속에 대한 강한 부식성이 있어 때때로 건물의 철골이 손상되기도 한다.

12 ③ 산업재해가 발생하여 중상자가 1명 나오면, 그전에 같은 원인으로 발생하는 경상자가 29명 또 같은 원인으로 부상의 위험에 노출되었던 잠재적 부상자가 300명 있었다는 것을 의미한다.
따라서 경상의 발생 건수는 2×29=58(건)이다.

13

유별	성질	위험물		지정수량
		품명		
제2류	가연성고체	1. 황화인		100킬로그램
		2. 적린		100킬로그램
		3. 황		100킬로그램
		4. 철분		500킬로그램
		5. 금속분		500킬로그램
		6. 마그네슘		500킬로그램
		7. 그 밖에 행정안전부령으로 정하는 것 8. 제1호부터 제7호까지의 어느 하나에 해당하는 위험물을 하나 이상 함유한 것		100킬로그램 또는 500킬로그램
		9. 인화성고체		1,000킬로그램

14 「교통안전법 시행령」상 중대한 교통사고에 대한 설명에서 ㈎, ㈏에 들어갈 내용을 바르게 연결한 것은?

> 교통시설 또는 교통수단의 결함으로 사망사고 또는 중상사고(의사의 ⌐㈎⌐ ⌐㈏⌐ 이상의 치료가 필요한 상해를 입은 사람이 있는 사고를 말한다)가 발생했다고 추정되는 교통사고를 말한다.

	<u>㈎</u>	<u>㈏</u>
①	최초진단결과	2주
②	최초진단결과	3주
③	최종진단결과	2주
④	최종진단결과	3주

15 「소방기본법」상 소방용수시설에 해당하는 것만을 모두 고르면?

㉠ 소화전	㉡ 급수탑	㉢ 저수조

① ㉠

② ㉠, ㉡

③ ㉡, ㉢

④ ㉠, ㉡, ㉢

ANSWER 14.② 15.④

14 ② 교통시설 또는 교통수단의 결함으로 사망사고 또는 중상사고(의사의 최초진단결과 3주 이상의 치료가 필요한 상해를 입은 사람이 있는 사고를 말한다. 이하 같다)가 발생했다고 추정되는 교통사고를 말한다〈「교통안전법 시행령」 제36조(중대한 교통사고 등) 제1항〉.

15 ④ 시·도지사는 소방활동에 필요한 소화전(消火栓)·급수탑(給水塔)·저수조(貯水槽)(이하 "소방용수시설"이라 한다)를 설치하고 유지·관리하여야 한다.

16 「산업안전보건법 시행규칙」상 사업주가 근로자에게 실시해야 하는 안전보건교육시간으로 (가), (나)에 들어갈 숫자를 바르게 연결한 것은? (기출변형)

교육과정	교육대상	교육시간
채용 시 교육	일용근로자	(가) 시간 이상
	일용근로자 및 근로계약기간이 1개월 이하인 기간제근로자를 제외한 근로자	(나) 시간 이상

ANSWER 16.②

16 ※ ⟨「산업안전보건법 시행규칙」[별표 4] 안전보건교육 교육과정별 교육시간⟩

• 근로자 안전보건교육

교육과정	교육대상			교육시간
가. 정기교육	사무직 종사 근로자			매반기 6시간 이상
	그 밖의 근로자	판매업무에 직접 종사하는 근로자		매반기 6시간 이상
		판매업무에 직접 종사하는 근로자 외의 근로자		매반기 12시간 이상
나. 채용 시 교육	일용근로자 및 근로계약기간이 1주일 이하인 기간제근로자			1시간 이상
	근로계약기간이 1주일 초과 1개월 이하인 기간제근로자			4시간 이상
	그 밖의 근로자			8시간 이상
다. 작업내용 변경 시 교육	일용근로자 및 근로계약기간이 1주일 이하인 기간제근로자			1시간 이상
	그 밖의 근로자			2시간 이상
라. 특별교육	일용근로자 및 근로계약기간이 1주일 이하인 기간제근로자 : 별표 5 제1호라목(제39호는 제외한다)에 해당하는 작업에 종사하는 근로자에 한정한다.			2시간 이상
	일용근로자 및 근로계약기간이 1주일 이하인 기간제근로자 별표 5 제1호라목제39호(타워크레인을 사용하는 작업시 신호업무를 하는 작업)에 해당하는 작업에 종사하는 근로자에 한정한다.			8시간 이상
	일용근로자 및 근로계약기간이 1주일 이하인 기간제근로자를 제외한 근로자 : 별표 5 제1호라목에 해당하는 작업에 종사하는 근로자에 한정한다.			• 16시간 이상(최초 작업에 종사하기 전 4시간 이상 실시하고 12시간은 3개월 이내에서 분할하여 실시 가능) • 단기간 작업 또는 간헐적 작업인 경우에는 2시간 이상
마. 건설업 기초안전·보건교육	건설 일용근로자			4시간 이상

	(가)	(나)
①	1	4
②	1	8
③	2	4
④	2	8

ANSWER

비고

1. 위 표의 적용을 받는 "일용근로자"란 근로계약을 1일 단위로 체결하고 그 날의 근로가 끝나면 근로관계가 종료되어 계속 고용이 보장되지 않는 근로자를 말한다.

2. 일용근로자가 위 표의 나목 또는 라목에 따른 교육을 받은 날 이후 1주일 동안 같은 사업장에서 같은 업무의 일용근로자로 다시 종사하는 경우에는 이미 받은 위 표의 나목 또는 라목에 따른 교육을 면제한다.

3. 다음 각 목의 어느 하나에 해당하는 경우는 위 표의 가목부터 라목까지의 규정에도 불구하고 해당 교육과정별 교육시간의 2분의 1 이상을 그 교육시간으로 한다.
   가. 영 별표 1 제1호에 따른 사업
   나. 상시근로자 50명 미만의 도매업, 숙박 및 음식점업

4. 근로자가 다음 각 목의 어느 하나에 해당하는 안전교육을 받은 경우에는 그 시간만큼 위 표의 가목에 따른 해당 반기의 정기교육을 받은 것으로 본다.
   가. 「원자력안전법 시행령」 제148조제1항에 따른 방사선작업종사자 정기교육
   나. 「항만안전특별법 시행령」 제5조제1항제2호에 따른 정기안전교육
   다. 「화학물질관리법 시행규칙」 제37조제4항에 따른 유해화학물질 안전교육

5. 근로자가 「항만안전특별법 시행령」 제5조제1항제1호에 따른 신규안전교육을 받은 때에는 그 시간만큼 위 표의 나목에 따른 채용 시 교육을 받은 것으로 본다.

6. 방사선 업무에 관계되는 작업에 종사하는 근로자가 「원자력안전법 시행규칙」 제138조제1항제2호에 따른 방사선작업종사자 신규교육 중 직장교육을 받은 때에는 그 시간만큼 위 표의 라목에 따른 특별교육 중 별표 5 제1호라목의 33.란에 따른 특별교육을 받은 것으로 본다.

• 관리감독자 안전보건교육

교육과정	교육시간
가. 정기교육	연간 16시간 이상
나. 채용 시 교육	8시간 이상
다. 작업내용 변경 시 교육	2시간 이상
라. 특별교육	16시간 이상(최초 작업에 종사하기 전 4시간 이상 실시하고, 12시간은 3개월 이내에서 분할하여 실시 가능)
	단기간 작업 또는 간헐적 작업인 경우에는 2시간 이상

17 「소화기구 및 자동소화장치의 화재안전기술기준」상 대형소화기에 대한 설명에서 ㈎, ㈏에 들어갈 숫자를 바르게 연결한 것은?

> "대형소화기"란 화재 시 사람이 운반할 수 있도록 운반대와 바퀴가 설치되어 있고 능력단위가 A급 ㅣ ㈎ ㅣ단위 이상, B급 ㅣ ㈏ ㅣ단위 이상인 소화기를 말한다.

	㈎	㈏
①	5	10
②	5	20
③	10	10
④	10	20

18 산업안전보건법령상 고용노동부장관이 산업재해발생건수등을 공표하여야 하는 사업장만을 모두 고르면?

> ㉠ 산업재해 발생 사실을 은폐한 사업장
> ㉡ 산업재해로 인한 사망자가 연간 1명 이상 발생한 사업장
> ㉢ 사망만인율이 규모별 같은 업종의 평균 사망만인율 이상인 사업장

① ㉠, ㉡

② ㉠, ㉢

③ ㉡, ㉢

④ ㉠, ㉡, ㉢

ANSWER 17.④ 18.②

17 ④ "대형소화기"란 화재 시 사람이 운반할 수 있도록 운반대와 바퀴가 설치되어 있고 능력단위가 A급 10단위 이상, B급 20
단위 이상인 소화기를 말한다〈「소화기구 및 자동소화장치의 화재안전기술기준(NFTC 101)」 1.7.1.2의 (2)〉.

18 공표대상 사업장〈「산업안전보건법 시행령」 제10조 제1항〉
㉠ 산업재해로 인한 사망자(이하 "사망재해자"라 한다)가 연간 2명 이상 발생한 사업장
㉡ 사망만인율(死亡萬人率: 연간 상시근로자 1만명당 발생하는 사망재해자 수의 비율을 말한다)이 규모별 같은 업종의 평균
사망만인율 이상인 사업장
㉢ 중대산업사고가 발생한 사업장
㉣ 산업재해 발생 사실을 은폐한 사업장
㉤ 산업재해의 발생에 관한 보고를 최근 3년 이내 2회 이상 하지 않은 사업장

19 산업재해율 평가 방법 중 Safe-T-Score를 산출하는 다음 식에서 ㈎~㈐에 들어갈 내용을 바르게 연결한 것은?

$$Safe-T-Score = \frac{\text{㈎} - \text{㈏}}{\sqrt{\dfrac{\text{㈐}}{\text{현재근로총시간수}} \times 10^6}}$$

	㈎	㈏	㈐
①	현재빈도율	과거빈도율	현재빈도율
②	현재빈도율	과거빈도율	과거빈도율
③	현재강도율	과거강도율	현재강도율
④	현재강도율	과거강도율	과거강도율

20 산업안전보건법령상 유해·위험 방지를 위하여 방호조치가 필요한 기계·기구에 해당하는 것만을 모두 고르면?

㉠ 예초기	㉡ 원심기	㉢ 공기압축기

① ㉠
② ㉠, ㉡
③ ㉡, ㉢
④ ㉠, ㉡, ㉢

1 재해의 기본요인인 4M에서 작업정보, 작업방법, 작업환경 등에 해당하는 것은?

① Man

② Media

③ Machine

④ Management

ANSWER 1.②

1 재해의 기본요인(4M)

구분	예시
Machine (기계적)	• 기계 · 설비 설계상의 결함 • 위험방호 장치의 불량 • 본질안전의 결여 • 사용 유틸리티(전기, 압축공기, 물)의 결함 • 설비를 이용한 운반수단의 결함 등
Media (물질 · 환경적)	• 작업공간(작업장 상태 및 구조)의 불량 • 가스, 증기, 분진, 흄, 미스트 발생 • 산소결핍, 병원체, 방사선, 유해광선, 고온, 저온, 초음파, 소음, 진동, 이상기압 등에 의한 건강장해 • 취급 화학물질의 물질안전보건자료(MSDS) 미비 등
Man (인적)	• 근로자 특성의 불안전 행동 : 여성, 고령자, 외국인, 비정규직, 미숙련자 등 • 작업자세, 작업동작의 결함 • 작업정보, 작업방법의 부적절 등
Management (관리적)	• 관리감독 및 지도 결여 • 교육 · 훈련의 미흡 • 규정, 지침, 매뉴얼 등 미작성 • 수칙 및 각종 표지판 미게시 • 건강관리의 사후관리 미흡 등

2 무재해 운동에서 작업에 따르는 잠재위험요인을 발견하고 파악·해결하기 위해 전원이 협력하여 적극적으로 문제를 해결하고자 하는 원칙은?

① 무의 원칙

② 참가의 원칙

③ 선취의 원칙

④ 안전제일의 원칙

3 가연물의 연소를 활성화시킬 수 있는 조건으로 옳지 않은 것은?

① 발열량이 클 것

② 비표면적이 클 것

③ 산소와 친화력이 작을 것

④ 연쇄반응을 일으킬 수 있을 것

ANSWER 2.② 3.③

2 무재해운동의 3대원칙

　　㉠ **무의 원칙** : 무재해란 단순히 사망재해나 휴업재해만 없으면 된다는 소극적인 사고가 아닌, 사업장 내의 모든 잠재위험요인을 적극적으로 사전에 발견하고 파악·해결함으로써 산업재해의 근원적인 요소들을 없앤다는 것을 의미한다.

　　㉡ **안전제일의 원칙** : 무재해운동에 있어서 안전제일이란 안전한 사업장을 조성하기 위한 궁극의 목표로서 사업장 내에서 행동하기 전에 잠재위험요인을 발견하고 파악·해결하여 재해를 예방하는 것을 의미한다.

　　㉢ **참여의 원칙** : 무재해운동에서 참여란 작업에 따르는 잠재위험요인을 발견하고 파악·해결하기 위하여 전원이 일치 협력하여 각자의 위치에서 적극적으로 문제해결을 하겠다는 것을 의미한다.

3 ③ 산소와 친화력이 커야 한다.

　　※ 가연물의 구비조건

　　　㉠ **발열량이 클 것** : 산화되기 쉬운 물질은 발열량이 크다.

　　　㉡ **표면적이 클 것** : 산소와의 접촉면적이 커져 연소가 용이하다. (고체 < 액체 < 기체)

　　　㉢ **활성화 에너지가 작을 것** : 산화되기 쉬운 물질은 활성화 에너지가 작다.

　　　㉣ **열전도도가 작을 것** : 열전도도가 작으면 열축적이 용이하다. (고체 > 액체 > 기체)

　　　㉤ **발열반응일 것** : 가연물은 산소와 반응시 반드시 발열반응을 해야 한다.

　　　㉥ **연쇄반응을 수반할 것** : 연소현상이 연쇄적으로 반응해야 한다.

4 연소의 4요소 중 연쇄반응이 진행하지 않도록 하는 화학적 소화방법은?

① 질식소화

② 냉각소화

③ 제거소화

④ 부촉매소화

5 위기경보 단계에 대한 설명으로 옳은 것은?

① 관심 – 징후가 있으나 그 활동수준이 낮으며 가까운 기간 내에 국가위기로 발전 가능성이 낮음

② 주의 – 징후 활동이 매우 활발하고 전개속도, 경향성이 현저하여 국가위기로 발전 가능성이 농후함

③ 경계 – 징후 활동이 매우 활발하고 전개속도, 경향성이 매우 심각하며 국가위기가 확실시 됨

④ 심각 – 징후 활동이 비교적 활발하고 국가위기로 발전 가능성이 나타남

4 억제소화라고도 하며 연쇄반응을 억제시켜 소화하는 방법이다.
① 산소 공급원을 차단하는 소화방법
② 연소 중 가연물에 물을 주수하여 열 방출량을 낮추는 소화방법
③ 가연물을 연소상태에서 직접 제거하거나 격리시키는 소화방법

5 위기경보는 재난 피해의 전개 속도, 확대 가능성 등 재난상황의 심각성을 종합적으로 고려하여 관심·주의·경계·심각으로 구분한다.
㉠ 관심경보 : 위기징후와 관련된 현상이 나타나고 있으나 그 활동수준이 낮아서 국가 위기로 발전할 가능성이 적은 수준
㉡ 주의경보 : 위기징후가 비교적 많아서 국가위기로 발전할 수 있는 일정 수준의 경향이 나타나는 상태
㉢ 경계경보 : 위기징후 현상이 매우 포착돼 국가위기로 발전할 가능성이 농후한 수준
㉣ 심각경보 : 위기징후가 너무 많아 국가위기 발생이 확실한 상태

6 사업장의 연간 평균 근로자 수가 1,000명이며, 같은 기간 재해자 수가 5명일 경우 연천인율은?

① 0.05

② 0.5

③ 5

④ 200

7 안전 심리의 5요소에 해당하지 않는 것은?

① 지능(Intellect)

② 동기(Motive)

③ 감정(Emotion)

④ 기질(Temper)

8 스웨인(A. D. Swain)이 제시한 휴먼에러(Human error)의 심리적 분류에 해당하지 않는 것은?

① 입력에러(Input error)

② 시간에러(Time error)

③ 생략에러(Omission error)

④ 실행에러(Commission error)

ANSWER 6.③ 7.① 8.①

6 연천인율은 근로자 1,000명당 1년간 발생하는 사상자수로, (1년간의 사상자수 / 1년간의 평균근로자수) × 1,000으로 구한다. 따라서 5/1,000 × 1,000 = 5이다.

7 안전 심리의 5요소는 동기(motive), 기질(temper), 감정(feeling), 습성(habit), 습관(custom)으로, 이를 잘 분석·통제하는 것이 사고예방의 핵심이다.

8 스웨인(Swain)의 휴먼에러 분류(행위적 분류)

ⓐ 생략 에러(omission error) : 수행해야 할 작업을 빠트리는 에러

ⓑ 작위 에러(commission error) : 수행해야 할 작업을 부정확하게 수행하는 에러

ⓒ 순서 에러(sequence error) : 수행해야 하는 작업의 순서를 틀리게 수행하는 에러

ⓓ 시간 에러(timing error) : 수행해야 할 작업을 정해진 시간동안 완수하지 못하는 에러

ⓔ 불필요한 수행 에러(extraneous error) : 작업 완수에 불필요한 작업을 수행하는 에러

9 분말소화기의 약제 중 제1종 분말소화약제의 주성분은?

① 요소($(NH_2)_2CO$)

② 탄산수소칼륨($KHCO_3$)

③ 탄산수소나트륨($NaHCO_3$)

④ 제1인산암모늄($NH_4H_2PO_4$)

10 산업안전보건법령상 안전관리자 등의 증원·교체임명 명령 사유의 일부이다. (가), (나)에 들어갈 내용을 바르게 연결한 것은?

> • 해당 사업장의 연간재해율이 같은 업종의 평균재해율의 ⃞ (가) ⃞ 배 이상인 경우
> • 관리자가 질병이나 그 밖의 사유로 ⃞ (나) ⃞ 개월 이상 직무를 수행할 수 없게 된 경우

	(가)	(나)
①	1.5	2
②	1.5	3
③	2	2
④	2	3

···

ANSWER 9.③ 10.④

9 제1종 분말소화약제의 주성분은 탄산수소나트륨($NaHCO_3$)이다.

① 제4종
② 제2종
④ 제3종

10 안전관리자 등의 증원·교체임명 명령〈「산업안전보건법 시행규칙」 제12조 제1항 ··· 지방고용노동관서의 장은 다음 각 호의 어느하나에 해당하는 사유가 발생한 경우에는 법 제17조 제4항·제18조 제4항 또는 제19조 제3항에 따라 사업주에게 안전관리자·보건관리자 또는 안전보건관리담당자를 정수 이상으로 증원하게 하거나 교체하여 임명할 것을 명할 수 있다. 다만, 제4호에 해당하는 경우로서 직업성 질병자 발생 당시 사업장에서 해당 화학적 인자(因子)를 사용하지 않은 경우에는 그렇지 않다.

1. 해당 사업장의 연간재해율이 같은 업종의 평균재해율의 2배 이상인 경우
2. 중대재해가 연간 2건 이상 발생한 경우. 다만, 해당 사업장의 전년도 사망만인율이 같은 업종의 평균 사망만인율 이하인 경우는 제외한다.
3. 관리자가 질병이나 그 밖의 사유로 3개월 이상 직무를 수행할 수 없게 된 경우
4. 별표 22 제1호에 따른 화학적 인자로 인한 직업성 질병자가 연간 3명 이상 발생한 경우. 이 경우 직업성 질병자의 발생일은 「산업재해보상보험법 시행규칙」 제21조 제1항에 따른 요양급여의 결정일로 한다.

11 안전보건표지의 종류 중 보안경 착용, 방독마스크 착용, 방진마스크 착용 등을 가리키며 바탕은 파란색, 관련 그림은 흰색으로 나타내는 것은?

① 지시표지　　　　　　　　　　　　② 안내표지

③ 경고표지　　　　　　　　　　　　④ 금지표지

ANSWER 11.①

11 안전보건표지의 종류와 형태〈「산업안전보건법 시행규칙 [별표 6]」〉

1. 금지표지	101 출입금지	102 보행금지	103 차량통행금지	104 사용금지	105 탑승금지	106 금연
107 화기금지	108 물체이동금지	2. 경고표지	201 인화성물질 경고	202 산화성물질 경고	203 폭발성물질 경고	204 급성독성물질 경고
205 부식성물질 경고	206 방사성물질 경고	207 고압전기 경고	208 매달린 물체 경고	209 낙하물 경고	210 고온 경고	211 저온 경고
212 몸균형 상실 경고	213 레이저광선 경고	214 발암성·변이원성·생식독성·전신독성·호흡기 과민성 물질 경고	215 위험장소 경고	3. 지시표지	301 보안경 착용	302 방독마스크 착용
303 방진마스크 착용	304 보안면 착용	305 안전모 착용	306 귀마개 착용	307 안전화 착용	308 안전장갑 착용	309 안전복 착용

4. 안내표지	401 녹십자표지	402 응급구호표지	403 들것	404 세안장치	405 비상용기구	406 비상구

407 좌측비상구	408 우측비상구	5. 관계자 외 출입금지	501 허가대상물질 작업장 **관계자외 출입 금지** (허가물질 명칭) 제조/사용/보관 중 보호구/보호복 착용 흡연 및 음식물 섭취 금지	502 석면취급/해체 작업장 **관계자외 출입 금지** 석면 취급/해체 중 보호구/보호복 착용 흡연 및 음식물 섭취 금지	503 금지대상물질의 취급 실험실 등 **관계자외 출입 금지** 발암물질 취급 중 보호구/보호복 착용 흡연 및 음식물 섭취 금지

6.
 	
문자추가시 예시문
	▶ 내 자신의 건강과 복지를 위하여 안전을 늘 생각한다.
	▶ 내 가정의 행복과 화목을 위하여 안전을 늘 생각한다.
	▶ 내 자신의 실수로써 동료를 해치지 않도록 안전을 늘 생각한다.
	▶ 내 자신이 일으킨 사고로 인한 회사의 재산과 손실을 방지하기
	  위하여 안전을 늘 생각한다.
	▶ 내 자신의 방심과 불안전한 행동이 조국의 번영에 장애가 되지
	  않도록 하기 위하여 안전을 늘 생각한다.

※ 비고 : 아래 표의 각각의 안전·보건표지(28종)는 다음과 같이 「산업표준화법」에 따른 한국산업표준(KS S ISO 7010)
의 안전표지로 대체할 수 있다.

안전·보건 표지	한국산업표준	안전·보건표지	한국산업표준
102	P004	302	M017
103	P006	303	M016
106	P002	304	M019
107	P003	305	M014
206	W003, W005, W027	306	M003
207	W012	307	M008
208	W015	308	M009
209	W035	309	M010
210	W017	402	E003
211	W010	403	E013
212	W011	404	E011
213	W004	406	E001, E002
215	W001	407	E001
301	M004	408	E002

12 인간의 잠재의식을 일깨워 자유로이 아이디어를 개발하고자 하는 토의식 기법은?

① 툴박스미팅(Tool Box Meeting)

② 브레인스토밍(Brain Storming)

③ 과오원인제거(Error Cause Removal)

④ 안전관찰훈련과정(Safety Training Observation Program)

13 재해예방의 4원칙에 해당하지 않는 것은?

① 원인 연계의 원칙

② 손실 우연의 원칙

③ 예방 불능의 원칙

④ 대책 선정의 원칙

14 「전기용품 및 생활용품 안전관리법」상 직접 제품시험을 실시하거나 제3자에게 제품시험을 의뢰하여 해당 제품의 안전기준에 적합한 것임을 스스로 확인하는 것은?

① 안전인증

② 안전확인

③ 제품안전관리

④ 공급자적합성확인

ANSWER 12.② 13.③ 14.④

12 브레인스토밍은 일정한 주제에 관하여 회의형식을 채택하고, 구성원의 자유발언을 통한 아이디어의 제시를 요구하여 발상을 찾아내려는 문제해결방법이다. 브레인스토밍은 아이디어의 질보다 양을 중시하고 비판을 금하며 자유로운 분위기에서 다량의 아이디어를 제출한 후 그것을 바탕으로 결합과 개선을 통해 해결책을 찾고자 한다.

13 재해예방의 4원칙
㉠ 손실 우연의 원칙 : 재해손실은 사고발생 시 대상 조건에 따라 달라지므로 사고의 결과로서 생긴 재해손실은 우연에 의해 결정된다.
㉡ 원인 연계의 원칙 : 재해발생은 반드시 원인이 있다. 사고와 손실과의 관계는 우연적이지만 원인관계는 필연적인 계기가 있다.
㉢ 예방 가능의 원칙 : 재해는 원칙적으로 근원적인 원인만 제거하면 예방 가능하다.
㉣ 대책 선정의 원칙
• 기술(Engineering)적 대책 : 안전설계, 안전기준 설정, 정비점검
• 교육(Education)적 대책 : 교육 및 훈련실시
• 규제(Enforcement)적 대책 : 신상 필벌의 확행

14 ① 안전인증 : 제품시험 및 공장심사를 거쳐 제품의 안전성을 증명하는 것을 말한다〈「전기용품 및 생활용품 안전관리법」 제2조(정의) 제5호〉.
② 안전확인 : 안전확인시험기관으로부터 안전확인시험을 받아 안전기준에 적합한 것임을 확인하는 것을 말한다〈동법 동조 제6호〉.
③ 제품안전관리 : 제품의 취급 및 사용으로 인하여 발생하는 소비자의 생명·신체에 대한 위해(危害), 재산상 피해나 자연환경의 훼손을 방지하기 위하여 제품의 제조·수입·판매 등을 관리하는 활동을 말한다〈동법 동조 제4호〉.

15 「산업안전보건법 시행규칙」상 근로자 안전보건교육의 정기교육과정에서 사무직 종사 근로자의 교육시간은? (단, 상시근로자 50명 미만의 도매업과 숙박 및 음식점업은 제외한다) (기출변형)

① 매분기 3시간 이상
② 매분기 6시간 이상
③ 매반기 3시간 이상
④ 매반기 6시간 이상

ANSWER 15.④

15 ※ 〈「산업안전보건법 시행규칙」 [별표 4] 안전보건교육 교육과정별 교육시간〉

• 근로자 안전보건교육

교육과정	교육대상		교육시간
가. 정기교육	사무직 종사 근로자		매반기 6시간 이상
	그 밖의 근로자	판매업무에 직접 종사하는 근로자	매반기 6시간 이상
		판매업무에 직접 종사하는 근로자 외의 근로자	매반기 12시간 이상
나. 채용 시 교육	일용근로자 및 근로계약기간이 1주일 이하인 기간제근로자		1시간 이상
	근로계약기간이 1주일 초과 1개월 이하인 기간제근로자		4시간 이상
	그 밖의 근로자		8시간 이상
다. 작업내용 변경 시 교육	일용근로자 및 근로계약기간이 1주일 이하인 기간제근로자		1시간 이상
	그 밖의 근로자		2시간 이상
라. 특별교육	일용근로자 및 근로계약기간이 1주일 이하인 기간제근로자 : 별표 5 제1호라목(제39호는 제외한다)에 해당하는 작업에 종사하는 근로자에 한정한다.		2시간 이상
	일용근로자 및 근로계약기간이 1주일 이하인 기간제근로자 별표 5 제1호라목제39호(타워크레인을 사용하는 작업시 신호업무를 하는 작업)에 해당하는 작업에 종사하는 근로자에 한정한다.		8시간 이상
	일용근로자 및 근로계약기간이 1주일 이하인 기간제근로자를 제외한 근로자 : 별표 5 제1호라목에 해당하는 작업에 종사하는 근로자에 한정한다.		• 16시간 이상(최초 작업에 종사하기 전 4시간 이상 실시하고 12시간은 3개월 이내에서 분할하여 실시 가능) • 단기간 작업 또는 간헐적 작업인 경우에는 2시간 이상
마. 건설업 기초안전 · 보건교육	건설 일용근로자		4시간 이상

비고

1. 위 표의 적용을 받는 "일용근로자"란 근로계약을 1일 단위로 체결하고 그 날의 근로가 끝나면 근로관계가 종료되어 계속 고용이 보장되지 않는 근로자를 말한다.

2. 일용근로자가 위 표의 나목 또는 라목에 따른 교육을 받은 날 이후 1주일 동안 같은 사업장에서 같은 업무의 일용근로자로 다시 종사하는 경우에는 이미 받은 위 표의 나목 또는 라목에 따른 교육을 면제한다.

3. 다음 각 목의 어느 하나에 해당하는 경우는 위 표의 가목부터 라목까지의 규정에도 불구하고 해당 교육과정별 교육시간의 2분의 1 이상을 그 교육시간으로 한다.
   가. 영 별표 1 제1호에 따른 사업
   나. 상시근로자 50명 미만의 도매업, 숙박 및 음식점업

4. 근로자가 다음 각 목의 어느 하나에 해당하는 안전교육을 받은 경우에는 그 시간만큼 위 표의 가목에 따른 해당 반기의 정기교육을 받은 것으로 본다.
   가. 「원자력안전법 시행령」 제148조제1항에 따른 방사선작업종사자 정기교육
   나. 「항만안전특별법 시행령」 제5조제1항제2호에 따른 정기안전교육
   다. 「화학물질관리법 시행규칙」 제37조제4항에 따른 유해화학물질 안전교육

5. 근로자가 「항만안전특별법 시행령」 제5조제1항제1호에 따른 신규안전교육을 받은 때에는 그 시간만큼 위 표의 나목에 따른 채용 시 교육을 받은 것으로 본다.

6. 방사선 업무에 관계되는 작업에 종사하는 근로자가 「원자력안전법 시행규칙」 제138조제1항제2호에 따른 방사선작업종사자 신규교육 중 직장교육을 받은 때에는 그 시간만큼 위 표의 라목에 따른 특별교육 중 별표 5 제1호라목의 33.란에 따른 특별교육을 받은 것으로 본다.

• 관리감독자 안전보건교육

교육과정	교육시간
가. 정기교육	연간 16시간 이상
나. 채용 시 교육	8시간 이상
다. 작업내용 변경 시 교육	2시간 이상
라. 특별교육	16시간 이상(최초 작업에 종사하기 전 4시간 이상 실시하고, 12시간은 3개월 이내에서 분할하여 실시 가능)
	단기간 작업 또는 간헐적 작업인 경우에는 2시간 이상

16 「시설물의 안전 및 유지관리에 관한 특별법」상 1종시설물의 일부이다. (가), (나)에 들어갈 내용을 바르게 연결한 것은?

> - 고속철도 교량, 연장 ___(가)___ 미터 이상의 도로 및 철도 교량
> - 고속철도 및 도시철도 터널, 연장 ___(나)___ 미터 이상의 도로 및 철도 터널

(가)	(나)
① 300	500
② 300	1,000
③ 500	500
④ 500	1,000

17 안전보건교육의 단계를 순서대로 바르게 나열한 것은?

① 기능교육 → 태도교육 → 지식교육

② 기능교육 → 지식교육 → 태도교육

③ 지식교육 → 태도교육 → 기능교육

④ 지식교육 → 기능교육 → 태도교육

ANSWER 16.④ 17.④

16 제1종시설물〈「시설물의 안전 및 유지관리에 관한 특별법」 제7조(시설물의 종류) 제1호〉··· 공중의 이용편의와 안전을 도모하기 위하여 특별히 관리할 필요가 있거나 구조상 안전 및 유지관리에 고도의 기술이 필요한 대규모 시설물로서 다음 각 목의 어느 하나에 해당하는 시설물 등 대통령령으로 정하는 시설물
　가. 고속철도 교량, 연장 <u>500미터</u> 이상의 도로 및 철도 교량
　나. 고속철도 및 도시철도 터널, 연장 <u>1000미터</u> 이상의 도로 및 철도 터널
　다. 갑문시설 및 연장 1000미터 이상의 방파제
　라. 다목적댐, 발전용댐, 홍수전용댐 및 총저수용량 1천만톤 이상의 용수전용댐
　마. 21층 이상 또는 연면적 5만제곱미터 이상의 건축물
　바. 하구둑, 포용저수량 8천만톤 이상의 방조제
　사. 광역상수도, 공업용수도, 1일 공급능력 3만톤 이상의 지방상수도

17 지식 → 기능 → 태도 순으로 교육한다.

18 하인리히(H. W. Heinrich)의 도미노 이론 5단계 중 3단계에 해당하는 것은?

① 사고
② 개인적 결함
③ 불안전한 행동과 상태
④ 사회적 환경과 유전적 요소

19 「소방기본법」상 용어에 대한 정의로 옳지 않은 것은?

① "소방대장"이란 특별시·광역시·특별자치시·도 또는 특별자치도에서 화재의 예방·경계·진압·조사 및 구조·구급 등의 업무를 담당하는 부서의 장을 말한다.
② "관계지역"이란 소방대상물이 있는 장소 및 그 이웃 지역으로서 화재의 예방·경계·진압, 구조·구급 등의 활동에 필요한 지역을 말한다.
③ "관계인"이란 소방대상물의 소유자·관리자 또는 점유자를 말한다.
④ "소방대상물"이란 건축물, 차량, 「선박법」 제1조의2 제1항에 따른 선박으로서 항구에 매어둔 선박, 선박 건조 구조물, 산림, 그 밖의 인공 구조물 또는 물건을 말한다.

ANSWER 18.③ 19.①

18 하인리히의 도미노 이론의 사고 발생 원리

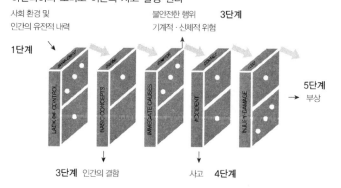

사회 환경 및 / 인간의 유전적 내력 · 불안전한 행위 **3단계** / 기계적·신체적 위험

1단계

5단계 → 부상

3단계 인간의 결함   사고 **4단계**

19 ① 소방본부장에 대한 정의이다. "소방대장"(消防隊長)이란 소방본부장 또는 소방서장 등 화재, 재난·재해, 그 밖의 위급한 상황이 발생한 현장에서 소방대를 지휘하는 사람을 말한다〈「소방기본법」 제2조(정의) 제6호.

20 「도로교통법 시행규칙」상 최고속도의 100분의 50을 줄인 속도로 운행하여야 하는 경우만을 모두 고르면? (단, 가변형 속도제한표지로 최고속도를 정한 경우는 제외한다)

> ㉠ 노면이 얼어 붙은 경우
> ㉡ 눈이 20밀리미터 이상 쌓인 경우
> ㉢ 폭우·폭설·안개 등으로 가시거리가 100미터 이내인 경우

① ㉠, ㉡
② ㉠, ㉢
③ ㉡, ㉢
④ ㉠, ㉡, ㉢

....

ANSWER 20.④

20 비·안개·눈 등으로 인한 거친 날씨에는 제1항에도 불구하고 다음 각 호의 기준에 따라 감속 운행해야 한다. 다만, 경찰청장 또는 시·도경찰청장이 별표 6 Ⅰ. 제1호타목에 따른 가변형 속도제한표지로 최고속도를 정한 경우에는 이에 따라야 하며, 가변형 속도제한표지로 정한 최고속도와 그 밖의 안전표지로 정한 최고속도가 다를 때에는 가변형 속도제한표지에 따라야 한다〈「도로교통법 시행규칙」 제19조(자동차등과 노면전차의 속도) 제2항〉.
  1. 최고속도의 100분의 20을 줄인 속도로 운행하여야 하는 경우
     가. 비가 내려 노면이 젖어있는 경우
     나. 눈이 20밀리미터 미만 쌓인 경우
  2. 최고속도의 100분의 50을 줄인 속도로 운행하여야 하는 경우
     가. 폭우·폭설·안개 등으로 가시거리가 100미터 이내인 경우
     나. 노면이 얼어 붙은 경우
     다. 눈이 20밀리미터 이상 쌓인 경우

1 매슬로우(A. H. Maslow)의 욕구 5단계 이론에서 인간의 욕구를 단계별로 바르게 나열한 것은?

① 생리 → 사회 → 안전 → 존경 → 자아실현

② 생리 → 안전 → 사회 → 자아실현 → 존경

③ 생리 → 안전 → 사회 → 존경 → 자아실현

④ 생리 → 안전 → 존경 → 사회 → 자아실현

2 아담스(E. Adams)의 사고연쇄반응이론을 구성하는 단계에 해당하지 않는 것은?

① 관리구조

② 직접원인

③ 전술적 에러

④ 작전적 에러

ANSWER 1.③ 2.②

1 매슬로우(A. H. Maslow)는 인간의 '욕구'는 타고난 것이며 욕구의 강도와 중요성에 따라 생리적욕구, 안전욕구, 애정(사회적)욕구, 존경욕구, 자아실현욕구 등의 5단계로 분류할 수 있다고 했다.

※ 매슬로우(A. H. Maslow)의 욕구 5단계 이론

자아실현
의 욕구

존경의 욕구

애정과 공감의 욕구

안전의 욕구

생리적 욕구

2 아담스(애덤스)의 사고 연쇄성 이론

㉠ 1단계 : 관리구조

㉡ 2단계 : 작전적 에러(의사결정이 그릇되거나 행동을 안 함)

㉢ 3단계 : 전술적 에러(불안전한 행동, 상태)

㉣ 4단계 : 사고(아차사고, 비상해사고)

㉤ 5단계 : 상해, 손해(대인, 대물)

3 「시설물의 안전 및 유지관리에 관한 특별법」상 제2종시설물에 해당하지 않는 것은?

① 지방상수도 전용댐

② 연장 100미터인 철도 교량

③ 포용저수량 1천만톤인 방조제

④ 연장 300미터인 방파제

4 현장에서 주어진 상황에 즉응하여 실시하며 작업 전과 종료 시 작업자가 조를 이뤄 위험요소에 대하여 말하는 위험예지활동은?

① 툴박스미팅(Tool Box Meeting)

② 터치앤콜(Touch and Call)

③ 지적확인(Pointing and Calling)

④ 안전관찰훈련과정(Safety Training Observation Program)

....

ANSWER 3.④ 4.①

3 제2종시설물〈동법 제17조 제2호〉
제1종시설물 외에 사회기반시설 등 재난이 발생할 위험이 높거나 재난을 예방하기 위하여 계속적으로 관리할 필요가 있는 시설물로서 다음 각 목의 어느 하나에 해당하는 시설물 등 대통령령으로 정하는 시설물
ⓙ 연장 100미터 이상의 도로 및 철도 교량
ⓛ 고속국도, 일반국도, 특별시도 및 광역시도 도로터널 및 특별시 또는 광역시에 있는 철도터널
ⓒ 연장 500미터 이상의 방파제
ⓔ 지방상수도 전용댐 및 총저수용량 1백만톤 이상의 용수전용댐
ⓜ 16층 이상 또는 연면적 3만제곱미터 이상의 건축물
ⓗ 포용저수량 1천만톤 이상의 방조제
ⓢ 1일 공급능력 3만톤 미만의 지방상수도

4 ① 작업현장 근처에서 공구상자(Tool Box)를 앞에 놓고 작업개시 전에 감독자를 중심으로 작업자들이 모여 해당 작업의 내용과 안전에 대해 서로 확인 및 의논하는 활동을 말한다.
② 작업장에서 하겠다는 의욕만 있으면 언제라도 실시할 수 있는 효과적인 안전훈련기법 중의 하나이다.
③ 확인하고자 하는 대상물을 손가락으로 가리키며 눈으로 확인하는 것을 말한다.
④ 결심 → 정지 → 관찰 → 조치 → 보고

5 「산업안전보건법」상 사업주가 사업장에 안전 및 보건에 관하여 사업주를 보좌하고 관리감독자에게 지도·조언하는 업무를 하기 위해 두어야 하는 사람은? (단, 안전관리자 또는 보건관리자가 있는 경우는 제외한다)

① 안전보건관리책임자

② 안전보건총괄책임자

③ 명예산업안전감독관

④ 안전보건관리담당자

---

5 ④ 사업주는 사업장에 안전 및 보건에 관하여 사업주를 보좌하고 관리감독자에게 지도·조언하는 업무를 수행하는 사람인 '안전보건관리담당자'를 두어야 한다〈「산업안전보건법」 제19조 제1항〉.

① 안전보건관리책임자는 안전관리자, 보건관리자 등 산업안전보건법의 관리체제에 있는 자를 지휘함과 동시에 다음 업무를 총괄 관리해야 한다〈동법 제15조 제1항〉.

ㄱ 사업장의 산업재해 예방계획의 수립에 관한 사항

ㄴ 안전보건관리규정의 작성 및 변경에 관한 사항

ㄷ 안전보건교육에 관한 사항

ㄹ 작업환경의 측정 등 작업환경의 점검 및 개선에 관한 사항

ㅁ 근로자의 건강진단 등 건강관리에 관한 사항

ㅂ 산업재해의 원인조사 및 재해방지대책의 수립에 관한 사항

ㅅ 산업재해에 관한 통계의 기록·유지에 관한 사항

ㅇ 안전장치 및 보호구 구입시의 적격품 여부 확인에 관한 사항

ㅈ 그 밖에 근로자의 유해·위험 방지조치에 관한 사항으로서 고용노동부령으로 정하는 사항

② 도급인은 관계수급인 근로자가 도급인의 사업장에서 작업을 하는 경우에는 그 사업장의 안전보건관리책임자를 도급인의 근로자와 관계수급인 근로자의 산업재해를 예방하기 위한 업무를 총괄하여 관리하는 안전보건총괄책임자로 지정하여야 한다〈동법 제62조 제1항 전단〉.

③ 고용노동부장관은 산업재해 예방활동에 대한 참여와 지원을 촉진하기 위하여 근로자, 근로자단체, 사업주단체 및 산업재해 예방 관련 전문단체에 소속된 사람 중에서 명예산업안전감독관을 위촉할 수 있다〈동법 제23조 제1항〉.

6 「위험물안전관리법 시행령」상 위험물의 품명과 지정수량의 연결로 옳지 않은 것은?

① 질산 - 300킬로그램

② 과염소산 - 300킬로그램

③ 인화성고체 - 100킬로그램

④ 유기과산화물 - 10킬로그램

ANSWER 6.③

6 ③ 인화성고체 - 1,000킬로그램

※ 위험물 및 지정수량〈「위험물안전관리법 시행령」 [별표1]

위험물			지정수량
유별	성질	품명	
제1류	산화성고체	1. 아염소산염류	50킬로그램
		2. 염소산염류	50킬로그램
		3. 과염소산염류	50킬로그램
		4. 무기과산화물	50킬로그램
		5. 브로민산염류	300킬로그램
		6. 질산염류	300킬로그램
		7. 아이오딘산염류	300킬로그램
		8. 과망가니즈산염류	1,000킬로그램
		9. 다이크로뮴산염류	1,000킬로그램
		10. 그 밖에 행정안전부령으로 정하는 것 11. 제1호부터 제10호까지의 어느 하나에 해당하는 위험물을 하나 이상 함유한 것	50킬로그램, 300킬로그램 또는 1,000킬로그램
제2류	가연성고체	1. 황화인	100킬로그램
		2. 적린	100킬로그램
		3. 황	100킬로그램
		4. 철분	500킬로그램
		5. 금속분	500킬로그램
		6. 마그네슘	500킬로그램
		7. 그 밖에 행정안전부령으로 정하는 것 8. 제1호부터 제7호까지의 어느 하나에 해당하는 위험물을 하나 이상 함유한 것	100킬로그램 또는 500킬로그램
		9. 인화성고체	1,000킬로그램

ANSWER

제3류	자연발화성물질 및 금수성물질	1. 칼륨		10킬로그램
		2. 나트륨		10킬로그램
		3. 알킬알루미늄		10킬로그램
		4. 알킬리튬		10킬로그램
		5. 황린		20킬로그램
		6. 알칼리금속(칼륨 및 나트륨을 제외한다) 및 알칼리토금속		50킬로그램
		7. 유기금속화합물(알킬알루미늄 및 알킬리튬을 제외한다)		50킬로그램
		8. 금속의 수소화물		300킬로그램
		9. 금속의 인화물		300킬로그램
		10. 칼슘 또는 알루미늄의 탄화물		300킬로그램
		11. 그 밖에 행정안전부령으로 정하는 것 12. 제1호 내지 제11호의 1에 해당하는 어느 하나 이상을 함유한 것		10킬로그램, 20킬로그램, 50킬로그램 또는 300킬로그램
제4류	인화성액체	1. 특수인화물		50리터
		2. 제1석유류	비수용성액체	200리터
			수용성액체	400리터
		3. 알코올류		400리터
		4. 제2석유류	비수용성액체	1,000리터
			수용성액체	2,000리터
		5. 제3석유류	비수용성액체	2,000리터
			수용성액체	4,000리터
		6. 제4석유류		6,000리터
		7. 동식물유류		10,000리터
제5류	자기반응성물질	1. 유기과산화물		제1종 : 10킬로그램 제2종 : 100킬로그램
		2. 질산에스터류		
		3. 나이트로화합물		
		4. 나이트로소화합물		
		5. 아조화합물		
		6. 다이아조화합물		
		7. 하이드라진 유도체		
		8. 하이드록실아민		
		9. 하이드록실아민염류		
		10. 그 밖에 행정안전부령으로 정하는 것		
		11. 제1호부터 제10호까지의 어느 하나에 해당하는 위험물을 하나 이상 함유한 것		
제6류	산화성액체	1. 과염소산		300킬로그램
		2. 과산화수소		300킬로그램
		3. 질산		300킬로그램
		4. 그 밖에 행정안전부령으로 정하는 것		300킬로그램
		5. 제1호 내지 제4호의 1에 해당하는 어느 하나 이상을 함유한 것		300킬로그램

7 「다중이용업소의 안전관리에 관한 특별법」상 안전관리기본계획의 수립·시행에 대한 설명에서 (가), (나)에 들어갈 내용을 바르게 연결한 것은?

> ┌──────┐
> │ (가) │ 은 다중이용업소의 화재 등 재난이나 그 밖의 위급한 상황으로 인한 인적·물적 피해의 감소,
> └──────┘
> 안전기준의 개발, 자율적인 안전관리능력의 향상, 화재배상책임보험제도의 정착 등을 위하여 ┌──────┐ │ (나) │ └──────┘
> 년마다 다중이용업소의 안전관리기본계획을 수립·시행하여야 한다.

	(가)	(나)
①	소방청장	5
②	행정안전부장관	5
③	소방청장	10
④	행정안전부장관	10

8 레빈(K. Lewin)의 법칙을 표현하는 관계식은? (단, B는 인간의 행동, E는 심리적 환경, P는 개체, R은 휴식시간을 나타낸다)

① $B = f(P, E)$

② $B = f(P, R)$

③ $P = f(B, E)$

④ $P = f(B, R)$

ANSWER 7.① 8.①

7 ① 소방청장은 다중이용업소의 화재 등 재난이나 그 밖의 위급한 상황으로 인한 인적·물적 피해의 감소, 안전기준의 개발, 자율적인 안전관리능력의 향상, 화재배상책임보험제도의 정착 등을 위하여 5년마다 다중이용업소의 안전관리기본계획을 수립·시행하여야 한다〈다중이용업소의 안전관리에 관한 특별법 제5조 제1항〉.

8 레빈(K. Lewin)의 법칙
$B = f(P, E)$
B : Behavior(인간의 행동)
f : function(함수관계)
P : Person(개체 : 연령, 경험, 심신상태, 성격, 지능 등)
E : Environment (가정/직장 등의 인간관계, 조도/습도, 조명, 먼지, 소음 등의 물리적 환경, 기계나 설비 등의 모든 요인)
P는 이미 형성되어있는 것이지만 일정하지는 않다.
E는 항상 변화/변동하는 것이며 의도적으로 변화가능
P도 B도 모두 변수, B도 항상 일정하지 않음
행동 B의 안전수준이 작업이 요구하는 수준보다 낮아지지 않도록 P와 E를 제어하는데 따라 불안전행동의 방지가 가능

9 피로의 측정방법 중 생화학적 검사방법의 검사항목에 해당하는 것은?

① 혈액

② 근력

③ 근활동

④ 호흡순환기능

10 「소방시설 설치 및 관리에 관한 법률」상 용어 정의로서 ㈎, ㈏에 들어갈 내용을 바르게 연결한 것은?

"특정소방대상물"이란 건축물 등의 규모·용도 및 수용인원 등을 고려하여 ㈎ 을 설치하여야 하는 소방대상물로서 ㈏ 으로 정하는 것을 말한다.

	㈎	㈏
①	소방시설	대통령령
②	소방시설	행정안전부령
③	소방용품	대통령령
④	소방용품	행정안전부령

....

ANSWER 9.① 10.①

9 ②③④ 생리적 방법에 해당한다.

※ 피로의 측정 방법

검사 방법	검사 항목	측정 방법 및 기기
생리적 방법	근력, 근활동 반사 역치 대뇌피질 활동 호흡 순환 기능 인지 역치	근전계(EMG) 뇌파계(EEG) 플리커 검사 심전계(ECG) 청력검사, 근점거리계
심리학적 방법	변별 역치 정신 작업 피부(전위)저항 동작분석 행동 기록 연속 반응 시간 집중 유지 가능 전신 자각 증상	촉각계 연속 촬영법 피주 전기 반사 CMI, THI 등 holygraph(안구 운동 측정 등) 전자 계산 Kleapelin가산법 피리, 크준, 기록 장치
생화학적 방법	혈색소 농도 뇨단백, 뇨교질 배설량 혈액 수분, 혈단백 응혈 시간 혈액, 뇨전해질 부신피질 기능	광도계 뇨단백 검사, Donaggio 검사 혈청 굴절률계 storanbelt graph Na, k, CI의 상태변동측정 17-OHCS

10 ① "특정소방대상물"이란 건축물 등의 규모·용도 및 수용인원 등을 고려하여 소방시설을 설치하여야 하는 소방대상물로서 대통령령으로 정하는 것을 말한다〈동법 제2조 제1항 제3호〉.

11 연 근로시간 1,000시간당 발생한 근로손실일수를 나타내는 것은?

① 연천인율

② 강도율

③ 도수율

④ 안전활동률

12 「소방기본법」상 생활안전활동에 해당하는 것만을 모두 고르면?

> ㉠ 산불에 대한 예방 · 진압 등 지원활동
> ㉡ 위해동물, 벌 등의 포획 및 퇴치 활동
> ㉢ 자연재해에 따른 급수 · 배수 및 제설 등 지원활동
> ㉣ 붕괴, 낙하 등이 우려되는 고드름, 나무, 위험 구조물 등의 제거활동

① ㉠, ㉡

② ㉠, ㉢

③ ㉡, ㉣

④ ㉢, ㉣

ANSWER 11.② 12.③

11 ① 사업장의 1년간 평균 근로자수의 비율에 의한 재해의 빈도를 확인 할 때 사용하는 수치로, 근로자 1,000명당 1년 간에 발생하는 사상자수를 나타낸다.
③ 전 종업원이 백만시간당 근무하는데 발생한 재해건수를 말한다.
④ 100만 시간당 안전 활동 건수를 말한다.

12 생활안전활동〈「소방기본법」 제16조의3 제1항〉
㉠ 붕괴, 낙하 등이 우려되는 고드름, 나무, 위험 구조물 등의 제거활동
㉡ 위해동물, 벌 등의 포획 및 퇴치 활동
㉢ 끼임, 고립 등에 따른 위험제거 및 구출 활동
㉣ 단전사고 시 비상전원 또는 조명의 공급
㉤ 그 밖에 방치하면 급박해질 우려가 있는 위험을 예방하기 위한 활동

13 버드(F. Bird Jr.)의 이론에 따라 재해발생비율을 구분할 때 중상이 1건 발생하였을 경우 경상의 발생건수는?

① 10

② 20

③ 30

④ 40

14 「식품안전기본법」상 식품안전정책의 수립 및 추진체계에 대한 설명에서 ㈎, ㈏에 들어갈 내용을 바르게 연결한 것은?

> • 관계중앙행정기관의 장은 ㈎ 년마다 소관 식품등에 관한 안전관리계획을 수립하여 국무총리에게 제출하여야 한다.
>
> • 식품안전정책을 종합·조정하기 위하여 ㈏ 소속으로 식품안전정책위원회를 둔다.

	㈎	㈏
①	3	국무총리
②	3	식품의약품안전처장
③	5	국무총리
④	5	식품의약품안전처장

ANSWER 13.① 14.③

13 ① 중상이 1건이면, 경상의 발생건수는 10건이다.
  ※ 버드의 재해 분포
    1:10:30:600=중상 : 경상 : 무상해 : 무사고

14 ㉠ 관계중앙행정기관의 장은 5년마다 소관 식품등에 관한 안전관리계획을 수립하여 국무총리에게 제출하여야 한다〈동법 제6조 제1항〉.
  ㉡ 식품안전정책을 종합·조정하기 위하여 국무총리 소속으로 식품안전정책위원회를 둔다〈동법 제7조 제1항〉.

15 「도로교통법」상 용어 정의로서 ㈎, ㈏에 들어갈 내용을 바르게 연결한 것은?

> "개인형 이동장치"란 제19호나목의 원동기장치자전거 중 시속 　㈎　 킬로미터 이상으로 운행할 경우 전동기가 작동하지 아니하고 차체 중량이 　㈏　 킬로그램 미만인 것으로서 행정안전부령으로 정하는 것을 말한다.

	㈎	㈏
①	15	30
②	15	50
③	25	30
④	25	50

16 「교통안전법 시행령」상 교통안전도 평가지수에 대한 관계식으로 ㈎, ㈏에 들어갈 내용을 바르게 연결한 것은?

$$교통안전도\ 평가지수 = \frac{(교통사고\ 발생건수 \times \boxed{㈎}) + (교통사고\ 사상자\ 수 \times \boxed{㈏})}{자동차등록(면허)\ 대수} \times 10$$

	㈎	㈏
①	0.3	0.7
②	0.4	0.6
③	0.5	0.5
④	0.6	0.4

....

ANSWER 15.③ 16.②

15 ③ "개인형 이동장치"란 제19호나목의 원동기장치자전거 중 시속 25킬로미터 이상으로 운행할 경우 전동기가 작동하지 아니하고 차체 중량이 30킬로그램 미만인 것으로서 행정안전부령으로 정하는 것을 말한다〈「도로교통법」 제2조 제19의2호〉.

16

$$교통안전도\ 평가지수 = \frac{(교통사고\ 발생건수 \times 0.4) + (교통사고\ 사상자\ 수 \times 0.6)}{자동차등록(면허)\ 대수} \times 10$$

17 국민보호와 공공안전을 위한 테러방지법령상 대테러활동에 관한 정책의 중요사항을 심의·의결하기 위한 기구는?

① 대테러센터

② 테러정보통합센터

③ 테러사건대책본부

④ 국가테러대책위원회

18 작업자, 작업책임자, 관리감독자 등이 매일 작업 전, 중, 후에 실시하는 안전점검은?

① 정기점검

② 수시점검

③ 특별점검

④ 임시점검

ANSWER 17.④ 18.②

17 ① 대테러활동과 관련하여 다음 각 호의 사항을 수행하기 위하여 국무총리 소속으로 관계기관 공무원으로 구성되는 대테러센터를 둔다〈동법 제6조 제1항〉.
　　ⓐ 국가 대테러활동 관련 임무분담 및 협조사항 실무 조정
　　ⓑ 장단기 국가대테러활동 지침 작성·배포
　　ⓒ 테러경보 발령
　　ⓓ 국가 중요행사 대테러안전대책 수립
　　ⓔ 대책위원회의 회의 및 운영에 필요한 사무의 처리
　　ⓕ 그 밖에 대책위원회에서 심의·의결한 사항
② 국가정보원장은 테러 관련 정보를 통합관리하기 위하여 관계기관 공무원으로 구성되는 테러정보통합센터를 설치·운영한다〈통법 시행령 제20조 제1항〉.
③ 외교부장관, 국방부장관, 국토교통부장관, 경찰청장 및 해양경찰청장은 테러가 발생하거나 발생할 우려가 현저한 경우에는 테러사건대책본부를 설치·운영하여야 한다〈동법 시행령 제14조 제1항〉.

18 ① 일정기간마다 정기적으로 실시하는 계획적인 점검
③ 기계·기구·설비의 신설, 변경 또는 고장수리 등으로 비정기적인 특정 점검
④ 기계·기구·설비의 이상을 발견할 경우 가동을 정지하고 임시로 실시하는 점검

19 「산업안전보건법 시행령」상 건설공사 중 유해위험방지계획서 제출대상은?

① 터널의 건설공사

② 지상높이 30미터인 건축물 건설공사

③ 연면적 3천제곱미터인 종교시설 건설공사

④ 깊이 9미터인 굴착공사

ANSWER 19.①

19 유해위험방지계획서 제출대상〈산업안전보건법 시행령 제42조 제3항〉

㉠ 지상높이가 31미터 이상인 건축물 또는 인공구조물
• 연면적 3만제곱미터 이상인 건축물
• 연면적 5천제곱미터 이상인 시설로서 다음의 어느 하나에 해당하는 시설
– 문화 및 집회시설(전시장 및 동물원 · 식물원은 제외한다)
– 판매시설, 운수시설(고속철도의 역사 및 집배송시설은 제외한다)
– 종교시설
– 의료시설 중 종합병원
– 숙박시설 중 관광숙박시설
– 지하도상가
– 냉동 · 냉장 창고시설
㉡ 연면적 5천제곱미터 이상인 냉동 · 냉장 창고시설의 설비공사 및 단열공사
㉢ 최대 지간(支間)길이(다리의 기둥과 기둥의 중심사이의 거리)가 50미터 이상인 다리의 건설등 공사
㉣ 터널의 건설등 공사
㉤ 다목적댐, 발전용댐, 저수용량 2천만톤 이상의 용수 전용 댐 및 지방상수도 전용 댐의 건설등 공사
㉥ 깊이 10미터 이상인 굴착공사

20 「중대재해 처벌 등에 관한 법률」상 중대산업재해는 「산업안전보건법」 제2조제1호에 따른 산업재해 중 다음의 어느 하나에 해당하는 결과를 야기한 재해로 정의한다. (가), (나)에 들어갈 내용을 바르게 연결한 것은?

- 사망자가 1명 이상 발생
- 동일한 사고로 6개월 이상 치료가 필요한 부상자가 │ (가) │ 명 이상 발생
- 동일한 유해요인으로 급성중독 등 대통령령으로 정하는 직업성 질병자가 1년 이내에 │ (나) │ 명 이상 발생

	(가)	(나)
①	2	2
②	2	3
③	3	3
④	3	4

---

20 중대산업재해〈중대재해 처벌 등에 관한 법률 제2조〉
㉠ 사망자가 1명 이상 발생
㉡ 동일한 사고로 6개월 이상 치료가 필요한 부상자가 2명 이상 발생
㉢ 동일한 유해요인으로 급성중독 등 대통령령으로 정하는 직업성 질병자가 1년 이내에 3명 이상 발생

1 「교통안전법」상 용어 정의로서 (가), (나)에 들어갈 내용을 바르게 연결한 것은?

> (가) 이란 교통행정기관이 이 법 또는 관계 법령에 따라 소관 교통수단에 대하여 교통안전에 관한 위험요인을 조사·점검 및 (나) 하는 모든 활동을 말한다.

	(가)	(나)
①	교통수단안전점검	평가
②	교통수단안전점검	분석
③	교통시설안전진단	평가
④	교통시설안전진단	분석

2 「국민보호와 공공안전을 위한 테러방지법 시행령」상 테러위협의 정도에 따라 구분하는 테러경보의 4개 단계에 해당하지 않는 것은?

① 관심
② 주의
③ 대응
④ 심각

ANSWER 1.① 2.③

1 ① "교통수단안전점검"이란 교통행정기관이 이 법 또는 관계법령에 따라 소관 교통수단에 대하여 교통안전에 관한 위험요인을 조사·점검 및 평가하는 모든 활동을 말한다〈「교통안전법」 제2조 제8호〉.

2 ③ 테러경보는 테러위협의 정도에 따라 관심·주의·경계·심각의 4단계로 구분한다.

3 「산업안전보건법」상 용어 정의로서 ㈎, ㈏에 들어갈 내용을 바르게 연결한 것은?

> "중대재해"란 [㈎] 중 사망 등 재해 정도가 심하거나 다수의 재해자가 발생한 경우로서 [㈏] 으로 정하는 재해를 말한다.

	㈎	㈏
①	자연재해	고용노동부령
②	산업재해	고용노동부령
③	자연재해	산업통상자원부령
④	산업재해	산업통상자원부령

4 「시설물의 안전 및 유지관리에 관한 특별법 시행령」상 시설물의 안전등급 기준 중 '주요부재에 결함이 발생하여 긴급한 보수·보강이 필요하며 사용제한 여부를 결정하여야 하는 상태'는?

① B(양호)
② C(보통)
③ D(미흡)
④ E(불량)

ANSWER 3.② 4.③

3 ② "중대재해"란 산업재해 중 사망 등 재해 정도가 심하거나 다수의 재해자가 발생한 경우로서 고용노동부령으로 정하는 재해를 말한다.

4 시설물의 안전등급 기준

안전등급	시설물의 상태
1. A (우수)	문제점이 없는 최상의 상태
2. B (양호)	보조부재에 경미한 결함이 발생하였으나 기능 발휘에는 지장이 없으며, 내구성 증진을 위하여 일부의 보수가 필요한 상태
3. C (보통)	주요부재에 경미한 결함 또는 보조부재에 광범위한 결함이 발생하였으나 전체적인 시설물의 안전에는 지장이 없으며, 주요부재에 내구성, 기능성 저하 방지를 위한 보수가 필요하거나 보조부재에 간단한 보강이 필요한 상태
4. D (미흡)	주요부재에 결함이 발생하여 긴급한 보수·보강이 필요하며 사용제한 여부를 결정하여야 하는 상태
5. E (불량)	주요부재에 발생한 심각한 결함으로 인하여 시설물의 안전에 위험이 있어 즉각 사용을 금지하고 보강 또는 개축을 하여야 하는 상태

5 위험예지훈련에서 문제해결을 위한 라운드를 순서대로 바르게 나열한 것은?

① 본질추구 → 현상파악 → 대책수립 → 목표설정

② 본질추구 → 대책수립 → 현상파악 → 목표설정

③ 현상파악 → 대책수립 → 본질추구 → 목표설정

④ 현상파악 → 본질추구 → 대책수립 → 목표설정

6 「산업안전보건법 시행규칙」상 '근로자 안전보건교육' 중 '근로자 정기교육'의 교육내용으로 명시되지 않은 것은?

① 관리감독자의 역할과 임무에 관한 사항

② 건강증진 및 질병 예방에 관한 사항

③ 직무스트레스 예방 및 관리에 관한 사항

④ 직장 내 괴롭힘, 고객의 폭언 등으로 인한 건강장해 예방 및 관리에 관한 사항

ANSWER 5.④ 6.①

5 위험예지훈련에서 문제해결을 위한 라운드

라운드	문제해결의 4라운드	위험예지훈련 4라운드
1R	사실을 파악(현상파악)	어떤 위험이 잠재되어 있는가
2R	본질(원인)을 찾는다(본질추구)	이것이 위험의 point다
3R	대책을 세운다(대책수립)	당신이라면 어떻게 하는가
4R	행동계획을 정한다(목표설정)	우리들은 이렇게 한다

6 '근로자 정기교육'의 교육내용〈「산업안전보건법 시행규칙」[별표 5]〉

㉠ 산업안전 및 사고 예방에 관한 사항

㉡ 산업보건 및 직업병 예방에 관한 사항

㉢ 위험성 평가에 관한 사항

㉣ 건강증진 및 질병 예방에 관한 사항

㉤ 유해·위험 작업환경 관리에 관한 사항

㉥ 산업안전보건법령 및 산업재해보상보험 제도에 관한 사항

㉦ 직무스트레스 예방 및 관리에 관한 사항

㉧ 직장 내 괴롭힘, 고객의 폭언 등으로 인한 건강장해 예방 및 관리에 관한 사항

7 하인리히(H. W. Heinrich)의 사고발생 연쇄과정에서 (가)~(다)에 들어갈 내용이 바르게 연결된 것은?

```
A. 사회적 환경 및 유전적 요소
B. 불안전한 행동과 상태
C. 개인적 결함
```

	(가)	(나)	(다)
①	A	B	C
②	A	C	B
③	B	A	C
④	B	C	A

7 하인리히(H. W. Heinrich)의 사고발생 연쇄과정
ㄱ 유전적 요인 및 사회적 환경
ㄴ 개인적 결함
ㄷ 불안전한 상태 및 불안전한 행동
ㄹ 사고
ㅁ 재해

8 「화학물질관리법」상 유해화학물질을 취급하는 자가 해당 유해화학물질의 용기나 포장에 표시를 하여야 하는 유해화학물질에 관한 사항으로 명시되지 않은 것은?

① 명칭

② 신호어

③ 그림문자

④ 사용자정보

9 스웨인(A. D. Swain)의 인적오류(Human error) 중 작업 수행과정에 필요한 조작이나 행동을 빠트리는 것에 해당하는 오류는?

① 불필요한 수행오류(Extraneous error)

② 순서오류(Sequence error)

③ 생략오류(Omission error)

④ 시간오류(Time error)

ANSWER 8.④ 9.③

8 유해화학물질의 표시〈화학물질관리법 제16조〉

유해화학물질을 취급하는 자는 해당 유해화학물질의 용기나 포장에 다음 각 호의 사항이 포함되어 있는 유해화학물질에 관한 표시를 하여야 한다. 제조하거나 수입된 유해화학물질을 소량으로 나누어 판매하려는 경우에도 또한 같다.

㉠ 명칭 : 유해화학물질의 이름이나 제품의 이름 등에 관한 정보

㉡ 그림문자 : 유해성의 내용을 나타내는 그림

㉢ 신호어 : 유해성의 정도에 따라 위험 또는 경고로 표시하는 문구

㉣ 유해 · 위험 문구 : 유해성을 알리는 문구

㉤ 예방조치 문구 : 부적절한 저장 · 취급 등으로 인한 유해성을 막거나 최소화하기 위한 조치를 나타내는 문구

㉥ 공급자정보 : 제조자 또는 공급자의 이름(법인인 경우에는 명칭을 말한다) · 전화번호 · 주소 등에 관한 정보

㉦ 국제연합번호 : 유해위험물질 및 제품의 국제적 운송보호를 위하여 국제연합이 지정한 물질분류번호

9 ① 작업 내지 단계는 수행하였으나 잘못한 에러

② 작업수행 순서를 잘못함

④ 주어진 시간 내에 동작을 수행하지 못하거나 너무 빠르게 또는 너무 느리게 수행해서 생기는 에러

10 「전기용품 및 생활용품 안전관리법」상 용어 정의로서 ㈎, ㈏에 들어갈 내용을 바르게 연결한 것은?

> • _____㈎_____ (이)란 제품시험 및 공장심사를 거쳐 제품의 안전성을 증명하는 것을 말한다.
> • ___㈏___ 이란 안전확인시험기관으로부터 안전확인시험을 받아 안전기준에 적합한 것임을 확인하는 것을 말한다.

	㈎	㈏
①	안전인증	안전확인
②	안전인증	공급자적합성확인
③	안전성검사	안전확인
④	안전성검사	공급자적합성확인

11 「도로교통법」상 모든 차의 운전자가 서행하여야 하는 곳에 해당하는 것만을 모두 고르면?

> ㉠ 도로가 구부러진 부근
> ㉡ 가파른 비탈길의 내리막
> ㉢ 비탈길의 고갯마루 부근

① ㉠, ㉡ ② ㉠, ㉢
③ ㉡, ㉢ ④ ㉠, ㉡, ㉢

ANSWER 10.① 11.④

10 ㉠ "안전인증"이란 제품시험 및 공장심사를 거쳐 제품의 안전성을 증명하는 것을 말한다.
㉡ "안전확인"이란 안전확인시험기관으로부터 안전확인시험을 받아 안전기준에 적합한 것임을 확인하는 것을 말한다.

11 서행 또는 일시정지할 장소〈「도로교통법」 제41조 제1항〉
㉠ 교통정리를 하고 있지 아니하는 교차로
㉡ 도로가 구부러진 부근
㉢ 비탈길의 고갯마루 부근
㉣ 가파른 비탈길의 내리막
㉤ 시·도경찰청장이 도로에서의 위험을 방지하고 교통의 안전과 원활한 소통을 확보하기 위하여 필요하다고 인정하여 안전표지로 지정한 곳

12 동기부여이론에서 인간의 욕구를 존재(Existence) 욕구, 관계(Relation) 욕구, 성장(Growth) 욕구로 제시한 학자는?

① 알더퍼(C. P. Alderfer)

② 매슬로우(A. H. Maslow)

③ 허즈버그(F. Herzberg)

④ 맥그리거(D. M. McGregor)

13 분말소화약제의 종류와 주성분이 바르게 연결된 것은?

① 제1종 분말소화약제 – 탄산수소칼륨($KHCO_3$)과 요소($(NH_2)_2CO$)

② 제2종 분말소화약제 – 탄산수소나트륨($NaHCO_3$)

③ 제3종 분말소화약제 – 제1인산암모늄($NH_4H_2PO_4$)

④ 제4종 분말소화약제 – 탄산수소나트륨($NaHCO_3$)과 요소($(NH_2)_2CO$)

ANSWER 12.① 13.③

12 알더퍼(Alderfer, 1972)의 ERG 이론

알더퍼는 매슬로우의 5단계 범주를 세 범주로 구분하면서 인간의 욕구를 존재욕구(E : existence), 관계욕구(R : relatedness), 성장욕구(G: growth)로 명명했다.

ⓐ 존재의 욕구(existence needs) : 배고픔, 갈증, 안식처 등과 같은 생리적, 물질적 욕망으로서 봉급과 쾌적한 물리적 작업 조건과 같은 물질적 욕구가 이 범주에 속한다. 이 존재욕구는 매슬로우의 생리적 욕구와 물리족 측면의 안전욕구에 해당한다고 할 수 있다.

ⓑ 관계의 욕구(relatedness needs) : 직장에서 타인과의 대인관계, 가족, 친구 등과의 관계와 관련되는 모든 요구를 포괄한다. 관계욕구는 매슬로우의 안전욕구와 사회적 욕구, 그리고 존경욕구의 일부를 포함한다고 볼 수 있다.

ⓒ 성장의 욕구(growth needs) : 개인의 창조적 성장, 잠재력의 극대화 등과 관련된 모든 욕구를 가리킨다. 이러한 욕구는 한 개인이 자기 능력을 극대화할 뿐만 아니라 능력개발을 필요로 하는 일에 종사함으로써 욕구충족이 가능한 것이다. 이 성장욕구는 매슬로우의 자아실현 욕구와 존경욕구에 해당한다고 할 수 있다.

13 ① 제1종 분말소화약제 – 탄산수소나트륨($NaHCO_3$)

② 제2종 분말소화약제 – 탄산수소칼륨($KHCO_3$)

④ 제4종 분말소화약제 – 탄산수소칼륨($KHCO_3$)과 요소($(NH_2)_2CO$)

14 가연성 물질의 일반적인 구비조건으로 옳지 않은 것은?

① 화학반응을 일으킬 때 활성화에너지의 값이 작아야 한다.

② 산화되기 쉬운 물질로서 발열량이 커야 한다.

③ 열의 축적이 용이하도록 열전도도가 커야 한다.

④ 연쇄반응을 일으킬 수 있어야 한다.

15 「연구실 안전환경 조성에 관한 법률」상 연구실안전심의위원회를 설치·운영하는 자는?

① 교육부장관

② 과학기술정보통신부장관

③ 행정안전부장관

④ 산업통상자원부장관

ANSWER 14.③ 15.②

14 가연성 물질의 일반적인 구비조건
　㉠ 활성화 에너지가 적어야 한다.
　㉡ 산소와 결합할 때 발열량이 커야한다.
　㉢ 열전도도가 작아야 한다.
　㉣ 산소와의 친화력이 강한 물질이어야 한다.
　㉤ 가연물의 표면적이 커야 한다.
　㉥ 연쇄반응을 수반하여야 한다.
　㉦ 산소와 반응하여 반드시 발열반응을 해야 한다.

15 ② 과학기술정보통신부장관은 연구실 안전환경 조성에 관한 다음 각 호의 사항을 심의하기 위하여 연구실안전심의위원회a1를 설치·운영한다〈동법 제7조 제1항〉.

16 「위험물안전관리법 시행령」상 제3류 위험물의 성질에 해당하는 것은?

① 산화성고체

② 산화성액체

③ 자기반응성물질

④ 자연발화성물질 및 금수성물질

......

ANSWER 16.④

16 ※ 위험물 및 지정수량〈「위험물안전관리법 시행령」[별표1]

위험물			지정수량
유별	성질	품명	
제1류	산화성고체	1. 아염소산염류	50킬로그램
		2. 염소산염류	50킬로그램
		3. 과염소산염류	50킬로그램
		4. 무기과산화물	50킬로그램
		5. 브로민산염류	300킬로그램
		6. 질산염류	300킬로그램
		7. 아이오딘산염류	300킬로그램
		8. 과망가니즈산염류	1,000킬로그램
		9. 다이크로뮴산염류	1,000킬로그램
		10. 그 밖에 행정안전부령으로 정하는 것 11. 제1호부터 제10호까지의 어느 하나에 해당하는 위험물을 하나 이상 함유한 것	50킬로그램, 300킬로그램 또는 1,000킬로그램
제2류	가연성고체	1. 황화인	100킬로그램
		2. 적린	100킬로그램
		3. 황	100킬로그램
		4. 철분	500킬로그램
		5. 금속분	500킬로그램
		6. 마그네슘	500킬로그램
		7. 그 밖에 행정안전부령으로 정하는 것 8. 제1호부터 제7호까지의 어느 하나에 해당하는 위험물을 하나 이상 함유한 것	100킬로그램 또는 500킬로그램
		9. 인화성고체	1,000킬로그램

제3류	자연발화성물질 및 금수성물질	1. 칼륨		10킬로그램
		2. 나트륨		10킬로그램
		3. 알킬알루미늄		10킬로그램
		4. 알킬리튬		10킬로그램
		5. 황린		20킬로그램
		6. 알칼리금속(칼륨 및 나트륨을 제외한다) 및 알칼리토금속		50킬로그램
		7. 유기금속화합물(알킬알루미늄 및 알킬리튬을 제외한다)		50킬로그램
		8. 금속의 수소화물		300킬로그램
		9. 금속의 인화물		300킬로그램
		10. 칼슘 또는 알루미늄의 탄화물		300킬로그램
		11. 그 밖에 행정안전부령으로 정하는 것 12. 제1호 내지 제11호의 1에 해당하는 어느 하나 이상을 함유한 것		10킬로그램, 20킬로그램, 50킬로 그램 또는 300킬로그램
제4류	인화성액체	1. 특수인화물		50리터
		2. 제1석유류	비수용성액체	200리터
			수용성액체	400리터
		3. 알코올류		400리터
		4. 제2석유류	비수용성액체	1,000리터
			수용성액체	2,000리터
		5. 제3석유류	비수용성액체	2,000리터
			수용성액체	4,000리터
		6. 제4석유류		6,000리터
		7. 동식물유류		10,000리터
제5류	자기반응성물질	1. 유기과산화물		제1종 : 10킬로그램 제2종 : 100킬로그램
		2. 질산에스터류		
		3. 나이트로화합물		
		4. 나이트로소화합물		
		5. 아조화합물		
		6. 다이아조화합물		
		7. 하이드라진 유도체		
		8. 하이드록실아민		
		9. 하이드록실아민염류		
		10. 그 밖에 행정안전부령으로 정하는 것		
		11. 제1호부터 제10호까지의 어느 하나에 해당하는 위험물을 하나 이상 함유한 것		
제6류	산화성액체	1. 과염소산		300킬로그램
		2. 과산화수소		300킬로그램
		3. 질산		300킬로그램
		4. 그 밖에 행정안전부령으로 정하는 것		300킬로그램
		5. 제1호 내지 제4호의 1에 해당하는 어느 하나 이상을 함유한 것		300킬로그램

17 하시모토 쿠니에(橋本邦衛)의 이론에 따라 뇌파 패턴에 따른 의식수준(Level)을 5개 단계로 분류할 때 과긴장, 흥분상태에 해당하는 것은?

① phase Ⅰ

② phase Ⅱ

③ phase Ⅲ

④ phase Ⅳ

18 인간 행동을 다음과 같이 세 가지로 제시한 학자는?

> • 숙련 기반 행동(Skill-based behavior)
> • 규칙 기반 행동(Rule-based behavior)
> • 지식 기반 행동(Knowledge-based behavior)

① 라스무센(J. Rasmussen)

② 하인리히(H. W. Heinrich)

③ 시몬즈(R. H. Simonds)

④ 레빈(K. Lewin)

ANSWER 17.④ 18.①

17 의식수준(Level) 5개 단계

단계	신뢰성	의식의 상태	생리적 상태
0	0	zero	수면, 뇌발작
1	0.9 이하	inactive	피로, 졸림, 취중
2	0.99~0.99999	passive	정상작업 시
3	0.9999999 이상	active	적극적인 활동
4	0.9 이하	stop	당황, 패닉

18 라스무센(J. Rasmussen)의 모델
ⓐ 숙련 기반 행동(skill-based error) : 무의식에 의한 행동
ⓑ 규칙 기반 행동(rule-based error) : 친숙한 상황에 적용
ⓒ 지식기반 행동(knowledge-based) : 생소하고 특수한 상황에서 나타나는 행동

19 재해의 기본요인인 4M 중 관리(Management) 요인에 해당하지 않는 것은?

① 안전보건 교육의 부족 　　　　　　　　② 건강관리의 불량

③ 안전보건 관리조직의 결함 　　　　　　④ 기계·설비의 설계상의 결함

20 「식품안전기본법」상 식품안전에 대한 설명으로 옳지 않은 것은?

① "추적조사"란 식품등에 존재하는 위해요소가 인체의 건강을 해하거나 해할 우려가 있는지 여부와 그 정도를 과학적으로 평가하는 것을 말한다.

② 국가 및 지방자치단체는 국민이 건강하고 안전한 식생활을 영위할 수 있도록 생산부터 소비까지 단계별로 식품등의 안전에 관한 정책을 수립하고 시행할 책무를 진다.

③ 국민은 국가나 지방자치단체의 식품안전정책의 수립·시행에 참여하고, 식품안전정책에 대한 정보에 관하여 알권리가 있다.

④ 식품안전에 대한 국민의 이해와 관심 및 사업자의 인식과 역량을 높이기 위하여 매년 5월 14일을 식품안전의 날로 하며, 매년 5월 7일부터 5월 21일까지를 식품안전주간으로 한다.

ANSWER 19.④　20.①

19　4M의 구성

　㉠ Man(인간적 요인)
　• 심리적 원인 : 주변적 동작, 걱정거리, 망각, 착오 등
　• 생리적 원인 : 피로, 수면부족 등
　㉡ Machine(기계적 요인)
　• 기계 설비의 설계 결함
　• 위험방호 불량
　• 근원적으로 안전화 미흡
　㉢ Media(매체-환경적 요인)
　• 작업 방법적 요인 : 작업자세, 속도, 강도, 근로시간 등
　• 작업 환경적 요인 : 작업공간, 조명, 색채, 소음, 진농 능
　㉣ Management(관리적 요인)
　• 안전관리 조직 결함
　• 안전관리 규정의 미흡
　• 안전관리 계획 미수립 등

20　① "추적조사"란 식품등의 생산·판매등의 과정에 관한 정보를 추적하여 조사하는 것을 말한다.

1 무재해 운동의 3원칙에 해당하지 않는 것은?

① 무의 원칙

② 선취의 원칙

③ 참가의 원칙

④ 예방가능의 원칙

2 하인리히(H. W. Heinrich)의 재해손실비 산정 방식은?

① 직접비 + 간접비

② 직접비 + 보험비용

③ 공동비용 + 보험비용

④ 공동비용 + 개별비용

ANSWER 1.④ 2.①

1 무재해 운동의 3대원칙

㉠ 무의 원칙 : 무재해란 단순히 사망재해나 휴업재해만 없으면 된다는 소극적인 사고가 아닌, 사업장 내의 모든 잠재위험요인을 적극적으로 사전에 발견하고 파악·해결함으로써 산업재해의 근원적인 요소들을 없앤다는 것을 의미한다.

㉡ 안전제일의 원칙 : 무재해 운동에 있어서 안전제일이란 안전한 사업장을 조성하기 위한 궁극의 목표로서 사업장 내에서 행동하기 전에 잠재위험요인을 발견하고 파악·해결하여 재해를 예방하는 것을 의미한다.

㉢ 참여의 원칙 : 무재해 운동에서 참여란 작업에 따르는 잠재위험요인을 발견하고 파악·해결하기 위하여 전원이 일치 협력하여 각자의 위치에서 적극적으로 문제해결을 하겠다는 것을 의미한다.

2 하인리히의 재해손실비 산정 방식

※ 재해손실비 = 직접손실 + 간접손실

㉠ 직접손실 : 재해자에게 지급되는 법에 의한 산업재해 보상비(휴업, 장해, 요양, 유족보상비, 장의비, 특별보상비 등)

㉡ 간접손실 : 재해손실, 생산중단 등으로 기업이 입는 손실

3 「소방기본법」상 소방대상물에 해당하지 않는 것은?

① 산림

② 차량

③ 건축물

④ 항해 중인 선박

4 산업재해의 수준을 측정하는 방식 중 종합재해지수에 해당하는 것은?

① $\sqrt{\text{도수율} \times \text{강도율}}$

② $\sqrt{\text{도수율} \times \text{연천인율}}$

③ 도수율 × 강도율

④ 도수율 × 연천인율

5 「중대재해 처벌 등에 관한 법률」상 특정 원료 또는 제조물, 공중이용시설 또는 공중교통수단의 설계, 제조, 설치, 관리상의 결함을 원인으로 하여 발생한 중대시민재해에 해당하지 않는 것은? (다만, 중대산업재해에 해당하는 재해는 제외한다)

① 사망자가 3명 발생한 재해

② 동일한 사고로 2개월 치료가 필요한 부상자가 5명 발생한 재해

③ 동일한 사고로 3개월 치료가 필요한 부상자가 20명 발생한 재해

④ 동일한 원인으로 3개월 치료가 필요한 질병자가 30명 발생한 재해

ANSWER 3.④ 4.① 5.②

3 "소방대상물"이란 건축물, 차량, 선박(「선박법」제1조의2 제1항에 따른 선박으로서 항구에 매어둔 선박만 해당한다), 선박 건조 구조물, 산림, 그 밖의 인공 구조물 또는 물건을 말한다〈「소방기본법」제2조(정의) 제1호〉.

4 종합재해지수 … 도수율(빈도율)은 재해발생빈도는 알 수 있지만 강도를 알기 어렵고, 강도율은 강도율은 알 수 있지만 발생빈도를 알 수 없기 때문에 어느 그룹의 위험도를 비교할 때에는 종합재해지수를 사용한다. 종합재해지수 = $\sqrt{\text{도수율} \times \text{강도율}}$ 로 구한다.

5 중대시민재해〈「중대재해 처벌 등에 관한 법률」제2조(정의) 제3호〉 … "중대시민재해"란 특정 원료 또는 제조물, 공중이용시설 또는 공중교통수단의 설계, 제조, 설치, 관리상의 결함을 원인으로 하여 발생한 재해로서 다음 각 목의 어느 하나에 해당하는 결과를 야기한 재해를 말한다. 다만, 중대산업재해에 해당하는 재해는 제외한다.

가. 사망자가 1명 이상 발생

나. 동일한 사고로 2개월 이상 치료가 필요한 부상자가 10명 이상 발생

다. 동일한 원인으로 3개월 이상 치료가 필요한 질병자가 10명 이상 발생

6 「화학물질관리법」상 다음에 해당하는 용어의 정의는?

> 원소·화합물 및 그에 인위적인 반응을 일으켜 얻어진 물질과 자연 상태에서 존재하는 물질을 화학적으로 변형시키거나 추출 또는 정제한 것을 말한다.

① 허가물질
② 유독물질
③ 화학물질
④ 제한물질

ANSWER 6.③

6 〈「화학물질관리법」 제2조(정의) 제1호-제7호〉

1. "화학물질"이란 「화학물질의 등록 및 평가 등에 관한 법률」 제2조 제1호(원소·화합물 및 그에 인위적인 반응을 일으켜 얻어진 물질과 자연 상태에서 존재하는 물질을 화학적으로 변형시키거나 추출 또는 정제한 것)에 따른 화학물질을 말한다.

2. "인체급성유해성물질"이란 「화학물질의 등록 및 평가 등에 관한 법률」 제2조 제6호(유해성이 있는 화학물질로서 대통령령으로 정하는 기준에 따라 환경부장관이 지정하여 고시한 것)에 따른 인체급성유해성물질을 말한다.

2의2. "인체만성유해성물질"이란 「화학물질의 등록 및 평가 등에 관한 법률」 제2조 제6호의2(반복적으로 노출되거나 노출 이후 잠복기를 거쳐 사람의 건강에 좋지 아니한 영향을 미칠 수 있는 화학물질로서 대통령령으로 정하는 기준에 따라 환경부장관이 지정하여 고시한 것)에 따른 인체만성유해성물질을 말한다.

2의3. "생태유해성물질"이란 「화학물질의 등록 및 평가 등에 관한 법률」 제2조 제6호의3(단기간 또는 장기간 노출로 인하여 수생생물 등 환경에 좋지 아니한 영향을 미칠 수 있는 화학물질로서 대통령령으로 정하는 기준에 따라 환경부장관이 지정하여 고시한 것)에 따른 생태유해성물질을 말한다.

3. "허가물질"이란 「화학물질의 등록 및 평가 등에 관한 법률」 제2조 제7호(위해성이 있다고 우려되는 화학물질로서 환경부장관의 허가를 받아 제조·수입·사용하도록 제25조에 따라 환경부장관이 관계 중앙행정기관의 장과의 협의와 제7조에 따른 화학물질평가위원회의 심의를 거쳐 고시한 것)에 따른 허가물질을 말한다.

4. "제한물질"이란 「화학물질의 등록 및 평가 등에 관한 법률」 제2조 제8호(특정 용도로 사용되는 경우 위해성이 크다고 인정되는 화학물질로서 그 용도로의 제조, 수입, 판매, 보관·저장, 운반 또는 사용을 금지하기 위하여 제27조에 따라 환경부장관이 관계 중앙행정기관의 장과의 협의와 제7조에 따른 화학물질평가위원회의 심의를 거쳐 고시한 것)에 따른 제한물질을 말한다.

5. "금지물질"이란 「화학물질의 등록 및 평가 등에 관한 법률」 제2조 제9호(위해성이 크다고 인정되는 화학물질로서 모든 용도로의 제조, 수입, 판매, 보관·저장, 운반 또는 사용을 금지하기 위하여 제27조에 따라 환경부장관이 관계 중앙행정기관의 장과의 협의와 제7조에 따른 화학물질평가위원회의 심의를 거쳐 고시한 것)에 따른 금지물질을 말한다.

6. "사고대비물질"이란 화학물질 중에서 급성독성(急性毒性)·폭발성 등이 강하여 화학사고의 발생 가능성이 높거나 화학사고가 발생한 경우에 그 피해 규모가 클 것으로 우려되는 화학물질로서 화학사고 대비가 필요하다고 인정하여 제39조에 따라 환경부장관이 지정·고시한 화학물질을 말한다.

7. "유해화학물질"이란 인체급성유해성물질, 인체만성유해성물질, 생태유해성물질 및 사고대비물질을 말한다.

7 「위험물안전관리법」상 용어 정의로서 ㈎, ㈏에 들어갈 내용을 바르게 연결한 것은?

> " ㈎ "이라 함은 인화성 또는 발화성 등의 성질을 가지는 것으로서 ㈏ 이 정하는 물품을 말한다.

	㈎	㈏
①	위험물	대통령령
②	위험물	총리령
③	금지물질	대통령령
④	금지물질	총리령

8 「도로교통법」상 '차'에 해당하는 것만을 모두 고르면?

㉠ 자전거	㉡ 유모차(너비 1미터 이하)
㉢ 건설기계	㉣ 원동기장치자전거

① ㉠, ㉢

② ㉡, ㉣

③ ㉠, ㉢, ㉣

④ ㉡, ㉢, ㉣

ANSWER 7.① 8.③

7 「위험물안전관리법」 제2조(정의) 제1항 제1호 … "위험물"이라 함은 인화성 또는 발화성 등의 성질을 가지는 것으로서 대통령령이 정하는 물품을 말한다.

8 「도로교통법」 제2조(정의) 제17호 … "차마"란 다음 각 목의 차와 우마를 말한다.

가. "차"란 다음의 어느 하나에 해당하는 것을 말한다.

1) 자동차

2) 건설기계

3) 원동기장치자전거

4) 자전거

5) 사람 또는 가축의 힘이나 그 밖의 동력(動力)으로 도로에서 운전되는 것. 다만, 철길이나 가설(架設)된 선을 이용하여 운전되는 것, 유모차, 보행보조용 의자차, 노약자용 보행기, 제21호의3에 따른 실외이동로봇 등 행정안전부령으로 정하는 기구·장치는 제외한다.

나. "우마"란 교통이나 운수(運輸)에 사용되는 가축을 말한다.

9 「소방시설 설치 및 관리에 관한 법률 시행령」상 소화설비에 해당하지 않는 것은?

① 소화기구

② 화재알림설비

③ 자동소화장치

④ 옥내소화전설비

ANSWER 9.②

9 소화설비〈「소방시설 설치 및 관리에 관한 법률 시행령」[별표 1] 소방시설 참고〉… 물 또는 그 밖의 소화약제를 사용하여 소화하는 기계·기구 또는 설비로서 다음 각 목의 것

가. 소화기구
  1) 소화기
  2) 간이소화용구: 에어로졸식 소화용구, 투척용 소화용구, 소공간용 소화용구 및 소화약제 외의 것을 이용한 간이소화용구
  3) 자동확산소화기

나. 자동소화장치
  1) 주거용 주방자동소화장치
  2) 상업용 주방자동소화장치
  3) 캐비닛형 자동소화장치
  4) 가스자동소화장치
  5) 분말자동소화장치
  6) 고체에어로졸자동소화장치

다. 옥내소화전설비[호스릴(hose reel) 옥내소화전설비를 포함한다]

라. 스프링클러설비등
  1) 스프링클러설비
  2) 간이스프링클러설비(캐비닛형 간이스프링클러설비를 포함한다)
  3) 화재조기진압용 스프링클러설비

마. 물분무등소화설비
  1) 물분무소화설비
  2) 미분무소화설비
  3) 포소화설비
  4) 이산화탄소소화설비
  5) 할론소화설비
  6) 할로겐화합물 및 불활성기체(다른 원소와 화학반응을 일으키기 어려운 기체를 말한다. 이하 같다) 소화설비
  7) 분말소화설비
  8) 강화액소화설비
  9) 고체에어로졸소화설비

바. 옥외소화전설비

10 「위험물안전관리법 시행령」상 위험물의 유별과 품명을 옳게 짝지은 것은?

① 제1류 – 과염소산

② 제2류 – 아염소산염류

③ 제3류 – 칼륨

④ 제4류 – 황화린

11 방진마스크의 선정 기준으로 적합하지 않은 것은?

① 중량이 가벼울 것

② 흡배기저항이 높을 것

③ 안면밀착성이 좋을 것

④ 시야가 넓을 것

ANSWER 10.③ 11.②

10 ① 과염소산–제6류, 과염소산염류–제1류

② 아염소산염류–제1류

④ 황화린–제2류

※ 위험물의 성질 및 종류〈「위험물안전관리법 시행령」[별표 1] 위험물 및 지정수량 참고〉

유별	성질	품명
제1류	산화성고체	아염소산염류, 염소산염류, 과염소산염류, 무기과산화물, 브로민산염류, 질산염류, 아이오딘산염류, 과망가니즈산염류, 다이크로뮴산염류 등
제2류	가연성고체	황화인, 적린, 황, 철분, 금속분, 마그네슘, 인화성고체 등
제3류	자연발화성물질 및 금수성물질	칼륨, 나트륨, 알킬알루미늄, 알킬리튬, 황린, 알칼리금속(칼륨 및 나트륨을 제외한다) 및 알칼리토금속, 유기금속화합물(알킬알루미늄 및 알킬리튬을 제외한다), 금속의 수소화물, 금속의 인화물, 칼슘 또는 알루미늄의 탄화물 등
제4류	인화성액체	특수인화물, 제1석유류, 알코올류, 제2석유류, 제3석유류, 제4석유류, 동식물유류 등
제5류	자기반응성물질	유기과산화물, 질산에스터류, 나이트로화합물, 나이트로소화합물, 아조화합물, 다이아조화합물, 하이드라진 유도체, 하이드록실아민, 하이드록실아민염류 등
제6류	산화성액체	과염소산, 과산화수소, 질산 등

11 방진마스크 선정기준

㉠ 분진 포집효율은 높고 흡기·배기 저항이 낮은 것

㉡ 중량이 가볍고 시야가 넓은 것

㉢ 안면 밀착성이 좋아 기밀이 잘 유지되는 것

㉣ 마스크 내부에 호흡에 의한 습기가 발생하지 않는 것

㉤ 안면 접촉부위가 땀을 흡수할 수 있는 재질을 사용한 것

12 「산업안전보건법 시행규칙」상 '근로자 안전보건교육'에서 '정기교육'과 '채용 시 교육 및 작업내용 변경 시 교육'의 내용에 모두 해당하는 것은?

① 물질안전보건자료에 관한 사항

② 산업안전 및 사고 예방에 관한 사항

③ 유해 · 위험 작업환경 관리에 관한 사항

④ 기계 · 기구의 위험성과 작업의 순서 및 동선에 관한 사항

ANSWER 12.②

12 정기교육, 채용 시 교육 및 작업내용 변경 시 교육의 내용〈「산업안전보건법 시행규칙」[별표 5] 안전보건교육 교육대상별 교육내용 참고〉

• 정기교육

교육내용
• 산업안전 및 사고 예방에 관한 사항
• 산업보건 및 직업병 예방에 관한 사항
• 위험성 평가에 관한 사항
• 건강증진 및 질병 예방에 관한 사항
• 유해 · 위험 작업환경 관리에 관한 사항
• 산업안전보건법령 및 산업재해보상보험 제도에 관한 사항
• 직무스트레스 예방 및 관리에 관한 사항
• 직장 내 괴롭힘, 고객의 폭언 등으로 인한 건강장해 예방 및 관리에 관한 사항

• 채용 시 교육 및 작업내용 변경 시 교육

교육내용
• 산업안전 및 사고 예방에 관한 사항
• 산업보건 및 직업병 예방에 관한 사항
• 위험성 평가에 관한 사항
• 산업안전보건법령 및 산업재해보상보험 제도에 관한 사항
• 직무스트레스 예방 및 관리에 관한 사항
• 직장 내 괴롭힘, 고객의 폭언 등으로 인한 건강장해 예방 및 관리에 관한 사항
• 기계 · 기구의 위험성과 작업의 순서 및 동선에 관한 사항
• 작업 개시 전 점검에 관한 사항
• 정리정돈 및 청소에 관한 사항
• 사고 발생 시 긴급조치에 관한 사항
• 물질안전보건자료에 관한 사항

13 「국민보호와 공공안전을 위한 테러방지법 시행령」상 테러사건대책본부와 이를 설치·운영하여야 하는 관계기관의 장을 옳게 짝지은 것은?

① 항공테러사건대책본부 – 경찰청장

② 해양테러사건대책본부 – 외교부장관

③ 군사시설테러사건대책본부 – 국방부장관

④ 국외테러사건대책본부 – 국토교통부장관

14 「전기용품 및 생활용품 안전관리법」상 안전인증기관이 실시하여야 하는 정기검사 항목에 해당하지 않는 것은?

① 안전확인대상제품

② 제조설비

③ 검사설비

④ 기술능력

ANSWER 13.③ 14.①

13 테러사건대책본부〈「국민보호와 공공안전을 위한 테러방지법 시행령」 제14조 제1항〉… 외교부장관, 국방부장관, 국토교통부장관, 경찰청장 및 해양경찰청장은 테러가 발생하거나 발생할 우려가 현저한 경우(국외테러의 경우는 대한민국 국민에게 중대한 피해가 발생하거나 발생할 우려가 있어 긴급한 조치가 필요한 경우에 한한다)에는 다음 각 호의 구분에 따라 테러사건대책본부(이하 "대책본부"라 한다)를 설치·운영하여야 한다.

1. 외교부장관 : 국외테러사건대책본부

2. 국방부장관 : 군사시설테러사건대책본부

3. 국토교통부장관 : 항공테러사건대책본부

4. 삭제 〈2017. 7. 26.〉

5. 경찰청장 : 국내일반 테러사건대책본부

6. 해양경찰청장 : 해양테러사건대책본부

14 정기검사와 자체검사 등〈「전기용품 및 생활용품 안전관리법」 제7조 제1항〉… 안전인증기관은 제5조 제1항에 따라 안전인증을 받은 안전인증대상제품이 계속하여 안전성을 유지하고 있는지를 확인하기 위하여 다음 각 호의 사항에 대하여 2년에 1회 대통령령으로 정하는 바에 따라 정기검사를 실시하여야 한다.

1. 안전인증대상제품

2. 제조설비

3. 검사설비

4. 기술능력

15 시몬즈(R. H. Simonds)의 재해손실비 산정식에서 휴업상해에 해당하는 것은?

① 영구 일부 노동불능 상해

② 일시 일부 노동불능 상해

③ 8시간 미만 휴업손실 상해

④ 의료조치를 필요로 하지 않은 상해

16 「식품안전기본법」상 식품안전에 대한 설명으로 옳지 않은 것은?

① 식품안전정책을 종합·조정하기 위하여 국무총리 소속으로 식품안전정책위원회를 둔다.

② 식품안전에 대한 국민의 이해와 관심 및 사업자의 인식과 역량을 높이기 위하여 매년 5월 14일을 식품 안전의 날로 한다.

③ 관계중앙행정기관의 장은 5년마다 소관 식품등에 관한 안전관리계획을 수립하여 국무총리에게 제출하여야 한다.

④ 통계청장은 관계행정기관에 분산된 식품안전정보를 연계·통합하여 함께 활용하고 이를 국민에게 개방하기 위한 통합식품안전정보망을 구축·운영하여야 한다.

15 휴업상해는 영구 일부 노동불능 및 일시 전노동 불능 상해를 말한다.

※ 시몬즈(Simonds)의 재해코스트 산정방식

> 총재해 손실비 = 산재보험 코스트 + 비보험 코스트

• 산재보험 코스트 : 법에 의한 산업재해 보상비, 보험회사의 보상에 관련된 경비와 이익금

• 비보험 코스트 = (휴업상해 건수 × A) + (통원상해 건수 × B) + (응급조치 건수 × C) + (무상해 사고건수 × D), 이때 A, B, C, D는 장해 정도별 비보험 코스트의 평균치

16 ④ 식품의약품안전처장은 관계행정기관에 분산된 식품안전정보를 연계·통합하여 함께 활용하고 이를 국민에게 개방하기 위한 통합식품안전정보망을 구축·운영하여야 한다〈「식품안전기본법」 제24조의2(통합식품안전정보망 구축·운영) 제1항〉.

17 물 소화약제의 소화효과에 해당하지 않는 것은?

① 냉각효과

② 질식효과

③ 유화효과

④ 부촉매효과

18 인간의 착각현상에 대한 설명으로 (가), (나)에 들어갈 내용을 바르게 연결한 것은?

구분	내용
(가)	영화 · 영상기법에서 사물이 연속해서 움직이는 것과 같은 현상
(나)	실제로는 정지한 물체가 어느 기준 물체의 이동에 유도되어 움직이는 것처럼 느껴지는 현상

	(가)	(나)
①	가현운동	자동운동
②	가현운동	유도운동
③	자동운동	유도운동
④	자동운동	가현운동

....

ANSWER 17.④ 18.②

17 물 소화약제의 소화효과
  ㉠ 냉각효과
  ㉡ 질식효과
  ㉢ 유화효과
  ㉣ 희석효과
  ㉤ 타격 및 파괴 효과

18 인간의 착각현상
  ㉠ 가현운동
  • 정지하고 있는 대상물이 규속히 나타나거나 소멸하는 것으로 인하여 연속해서 움직이는 것과 같은 현상
  • 영화의 영상, 네온사인
  ㉡ 유도운동
  • 움직이지 않는 물체가 어느 기준 물체의 이동에 유도되어 움직이는 것처럼 느껴지는 현상
  • 열차나 자동차가 줄지어 정차해 있을 때 반대쪽 차가 움직이는 것처럼 느끼는 경우
  ㉢ 자동운동
  • 암실에서 정지된 소광점을 응시하면 광점이 움직이는 것같이 보이는 현상

19 노동대사량을 기초대사량으로 나눈 값으로 작업강도를 나타내는 것은?

① 심전도(ECG)

② 근전도(EMG)

③ 뇌전도(EEG)

④ 에너지대사량(RMR)

20 주된 기능의 후방에서 주기능의 고장 시에 그 기능을 대행하는 기법은?

① Fail−Safe

② Back−Up

③ Fail−Soft

④ Fool−Proof

19 에너지대사량(Relative Metabolic Rate) … 작업강도는 작업에 의한 에너지의 소모 정도를 표시하는 것으로서 생리적 부담 및 노동의 강도를 나타낸다.

RMR=작업 시 소용된 에너지량(노동대사량) / 기초대사량

20 Back−Up … 주된 기능의 후방에서 주기능의 고장 시에 그 기능을 대행하는 기법

① Fail−Safe : 기계의 고장이나 부품의 기능 불량이 발생해도 안전한 상태를 유지하는 것

③ Fail−Soft : 고장이나 일부 기능이 저하되어도 주기능을 유지시켜 작동하도록 하는 것

④ Fool−Proof : 인간이 실수나 과오를 범하더라도 안전장치가 설치되어 재해나 사고로 연결되지 않도록 하는 것

1 하인리히(H. W. Heinrich)의 재해손실비 산정이론에서 직접비가 1억 원인 경우 간접비는?

① 2억 원
② 4억 원
③ 5억 원
④ 11억 원

2 동기부여이론 중 위생요인과 동기요인으로 분류하여 주장한 학자는?

① 매슬로우(A. H. Maslow)
② 블레이크(R. R. Blake)
③ 허즈버그(F. Herzberg)
④ 맥그리거(D. M. McGregor)

ANSWER 1.② 2.③

1 하인리히의 재해코스트 산정방식
※ 재해손실비(5) = 직접손실(1) +간접손실(4)
• 직접손실 : 재해자에게 지급되는 법에 의한 산업재해 보상비(휴업, 장해, 요양, 유족보상비, 상의비, 늑별보상비 등)
• 간접손실 : 재해손실, 생산중단 등으로 기업이 입는 손실

2 허즈버그의 동기·위생이론(2요인이론)
㉠ 동기요인(= 만족요인) : 조직구성원에게 만족을 주고 동기를 유발하는 요인
㉡ 위생요인(= 불만요인) : 욕구 충족이 되지 않을 경우 조직구성원에게 불만족을 초래하지만, 충족된다고 하더라도 동기를 적극적으로 유발하지 않는 요인

3 위험예지훈련의 4라운드 진행방법에 해당하는 것만을 모두 고르면?

| ㉠ 현상파악 | ㉡ 본질추구 |
| ㉢ 비판금지 | ㉣ 자유분방 |

① ㉠, ㉡

② ㉢, ㉣

③ ㉠, ㉡, ㉢

④ ㉡, ㉢, ㉣

4 어느 사업장의 총요양근로손실일수가 10일이고 연근로시간수가 1,000시간일 때 강도율은?

① 1

② 10

③ 100

④ 1,000

....

ANSWER 3.① 4.②

3 위험예지훈련 4라운드법

구분	내용	진행방법
도입	–	• 정렬, 인사, 건강확인 등
1R	• 현상파악 "어떤 위험이 잠재하고 있는가?"	• 위험요인과 현상(5~7항목 정도) – ~해서 ~된다, ~때문에 ~된다.
2R	• 본질추구 "이것이 위험의 포인트다."	• 문제라고 생각되는 항목 : 표 • 위험의 포인트 : 표(2항목 정도) 밑줄 • 위험의 포인트 지적확인 – ~해서 ~된다. 좋아!
3R	• 대책수립 "당신이라면 어떻게 할 것인가?"	• 표 항목에 대한 구체적으로 실행 가능한 대책(3항목 정도)
4R	• 목표설정 "우리들은 이렇게 한다."	• 중점실시, 합의 요약 : 표(1~2항목) 밑줄 • 팀의 목표행동 지적확인 – ~을 ~하여 ~하자, 좋아!(1회)
확인	–	• 원포인트 지적확인 – 좋아!(3회) • 터치 앤 콜 – 무재해로 나가자, 좋아!

4 강도율은 근로시간 1,000시간당 재해에 의해 상실된 근로 손실일수로, (근로손실일수 / 연근로시간수) × 1,000으로 구한다.

따라서 $\dfrac{10}{1,000} \times 1,000 = 10$

5 산업재해예방의 4원칙에 포함되는 것만을 모두 고르면?

㉠ 무의 원칙	㉡ 참가의 원칙
㉢ 원인계기의 원칙	㉣ 대책선정의 원칙
㉤ 예방가능의 원칙	㉥ 손실우연의 원칙

① ㉠, ㉡, ㉢, ㉣
② ㉠, ㉡, ㉤, ㉥
③ ㉡, ㉢, ㉣, ㉥
④ ㉢, ㉣, ㉤, ㉥

6 가연물의 구비조건에 해당하지 않는 것은?

① 표면적이 커야 한다.
② 연쇄반응이 없어야 한다.
③ 열전도도가 작아야 한다.
④ 활성화에너지가 작아야 한다.

....

ANSWER 5.④ 6.②

5 ㉠, ㉡은 무재해운동의 3대원칙에 해당한다.
  ※ 산업재해예방의 4원칙
    ㉠ 손실우연의 원칙 : 재해손실은 사고발생 시 대상 조건에 따라 달라지므로 사고의 결과로서 생긴 재해손실은 우연에 의해 결정된다.
    ㉡ 원인계기의 원칙 : 재해발생은 반드시 원인이 있다. 사고와 손실과의 관계는 우연적이지만 원인관계는 필연적인 계기가 있다.
    ㉢ 예방가능의 원칙 : 재해는 원칙적으로 근원적인 원인만 제거하면 예방 가능하다.
    ㉣ 대책선정의 원칙
      • 기술(Engineering)적 대책 : 안전설계, 안전기준 설정, 정비점검
      • 교육(Education)적 대책 : 교육 및 훈련실시
      • 규제(Enforcement)적 대책 : 신상 필벌의 확행

6 가연물의 구비조건
  ㉠ 발열량이 클 것 : 산화되기 쉬운 물질은 발열량이 크다.
  ㉡ 표면적이 클 것 : 산소와의 접촉면적이 커져 연소가 용이하다. (고체 < 액체 < 기체)
  ㉢ 활성화 에너지가 작을 것 : 산화되기 쉬운 물질은 활성화 에너지가 작다.
  ㉣ 열전도도가 작을 것 : 열전도도가 작으면 열축적이 용이하다. (고체 > 액체 > 기체)
  ㉤ 발열반응일 것 : 가연물은 산소와 반응시 반드시 발열반응을 해야 한다.
  ㉥ 연쇄반응을 수반할 것 : 연소현상이 연쇄적으로 반응해야 한다.

7 버드(F. Bird Jr.)의 재해발생비율에서 ㈎, ㈏에 들어갈 숫자를 바르게 연결한 것은?

> 중상 1회, 경상이 ⎡ ㈎ ⎤ 회, 무상해사고가 ⎡ ㈏ ⎤ 회, 무상해 및 무사고 고장이 600회의 비율로 사고가 발생한다고 한다.

	㈎	㈏
①	10	30
②	10	300
③	29	30
④	29	300

8 「도로교통법 시행규칙」상 다음 내용에 해당하는 안전표지는?

> 도로교통의 안전을 위하여 각종 제한·금지 등의 규제를 하는 경우에 이를 도로사용자에게 알리는 표지

① 주의표지　　　　　　　　　　② 보조표지
③ 지시표지　　　　　　　　　　④ 규제표지

ANSWER 7.① 8.④

7 재해발생비율
　㉠ 하인리히
　　• 사망 또는 중상 : 경미한 사고 : 무상해사고 = 1 : 29 : 300으로 발생한다고 주장
　㉡ 버드
　　• 하인리히의 이론을 개선
　　• 사망 또는 중상 : 경상 : 무상해사고(물적손실) : 무상해·무사고(위험순간) = 1 : 10 : 30 : 600이라고 주장

8 안전표지〈「도로교통법 시행규칙」 제8조 제1항〉
　1. 주의표지 : 도로상태가 위험하거나 도로 또는 그 부근에 위험물이 있는 경우에 필요한 안전조치를 할 수 있도록 이를 도로사용자에게 알리는 표지
　2. 규제표지 : 도로교통의 안전을 위하여 각종 제한·금지 등의 규제를 하는 경우에 이를 도로사용자에게 알리는 표지
　3. 지시표지 : 도로의 통행방법·통행구분 등 도로교통의 안전을 위하여 필요한 지시를 하는 경우에 도로사용자가 이에 따르도록 알리는 표지
　4. 보조표지 : 주의표지·규제표지 또는 지시표지의 주기능을 보충하여 도로사용자에게 알리는 표지
　5. 노면표시 : 도로교통의 안전을 위하여 각종 주의·규제·지시 등의 내용을 노면에 기호·문자 또는 선으로 도로사용자에게 알리는 표지

9 「소방시설 설치 및 관리에 관한 법률 시행령」상 소방시설 중 소화설비에 해당하는 것만을 모두 고르면?

| ㉠ 구조대 | ㉡ 완강기 |
| ㉢ 소화기 | ㉣ 스프링클러설비 |

---

① ㉠, ㉡

② ㉢, ㉣

③ ㉠, ㉡, ㉢

④ ㉡, ㉢, ㉣

ANSWER 9.②

9 소화설비〈「소방시설 설치 및 관리에 관한 법률 시행령」[별표 1] 소방시설〉 … 물 또는 그 밖의 소화약제를 사용하여 소화하는 기계 · 기구 또는 설비로서 다음 각 목의 것
가. 소화기구
　1) 소화기
　2) 간이소화용구 : 에어로졸식 소화용구, 투척용 소화용구, 소공간용 소화용구 및 소화약제 외의 것을 이용한 간이소화용구
　3) 자동확산소화기
나. 자동소화장치
　1) 주거용 주방자동소화장치
　2) 상업용 주방자동소화장치
　3) 캐비닛형 자동소화장치
　4) 가스자동소화장치
　5) 분말자동소화장치
　6) 고체에어로졸자동소화장치
다. 옥내소화전설비[호스릴(hose reel) 옥내소화전설비를 포함한다]
라. 스프링클러설비등
　1) 스프링클러설비
　2) 간이스프링클러설비(캐비닛형 간이스프링클러설비를 포함한다)
　3) 화재조기진압용 스프링클러설비
마. 물분무등소화설비
　1) 물분무소화설비
　2) 미분무소화설비
　3) 포소화설비
　4) 이산화탄소소화설비
　5) 할론소화설비
　6) 할로겐화합물 및 불활성기체(다른 원소와 화학반응을 일으키기 어려운 기체를 말한다. 이하 같다) 소화설비
　7) 분말소화설비
　8) 강화액소화설비
　9) 고체에어로졸소화설비
바. 옥외소화전설비

10 「재난 및 안전관리 기본법」상 용어 중 안전교육, 안전훈련, 홍보 등을 통하여 안전에 관한 가치와 인식을 높이고 안전을 생활화하도록 하는 등 재난이나 그 밖의 각종 사고로부터 안전한 사회를 만들어가기 위한 활동은?

① 재난관리
② 안전관리
③ 긴급구조
④ 안전문화활동

11 「중대재해 처벌 등에 관한 법률」상 용어 정의로서 A, B에 들어갈 내용을 바르게 나열한 것은?

> " A "란 「산업안전보건법」 제2조제1호에 따른 산업재해 중 다음 각 목의 어느 하나에 해당하는 결과를 야기한 재해를 말한다.
>
> 가. 사망자가 1명 이상 발생
>
> 나. 동일한 사고로 6개월 이상 치료가 필요한 부상자가 2명 이상 발생
>
> 다. 동일한 유해요인으로 급성중독 등 대통령령으로 정하는 직업성 질병자가 1년 이내에 B 명 이상 발생

A	B
① 중대산업재해	1
② 중대산업재해	3
③ 중대시민재해	1
④ 중대시민재해	3

ANSWER 10.④ 11.②

10 "안전문화활동"이란 안전교육, 안전훈련, 홍보 등을 통하여 안전에 관한 가치와 인식을 높이고 안전을 생활화하도록 하는 등 재난이나 그 밖의 각종 사고로부터 안전한 사회를 만들어가기 위한 활동을 말한다〈「재난 및 안전관리 기본법」 제3조(정의) 9의2〉.

11 "중대산업재해"란 「산업안전보건법」 제2조 제1호에 따른 산업재해 중 다음 각 목의 어느 하나에 해당하는 결과를 야기한 재해를 말한다〈「중대재해 처벌 등에 관한 법률」 제2조(정의) 제2호〉.
가. 사망자가 1명 이상 발생
나. 동일한 사고로 6개월 이상 치료가 필요한 부상자가 2명 이상 발생
다. 동일한 유해요인으로 급성중독 등 대통령령으로 정하는 직업성 질병자가 1년 이내에 3명 이상 발생

12 「화학물질관리법」상 다음 정의에 해당하는 용어는?

> 특정 용도로 사용되는 경우 위해성이 크다고 인정되는 화학물질로서 그 용도로의 제조, 수입, 판매, 보관·저장, 운반 또는 사용을 금지하기 위하여 환경부장관이 관계 중앙행정기관의 장과의 협의와 「화학물질의 등록 및 평가 등에 관한 법률」 제7조에 따른 화학물질평가위원회의 심의를 거쳐 고시한 것을 말한다.

① 화학물질
② 유독물질
③ 허가물질
④ 제한물질

12 〈「화학물질관리법」 제2조(정의) 제1호~제7호〉

1. "화학물질"이란 「화학물질의 등록 및 평가 등에 관한 법률」 제2조 제1호(원소·화합물 및 그에 인위적인 반응을 일으켜 얻어진 물질과 자연 상태에서 존재하는 물질을 화학적으로 변형시키거나 추출 또는 정제한 것)에 따른 화학물질을 말한다.
2. "인체급성유해성물질"이란 「화학물질의 등록 및 평가 등에 관한 법률」 제2조 제6호(유해성이 있는 화학물질로서 대통령령으로 정하는 기준에 따라 환경부장관이 지정하여 고시한 것)에 따른 인체급성유해성물질을 말한다.
2의2. "인체만성유해성물질"이란 「화학물질의 등록 및 평가 등에 관한 법률」 제2조 제6호의2(반복적으로 노출되거나 노출 이후 잠복기를 거쳐 사람의 건강에 좋지 아니한 영향을 미칠 수 있는 화학물질로서 대통령령으로 정하는 기준에 따라 환경부장관이 지정하여 고시한 것)에 따른 인체만성유해성물질을 말한다.
2의3. "생태유해성물질"이란 「화학물질의 등록 및 평가 등에 관한 법률」 제2조 제6호의3(단기간 또는 장기간 노출로 인하여 수생생물 등 환경에 좋지 아니한 영향을 미칠 수 있는 화학물질로서 대통령령으로 정하는 기준에 따라 환경부장관이 지정하여 고시한 것)에 따른 생태유해성물질을 말한다.
3. "허가물질"이란 「화학물질의 등록 및 평가 등에 관한 법률」 제2조 제7호(위해성이 있다고 우려되는 화학물질로서 환경부장관의 허가를 받아 제조·수입·사용하도록 제25조에 따라 환경부장관이 관계 중앙행정기관의 장과의 협의와 제7조에 따른 화학물질평가위원회의 심의를 거쳐 고시한 것)에 따른 허가물질을 말한다.
4. "제한물질"이란 「화학물질의 등록 및 평가 등에 관한 법률」 제2조 제8호(특정 용도로 사용되는 경우 위해성이 크다고 인정되는 화학물질로서 그 용도로의 제조, 수입, 판매, 보관·저장, 운반 또는 사용을 금지하기 위하여 제27조에 따라 환경부장관이 관계 중앙행정기관의 장과의 협의와 제7조에 따른 화학물질평가위원회의 심의를 거쳐 고시한 것)에 따른 제한물질을 말한다.
5. "금지물질"이란 「화학물질의 등록 및 평가 등에 관한 법률」 제2조 제9호(위해성이 크다고 인정되는 화학물질로서 모든 용도로의 제조, 수입, 판매, 보관·저장, 운반 또는 사용을 금지하기 위하여 제27조에 따라 환경부장관이 관계 중앙행정기관의 장과의 협의와 제7조에 따른 화학물질평가위원회의 심의를 거쳐 고시한 것)에 따른 금지물질을 말한다.
6. "사고대비물질"이란 화학물질 중에서 급성독성(急性毒性)·폭발성 등이 강하여 화학사고의 발생 가능성이 높거나 화학사고가 발생한 경우에 그 피해 규모가 클 것으로 우려되는 화학물질로서 화학사고 대비가 필요하다고 인정하여 제39조에 따라 환경부장관이 지정·고시한 화학물질을 말한다.
7. "유해화학물질"이란 인체급성유해성물질, 인체만성유해성물질, 생태유해성물질 및 사고대비물질을 말한다.

13 다음 할로겐화합물 소화약제 중 독성이 가장 약한 것은? (기출변형)

① 할론 104

② 할론 1211

③ 할론 1301

④ 할론 2402

14 위험성 평가 기법 중 시스템 안전 프로그램의 최초 단계의 분석으로서 시스템 내의 위험 요소가 어느 정도 위험한 상태에 있는가를 정성적으로 평가하는 기법은?

① CA(Criticality Analysis)

② PHA(Preliminary Hazard Analysis)

③ HAZOP(Hazard and Operability Study)

④ FMEA(Failure Modes and Effects Analysis)

ANSWER 13.③ 14.②

13 ③ 할론 1301(CF_3Br)은 전체 할론 중에서 독성이 가장 약하다.
　① 할론 104(CCl_4)는 공기보다 무겁고 독성이 강하며 특유한 냄새가 난다.
　② 할론 1211(CF_2ClBr)은 할론 1301보다 독성이 높은 관계로 밀폐된 소규모 공간에서의 사용이 제한된다.
　④ 할론 2402($C_2F_4Br_2$)은 독성이 있기 때문에 주로 사람이 없는 옥외 시설물 등 옥외위험물 탱크에 국한하여 사용한다.
　※ 할로겐화합물에서 할로겐 원소의 역할

특징＼할로겐 원소	불소(F)	염소(Cl)	브롬(Br)
안정성	강화	-	-
독성	감소	강화	강화
비점	감소	강화	강화
열안정성	강화	감소	감소
소화효과	-	강화	강화

14 ② 예비위험분석(Preliminary Hazard Analysis, PHA) : 위험요소를 감소시키거나 제거하기 위한 시스템의 위해요소 식별과 이들 요소의 위험정도의 평가, 예비추천사항의 목록화를 하는 위험성평가 기법이다.
　① 치명도분석(Criticality Analysis, CA) : 고장 유형 및 영향 분석에서 식별된 고장 유형 및 원인에 대하여 상대적인 치명도 값을 산출한 후 상대적으로 위험도가 높은 품목을 선정하여 설계에 반영하는 분석법이다.
　③ 위험과 운전분석(Hazard & Operability Analysis, HAZOP) : 대상공정에 관련된 여러 분야의 전문가들이 모여서 공정에 관련된 자료를 토대로 정해진 연구 방법에 의해 공정이 원래 설계된 운전목적으로부터 이탈하는 원인과 그 결과를 찾아보며 그로 인한 위험(Hazard)과 조업도(Operability)에 야기되는 문제에 대한 가능성이 무엇인가를 조사하고 연구하는 위험성 평가 기법이다.
　④ 고장모드영향분석(Failure Mode and Effect Analysis, FMEA) : 시스템을 구성하고 있는 부품들의 고장모드가 타 부품과 시스템 및 사용자에게 미치는 영향과 고장의 원인을 상향식으로 조사하는 고장해석기법이다.

15 폭연과 폭굉에 대한 설명으로 옳지 않은 것은?

① 폭굉은 음속보다 빠르다.

② 폭발압력은 폭연보다 폭굉이 더 크다.

③ 폭연은 충격파가 발생한다.

④ 폭연과 폭굉의 차이는 전파속도로 구분 가능하다.

16 레빈(K. Lewin)의 법칙 B = f(P · E)에서 각 요소와 내용의 연결이 옳지 않은 것은?

① B − Behavior

② f − Function

③ P − Person

④ E − Engineering

ANSWER 15.③ 16.④

15 폭연과 폭굉

구분	폭연	폭굉
속도	0.1~10m/s(아음속)	1,000~3,500m/s(초음속)
에너지	전도, 대류, 복사	충격파의 압력
압력	정압	동압(폭연의 10배 이상 상승)
파면	완만하고 연속적	뾰족하고 불연속적
환경	개방된 환경	밀폐된 환경

16 레빈의 법칙 … 행동은 개인의 특성과 환경적 요인의 상호작용으로 결정된다.

B=f(P · E)

B는 행동(Behavior), P는 개인(Person), E는 환경(Environment)을 의미한다.

17 식품안전기본법령상 사업자에 대한 설명에서 ㈎에 해당하는 것만을 모두 고르면?

"사업자"란   ㈎   에 해당하는 것의 생산·채취·제조·가공·수입·운반·저장·조리 또는 판매를 업으로 하는 자를 말한다.

㉠「먹는물관리법」에 따른 먹는샘물등 ㉡「인삼산업법」에 따른 인삼류 ㉢「양곡관리법」에 따른 양곡

① ㉠, ㉡   ② ㉠, ㉢

③ ㉡, ㉢   ④ ㉠, ㉡, ㉢

18 「식품안전기본법」상 식품안전 등에 관한 관계중앙행정기관이 아닌 것은?

① 해양수산부   ② 교육부

③ 행정안전부   ④ 관세청

---

17 "사업자"란 다음 각 목의 어느 하나에 해당하는 것의 생산·채취·제조·가공·수입·운반·저장·조리 또는 판매(이하 "생산·판매등"이라 한다)를 업으로 하는 자를 말한다〈「식품안전기본법」제2조(정의) 제2호〉.
가. 「식품위생법」에 따른 식품·식품첨가물·기구·용기 또는 포장
나. 「농수산물 품질관리법」에 따른 농수산물
다. 삭제 〈2011. 7. 21.〉
라. 「축산법」에 따른 축산물
마. 「비료관리법」에 따른 비료
바. 「농약관리법」에 따른 농약
사. 「사료관리법」에 따른 사료
아. 「약사법」제85조에 따른 동물용 의약품
자. 식품의 안전성에 영향을 미칠 우려가 있는 농·수·축산업의 생산자재
차. 그 밖에 식품과 관련된 것으로서 대통령령으로 정하는 것

18 "관계중앙행정기관"이란 기획재정부·교육부·농림축산식품부·산업통상자원부·보건복지부·환경부·해양수산부·식품의약품안전처·관세청·농촌진흥청 및 질병관리청을 말하고, "관계행정기관"이란 식품등에 관한 행정권한을 가지는 행정기관을 말한다〈「식품안전기본법」제2조(정의) 제4호〉.

19 하시모토 쿠니에(橋本邦衛) 의식 레벨의 단계적 분류에서 무의식, 실신이 해당하는 단계는?

① Phase 0   ② Phase Ⅰ

③ Phase Ⅱ   ④ Phase Ⅲ

20 「국민보호와 공공안전을 위한 테러방지법 시행령」상 테러대응구조대의 임무에 해당하는 것만을 모두 고르면?

> ㉠ 국가 중요행사의 안전한 진행 지원
> ㉡ 테러취약요인의 사전 예방·점검 지원
> ㉢ 테러사건과 관련된 폭발물의 탐색 및 처리

① ㉠   ② ㉡

③ ㉠, ㉡   ④ ㉡, ㉢

ANSWER 19.① 20.③

19 하시모토 쿠니에의 의식수준 5단계

단계	신뢰성	의식의 상태	주의의 작용	생리적 상태
0	0	무의식, 실신	zero	수면, 뇌발작
1	0.9 이하	둔한 상태	활발하지 않음	피로, 졸림, 취중
2	0.99~0.99999	편안한 상태	수동적	정상 작업 시
3	0.999999 이상	명석한 상태	적극적	적극적인 활동
4	0.9 이하	흥분 상태	판단 정지	당황, 패닉

20 테러대응구조대의 임무〈「국민보호와 공공안전을 위한 테러방지법 시행령」 제19조(테러대응구조대 제2항) … 테러대응구조대는 다음 각 호의 임무를 수행한다.
1. 테러발생 시 초기단계에서의 조치 및 인명의 구조·구급
2. 화생방테러 발생 시 초기단계에서의 오염 확산 방지 및 독성제거
3. 국가 중요행사의 안전한 진행 지원
4. 테러취약요인의 사전 예방·점검 지원

관련 법령 / 재난관리론

- 가축전염병 예방법 : [시행 2024. 9. 15.] [법률 제19706호, 2023. 9. 14., 일부개정]
- 감염병의 예방 및 관리에 관한 법률(약칭 : 감염병예방법) : [시행 2024. 9. 15.] [법률 제19715호, 2023. 9. 14., 일부개정]
- 감염병의 예방 및 관리에 관한 법률 시행령(약칭 : 감염병예방법 시행령) : [시행 2024. 6. 1.] [대통령령 제34449호, 2024. 4. 23., 타법개정]
- 감염병의 예방 및 관리에 관한 법률 시행규칙(약칭 : 감염병예방법 시행규칙) : [시행 2024. 6. 1.] [보건복지부령 제1008호, 2024. 4. 23., 일부개정]
- 기상법 시행령 [시행 2024. 5. 27.] [대통령령 제34369호, 2024. 3. 29., 타법개정]
- 긴급구조대응활동 및 현장지휘에 관한 규칙(약칭 : 긴급구조현장지휘규칙) : [시행 2024. 1. 22.] [행정안전부령 제458호, 2024. 1. 22., 일부개정]
- 대기환경보전법 : [시행 2024. 7. 24.] [법률 제20114호, 2024. 1. 23., 일부개정]
- 대기환경보전법 시행령 : [시행 2024. 2. 17.] [대통령령 제34191호, 2024. 2. 6., 일부개정]
- 대기환경보전법 시행규칙 : [시행 2024. 5. 13.] [환경부령 제1092호, 2024. 5. 13., 일부개정]
- 미세먼지 저감 및 관리에 관한 특별법(약칭 : 미세먼지법) : [시행 2024. 1. 23.] [법률 제20117호, 2024. 1. 23., 일부개정]
- 민방위기본법 : [시행 2022. 12. 1.] [법률 제18522호, 2021. 11. 30., 타법개정]
- 민방위기본법 시행령 : [시행 2023. 8. 8.] [대통령령 제33660호, 2023. 8. 8., 일부개정]
- 민방위기본법 시행규칙 : [시행 2024. 1. 4.] [행정안전부령 제450호, 2024. 1. 4., 일부개정]
- 산림보호법 : [시행 2024. 5. 17.] [법률 제20309호, 2024. 2. 13., 타법개정]
- 수자원의 조사 · 계획 및 관리에 관한 법률(약칭 : 수자원법) : [시행 2024. 5. 17.] [법률 제19590호, 2023. 8. 8., 타법개정]
- 서울특별시 재난관리기금의 설치 및 운용 조례 : [시행 2023. 12. 29.] [서울특별시조례 제8993호, 2023. 12. 29., 타법개정]
- 위험물안전관리법(약칭 : 위험물관리법) : [시행 2024. 7. 31.] [법률 제20160호, 2024. 1. 30., 일부개정]
- 위험물안전관리법 시행령 : [시행 2024. 7. 31.] [대통령령 제34464호, 2024. 4. 30., 일부개정]
- 원자력시설 등의 방호 및 방사능 방재 대책법(약칭 : 방사능방재법) : [시행 2022. 6. 29.] [법률 제18664호, 2021. 12. 28., 일부개정]
- 자연재해대책법 : [시행 2024. 7. 31.] [법률 제20162호, 2024. 1. 30., 일부개정]
- 자연재해대책법 시행령 : [시행 2024. 6. 27.] [대통령령 제34574호, 2024. 6. 18., 일부개정]
- 자연재해대책법 시행규칙 : [시행 2024. 6. 27.] [행정안전부령 제490호, 2024. 6. 26., 일부개정]
- 지진 · 화산재해대책법(약칭 : 지진대책법) : [시행 2022. 6. 16.] [법률 제18284호, 2021. 6. 15., 타법개정]
- 지진 · 화산재해대책법 시행령 : [시행 2023. 11. 21.] [대통령령 제33886호, 2023. 11. 21., 타법개정]
- 재난관리자원의 관리 등에 관한 법률 시행령(약칭 : 재난관리자원법 시행령) : [시행 2024. 1. 18.] [대통령령 제34111호, 2024. 1. 9., 제정]
- 재난 및 안전관리 기본법(약칭 : 재난안전법) : [시행 2024. 7. 17.] [법률 제20030호, 2024. 1. 16., 일부개정]
- 재난 및 안전관리 기본법 시행령(약칭 : 재난안전법 시행령) : [시행 2024. 7. 17.] [대통령령 제34573호, 2024. 6. 18., 일부개정]
- 재해구호법 : [시행 2024. 7. 31.] [법률 제20163호, 2024. 1. 30., 일부개정]
- 재해구호법 시행령 : [시행 2024. 2. 27.] [대통령령 제34258호, 2024. 2. 27., 타법개정]

- 재해구호법 시행규칙 : [시행 2021. 9. 7.] [행정안전부령 제274호, 2021. 9. 7., 타법개정]
- 재해경감을 위한 기업의 자율활동 지원에 관한 법률(약칭 : 기업재해경감법) : [시행 2021. 1. 12.] [법률 제17894호, 2021. 1. 12., 타법개정]
- 재해경감을 위한 기업의 자율활동 지원에 관한 법률 시행령(약칭 : 기업재해경감법 시행령) : [시행 2024. 5. 28.] [대통령령 제34533호, 2024. 5. 28., 타법개정]
- 풍수해 · 지진재해보험법 : [시행 2024. 9. 20.] [법률 제20378호, 2024. 3. 19., 일부개정]
- 예보업무규정 : [시행 2024. 5. 30.] [기상청훈령 제1119호, 2024. 5. 30., 전부개정]
- 자연재난 구호 및 복구 비용 부담기준 등에 관한 규정 : [시행 2024. 5. 17.] [대통령령 제34488호, 2024. 5. 7., 타법개정]
- 재난관리자원의 공동활용 기준 : [시행 2020. 6. 4.] [행정안전부예규 제111호, 2020. 6. 4., 일부개정]
- 재난관리기준 : [시행 2017. 7. 26.] [행정안전부고시 제2017-1호, 2017. 7. 26., 타법개정]

관련 법령 / 안전관리론

- 건축물의 피난·방화구조 등의 기준에 관한 규칙(약칭 : 건축물방화구조규칙) : [시행 2023. 8. 31.] [국토교통부령 제1247호, 2023. 8. 31., 일부개정]
- 건축법 : [시행 2024. 6. 27.] [법률 제20424호, 2024. 3. 26., 일부개정]
- 고압가스 안전관리법(약칭 : 고압가스법) : [시행 2021. 12. 16.] [법률 제18269호, 2021. 6. 15., 일부개정]
- 고압가스 안전관리법 시행령 : [시행 2023. 12. 12.] [대통령령 제33913호, 2023. 12. 12., 타법개정]
- 교통안전법 : [시행 2024. 7. 24.] [법률 제20122호, 2024. 1. 23., 일부개정]
- 교통안전법 시행령 : [시행 2024. 10. 10.] [대통령령 제34403호, 2024. 4. 9., 일부개정]
- 국민 안전교육 진흥 기본법(약칭 : 안전교육법) : [시행 2020. 1. 29.] [법률 제16878호, 2020. 1. 29., 일부개정]
- 국민보호와 공공안전을 위한 테러방지법(약칭 : 테러방지법) : [시행 2024. 2. 9.] [법률 제19580호, 2023. 8. 8., 타법개정]
- 국민보호와 공공안전을 위한 테러방지법 시행령 : [시행 2022. 11. 1.] [대통령령 제32968호, 2022. 11. 1., 타법개정]
- 굴착공사 표준안전 작업지침 : [시행 2023. 7. 1.] [고용노동부고시 제2023-35호, 2023. 7. 1., 일부개정]
- 긴급구조대응활동 및 현장지휘에 관한 규칙(약칭 : 긴급구조현장지휘규칙) : [시행 2024. 1. 22.] [행정안전부령 제458호, 2024. 1. 22., 일부개정]
- 다중이용업소의 안전관리에 관한 특별(약칭 : 다중이용업소법) : [시행 2024. 1. 4.] [법률 제19157호, 2023. 1. 3., 일부개정]
- 대기환경보전법 : [시행 2024. 7. 24.] [법률 제20114호, 2024. 1. 23., 일부개정]
- 도로교통법 : [시행 2024. 10. 25.] [법률 제20155호, 2024. 1. 30., 일부개정]
- 도로교통법 시행규칙 : [시행 2024. 10. 20.] [행정안전부령 제431호, 2023. 10. 19., 일부개정]
- 도로표지규칙 : [시행 2023. 11. 8.] [국토교통부령 제1271호, 2023. 11. 8., 일부개정]
- 방사선 안전관리 등의 기술기준에 관한 규칙 : [시행 2023. 9. 25.] [원자력안전위원회규칙 제50호, 2023. 9. 25., 일부개정]
- 보호구 안전인증 고시 : [시행 2023. 12. 18.] [고용노동부고시 제2023-64호, 2023. 12. 18., 일부개정]
- 사업장 위험성평가에 관한 지침 : [시행 2023. 5. 22.] [고용노동부고시 제2023-19호, 2023. 5. 22., 일부개정]
- 산업안전보건기준에 관한 규칙(약칭 : 안전보건규칙) : [시행 2024. 12. 29.] [고용노동부령 제417호, 2024. 6. 28., 일부개정]
- 산업안전보건법 : [시행 2024. 5. 17.] [법률 제19591호, 2023. 8. 8., 타법개정]
- 산업안전보건법 시행규칙 : [시행 2024. 12. 29.] [고용노동부령 제419호, 2024. 6. 28., 일부개정]
- 산업안전보건법 시행령 : [시행 2024. 7. 1.] [대통령령 제34603호, 2024. 6. 25., 일부개정]
- 산업재해통계업무처리규정 : [시행 2022. 5. 2.] [고용노동부예규 제194호, 2022. 5. 2., 일부개정]
- 소방기본법 : [시행 2024. 7. 31.] [법률 제20156호, 2024. 1. 30., 일부개정]
- 소방시설 설치 및 관리에 관한 법률(약칭 : 소방시설법) : [시행 2024. 12. 1.] [법률 제18522호, 2021. 11. 30., 전부개정]
- 소방시설 설치 및 관리에 관한 법률 시행령(약칭 : 소방시설법 시행령) : [시행 2024. 5. 17.] [대통령령 제34488호, 2024. 5. 7., 타법개정]
- 소화기구 및 자동소화장치의 화재안전기술기준(NFTC 101) : [시행 2024. 7. 25.] [국립소방연구원공고 제2024-48호, 2024. 7. 25., 일부개정]
- 스프링클러설비의 화재안전기술기준(NFTC 103) : [시행 2024. 7. 1.] [국립소방연구원공고 제2024-33호, 2024. 7. 1., 일부개정]
- 시설물의 안전 및 유지관리에 관한 특별법(약칭 : 시설물안전법) : [시행 2024. 7. 17.] [법률 제20044호, 2024. 1. 16., 일부개정]

- 시설물의 안전 및 유지관리에 관한 특별법 시행령(약칭 : 시설물안전법 시행령) : [시행 2024. 11. 22.] [대통령령 제33884호, 2023. 11. 21., 일부개정]
- 식품ㆍ의약품 등의 안전 및 제품화 지원에 관한 규제과학혁신법(약칭 : 식의약규제과학혁신법) : [시행 2024. 2. 17.] [법률 제19694호, 2023. 8. 16., 전부개정]
- 식품안전기본법 : [시행 2022. 9. 11.] [법률 제18966호, 2022. 6. 10., 일부개정]
- 식품위생법 : [시행 2024. 8. 7.] [법률 제20246호, 2024. 2. 6., 일부개정]
- 실내공기질 관리법 시행규칙(약칭 : 실내공기질법 시행규칙) : [시행 2024. 3. 15.] [환경부령 제1082호, 2024. 3. 11., 일부개정]
- 어린이 식생활안전관리 특별법(약칭 : 어린이식생활법) : [시행 2024. 2. 9.] [법률 제19622호, 2023. 8. 8., 일부개정]
- 연구실 안전환경 조성에 관한 법률(약칭 : 연구실안전법) : [시행 2024. 5. 1.] [법률 제19785호, 2023. 10. 31., 일부개정]
- 원자력시설 등의 방호 및 방사능 방재 대책법(약칭 : 방사능방재법) : [시행 2022. 6. 29.] [법률 제18664호, 2021. 12. 28., 일부개정]
- 위험물안전관리법(약칭 : 위험물관리법) : [시행 2024. 7. 31.] [법률 제20160호, 2024. 1. 30., 일부개정]
- 위험물안전관리법 시행령 : [시행 2024. 7. 31.] [대통령령 제34733호, 2024. 7. 23., 일부개정]
- 위험물안전관리법 시행규칙 : [시행 2024. 8. 21.] [행정안전부령 제482호, 2024. 5. 20., 일부개정]
- 자동차 및 자동차부품의 성능과 기준에 관한 규칙(약칭 : 자동차규칙) : [시행 2024. 1. 1.] [국토교통부령 제1155호, 2022. 10. 26., 일부개정]
- 자동화재탐지설비 및 시각경보장치의 화재안전기술기준(NFTC 203) : [시행 2022. 12. 1.] [소방청공고 제2022-224호, 2022. 12. 1., 제정]
- 재난 및 안전관리 기본법(약칭 : 재난안전법) : [시행 2024. 7. 17.] [법률 제20030호, 2024. 1. 16., 일부개정]
- 전기용품 및 생활용품 안전관리법(약칭 : 전기생활용품안전법) : [시행 2023. 10. 19.] [법률 제19005호, 2022. 10. 18., 일부개정]
- 중대재해 처벌 등에 관한 법률(약칭 : 중대재해처벌법) : [시행 2022. 1. 27.] [법률 제17907호, 2021. 1. 26., 제정]
- 항공보안법 : [시행 2022. 1. 28.] [법률 제18354호, 2021. 7. 27., 일부개정]
- 화재의 예방 및 안전관리에 관한 법률(약칭 : 화재예방법)[시행 2024. 5. 17.] [법률 제19590호, 2023. 8. 8., 타법개정]
- 화학물질관리법 : [시행 2024. 2. 6.] [법률 제20231호, 2024. 2. 6., 일부개정]
- 화학물질관리법 시행령 : [시행 2023. 12. 12.] [대통령령 제33913호, 2023. 12. 12., 타법개정]
- 화학물질의 분류ㆍ표시 및 물질안전보건자료에 관한 기준 : [시행 2023. 2. 15.] [고용노동부고시 제2023-9호, 2023. 2. 15., 일부개정]
- 환경정책기본법 : [시행 2024. 1. 1.] [법률 제19208호, 2022. 12. 31., 타법개정]
- 환경정책기본법 시행령 : [시행 2023. 7. 4.] [대통령령 제33591호, 2023. 6. 27., 일부개정]